निराला : आत्महन्ता आस्था

नींद और स्वप्न के बीच,
मुझमें और जो मेरे अन्तरतल में है उनके बीच
एक नदी प्रवाहित है
जिसका अन्त कहीं भी नहीं है।

—फरनान्दो पेसो आ

निराला के सम्पूर्ण काव्य की तर्क-संगत और उचित व्याख्या उनके रचनात्मक व्यक्तित्व के भीतर–निरन्तर समान रूप से क्रियाशील–रचना-प्रक्रिया के अनेक स्तरों के उद्घाटन के रूप में ही सम्भव है।

□□

इसी स्थापना-भूमि पर हिन्दी के सशक्त नये कवि-कथाकार, दूधनाथ सिंह ने महाकवि निराला के विविध, अनुभव-सम्पन्न रचनात्मक काव्य-व्यक्ति तत्व का यह सर्वथा नया और महत्त्वपूर्ण विश्लेषण प्रस्तुत करते हुए, भारतीय साहित्य में उनके स्थान और उनकी काव्य-ऊर्जा को अत्यन्त सूक्ष्मता से रेखांकित किया है।

लोकभारती प्रकाशन

पहली मंजिल, दरबारी बिल्डिंग, महात्मा गाँधी मार्ग इलाहाबाद-1

लोकभारती प्रकाशन
पहली मंजिल, दरबारी बिल्डिंग, महात्मा गाँधी मार्ग
प्रयागराज-211 001

वेबसाइट : www.lokbhartiprakashan.com
ईमेल : info@lokbhartiprakashan.com

शाखाएँ : 1-बी, नेताजी सुभाष मार्ग, दरियागंज
नयी दिल्ली-110 002
अशोक राजपथ, साइंस कॉलेज के सामने
पटना-800 00

मूल्य : ₹ 700

पहला संस्करण : 1972
दसवाँ संस्करण : 2023

आस्था पेपर कन्वर्टर
प्रयागराज द्वारा मुद्रित

NIRALA ATMHANTA ASTHA
by Doodh Nath Singh

ISBN : 978-81-8031-849-8

निराला के निष्ठावान् अध्येता
डॉ. रामविलास शर्मा के लिए

'अपना लहू भी सुर्ख़िए शामो-सहर में है'

आत्महन्ता आस्था

□□

सबसे पहले तो इस पुस्तक के उपर्युक्त नामकरण के बारे में। शायद कुछ लोगों को भ्रम हो कि मैंने अपनी पुस्तक में निराला को आत्महन्ता सिद्ध करने की कोशिश की है। ऐसा कुछ नहीं है। दरअसल कला और रचना को लेकर मेरी एक व्यक्तिगत धारणा है : मुझे लगता है कि एक बार पूरी तौर पर रचना के प्रति अपने समर्पण के बाद, व्यक्ति कोई भी दूसरी ज़िम्मेदारी सच्चे मायनों में और मुकम्मल तौर पर नहीं निभा सकता। वह कोशिश कर सकता है; वह एक सन्तुलन बनाये रखने का उत्कट प्रयत्न कर सकता है : लेकिन अक्सर वह अपने को इसमें असफल पाता है। इसके लिए उसे दोषी भी नहीं ठहराया जा सकता। कला-रचना के प्रति एकान्त समर्पण की अन्तिम परिणति यही होती है। यह जीभ पर अपने ही ख़ून का स्वाद लगने की तरह है : यह लगातार, अनवरत, निरन्तर अपने को ही खाते रहना है : इस आत्म-बुभुक्षा से सच्चे और मौलिक रचनाकार की कहीं कोई मुक्ति नहीं है। इसी में से वह सृजन के सघन क्षणों को रचना में मूर्त करता है।

□□

दरअसल सच्चा रचनाकार घनी-सुनहली अयालोंवाला एक सिंह होता है, जिसकी जीभ पर उसके स्वयं के भीतर निहित रचनात्मकता का ख़ून लगा होता है। अपनी सिंह वृत्ति के कारण वह कभी भी इस ख़ून का स्वाद नहीं भूलता और हर वक्त शिकार की ताक में सजग रहता है—चारों ओर से अपनी नज़रें समेटे, एकाग्रचित्त, आत्म-मुख, एकाकी और कोलाहलपूर्ण शान्ति में जूझने और झपटने को तैयार। इसी तरह की एकाग्रचित्तता और आत्ममुखता में सिंह को मचान पर बैठे हुए शिकारी का ध्यान नहीं रहता। यहीं से एक भयंकर अपमान, यन्त्रणा और दुःखान्त की सृष्टि होती है, जिससे वह अपनी सारी गर्जनाओं के बाद भी मुक्त नहीं हो पाता और मारा जाता है। महान् और मौलिक कलाकारों का यही बिम्ब बार-बार मेरे दिमाग़ में बनता है। कला के प्रति सम्पूर्ण आत्म-समर्पण उसे बाहरी दुनिया से बेख़बर कर देता है। वह इन दोनों दुनियाओं में सामंजस्य नहीं स्थापित कर पाता। वह कोशिश करता है, जैसे सिंह भी कभी-कभी मचान की ओर झपटता है (और निराला ने भी शायद बहुत

कोशिश की होगी।) लेकिन उसकी सघन आत्ममुखता इसमें बाधक होती है। इस तरह यह एकान्त-समर्पण एक प्रकार का आत्म-भोज होता है : कला-रचना के प्रति यह अनन्त आस्था एक प्रकार के आत्म-हनन का पर्याय होती है, जिससे किसी मौलिक रचनाकार की मुक्ति नहीं है। जो जितना ही अपने को खाता जाता है—बाहर उतना ही रचता जाता है। लेकिन दुनियाबी तौर पर वह धीरे-धीरे विनष्ट, समाप्त, तिरोहित तो होता ही चलता है। महान् और मौलिक सर्जना के लिए यह आत्म-बलि शायद अनिवार्य है। इन्हीं अर्थों में मैंने निराला के सम्पूर्ण रचना-जीवन को 'आत्महन्ता आस्था' की संज्ञा दी है। मेरी इस धारणा को समझकर ही इस पुस्तक के साथ न्याय किया जा सकता है।

□□

मैं नहीं जानता कि निराला की रचनाओं के प्रति मैं क्योंकर, धीरे-धीरे आकर्षित होता गया। लेकिन पिछले 12 वर्षों से लगातार मैं उन्हें डूबकर पढ़ता रहा। मेरा विचार उनके ऊपर कभी भी कोई पुस्तक लिखने का नहीं था। कविताएँ पढ़ते वक्त मैं सिर्फ़ अपने 'एन्जॉयमेण्ट' के लिए 'नोट्स' लेता गया। पहले तो किताबों के हाशिये पर, फिर एक नोट-बुक में। धीरे-धीरे लगभग वह पूरी ही भर गयी। उसमें मात्र मैं अपने आनन्द के मूक क्षणों को लिपिबद्ध कर लेता था। एक लेखक होने के नाते मैंने उसमें सच्चे और मौलिक लेखक की नियति को पहचाना। अपने खुद को जानने-समझने में मुझे मदद मिली। सच यह है कि निराला की जीवनी से भी अधिक-मौलिक और शाश्वत कला-रचना के प्रतीक 'निराला' को, उनकी रचनाओं से ही समझा जा सकता है। अगर उनका जाना हुआ जीवन हमारी आँखों से तिरोहित भी हो जाये, तब भी गुफा के अँधेरे में बैठी हुई उनकी सिंह-वृत्ति, जलती हुई आँखों से एकटक बाहर की ओर घूरती है।

□□

यह पुस्तक मेरे उन्हीं 'नोट्स' का क्रमबद्ध रूपान्तरण है : अपने निजी आनन्द की अभिव्यक्ति है। लेकिन एक बात यहाँ साफ़ कह देनी ज़रूरी है : आनन्द की मेरी यह अभिव्यक्ति श्रद्धा-विगलित क्षणों की उपज न होकर, मेरे दिमाग़ की तार्किक रस-सिद्धि का परिणाम है, मेरे सधे हुए सुर की अभिव्यक्ति है। अतः उसमें एक तर्कपूर्ण निजी शास्त्रीयता भी है। इसीलिए वह मात्र प्रशस्तिवाचन या निन्दा नहीं है, बल्कि निराला की रचनाओं तक पहुँचने के लिए बनाया गया एक निजी और नया द्वार भी है, जिससे पाठक नये सिरे से, एक नयी जगह से, उस सिंह का दर्शन कर सके। इसीलिए इस पूरी पुस्तक में एक तार्किक और सघन तह-दर-तह शिल्प भी है। इसी रूप में यह एक नया मूल्यांकन है।

□□

निराला की रचनाओं पर सही कोणों से अभी बहुत कम काम हुआ है। लेकिन वह तभी सम्भव होगा, जब विद्वद्वर्ग उनकी रचना के अध्ययन के लिए नयी शास्त्रीयता

की तलाश करे। यह पुस्तक उसी नयी शास्त्रीयता की तलाश की ओर एक क़दम है। यह तलाश वैसे कठिन बहुत है—लेकिन असम्भव नहीं। अगर ऐसा नहीं हुआ तो फिर निराला की रचनात्मकता के प्रति न्याय सम्भव न होगा। केवल एक नीरस, गुमराह करनेवाली अरुचि पैदा करनेवाली, पिष्ट-पेषणता होगी, जिससे कोई फायदा न होगा। इस पिष्ट-पेषणता, श्रद्धा-आवेगिलता और निर्बुद्धि का उदाहरण निराला पर लिखी गयी अनेक पुस्तकें हैं, जिनकी चर्चा यहाँ बेकार है। वैसे निराला की रचनात्मकता का गहरा और सम्यक् अध्ययन करनेवालों में डॉ. रामविलास शर्मा का नाम उल्लेखनीय है।

□□

हाँ, अपने 'नोट्स' को क्रमबद्ध करने और उन्हें प्रकाशित करवाने में जिन लोगों की मुख्य प्रेरणा (डॉ. रघुवंश, श्री वाचस्पति पाठक, डॉ. रामस्वरूप चतुर्वेदी और नीलाभ) रही, उनके प्रति मैं कृतज्ञ हूँ, क्योंकि यदि उन्होंने मुझे इसकी प्रेरणा न दी होती तो मैं अपने आलस्य में इस किताब को अपनी निजी नोट-बुक तक ही सीमित रखता। बस।

13 अगस्त, 1972
इलाहाबाद।

—दूधनाथ सिंह

अनुक्रम

सही अध्ययन दृष्टि : स्थापना

मैंने 'मैं' - शैली अपनायी
देखा दुःखी एक निज भाई
दुःख की छाया पड़ी हृदय में मेरे

निराला की मृत्यु (15 अक्टूबर, 1961) के लगभग साढ़े सात वर्ष बाद प्रकाशित उनके अन्तिम काव्य-संग्रह, 'सान्ध्य-काकली' (जनवरी, 1969) के साथ ही उनकी सम्पूर्ण काव्य-रचनाओं का प्रकाशन-क्रम एक प्रकार से पूरा हो गया है। अभी भी, सम्भव है, इधर-उधर पत्र-पत्रिकाओं में प्रकाशित कुछ कविताएँ या उनके मित्रों के पास पड़ी कुछ रचनाएँ संकलनों में आने से रह गयी हों, लेकिन उनकी संख्या ज़्यादा नहीं मालूम पड़ती। 'मतवाला' के प्रारम्भिक अंकों में प्रकाशित कुछ कविताएँ उनके किसी भी संग्रह में उपलब्ध नहीं हैं। इसी प्रकार 'प्रभा' (कानपुर) में जून, 1920 में छपी उनकी पहली कविता 'मातृभूमि' भी किसी संग्रह में उपलब्ध नहीं है। कलकत्ते से प्रकाशित उनके प्रथम कविता-संग्रह, 'अनामिका' (पृष्ठ संख्या-40, कविताओं की संख्या-कुल 9 : (1) 'अध्यात्मक फल' (2) 'माया', (3) 'जलद', (4) 'अधिवास', (5) 'तुम और मैं', (6) 'जुही की कली', (7) 'पंचवटी प्रसंग', (8) 'सच्चा प्यार', और (9) 'लज्जित'। आकार-गुटका; प्रकाशक-नवजादिक लाल, 23 शंकर घोष लेन, कलकत्ता।) की दो कविताएँ-'सच्चा प्यार' और 'लज्जित' भी उनके काव्य-संग्रह 'परिमल' में सम्मिलित होने से रह गयी हैं। शेष सात कविताएँ 'परिमल' में शामिल कर ली गयी हैं। इसी प्रकार उनका एक गीत मीरजापुर से प्रकाशित होनेवाली एक पत्रिका में छपा है, जो उनके किसी भी संग्रह में संकलित नहीं है। अपने जीवन के अन्तिम दिनों में निराला अक्सर कविताएँ अपने काव्य-प्रेमियों और श्रद्धालुओं को दे दिया करते थे। इस तरह मुझे लगता है कि पुस्तकाकार प्रकाशित कविताओं से अलग उनकी कुछ कविताएँ रह गयी हैं, हालाँकि मूल्यांकन की दृष्टि से इससे कोई विशेष फ़र्क़ नहीं पड़ता।[1]

1. अब संग्रहों में प्रकाशित होने से रह गयी उनकी 39 कविताओं का एक संकलन 'असंकलित कविताएँ' शीर्षक से 'राजकमल प्रकाशन', दिल्ली से प्रकाशित हो चुका है तथा इस संग्रह में भी प्रकाशित होने से रह गयी 7 मौलिक और 3 अनूदित कविताएँ 'निराला रचनावली' में प्रकाशित हो गयी हैं।

श्रीमती महादेवी वर्मा द्वारा सम्पादित 'अपरा' (संग्रहों से चुनी हुई कविताओं का संकलन) को छोड़कर निराला के कुल कविता-संग्रहों की संख्या-13 ठहरती है। प्रकाशन-क्रम के अनुसार उनके संग्रह इस प्रकार हैं–(1) 'अनामिका', (2) 'परिमल', (3) 'अनामिका', (सर्वथा नया संग्रह, जिसमें प्रथम संग्रह 'अनामिका' की कोई रचना सम्मिलित नहीं है।) (4) 'गीतिका', (5) 'तुलसीदास', (6) 'कुकुरमुत्ता', (7) 'अणिमा', (8) 'बेला', (9) 'नये पत्ते', (10) 'आराधना', (11) 'अर्चना', (12) 'गीत गुंज' तथा (13) 'सान्ध्य काकली'। इन सारे संग्रहों में कुल मिलाकर उनकी प्रकाशित मौलिक कविताओं की संख्या 686 ठहरती है।[1] इसके अतिरिक्त 10 अनूदित कविताएँ (5 रवीन्द्रनाथ ठाकुर की कविताएँ और 5 स्वामी विवेकानन्द की) भी हैं, जिनमें 7 'भारती-भण्डार, इलाहाबाद' से प्रकाशित 'अनामिका' में संगृहीत हैं और 2 'नये पत्ते' तथा 1 'अणिमा' में।

इस प्रकार सभी संग्रहों को लेकर निराला के रचना-वर्ष लगभग 40-50 वर्षों के व्यास में फैले हुए हैं। 1916 से लेकर 1961 तक इन्हीं वर्षों की भारतीय सामाजिक, राजनैतिक, आर्थिक स्थितियों तथा निराला के निजी जीवन की विडम्बनाओं के बीच उनकी रचना-प्रक्रिया का विकास हुआ है। अपने युग के प्रमुख कवियों में निराला ही ऐसे कवि हैं, जिनके निजी जीवन और तत्कालीन भारतीय स्थितियों के बीच घहराता हुआ संघात कभी भी बन्द नहीं हुआ है। यह निरन्तर बना रहनेवाला संघात ही वह तथ्य है, जिसके सन्दर्भ में उनके कवि की मानसिक बनावट का अध्ययन उचित होगा। इसी से वह सर्वान्तिक, सर्वग्रासी अव्यवस्था जन्म लेती है, जो अनेक आवर्तों, लहरों और अनेक स्तरों पर उनकी काव्य-रचना-प्रक्रिया के विकसित, सम्भ्रमित और प्रतिफलित होने के लिए ज़िम्मेदार है।

उनके समकालीन दूसरे महत्त्वपूर्ण कवि, चाहे वे प्रसाद हों या पन्त या महादेवी, इस संघात को कविता में उतना अर्थवान् नहीं बनाते–या यों कहें कि अपने निजी जीवन और काव्य-रचना-प्रक्रिया के बीच एक दुहरा सामंजस्य स्थापित करने की लगातार कोशिश ये सभी कवि करते रहे हैं। इस तरह का सामंजस्य और समझौता निराला ने अपने कवि-जीवन में स्थापित करने का शायद कभी प्रयत्न ही नहीं किया। फलतः संघात की यह पीड़ा ही अनेक स्तरों और अनेक रूपों में उनकी कविताओं का मूल और बुनियादी स्वर है।

उनका सारा जीवन सांसारिक दृष्टि से असफल, अव्यवस्थित, विशृंखल, अतिशय अव्यावहारिक और दुःखद रहा है। आर्थिक विपन्नता इसमें प्रमुख रही है। इस सांसारिक दुःखद नियति के आगे हार-जीत की द्वन्द्वपूर्ण मनःस्थिति और उसका अन्तस्ताप ही निराला की रचनात्मकता की मुख्य दिशा बन गयी है। रचना के आन्तरिक क्षणों के फैलाव में गम्भीर अध्ययन, चिन्तन-मनन से निकले हुए निष्कर्षों

1. 'निराला रचनावली' के हिसाब से अब उनकी कुल मौलिक कविताएँ 736 और अनूदित 17 होती हैं।

को बार-बार यह अन्तस्ताप तीखा बनाता है। संसार के महान् कलाकारों के जीवन में जितनी विडम्बनाएँ आयी हैं, निराला उसी तरह की, बल्कि उससे भी गहरी, आक्रामक और सांघातिक विडम्बनाओं के शिकार रहे हैं। वैसे कोई भी रचनाकार जीवन के इस तरह के गर्हित, सन्तापकारी रूपों द्वारा ग्रस लिये जाने के लिए अपने को खुला नहीं छोड़ देता और न ही इसे एक सिद्धान्त के रूप में अपने कलाकार-जीवन में ग्रहण करता है। निराला ने भी वरदान समझकर नहीं, बल्कि एक विवश, कटु यथार्थ की तरह ही इन विडम्बनाओं को वाणी दी है। इसीलिए जहाँ इस तरह की स्थितियाँ साधारण मनुष्य के जीवन को एक अकर्मण्यता, असहायता और पराङ्मुखता की ओर अग्रसर करती हैं, वहीं एक सच्चा और मौलिक रचनाकार इसे अनुभव-संचय और उदात्त-भाव का साधन बनाता है। निराला के साथ भी यही और ऐसा ही हुआ है। जब वे कहते हैं :

(1) मरा हूँ हज़ार मरण
पायी तव चरण-शरण

(2) दुःख ही जीवन की कथा रही
क्या कहूँ आज जो नहीं कही

(3) व्यर्थ प्रार्थना जैसे अब है
पंजर-पिंजर कर से।

(4) जनता के हृदय जिया
जीवन-विष विषम लिया

(5) बाहर मैं कर दिया गया हूँ
भीतर पर भर दिया गया हूँ

तो रचना और काव्य के मुखर अर्थ से मौन की उसी सनातन भाषा तक पहुँचने का संकेत देते हैं, जो अन्ततः सारी महान् और सार्वभौमिक कविता का लक्ष्य है और जहाँ पहुँचकर कविता, या कोई भी रचना, एक सार्वभौमिक वास्तविकता और मनुष्य की आदिम नियति का गूढ़तम संकेत बन जाती है।

□□

लेकिन निराला की काव्य-रचना के विकास को समझने और किसी निष्कर्ष पर पहुँचने के पहले उनकी रचना-प्रक्रिया की आन्तरिक संगति और उसकी यथार्थताओं से परिचित होना बहुत ज़रूरी है। इस निबन्ध के प्रारम्भ में निराला की प्रकाशित कविताओं के आँकड़े प्रस्तुत करने के पीछे मेरा उद्देश्य यही है। उनके सारे

काव्य-संग्रहों में संकलित कविताओं की विषय-वस्तु, शिल्प और उनकी भाषिक संरचना का अध्ययन करने के बाद मैं इस निष्कर्ष पर पहुँचा हूँ कि निराला की काव्य-रचना-प्रक्रिया के विकास को काल-क्रम के आधार पर समझा और विश्लेषित नहीं किया जा सकता है। ऐसा करना, बल्कि, एक प्रकार से बहुत बड़ी भूल होगी। इसकी जगह उनकी रचना-प्रक्रिया को, रचना-प्रक्रिया के अनेक स्तरों के हर समय, साथ-साथ क्रियाशील रहने के रूप में यदि देखा जाय तो उनकी कविता और उनके काव्य-व्यक्तित्व को समझने में ज़्यादा सुविधा होगी। अपने समकालीनों में निराला ही एक ऐसे कवि हैं, जिनके विराट्, सर्वग्रासी प्रतिभाशाली व्यक्तित्व में काव्य-रचना-प्रक्रिया के अनेक स्तर हर समय साथ-साथ क्रियाशील रहे हैं। छायावादी काव्य-सिद्धान्त तो निराला के कालजयी कवि-व्यक्तित्व के एक ही पहलू में समा जाते हैं। उनकी काव्य-रचना का बहुत बड़ा भाग ऐसा है, जो किसी भी काव्य-सिद्धान्त के घेरे में नहीं अँटता। या तो वे अतिशय नवीन और विद्रोही दिखते हैं, या अतिशय पुरातन। उनके काव्य-संग्रहों के प्रकाशन-समय के आधार पर उनके काव्य-विकास को रेखांकित करना पूर्णतया असम्भव है।

उनके पहले संग्रह से लेकर अन्तिम संग्रह तक, प्रत्येक में रचना-प्रक्रिया के अनेक क्रियाशील स्तरों का प्रतिफलन समान रूप से साथ-साथ दिखायी देता है। चाहे वह खिन्नता, उदासी, अवसाद, सुख, निराशा और मृत्यु-भय का अन्तःसंगीत हो; या लम्बी कथात्मक या आत्म-चरितात्मक कविताएँ हों; राष्ट्रीय उद्‌बोधन का स्वर हो; जन-साधारण के उन्नयन की आकांक्षा से रची गयी नये ढंग की कविताएँ हों; ऋतु-गीत हों या प्रार्थनाएँ हों—उनके प्रत्येक संग्रह में सभी तरह की रचनाएँ समान रूप से मिल जाती हैं।

निराला का काव्य-व्यक्तित्व इतना विराट्, गहन, गम्भीर और कुछ ऐसा सीमाहीन लगता है, जिसके अन्दर बाहरी विचार और सिद्धान्त और अध्ययन-रेखाएँ तिरोहित हो जाती हैं और फिर जो कुछ भी रचकर बाहर आता है, वह सिर्फ़ 'निराला' होते हैं। सामयिकता उनके व्यक्तित्व में घुलकर एक निजी और मौलिक रूप धारण करती है। रचना-प्रक्रिया के ये कई-कई आवर्त लगातार हर समय उनके काव्य-व्यक्तित्व को आन्दोलित करते रहते हैं और अनेक रंगों, ध्वनियों और अर्थों से भरी अनेक छवियोंवाली कविताएँ लगातार वे रचते चलते हैं। काल-क्रम के आधार पर एक ही समय के आस-पास रची गयी भिन्न-भिन्न ढंग की इन कविताओं में कोई तारतम्य और संगीत बिठाना विचित्र लगता है।

इसीलिए सम्भवतः निराला ने अपने काव्य-संग्रहों के प्रकाशन के समय कविताओं का चयन (अगर इसे चयन कहा जा सकता है तो) करते समय कविताओं को कहीं भी विषय-वस्तु, शिल्प या भाषिक संरचना की एकरूपता के आधार पर

विभाजित करने की ओर ध्यान भी नहीं दिया है, बल्कि अपने कवि-व्यक्तित्व के अनेक रचना-स्तरों को ज्यों-का-त्यों सुरक्षित रखा है। यहाँ तक कि 'गीतिका' में भी, जो संगीत और गायन-पक्ष को विशेष दृष्टि में रखकर लिखे गये गीतों का संग्रह है, इस तरह के अनेक रचना-स्तर गीतों के बन्द में सुरक्षित हैं। 'तुलसीदास' और 'कुकुरमुत्ता', इन दो को छोड़कर शेष सारे संग्रहों से मैं इस तरह की अनेक-रंगी, अनेक रचना-स्तरों की कविताएँ उदाहरण के रूप में रख सकता हूँ।

संसार की किसी भी भाषा में ऐसे कवि बहुत कम होंगे, जो रचना-स्तरों के अनेक रूपों को साथ-साथ वहन कर सकें और लगातार अनेकमुखी अर्थोंवाली कविताएँ रचने में समर्थ हों। इसका प्रमुख कारण यही था कि निराला ने जीवन को एक ही साथ अनेक स्तरों पर जिया। शायद जीवन और काव्य-रचना में एक ही साथ संघर्ष और संघात के इतने सारे 'फ्रण्ट' खोलने, लगातार लड़ते रहने और रचते रहने की मानसिक और शारीरिक थकान को समझने के बाद ही उनके मानसिक असन्तुलन को समझा जा सकता है और तब यह कोई ऐसी अजूबा स्थिति नहीं लगती; क्योंकि शरीर और मस्तिष्क की एक सीमा तो होती ही है और निराला ने अपनी असीम शारीरिक और मानसिक क्षमता के साथ इस सीमा का, चाहे जाने या अनजाने, लगातार उल्लंघन किया। ऐसा न करना एक तरह की मानसिक समझौतापरस्ती को प्रश्रय देना था, जो निराला-जैसे गहन संवेदनशील, अहंकारी, उदात्त, अव्यावहारिक, भावुक और निपट मानवीय व्यक्ति के लिए असम्भव था।

जिस 'नरक-यात्रा' की चर्चा डॉ. रामविलास शर्मा निराला के जीवन के एक समय-विशेष में करते हैं, दरअसल वह नरक-यात्रा तो उनके जीवन में सर्वत्र फैली हुई है। उसके अनेक आवर्त हैं, अनेक आरोह-अवरोह हैं। उसमें ऐसी खिड़कियाँ भी हैं, जहाँ से 'फागुन की आभा' और 'बादलों की छवि' रह-रहकर झलक मारती है। उस नरक को ही निराला अपराजेय मन से रचना के असाधारण सौन्दर्य तक ले जाते हैं। जीवन और जगत् के इसी गहरे अनुभव से सिंचित रचना का वह असाधारण सौन्दर्य ही इन पंक्तियों में अभिव्यक्त हुआ है :

मैं रहूँगा न गृह के भीतर
जीवन में रे मृत्यु के विवर

मृत्यु के इसी विवर से, इसी नारकीय यन्त्रणा से मुक्ति के प्रयास में, शुद्ध किरण की खोज में, विमल आलिगन कर वायु का स्रोत जानने के लिए वे बार-बार नरक की इस खिड़की से झाँकते हुए अपनी स्तब्धता का ज़िक्र करते हैं :

अस्ताचल रवि, जल छलछल छवि
स्तब्ध विश्वकवि, जीवन उन्मन।

धीरे-धीरे यह नरक-यात्रा एक विशाल, अनन्त रचना-यात्रा के रूप में परिवर्तित होती चलती है। उनकी इस रचना-यात्रा की एकतानता और अनेकमुखता से अलग

उन्हें उनके रचना-वर्षों के विशिष्ट खण्डों में बाँटकर उनकी कविताओं की व्याख्या के प्रति सही अध्ययन-दृष्टि नहीं अपनायी जा सकती।

□□

रचना-स्तरों के अनेक क्रियाशील रूप उनके प्रथम कविता-संग्रह 'अनामिका' की 9 कविताओं में ही मिल जाते हैं। विषय-वस्तु, शिल्प और भाषिक संरचना—किसी भी दृष्टि से उनमें समान रूप से कोई एकरूपता नहीं है। 'जलद' कविता जहाँ प्रारम्भ से ही वर्षा-ऋतु के प्रति उनकी गहरी रुझान का पहला परिचय देती है, वहीं छन्द-संयोजन और भाषिक संरचना की दृष्टि से बिलकुल सरल है। यहाँ तक कि उसमें अंग्रेज़ी शब्दों का खुला प्रयोग निराला ने किया है। 'ग्रेड' और 'डिगरी'-जैसे अकाव्यात्मक शब्दों का प्रयोग निराला ने किया है। 'तलाश्रित', 'ऊर्ध्वंग' से लेकर 'होशियारों', 'बहकाया', 'बैठाल'-जैसे शब्दों का प्रयोग या प्रयोग का घाल-मेल इस प्रारम्भिक कविता में निराला ने किया है।

प्रारम्भ से ही निराला हिन्दी कविता के लिए एक नयी भाषा की खोज में जाने-अनजाने रत दिखायी देते हैं। शायद कालिदास और रवीन्द्रनाथ की भाषा में 'श-ण-ल-व' का विरोध करते हुए, जहाँ अपनी भाषा को उन्होंने हिन्दी की मूल प्रकृति के निकट कहा है, वे प्रारम्भ से ही उसी भाषा, छन्द और कथन-भंगिमा की खोज में लगे हैं। अपनी कविताओं का विरोध होते देखकर ही उन्होंने इस नासमझी के प्रति दुःखी होकर यह कहा कि 'ऐसा इसलिए हो रहा है कि मैंने सदा हिन्दी का मुँह देखा है।'

अपनी प्रकृति, सार्वजनीन मौलिकता और रचना-दृष्टि के प्रति वे इतने सचेत और सजग हैं कि प्रतिद्वन्द्वी और चुनौती देनेवालों में उन्हें कालिदास और रवीन्द्रनाथ ही लगते हैं। 'जलद' कविता की भाषा-संरचना की इस तात्त्विक विशिष्टता के अलावा इस कविता में 'बादल' के जिस रूप को उन्होंने चित्रित किया है—उसी का अनेकमुखी विकास ही आगे चलकर उनके 'बादल-राग' और वर्षा-सम्बन्धी अन्य कविताओं में हुआ है। यहाँ भी 'धरती माँ को हरा वसन पहनानेवाले' के रूप में अन्ततः उन्होंने 'जलद' को देखा है और आगे चलकर उसे फिर 'ये मेरे अपने सपने' और 'ऐ जीवन के पारावार' कहकर सम्बोधित करते हैं। इसी तरह 'आध्यात्म फल', 'तुम और मैं', तथा 'माया' कविताओं के संवेदना दार्शनिक ज़मीन का स्पर्श करते हुए भी विभिन्न भाषिक संरचना के माध्यम अभिव्यक्त हुई है। 'आध्यात्म फल' की भाषा और कथन-भंगिमा एक गहरे व्यंग्य की अनुभूति लिये हुए है, जब कि 'माया' और 'तुम और मैं' संस्कृत की ध्वनि-लहरियों से युक्त एक नयी भाषिक संरचना का आभास देती हैं। 'अधिवास' अपनी ही आध्यात्मिक सिद्धि और 'परमपद लाभ' (अपने एक प्रारम्भिक पत्र में पं. महावीरप्रसाद द्विवेदी को लिखते हुए निराला ने अपना पूरा परिचय देते हुए लिखा है, 'जीवन का उद्देश्य बचपन से ही परमपद

लाभ'।) की आकांक्षाओंवाली काव्य-रचना से पृथक् जन-सामान्य के संस्पर्श की एक शक्तिशाली उद्घोषणा है। कविता को उसकी अभिजात संवेदना से मुक्त करके उसे एक नयी ज़मीन देने को निराला अपनी निजी काव्यात्मक उपलब्धि मानते हुए कहते हैं :

मैंने 'मैं' - शैली अपनायी
देखा दुःखी एक निज भाई
दुःख की छाया पड़ी हृदय में मेरे
झट उमड़ वेदना आयी

हृदय में पड़ी हुई दुःख की यही छाया उन्हें बार-बार अपनी ही रचनात्मक समृद्धि को ध्वस्त करके संवेदना और भाषिक संरचना, दोनों धरातलों पर अपने 'दुःखी भाई' के निकट जाने को प्रेरित करती है। निराला के काव्य में आया हुआ सर्वसाधारण के प्रति यह अगाध प्रेम तथाकथित प्रगतिवाद की देन नहीं है। यह कविता उनके प्रारम्भिक दौर की कविता है, जब हिन्दी में प्रगतिवाद का कहीं नामोनिशान भी नहीं था। संवेदना की अनेक परतें सदा उनकी रचना में साथ-साथ खुलती रही हैं। कविता को उसके परम्परागत आभिजात्य से मुक्ति दिलाने का प्रयास लगातार निराला अपनी रचनाओं के द्वारा शुरू से ही करते हुए दिखायी देते हैं। इसीलिए जहाँ एक ओर 'जुही की कली' लिखकर वे भाषा और संवेदना के दूसरे ही स्वरारोह की सृष्टि करते हैं, वहीं 'अपने दुःखी भाई' को देखकर वे 'मैं' की सर्वथा नयी, अप्रयुक्त शैली और रचना-दृष्टि सगर्व अपनाते हैं। साधारण जन के दुःख से उनके हृदय में पड़ी इसी दुःख की छाया का विकास आगे चलकर 'विधवा', 'भिक्षुक', 'तोड़ती पत्थर', 'दीन', 'खजोहरा', 'रानी और कानी', 'कुकुरमुत्ता', 'महगू महँगा रहा' और 'मानव जहाँ बैल-घोड़ा है'-जैसी कविताओं में हुआ है। दुःख की इस पड़ी हुई छाया की ही अन्तिम परिणति इन पंक्तियों में होती है :

जनता के हृदय जिया
जीवन-विष विषम लिया

'जुही की कली' एक दूसरी तरह की सौन्दर्य-रचना का प्रतिमान स्थापित करती है। यहाँ वह खिन्नता का स्वर नहीं है, जो निराला में प्रारम्भ से ही अपने प्रखर रूप में पाया जाता है। अपने ढंग से यह कविता रवीन्द्रनाथ की कविताओं की चुनौती से उपजी हुई है। इसकी सारी भाषिक संरचना अत्यन्त गूढ़, सामासिक पद-योजना से पूर्ण, तत्सम शब्दावली की कान्ति से चमकती हुई, सुघड़ है। एक सम्पूर्ण मानवीय व्यापार का प्रकृति पर आरोपण है। यद्यपि छन्द-प्रयोग की दृष्टि से यह स्वच्छन्द छन्द की कविता है, लेकिन इसका पूरा भावावेग गीतात्मकता से पूर्ण है। प्रेम और मिलन का अत्यन्त भावमय तथा सूक्ष्म चित्रण इस कविता में किया गया है। कविता के

इतिवृत्त और विवरण को ही निराला ने एक बिम्ब में परिवर्तित कर दिया है। स्वरों के आरोह-अवरोह से एक नयी ढंग की भाव-संवेदना की सृष्टि लगातार आगे उनके काव्य-संग्रहों में मिलती है। 'जागृति में सुप्ति थी', 'शेफालिका', 'स्मृति चुम्बन' इत्यादि कविताएँ इसी रचना-स्तर की सृष्टि का संकेत देती हैं। संवेदना के लिहाज़ से आगे के संग्रहों में अनेक गीत इसी रचना-स्तर के अन्तर्गत आते हैं। 'जुही की कली' में प्रिय के आगमन पर भी न जगना और 'प्रिय के हाथ लगाये जागी, ऐसी मैं सो गयी अभागी' की ध्वनि एक-दूसरे धरातल पर होने के बावजूद एक-दूसरे की याद दिलाती है। या :

(1) **करती हैं स्तवन मन्द पवन से**
गन्ध-कुसुम कलिकाएँ भवन से
(2) **कैसी थी रात, बन्धु। थे गले-गले**
(3) **(प्रिय) यामिनी जागी।**
अलस-पंकज दृग अरुण-मुख
तरुण अनुरागी।

जैसे सैकड़ों गीतों में भी प्रकारान्तर से इसी भाव-संवेदना का विकास हुआ है। इस तरह अध्यात्म, भक्ति, गहन प्रेम, अवसाद, उदासी, खिन्नता, आत्म-साक्षात्कार या प्रकृति की छलछलाती हुई छवि के प्रति कवि की प्रगाढ़ भाव-संवेदना और उसकी ये भिन्न-भिन्न ध्वनियों, अर्थों और रंगों की काव्य-दृष्टियाँ और रचना-स्तर लगातार प्रारम्भिक कविताओं से ही मिलने शुरू हो जाते हैं। राष्ट्रीय उद्बोधन का स्वर भी बहुत पहले से उनकी काव्य-संवेदना का अंग रहा है। बल्कि उनकी पहली प्रकाशित कविता 'मातृभूमि' ही है। माता के रूप में 'भारती' का यह स्तवन कितनी ही कविताओं में आगे चलकर अभिव्यक्त होता रहा है। 'मातृभूमि' भाषिक संरचना की दृष्टि से काफ़ी कमज़ोर कविता है, लेकिन वही विषय-वस्तु और वही संवेदना आगे चलकर 'भारति, जय, विजय करे' या 'नर जीवन के स्वार्थ सकल'-जैसी अनेकानेक कविताओं में विकसित और प्रतिफलित हुई है। 'मातृभूमि' कविता की कुछ पंक्तियाँ इस सन्दर्भ में द्रष्टव्य हैं :

बन्दूँ मैं अमल-कमल
चिर सेवित चरण-युगल

मुकुट शुभ्र हिमागार
हृदय बीच विमलहार
पंचसिन्धु ब्रह्मपुत्र रवितनया गंगा
विन्ध्य विपिन राजे घन घेरि युगल जंघा।

त्रिदश कोटि नर-समाज

मधुर-कण्ठ मुखर आज।
चपल-चरण-भंग नाच तारागण सूर्यचन्द्र
चूम चरण ताल मार गरज जलधि मधुर मन्द्र

अब इसी के समानान्तर 'भारति, जय, विजय करे' की कुछ पंक्तियों को मिलाकर देखें तो कवि के इस प्रारम्भिक प्रार्थनापूर्ण राष्ट्रीय उद्‌बोधन की संवेदना का विकास सहज ही लक्षित हो जायेगा :

भारति, जय, विजय करे।
कनक शस्य कमल धरे।

लंका पदतल शतदल
गर्जितोर्मि सागर-जल
धोता शुचि चरण युगल
स्तव कर बहु अर्थ भरे।

तरु-तृण, वन लता वसन
अंचल में खचित सुमन
गंगा ज्योतिर्जल-कण
धवल धार हार गले।

मुकुट शुभ्र हिम-तुषार
प्राण-प्रणव ओंकार
ध्वनित दिशाएँ उदार
शतमुख, शतरव मुखरे!

पंक्तियों और शब्दावलियों का साम्य इन दोनों कविताओं में द्रष्टव्य है। 'मुकुट शुभ्र हिमागार' की जगह दूसरी कविता में कवि ने 'हिम-तुषार' कर दिया है। इसी तरह 'गर्जितोर्मि सागर-जल' पहली कविता में 'गरज जलधि मधुर मन्द्र' का ही विकसित रूपान्तर है। दूसरी कविता की भाषिक संरचना अधिक गहन, सूक्ष्म तथा अर्थ-सम्भार को अधिक गहराई से व्यक्त करनेवाली है। इसी तरह इस रचना-स्तर का प्रतिफल अनेकानेक मातृ-वन्दनाओं में अलग-अलग रूपों में हुआ है। विदेशी साम्राज्यवादी शक्तियों की ग़ुलामी से मुक्ति का जो आह्वान 'जागो फिर एक बार' या प्रकारान्तर से 'शिवाजी का पत्र' या 'तुलसीदास' में प्रतीकात्मक ढंग से कवि ने किया है, उस संवेदना-दृष्टि का प्रारम्भ शुरुआत की कुछ कविताओं में देखा जा सकता है।

चूम चरण मत चोरों के तू
गले लिपट मत गोरों के तू

में अपने सहज विवरणात्मक ढंग से अनुभव का यह छोर निराला ने पकड़ने की कोशिश की है। चोरों के चरण चूमनेवाले या गोरों के गले लिपटनेवाले लोगों के हाथों भोले-भाले जन-साधारण की दुर्गति का बड़ा ही मार्मिक चित्रण 'दगा की', 'तारे गिनते रहे', 'खेल', 'देवी सरस्वती', 'छलाँग मारता चला गया', 'डिप्टी साहब आये'-जैसी कविताओं में आगे चलकर हुआ है।

□□

विषय-वस्तु, भाव-संवेदना और भाषिक संरचना की एकरूपता को दृष्टि में रखकर निराला ने अपने काव्य-संग्रहों का प्रकाशन नहीं कराया है। प्रथम संग्रह 'अनामिका' के बाद प्रकाशित होनेवाले संग्रह 'परिमल' में भी कविताओं का तीन खण्डों में जो विभाजन किया गया है, वह सिर्फ़ छन्द-विधान को दृष्टि में रखकर ही निराला ने किया है। संवेदना की दृष्टि से एक खण्ड की कविताएँ दूसरे खण्डों की कविताओं से अलग-अलग रचना-स्तरों पर साम्य और वैभिन्न्य रखती हैं। यही बात भाषिक संरचना को ध्यान में रखकर भी कही जा सकती है। 'अधिवास' और 'अध्यात्म फल' यहाँ अलग-अलग खण्डों में रखी गयी हैं, लेकिन उनकी भाषा का स्वभाव एक-दूसरे के निकट पड़ता है। इसी तरह पहले खण्ड की कविता—'प्रार्थना' और दूसरे खण्ड की कविता—'भर देते हो' की भाव-संवेदना एक-दूसरे के काफ़ी पास है। इसी तरह के दूसरे उदाहरण भी आसानी से ढूँढ़ निकाले जा सकते हैं।

उनका तीसरा काव्य-संग्रह 'अनामिका' तो रचना के अनेक स्तरों की क्रियाशीलता और वैविध्य का और भी अच्छा उदाहरण है। एक ओर यदि उसमें 'मित्र के प्रति' जैसे व्यंग्य हैं, तो दूसरी ओर 'राम की शक्ति-पूजा' है। तीसरी ओर 'सरोज स्मृति' है तो 'फिर सितार सँवार लो', और 'उक्ति'-जैसे गहन गीत हैं। एक ओर 'वसन्त की परी के प्रति', 'वारिद-वन्दना', 'वन वेला' है, तो दूसरी ओर 'तोड़ती पत्थर' और 'वे किसान की नयी बहू की आँखें' हैं और 'मरण-दृश्य', 'हताश' और 'ठूँठ'-जैसी कविताएँ हैं।

'गीतिका' के गीतों की रचना मुख्यतः ताल-सुरों को ध्यान में रखकर की गयी है, किन्तु संवेदना और भाषा के लिहाज़ से उसमें भी अलग-अलग ज़मीन की रचनाएँ हमें बराबर मिल जाती हैं। यही हाल 'अणिमा' का भी है। यदि एक ओर उसमें 'स्नेह-निर्झर बह गया है' और 'मैं अकेला'-जैसे आत्म-साक्षात्कार के करुण और हिला देनेवाले गीत हैं, तो दूसरी ओर 'चूँकि यहाँ दाना है', 'सड़क के किनारे दूकान', 'यह है बाज़ार'-जैसी जन-साधारण के बिम्ब-चित्रवाली कविताएँ हैं तो 'स्वामी प्रेमानन्द जी महाराज'-जैसी लम्बी कथात्मक कविता भी हैं और प्रसाद, रामचन्द्र शुक्ल, महादेवी वर्मा, सन्त कवि रविदास और विजयलक्ष्मी पण्डित के प्रति श्रद्धा-कविताएँ भी हैं। 'भगवान् बुद्ध के प्रति'-जैसी उद्बोधनात्मक कविता भी है। और भाव-विह्वल प्रार्थना-गीत भी हैं। जब कि ये सारी कविताएँ 1939 से 1943 के बीच में ही लिखी गयी हैं।

भाव-संवेदना और भाषिक संरचना की दृष्टि से एक ही ज़मीन की कुछ कविताओं का पहला संकलन सिर्फ़ 'कुकुरमुत्ता' है। लेकिन अपने दूसरे संस्करण में यह भी एक लम्बी कविता रह गयी और इसकी शेष सात कविताएँ निराला ने 'नये पत्ते' संग्रह में सम्मिलित कर लीं। 'नये पत्ते' संग्रह अवश्य कुछ दूर तक मेरी स्थापना के ख़िलाफ़ पड़ता है, क्योंकि इसमें लगभग एक ही स्वभाव और ज़मीन की कविताएँ संकलित हैं, लेकिन उसमें भी 'स्वामी रामकृष्ण परमहंस के प्रति', 'देवी सरस्वती' तथा विवेकानन्द की कविताओं के दो अनुवाद उसकी विषयगत और भाषिक संरचना की एकरूपता को कुछ अंशों में खण्डित अवश्य करते हैं।

फिर 'बेला' और 'नये पत्ते' के बाद के चारों संग्रहों—'आराधना', 'अर्चना', 'गीत गुंज' और 'सान्ध्य काकली' में एकतानता खण्डित हो जाती है और निराला की काव्य-रचना के विविध स्वभाव और रचना-दृष्टियाँ फिर झलक मारने लगती हैं। 'आराधना' में प्रेम, प्रार्थनापरक तथा आत्म-साक्षात्कार और ऋतु-गीतों के साथ 'जैसे जोबन', 'बान कूटता है', 'खेत जोतकर आये हैं', 'मानव जहाँ बैल-घोड़ा है' और 'खिरनी के पेड़ तले'-जैसी अभिजात काव्य-दृष्टि को ध्वस्त करनेवाली भाव-संवेदना की कविताएँ भी हैं। यही स्थिति 'अर्चना', 'गीत गुंज' और 'सान्ध्य काकली' की भी है।

इस तरह सिर्फ़ 'नये पत्ते' संग्रह को छोड़कर शेष सारे संग्रह निराला की काव्य-रचना के सम्बन्ध में मेरी सही अध्ययन दृष्टि की स्थापना के उदाहरणस्वरूप उद्धृत किये जा सकते हैं। इस प्रकार, इस स्थापना के बाद छायावाद के दूसरे प्रमुख कवियों—प्रसाद, पन्त और महादेवी के साथ निराला की रचना-प्रक्रिया की वास्तविक स्थिति को यदि रेखा-चित्रों के माध्यम से दिखाया जाय तो वह कुछ इस प्रकार होगी :

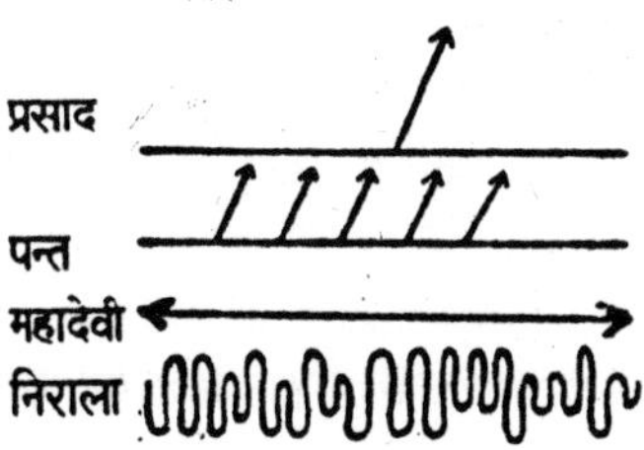

□□

प्रसाद ने अपना साहित्यिक जीवन ब्रजभाषा में काव्य-रचना से शुरू किया। इस शुरुआत से 'कामायनी' की रचना तक पहुँचना एक प्रकार से तलहटी से शिखर तक पहुँचना है। प्रसाद के काव्य में और उनकी रचना-प्रक्रिया में यह सीधी उठान आसानी लक्ष्य की जा सकती है। भाव-संवेदना, शिल्प और भाषिक संरचना—सभी धरातलों

पर उनकी रचना-प्रक्रिया का विकास समान एकरूपता के साथ हुआ है। 'कानन-कुसुम' और 'करुणालय' से लेकर, 'झरना', 'आँसू' और 'लहर' से होकर ऊपर की ओर उठती हुई, क्रमशः समान गम्भीरता और सूक्ष्मता के साथ विकसित होती हुई उनकी रचना-प्रक्रिया की एकतान और एकमुख दिशा को आसानी से पहचाना जा सकता है।

इसके अलावा प्रसाद एक विशिष्ट जीवन-दर्शन के कवि हैं। भारतीय संस्कृति और पुरातत्त्व तथा दर्शन के गहन अध्ययन के आलोक में उन्होंने अपना यह विशिष्ट जीवन-दर्शन निश्चित किया है। इसे उपलब्ध करने के लिए वे भाषा और प्रगीत के सुन्दरतम और मधुरतम स्वरारोहों और ध्वनि-छवियों का उपयोग करते हैं और इनके सहारे कविता के माध्यम से उन्होंने अपने उस विशिष्ट जीवन-दर्शन को अन्ततः 'कामायनी' के माध्यम से उपलब्ध और स्थापित किया है। इस तरह प्रसाद की 'कामायनी' उनकी काव्य-रचना के विकास का अन्तिम और उच्चतम शिखर है। उनमें अपने लक्ष्य के प्रति कहीं भटकाव या सन्देह नहीं है। अपनी गहनतम अनुभूति और उसकी संवेगात्मक उठान में तथा भाषा-प्रयोग और अपने स्वनिर्मित जीवन-दर्शन में उन्हें अगाध आस्था है और उनकी यही आस्था 'कामायनी' की रचना के रूप में प्रतिफलित हुई है।

निराला की तरह रचना के कई-कई स्तर समान संवेगात्मक गरिमा और गहराई के साथ उनमें क्रियाशील नहीं दिखायी देते, बल्कि रचना-प्रक्रिया का एक ही रूप 'करुणालय' से लेकर 'कामायनी' तक के सारे विस्तार में फैला हुआ विकसित होता हुआ, ऊपर की ओर उठता जाता है। इसीलिए उनमें भाषिक संरचना की भी एक ही कोटि दिखायी देती है। विवरणात्मकता से बिम्बात्मकता की ओर बढ़ने और ध्वनि-लहरियों को और सघनता की ओर ले जाने की ओर-यही प्रवृत्ति प्रसाद की भाषिक संरचना को समझने का मूल सूत्र है। इसीलिए निराला की तरह अपनी ही स्व-अर्जित रचनात्मक समृद्धि को बार-बार ध्वस्त करने का प्रयास भी उनमें कहीं नहीं दिखायी देता। बल्कि इसके ठीक विपरीत प्रसाद अपनी अर्जित रचनात्मक समृद्धि को संवेदना और भाषिक संरचना, दोनों स्तरों पर और सघन करते जाते हैं। इस नज़रिये से देखें तो प्रसाद और निराला वास्तव में दो विभिन्न और विरोधी दिशाओं, धरातलों और लक्ष्यों के कवि हैं और उनमें साम्य की जगह वैषम्य ही अधिक लक्षित होता है।

□□

लेकिन प्रसाद की तरह पन्त में एक ही शिखर नहीं है, छोटे-छोटे कई शिखर हैं। पन्त एक बहुत जागरुक, सक्षम और समय की गति पहचाननेवाले अध्ययनशील कवि हैं। वे लगातार बाह्य विचारों और सिद्धान्तों, काव्यरूपों और रचनात्मक स्थितियों को आत्मसात करते रहे हैं और उनके अनुकूल अपनी काव्य-दृष्टि में समय-समय पर

परिवर्तन करते रहे हैं। पन्त में निराला की तरह अनेक रचना-स्तर सदा साथ-साथ क्रियाशील नहीं दिखायी देते, बल्कि इसके ठीक विपरीत एक काल-विशेष तक एक ही रचना-दृष्टि उनमें क्रियाशील रहती है और उसे एक ख़ास स्थिति तक पहुँचाकर पन्त उसे छोड़ देते हैं और फिर नये सिरे से एक नयी अनुभव-सम्पदा और नयी भाषिक संरचना को अपनाते हुए दिखायी देते हैं। लेकिन फिर इस पर भी वे ठहरते नहीं।

ऐसा शायद इसलिए होता है कि वे किसी नये विचार के सम्पर्क में आने पर अत्यन्त तीव्रता के साथ उसे अपनी रचना में ढालने की कोशिश करते हैं और अपनी पिछली रचनात्मक दृष्टि का उतनी ही तेजी से परित्याग भी कर देते हैं। या शायद रचना-प्रक्रिया के विशेष रूप का संरचना के स्तर पर प्रयोग करते-करते वे एक ऊब महसूस करते हैं और बड़ी तेजी से पुनरावृत्ति की ओर बढ़ने लगते हैं। इससे मुक्ति के लिए वे नयी रचना-दृष्टि अपनाते हैं। पन्त जब अपनी रचना-प्रक्रिया और उसके अन्तर्गत की उपलब्धियों को विभिन्न चेतना-खण्डों—सौन्दर्य-चेतना, भू-चेतना, सूक्ष्म-चेतना और बुद्धि-चेतना में विभाजित करते हैं तो शायद उनका इशारा काल-क्रम के आधार पर उपलब्ध अपनी इन्हीं रचना-दृष्टियों को रेखांकित करने की ओर है।

इस दृष्टि से देखें तो पन्त की कविता में कई शुरुआतें हैं और कई अन्त हैं। प्रसाद की तरह एक ही शुरुआत और एक ही अन्त वहाँ नहीं है। न ही निराला की तरह रचना-प्रक्रिया के अनेक उद्वेलन हर समय उन्हें विविध प्रकार की रचनाओं के लिए आन्दोलित करते रहते हैं। एक समय-विशेष में एक ही विशेष ढंग की रचना में वे पूरी तरह संलग्न दिखायी देते हैं। इस दृष्टिकोण से देखें तो निराला फिर पन्त से भी विपरीत दिशा के कवि सिद्ध होते हैं। जहाँ निराला की रचना-प्रक्रिया के विकास के अध्ययन के लिए काल-क्रम का आधार एकदम बेमानी साबित होता है, वहीं पन्त की रचना-प्रक्रिया को समझने के लिए काल-क्रम का आधार ही सबसे उचित, ठोस एवं वैज्ञानिक आधार साबित होता है।

'वीणा-ग्रन्थि', 'पल्लव' और 'गुंजन' (1916-1932) तक सौन्दर्य-चेतना काल की रचनाएँ हैं, तो 'युगान्त', 'युगवाणी' और 'ग्राम्या' भू-चेतना काल की (1932 से 1942)। अर्थात् 'पल्लव' या 'वीणा' या 'गुंजन' की रचनाएँ अपनी भाव-संवेदना और भाषिक संरचना में समानधर्मी रचनाएँ हैं। 'गुंजन' के बाद अचानक पन्त अपनी इस संवेदना और भाषिक संरचना को पूर्णतया त्यागकर, 'ग्राम्या' की भूमि पर उतर आते हैं। सहसा यह लगता है कि ये दो पृथक् कवियों की रचनाएँ हैं। पन्त पलटकर कभी भी 'पल्लव' या 'गुंजन' की ज़मीन पर नहीं लौटते और न ही 'स्वर्ण किरण' और 'स्वर्णधूलि' से फिर 'ग्राम्या' की भूमि पर ही वापस आते हैं। इसीलिए मैंने कहा कि इस नज़रिये से निराला पन्त से भी अलग और सर्वथा विरोधी दिशा के कवि ठहरते हैं। 'छायावाद' के नाम पर इन चारों कवियों को एक ही तुला पर तोलने की जो

लगातार कोशिश की गयी है, जब आज हम उसकी असलियत को इस नज़रिये से परखने बैठते हैं तो कितनी हास्यास्पद और तर्कहीन लगती है।

□□

महादेवी की रचना-प्रक्रिया की विकास-दिशा समझने के लिए इतना तरद्दुद नहीं करना पड़ता। उनका विकास एकतान, सीधा, सहज और सर्वत्र समान है। न तो निराला की तरह वहाँ लहरें हैं, न पन्त की तरह कई शुरुआतें और न प्रसाद की तरह सजग, निर्मित जीवन-दर्शन और विराट् काव्योद्देश्य। मनस्ताप की गहन, सूक्ष्म और बहुरंगी अभिव्यक्ति ही महादेवी के काव्य का प्रमुख लक्ष्य है। एक सर्वान्तिक उदासी और गहरी वेदना की बहती हुई सूक्ष्म लय 'नीहार' से लगातार 'दीपशिखा' तक के गीतों में सर्वत्र समान रूप से परिव्याप्त है। 'जीवन विरह का जलजात' और 'मेरा करुण मुख देख लेते' ही उनके काव्य की मुख्य संवेदना है। इसी को महादेवी ने अनेकविध छविमय बिम्बों में आँका है। भावना की गहनतम सच्चाई ही उनकी कविता का सबसे प्रमुख गुण है। और यह सच्चाई उनके सारे संग्रहों में समान रूप से विद्यमान है। इसीलिए महादेवी की रचना-प्रक्रिया के विकास को समझने के लिए सीधी सरल रेखा ही पर्याप्त है। जो उनकी शुरुआत है, वही उनका अन्त है और जहाँ उनका अन्त है, वहीं उनकी शुरुआत भी है। इलियट का यह कथन कि 'मेरे प्रारम्भ में ही मेरा अन्त है' महादेवी की रचना-प्रक्रिया के विकास को समझने और उसे रेखांकित करने में एक सूत्र की तरह इस्तेमाल किया जा सकता है। लेकिन भावना की गहनतम सच्चाई के कारण यदि निराला के अन्तःसंगीत के निकट इन सभी कवियों में कोई है तो वह महादेवी ही हैं।

□□

इन चारों कवियों की रचना-प्रक्रिया के विकास को समझने के लिए जिन रेखा-चित्रों का आधार मैंने लिया है, उनमें निराला की रचना-प्रक्रिया वक्राकार आरोह-अवरोह की रेखाओं में इसीलिए दिखायी गयी है कि रचनात्मकता की विभिन्न लहरें सदा उनकी रचनात्मक प्रतिभा का अंग रही हैं। ये लहरें न कहीं टूटती हैं, न उनमें कोई दरार पड़ती है। वे अपने वक्राकार हरे-हरे शिखर बनाती चलती हैं, उनमें तेजस्विता का नुकीलापन नहीं, बल्कि आत्मीयता की गोलाई और सुघड़ कटाव हैं। उनमें प्रसाद की तरह एक ही शिखर की ओर सजग उन्मुखता नहीं है, बल्कि एक आन्तरिक सहजता और आत्म-साक्षात्कार की प्रवृत्ति हर आरोह और हर ढलान पर अनेक ध्वनियों और छवियों में मुखरित होती रहती है। उनमें पन्त की तरह अलग-अलग समयों पर अलग-अलग शुरुआतें और अलग-अलग अन्त भी नहीं हैं। बल्कि एक ही साथ अनेक शुरुआतें हैं, जो उनके जीवन के साथ-जहाँ हैं, वहीं रुक जाती हैं; उनका कोई स्वाभाविक और सजग अन्त कहीं नहीं दीखता। बल्कि उनकी एक अनन्त प्रक्रिया दिखायी पड़ती है।

निराला की काव्यात्मक उपलब्धि उनकी शुरुआतों का कहीं अन्त न होना ही है। उनकी कविता का सजग-सचेत अन्त कहीं नहीं होता। वह लगातार अपनी अर्थ-छवियों और अपने 'मौन-मधु' से पाठक को आन्दोलित करती चलती है और एक सर्वथा नये असन्तोष का सृजन करती है। इस रूप में निराला का कहीं भी अन्त नहीं होता। उनकी रचनात्मकता का कोई अन्तिम पूर्ण विराम नहीं है। इस दृष्टि से सिर्फ़ महादेवी ही कुछ हद तक उनकी समानधर्मा हैं। निराला की हर रचना एक सम्पूर्ण स्वतन्त्र जीवन-दृष्टि है। वे अपने समकालीन इन तीनों कवियों की अपेक्षा अधिक आत्मस्थ, निजत्वपूर्ण और गतिशील कवि हैं—यद्यपि उनका काव्य अर्थ-प्रसार से एक सनातन मौन की ओर ले जाता है।

इस रूप में वे रवीन्द्रनाथ, बॉदलेयर, जॉर्ज सेफ़रिस, पास्तरनाक और एज़रा पाउण्ड के अधिक निकट लगते हैं, गो कि रवीन्द्रनाथ और पाउण्ड को छोड़कर इन दूसरे कवियों में संरचना का इतना वैविध्य नहीं दिखायी देता। अर्थ-प्रसार से सनातन मौन की ओर जाते हुए किस तरह शब्द संक्षिप्ततम बिम्बों में बदलते गये हैं, छन्द किस तरह संक्षिप्त होते गये हैं और अर्थ की जगह किस तरह एक सूक्ष्म, व्याकरणहीन, अर्थरहित (निरर्थक नहीं) लय ले लेती है—यह 'सान्ध्य काकली' की निम्नलिखित कविता से लक्षित किया जा सकता है—जैसे निराला शब्दार्थ से आगे, उस शब्दातीत लय के झीनेपन से खेल रहे हों :

ताक कमसिनवारि
ताक कम सिनवारि
ताक कम सिन वारि
सिनवारि सिनवारि

इरावनि समक कात्
इरावनि सम ककात्
इराव निसम ककात्
सम ककात् सिनवारि।

अन्तःसंगीत

मौन मधु हो जाय—
भाषा मूकता की आड़ में
मन सहजता की बाड़ में
जल-विन्दु-सा बह जाय।

निराला की रचनात्मकता का श्रेष्ठतम प्रतिफलन (गद्य और कविता-दोनों ही क्षेत्रों में) अपने निजत्व की समीपतम पहचान की अभिव्यक्ति में हुआ है। यह एक प्रकार का सघनतम आत्म-साक्षात्कार है—कविता या रचना को अपने निजी जीवन-बिम्ब में घुला देने का सफल प्रयास। उनकी काव्य-रचना का अधिकांश भाग इसी आत्म-साक्षात्कार अथवा निजत्व की समीपतम पहचान का परिणाम है। अपने जीवन-बिम्ब और काव्य-बिम्ब को एकमेक कर देने के कारण ही उनके काव्य में वह गहराई आ सकी है, जो धीरे-धीरे, पर्त-दर-पर्त खुलती है और अपनी गरिमा, पवित्रता और भावोच्छलता से पाठक को आह्लादित करती हुई, उसके मन पर अपना अमिट प्रभाव छोड़ जाती है। उच्छल पावनता, आत्म-समर्पण, सुख, आत्म-तोष, गरिमामयता, अवसाद, खिन्नता और जर्जरपन से होकर तिरोहित होते हुए शरणागति की पावनतम इच्छा—यह सब-कुछ निजत्व की इसी समीपतम पहचान का प्रतिफल है।

इस रूप में निराला हमारे निजी क्षणों के निजी (प्राइवेट) कवि बन जाते हैं, जिनकी अभिव्यक्तियों पर हम सुख-दुःख के घने क्षणों में भरोसा कर सकते हैं। किसी भी कवि की यह श्रेष्ठतम उपलब्धि और अन्तिम सफलता कही जा सकती है। निजत्व की यह समीपतम पहचान अपने श्रेष्ठतम रूप में उनके गीतों में अभिव्यक्त हुई है। लेकिन ऐसा नहीं है कि उनकी काव्य-रचना का शेष भाग इस पहचान से रिक्त है। आत्म-साक्षात्कार का तिरोभाव उनकी कविता में कहीं नहीं हुआ है। आगे के अध्यायों में हम देखेंगे कि किस तरह उनकी लम्बी कथात्मक कविताओं ('राम की शक्ति-पूजा', 'तुलसीदास', 'सरोज-स्मृति' आदि।) में भी उनका आत्म-साक्षात्कार या निजत्व की समीपतम पहचान ही अभिव्यक्त हुई है। राष्ट्रीय उद्बोधन की कविताओं में भी उनकी उच्छल राष्ट्र-भक्ति ही व्यक्त हुई है और काव्य-आभिजात्य

से मुक्ति के प्रयास में लिखी गयी कविताएँ भी इस विशेषता से रहित नहीं हैं। इस तरह निजत्व की समीपतम पहचान की अभिव्यक्ति ही निराला की काव्य-रचना का वह केन्द्रीय भाव है, जिसके इर्द-गिर्द वे जीवन-भर चक्कर काटते हुए दिखायी देते हैं। लेकिन, जैसा कि मैंने अभी कहा, इसकी सघनतम अभिव्यक्ति उनके गीतों में ही हुई है। इन गीतों के भी अनेक रंग हैं। अध्ययन की सुविधा के लिए मैंने निराला के इन गीतों को निम्नलिखित वर्गों में विभाजित किया है :

(1) प्रेम-सम्बन्धी गीत

(2) आत्म-साक्षात्कार के गीत

(3) मृत्यु-सम्बन्धी गीत

(4) ऋतु-गीत

(5) प्रपत्ति-भाव के गीत

स्पष्ट है कि यह विभाजन विषयगत है। शिल्प और भाषिक संरचना तथा गीति-तत्त्व के आधार पर उनके गीतों का विभाजन कर सकना लगभग असम्भव है, क्योंकि ये विशेषताएँ समान रूप से उपर्युक्त सभी तरह के गीतों में पायी जाती हैं। इसलिए मुझे उस तरह का विभाजन अनुचित लगा। यह विषयगत विभाजन भी बहुत सूक्ष्म नहीं है। यह सिर्फ़ गीतों की व्याख्या सम्बन्धी सुविधा के लिए किया गया है। इसे किसी के द्वारा अन्तिम मान लेना भी अनुचित होगा। क्योंकि यह बहुत स्पष्ट विभाजन नहीं है। ऐसा नहीं है कि निराला ने इस तरह के शीर्षक या विषय अपने मन में रखकर तब इन गीतों की रचना की। इसीलिए इस विषयगत विभाजन के बावजूद मैंने पाया कि एक वर्ग के गीतों को दूसरे वर्ग के गीतों से पूरी तरह, विषयगत धरातल पर भी, अलग नहीं किया जा सकता।

अक्सर एक प्रेम-गीत आत्म-साक्षात्कार की सघन भाव-भूमि से शुरू होता है या कोई ऋतु-गीत ('अभी न होगा मेरा अन्त') मृत्यु की तीखी पृष्ठानुभूति पर निर्मित होता हुआ दिखायी देता है। ऋतु या प्रेम या आत्म-साक्षात्कार का सघन धरातल, जगह-जगह, शरणागति के गीतों में भी मृत्यु की सघन अनुभूति के साथ उभरता है। इसीलिए मैंने कहा कि यह विभाजन सिर्फ़ अपने अध्ययन की सुविधा के लिए मैंने किया है। इन सभी तरह के गीतों में निजत्व की समीपतम पहचान हर जगह अत्यन्त सूक्ष्म ढंग से संगुम्फित है। इनमें से 'ऋतु-गीतों' और प्रपत्ति-भाव के गीतों' पर हम अलग अध्यायों में विचार करेंगे क्योंकि ये गीत निराला की काव्य-रचना के महत्त्वपूर्ण अंग हैं और पृथक् तथा विशद व्याख्या की माँग करते हैं।

आधुनिक युग में ऋतुओं का ऐसा सघन आकर्षण किसी दूसरे हिन्दी कवि में नहीं पाया जाता। इसी तरह निराला-जैसे प्रयोगशील, अक्खड़ और विद्रोही व्यक्ति तथा कवि के लिए अन्ततः शरणागति की खोज ऊपर से देखने पर काफ़ी अजूबा लगती है, लेकिन उसका अपना तर्क है। इन्हीं कारणों से उनके इन दोनों तरह के

गीतों पर हम अलग से विचार करेंगे। इस अध्याय में हमारे अध्ययन का विषय सिर्फ़ पहले तीन विभाजन होंगे।

प्रेम-सम्बन्धी गीत

निराला के प्रेम-सम्बन्धी गीतों के भी कई रंग हैं—बल्कि रंगों की कई-कई परतें हैं, जो तह-दर-तह खुलती हैं। लेकिन उनके प्रेम-गीतों का केन्द्रीय भाव सुख और आत्म-तोष की तन्मय, उच्छल अनुभूति है। इसी को उन्होंने अनेक रूपों में अलग-अलग गीतों में अभिव्यक्त किया है। इन सारे गीतों को लगातार पढ़ते रहने पर यह लगता है कि हम किसी पहाड़ी नदी की निर्मल-प्रखर, पारदर्शी जल-धारा के बीच खड़े हैं और हमारे चारों ओर वही स्वच्छ, पावन जल-धारा लगातार-लगातार प्रवाहित हो रही है। उसके स्रोत और प्रवाह की अनवरतता की यह अनुभूति कभी ख़त्म नहीं होती। सुख और आत्म-तोष की इस उच्छल अनुभूति की अनवरतता ही निराला के प्रेम-गीतों में व्यक्त हुई है। इसीलिए उनके प्रेम-सम्बन्धी गीतों में एक सहज एकतानता हर जगह विद्यमान है। यानी कि उनके ये गीत खण्ड-खण्ड, एक-दूसरे से अलग-अलग अनुभूतियाँ नहीं हैं, बल्कि एक ही संघटित अनुभूति का एक अनवरत प्रवाह है, जो प्रत्येक गीत में नये-नये बिम्बों के माध्यम से व्यक्त हुआ है। अर्थात् अनुभव की एक समग्रता और विराट्-अखण्डता को ही बार-बार निराला व्यक्त करते हैं। उनके भीतर की यह अनुभव-समृद्धि कभी रिक्त होती नहीं दिखायी देती। अपने सुख, अपनी तन्मयता, अपने पावन आत्म-तोष को बार-बार व्यक्त करके भी निराला जैसे पूरी तरह चुक नहीं जाते। वह गंगोत्तरी बार-बार बढ़ आती है। रस का वह अतल-स्रोत न जाने कहाँ से बार-बार उछल आता है और बार-बार उन्हें आन्दोलित करता है। वे फिर-फिर उसे अभिव्यक्त करके मुक्त होना चाहते हैं, लेकिन यह सम्भव नहीं दिखायी देता। इसीलिए निराला अन्ततः 'मौन मधु हो जाय' जैसी प्रार्थना पर लौट आते हैं। इसीलिए 'सान्ध्य काकली' में आकर उन्हें यह अनुभव होता रहता है कि अन्ततः वे वह सब-कुछ व्यक्त नहीं कर पाये। अन्ततः अपने मन की अनन्त निरामयता को व्यक्त करके वे मुक्त नहीं हुए। अभिव्यक्ति की वह अनन्त व्याकुलता उन्हें फिर बार-बार घेरती है। अन्ततः उनका जी नहीं भरा।

इस नज़रिये से देखें तो निराला के सारे गीत एक ही लम्बी कविता के खण्ड-खण्ड रूप हैं। यहाँ पर आकर निराला रचना-प्रक्रिया के लिहाज़ से महादेवी के निकट लगने लगते हैं। तन्मयता की एक ही अनुभूति को बार-बार अनेक स्वर-छवियों में उकेरने का यही प्रयत्न महादेवी में भी दिखायी देता है। दरअसल महादेवी ने एक ही कविता बार-बार लिखने की कोशिश की है। उनकी मौलिकता वहाँ झलक मारती है, जहाँ एक ही अनुभूति बार-बार कही जाकर भी बासी नहीं पड़ती, पुनरावृत्ति नहीं मालूम पड़ती। हर बार और अधिक गरिमा से फूटती है, हर बार नित-नयी बनती जाती है। निराला के इन प्रेम-गीतों के साथ भी ऐसा ही है।

एक ही अनुभूति—सुख और आत्म-तोष की तन्मयता—बार-बार व्यक्त होकर भी, कहीं पर भी नीरस या पुनरावृत्ति नहीं लगती। इस सम्बन्ध में एक बात और ध्यान देने लायक़ है। यह कुछ-कुछ अजीब है। उनका असन्तोष, आत्म-तोष को पूर्णतया व्यक्त न कर पाने का असन्तोष है।

इसके अलावा एक दूसरी बात और भी है। अपनी सारी बाहरी, व्यक्तिगत टूटन के बावजूद निराला ने अपनी कविता के अधिकांश हिस्से में इस टूटन को हावी नहीं होने दिया है। यद्यपि पराजय और जर्जरपन की अनुभूति उन्हें बार-बार घेरती है और कई बार वे इसमें डूबते हुए भी नज़र आते हैं, फिर भी वे इस घटाटोप को फाड़कर बाहर निकल आते हैं। इसीलिए अगर समाहार के तौर पर कहें, तो कह सकते हैं कि निराला के सम्पूर्ण काव्य का प्रमुख स्वर नैराश्यजनक नहीं है। उनका व्यक्तिगत जीवन चाहे जितना बड़ा दुःखान्त हो, उनका काव्य-बिम्ब अभूतपूर्व और कुछ-कुछ चमत्कारिक ढंग से इस दुःखान्त से लगभग मुक्त है। उनकी कविता का केन्द्रीय भाव सुख, पावनता, आत्म-तोष, आशीष और अन्ततः निष्कामता की चरम अनुभूति है। आश्चर्यजनक यह है कि यह कहीं से भी कृत्रिम नहीं है—कृत्रिम नहीं लगता। ऐसा नहीं है कि जीवन तो उन्होंने दुःखान्त जिया हो और जान-बूझकर एक कलाकार की ज़िम्मेदारी महसूस करके उन्होंने सुख, आत्म-तोष, पावनता और निष्कामता का एक कृत्रिम, और निजी धरातल पर सर्वथा अनजिया काव्य रचा हो। ऐसा बिलकुल ही नहीं है।

फिर यह सवाल उठता है कि यह कैसे सम्भव हुआ? जैसा कि मैंने शुरू में ही कहा है, उनका काव्य ही उनका जीवन-बिम्ब है और उनका जीवन ही उनका काव्य-बिम्ब। उसमें कहीं कोई खाई, विरोधाभास या अन्तराल नहीं है। फिर यह ऊपरी तह पर झलकनेवाला विरोधाभास क्या है? दरअसल, जैसा कि मैंने कहा, अपनी सांसारिक टूटन, नैराश्य और बाहरी हमलावर धक्कों से उन्होंने अपने भीतर के गहरे समृद्ध-स्रोत को कभी भी खण्डित नहीं होने दिया। इससे लगता है कि निराला का रचना-जीवन कहीं से भी अपने भीतरी धरातल पर विघटित और खण्डित नहीं हुआ है। इस बाहरी हमले से सुरक्षित कहीं अतल गहराई में एक निरन्तर प्रवाहित जीवन-स्रोत है, एक अदम्य जिजीविषा है, जो कभी टूटती नहीं। इसी जिजीविषा को, इसी रसस्रोत को समझने के बाद निराला के प्रेम-गीतों में अभिव्यक्त इस तन्मय सुख और पावन, उच्छल आत्म-तोष और आशीषपूर्ण निष्कामता की अनुभूति को समझा जा सकता है।

निराला का सारा जीवन एक विरही कवि बनने के लिए अच्छा-ख़ासा मसाला है, लेकिन अपने प्रेम-गीतों में वे मुख्यतः विरह या दग्ध-मानसिकता के कवि नहीं हैं। आगे चलकर हम देखेंगे कि यही हाल उनके ऋतु-गीतों का भी है। ऋतु के माध्यम से भी उन्होंने मुख्यतः अपने आत्म-सन्ताप को नहीं व्यक्त किया है, बल्कि उसे जीवनदायी स्रोत के रूप में ही ज़्यादातर चित्रित किया है। जब-जब उन्हें

आत्म-जर्जरता की अनुभूति घेरती है, वे उसके प्रभाव को सहज ढंग से स्वीकारते हुए उसके घटाटोप को फाड़ देते हैं। आत्म-सन्ताप और आत्म-जर्जरता से मुक्ति पाने का निराला का यह बिलकुल अपना ढंग है। यानी कि वे उसे नकारते नहीं, उस पर किसी विचार-दर्शन का मुलम्मा चढ़ाकर अपना निजी पक्ष भी (रवीन्द्रनाथ की तरह) मज़बूत नहीं करते। पन्त की तरह उस मनःस्थिति को वे दुरदुराते भी नहीं, क्योंकि कहीं-न-कहीं वह उनका अपना ही जीवन-बिम्ब है, बल्कि उसे सहज ढंग से स्वीकार करके उससे मुक्त हो जाते हैं।

आगे चलकर हम जब आत्म-साक्षात्कार के गीतों पर विचार करेंगे तो पायेंगे कि उनकी आत्म-सन्ताप की अनुभूति के इतने प्रखर होने का कारण भी उनका यही सहज स्वीकार है। इसी स्वीकार से वे निष्कामता, निरामयता और अन्ततः शरणागति की ओर बढ़ते हैं। इस आधार पर हम कह सकते हैं कि निराला अपनी कविता के द्वारा ही मुक्त हुए हैं। सारी बाहरी पराजयें, सारे दुःख, सारी दुर्घटनाएँ और सारे दुःखान्त उनकी कविता में आकर तिरोहित हो जाते हैं। रचना किस तरह मनुष्य को मुक्त कर सकती है, निराला और रवीन्द्रनाथ से बढ़कर आधुनिक युग में इसका दूसरा कोई बड़ा उदाहरण मिल सकना असम्भव है। रवीन्द्रनाथ की मुक्ति तो फिर भी इकहरी है, क्योंकि उन्हें बाहरी पराजयों और दुःखान्तों का अधिकांशतः सामना नहीं करना पड़ा। रवीन्द्रनाथ की मुक्ति में गरिमा खोने की स्थिति की कोई सम्भावना नहीं थी, निराला में थी। लेकिन फिर भी निराला ने इस गरिमा को खोया नहीं है।

'कवि-धर्म ही मानव-धर्म है'—रवीन्द्रनाथ का यह कथन, अथवा 'वैराग्य साधने आमार मुक्ति नय', रवीन्द्रनाथ से अधिक निराला पर लागू होता है। रवीन्द्रनाथ के सामने तो फिर भी कवि-धर्म के निर्वाह की सभी सुविधाएँ प्राप्त थीं। वैराग्य और कविता के अलावा, शिक्षा, समाज-सेवा-जैसे आत्म-मुक्ति के अनेक साधन रवीन्द्रनाथ ने आजमाये और उसमें सफल भी हुए। निराला के पास न तो इस तरह की सुविधाएँ थीं और न ही आत्म-मुक्ति के लिए उन्होंने कोई दूसरा रास्ता ही सोचा। इसीलिए मैं कहता हूँ कि कविता के द्वारा आत्म-मुक्ति का श्रेष्ठतम उदाहरण आधुनिक युग में निराला के अलावा कोई दूसरा नहीं मिलता।

अपने इन प्रेम-गीतों में निराला की मानसिकता का एक सूक्ष्म विकास परिलक्षित होता है। उसे हम यों दिखा सकते हैं—आह्लाद→तन्मयता→गहरा अनुभूत सुख→-आत्म-तोष→उच्छल पवित्रता→आशीष→निष्कामता→और आत्म-मुक्ति। इस क्रम को थोड़ा इधर-उधर किया जा सकता है। लेकिन अक्सर गीतों के रचनात्मक गठन में भी इस क्रम को अनुस्यूत किया गया है। अक्सर उनके प्रेम-गीत आह्लाद के अनहोनेपन से शुरू होते हैं। यह आह्लाद कवि के सम्पूर्ण व्यक्तित्व को एक गहरी तन्मयता से भर देता है। यही तन्मयता एक गहरे सुख में परिवर्तित होती हुई दिखायी देती है। यहाँ से आगे निराला के प्रेम-गीतों का संवेदनात्मक विकास आश्चर्य में अधिक डालता है।

यहीं पर आकर समाप्त होने या भटकने की गुंजाइश है। यहीं पर आकर अधिकांश आधुनिक गीतकार या तो अपने गीतों को समाप्त कर देते हैं या इस सुखानुभूति को ही संवेदना के सम्पूर्ण लयात्मक तनाव का अन्त मान बैठते हैं। निराला के लिए यह सुखानुभूति—उनकी गीति-संवेदना के लयपूर्ण झंकार का केवल मध्य-भाग है। जो गीतकार अपनी कविता को यहाँ ख़त्म कर बैठते हैं, उन पर मांसलता के गीतकार होने का आरोप लगाया जा सकता है। सुखानुभूति तक लाकर छोड़ देने की यही स्थिति अन्ततः इस तरह के सारे गीतकारों को उस तरह की गीति-संवेदना के निकट लाकर खड़ा कर देती है, जिसे अंग्रेज़ी में रोमैण्टिक सेन्सिबिलिटी (Romantic Sensibility) कहते हैं।

इस दृष्टि से देखें तो निराला रोमैण्टिक या स्वच्छन्दतावादी गीतकार नहीं ठहरते। सुखानुभूति उनकी गीति-संवेदना का केवल मध्य-भाग है। यानी कि उसके बाद ही कथ्य का वह महत्त्वपूर्ण अंश आता है, जिस तक निराला अपनी गीत-रचना से पहुँचना चाहते हैं। इसी सुखानुभूति से गरिमामय आत्म-तोष की अभिव्यक्ति जागती है। यह आत्म-तोष रोमैण्टिक काव्य-धारा की उस अपराध-चेतना (Sense of Guilt) या पश्चात्ताप अथवा आत्म-स्वीकार से सर्वथा दूसरी दिशा की वस्तु है। निराला की आत्म-स्वीकृति पश्चिम की अपराध-चेतना से उपजी हुई आत्म-स्वीकृति से पृथक् है। इसीलिए उनके गीतों में अभिव्यक्त यह आत्म-तोष, उच्छल पवित्रता से मण्डित है। उसमें पश्चात्ताप की अनुभूति कहीं नहीं है। क्योंकि प्रेम उन्हें रिक्त नहीं करता, समृद्ध करता चलता है।

इसी समृद्धि का अनन्त प्रसार वे सम्पूर्ण जीवन और जगत् में देखते हैं। यहीं से वरदान और आशीष की अभ्यर्थना शुरू होती है। यहीं से वे अपने अलक्ष्य रस-स्रोत से सारी प्रकृति, सारे जीवन और जगत् को आप्लावित करके स्वयं निष्काम हो जाते हैं। आह्लाद से निष्कामता तक की यही यात्रा उन्हें अन्ततः आत्म-मुक्त करती है। यह आत्म-मुक्ति ही निराला के प्रेम-गीतों का सूक्ष्म भाव-संवेदन है। यहीं आकर निराला साधारण और रोमैण्टिक गीतकारों से अलग हो जाते हैं। यहीं आकर वे मध्यकालीन गीतकारों से भी पृथक् और सर्वथा स्वतन्त्र और मौलिक गीतकार के आसन पर बैठते हुए दिखायी देते हैं। क्योंकि वे प्रेम को अशरीरी न मानते हुए भी उसकी सम्पूर्ण अनुभव-प्रक्रिया से गुज़रकर, उससे सन्तों से भी अलग, एक-दूसरे कोटि की अशरीरी अनुभूति प्राप्त करते हैं। वे उसे माया और दिग्भ्रमित करनेवाला सांसारिक आकर्षण मात्र मानकर उसे त्याज्य नहीं समझते, बल्कि उसमें डूबकर उसकी उच्छल पवित्रता की गरिमामयता को संकेतित करते हैं। इसलिए निराला के प्रेम-गीतों को न तो स्वच्छन्द रोमैण्टिक गीतकारों के गीतों की कोटि में रखा जा सकता है, न ही सन्तों के प्रेम के सचराचर प्रसार की अशरीरी अभिव्यक्ति के अन्तर्गत। इन दोनों से ही अलग उनके गीत उनके निजी जीवन-बिम्ब के

संगोपन-चित्र हैं। उन्होंने अपने से अपनी कविता को कभी भी अलगाया नहीं। इसीलिए आह्लाद से मौन आत्म-मुक्ति तक की उनके प्रेम-गीतों की इस यात्रा को उनकी मौलिक संवेदना की खोज मानना ही अधिक उचित होगा।

इस मौलिक सर्जना की पृष्ठभूमि में निराला की प्रेम-सम्बन्धी निजी और महत्त्वपूर्ण धारणा है। प्रेम उनके लिए वह महान् तत्त्व है, जो उन्हें भारयुक्त न करके भार-मुक्त करता है। उन्हें पूर्ण बनाता है। व्यक्तित्व के भीतर जो खोखले, अँधेरे कोटर हैं, उन्हें भरता है और आलोक फैलाता है। पूर्णता की अनुभूति ही उनके प्रेम-गीतों में बार-बार अभिव्यक्त हुई है। प्रेम के इसी प्रभावशाली रूप का उद्घाटन 'अनामिका' की 'प्रेयसी' नामक पहली ही कविता से शुरू होता है। 'अष्टम ऐडवर्ड' में इसी प्रेम का बखान और उसकी सर्वान्त महत्ता की स्थापना निराला ने की है। इस सम्बन्ध में निराला किसी भी सामाजिक ऐतिहासिक बाधा को महत्त्वहीन मानते हैं। 'प्रेयसी' में यदि उन्होंने सामाजिक बाधाओं और संकीर्णताओं को ताक पर रखते हुए 'प्रेम' को उसके पारम्परिक विचार से मुक्त किया है तो उसी को ऐतिहासिक धरातल पर वे 'अष्टम ऐडवर्ड' के चरित्रोद्घाटन द्वारा प्रतीकात्मक ढंग से मुक्त करते दिखायी देते हैं। दरअसल निराला प्रेम को मनुष्य के जीवन में एक अभूतपूर्व वरदायी अनुभूति मानते हैं और उसकी शरीरी महत्ता को अशरीरी पावन अनुभूति की उपलब्धि तक ले जाते हैं। सम्भव है इस रूप में निराला के इन प्रेम-गीतों में हलकी-सी पारम्परिक झंकार की अनुगूँज भी किसी-किसी को सुनायी पड़े, लेकिन उनका विराट् व्यक्तित्व उस झंकार को सोखकर एक नयी और सर्वथा मौलिक लयात्मक गूँज पैदा करता है। शरीरी महत्ता में प्रेम की प्रखर अनुभूति की पहली प्रतिक्रिया उनके मन में आह्लाद की होती है। इस आह्लाद को उन्होंने बार-बार अनेक बिम्ब-छवियों में आँकने की कोशिश की है :

(1) बैठ लें कुछ देर
आओ, एक पथ के पथिक से
प्रिय अन्त और अनन्त के
तम-गहन-जीवन घेर।

मौन मधु हो जाय-
भाषा मूकता की आड़ में
मन सहजता की बाढ़ में
जल विन्दु-सा बह जाय।

(2) जैसे हम हैं वैसे ही रहें
लिये हाथ एक-दूसरे का
अतिशय सुख के सागर में बहें।
मुँदें पलक, केवल देखें उर में

सुनें सब कथा परिमल-सुर में
जो चाहें, कहें वे, कहें।

वहाँ एक दृष्टि से अशेष प्रणय
देख रहा है जग को निर्भय
दोनों उसकी दृढ़, लहरें सहें।

यह आह्लाद किसी मूढ़ का आह्लाद नहीं है। यह स्थितियों की क्षण-संवेदना से नहीं पैदा हुआ है, जैसा कि रोमैण्टिक कहते हैं, या जिसकी कुछ दिनों तक बहुत कसकर अज्ञेय ने वक़ालत की थी। निराला का यह आह्लाद अतीत और भविष्य को झुठलाता हुआ, उससे पूर्णतया कटा हुआ, तथाकथित 'पूर्ण' वर्तमान में स्थित आह्लाद नहीं है। इन्हीं अर्थों में मैं कहता हूँ कि निराला क्षणवादी और रोमैण्टिक नहीं हैं। उनका यह आह्लाद अपने पूर्व अतीत और आनेवाले भविष्य से जुड़ा हुआ है। उन दोनों से अपने वर्तमान को जोड़कर ही निराला प्रेम द्वारा व्यक्तित्व की पूर्णता का संदेश देते हैं। वह प्रेम का मौन आहूलाद अतीत और भविष्य की अँधेरी जगहों को घेरकर बैठा हुआ है। उस अँधेरे से पलायन नहीं है, उसे घेरकर वश में रखना है, भाषा के मौन से उसकी शल्य-चिकित्सा करनी है, जिससे उत्थान और पतन की रोग-जर्जरता से मुक्ति मिले। यही उसका उद्‌देश्य है। क्योंकि यह उत्थान और पतन का निरन्तर आघात भय पैदा करता है, मनुष्य की आन्तरिक आस्था और पावनता को खण्डित करता है। सिर्फ़ प्रेम ही वह तत्त्व है, जिससे 'निर्द्वन्द्व' और 'निर्भय' स्थिति को प्राप्त किया जा सकता है।

निराला उसी 'अशेष प्रणय' को सारी सृष्टि में रमा हुआ देखते हैं। उसकी लहरें आप्लावनकारी होती हैं—उसकी पवित्रता और तेजस्विता को सहना आसान नहीं है। निराला यह आहूवान करते हैं कि आओ, हम उसकी आप्लावनकारी लहरों का निरन्तर आघात सहें और अपने भय, द्वन्द्व और अँधेरे को पवित्र करें। भय और द्वन्द्व से मुक्ति का अनन्त स्रोत यही प्रेम है। इसी पावनता और मुक्ति के आहूलाद से उल्लसित, वे प्रेम के लिए संसार की कोई भी वस्तु त्यागने को तैयार हैं। उन्हें 'जो चाहें, कहें वे, कहें' की चिन्ता नहीं है। कोई उन्हें मन्द कहता है, उनके काव्यानुमान को छोटा बताता है, उनकी प्रतिभा को बौना क़रार देता है—उन्हें इसकी चिन्ता नहीं। क्योंकि प्रेरणा और प्रतिभा का अजस्र स्रोत तो उनके अपने भीतर वर्तमान है। सांसारिक विष-वचन और दुःखान्त-सबके ऊपर यह प्रेम उनके व्यक्तिगत और काव्य-ऊर्जा को विघटित होने से बचाता है, उन्हें वह सुरक्षा देता है, वह समझ देता है, जो बाहरी संसार में उन्हें निरन्तर अनुपल्बध रही है। वही उनके काव्य-मर्म को विखण्डित होने से बचाता है—उन्हें पूर्ण करता है :

कुछ न हुआ—... न हो
मुझे विश्व का सुख-श्री, यदि केवल
पास तुम रहो।
मेरे नभ के बादल यदि न कटे
चन्द्र रह गया ढका
तिमिर रात को तिरकर यदि न अटे
लेश-गगन-भास-का---
रहेंगे अधर हँसते, पथ पर, तुम
हाथ यदि गहो।
बहु-रस साहित्य विपुल यदि न पढ़ा,
मन्द सबों ने कहा;
मेरा काव्यानुमान यदि न बढ़ा,
ज्ञान जहाँ का रहा,
रहे, समझ है मुझमें पूरी, तुम
कथा यदि कहो।

इसमें भी वही अँधेरा है। वही 'तम-गहन-जीवन' यहाँ 'अँधेरे में डूबा आकाश है'—आकारहीन, निस्पन्द, अदृश्य और डरावना। लेकिन उससे पलायन नहीं है। बल्कि उसका सहज, उदास स्वीकार है। ज्ञान, काव्यानुमान, बहु-रस विपुल साहित्य—कुछ नहीं पढ़ा, कुछ भी अर्जित नहीं किया-कोई अन्तर नहीं पढ़ता। यह कथाकथित रिक्ति बहुत महत्त्वपूर्ण नहीं है। यह बहुत ऊपरी है। रस, ऊर्जा, रचनात्मकता और वाग्मिता का अतल स्रोत तो अन्तर है। वह कहीं से भी रिक्त नहीं रहने देगा। प्रेम की महत्ता से उपजा हुआ यही आत्म-विश्वास इस गीत में अभिव्यक्त हुआ है। यहाँ आह्लाद की अनुभूति में हलकी-सी उदासी हर जगह मिली हुई है। यह उदासी ही उस आह्लाद के अनुभव को और तीखा और गहरा बना देती है।

प्रेम के सम्बन्ध में जायसी या कबीर की इससे मिलती-जुलती उक्तियाँ सिर्फ़ ऊपरी ही साम्य रखती है। कबीर जब 'ढाई आखर प्रेम' का बखान करते हैं तो उनकी उक्ति पूर्णतया उपदेशात्मक हो जाती है। जायसी के प्रेम का बखान एक तरह का दार्शनिक रूपक खड़ा करता है। रवीन्द्रनाथ भी कहीं-न-कहीं प्रेम का एक दार्शनिक रूपक खड़ा करते हुए दिखायी देते हैं। 'रात्रे ओ प्रभाते' में सौन्दर्य और प्रेम का उच्छल, मांसल अनुभूति को देवत्व की पवित्रता तक ले जाने का जो प्रयत्न रवीन्द्रनाथ ने किया है, उसमें अपने चाकचक्य भाव से वे फिर उसी दार्शनिक रूपक की ओर सारी कविता को मोड़ ले जाना चाहते हैं। निराला ने भी इस कविता का शीर्षक 'उक्ति' ही दिया है, लेकिन न तो कबीर के 'ढाई आखर प्रेम' की तरह यह कविता उपदेश बनती है, न जायसी की तरह इसके द्वारा प्रेम का कोई सर्वान्त व्यापक

दार्शनिक रूपक खड़ा होता है और न ही रवीन्द्रनाथ की तरह निराला में कहीं कोई चाकचक्य भाव है। प्रेयसी से देवी तक की, स्त्री की इस यात्रा में रवीन्द्रनाथ जिस तरह का आश्चर्य अपनी कविता में व्यक्त करते हैं, उसमें उसी आदि रहस्यात्मकता का संकेत झलकता है। निराला की इस तरह की पंक्तियाँ भी किसी तरह की रहस्यानुभूति की सृष्टि नहीं करतीं :

(1) वासना की मुक्ति, मुक्ता
त्याग में तागी।

(2) ज्ञान-तन्तु तुम, जग अजान-मन-
शव-शिव-शक्ति महान।

इन उक्तियों में भी निराला प्रेम की अपनी धारणा को दार्शनिक या रहस्यरूपक में नहीं खींचते। हालाँकि इस पंक्तियों के शब्द-बन्ध और उसकी बिम्ब-योजना से यह भ्रम पैदा हो सकता है। लेकिन तथ्य इसके विपरीत है। जहाँ जायसी और रवीन्द्रनाथ नितान्त लौकिक बिम्बों की दार्शनिक रूपक का संकेत देने के लिए काम में लाते हैं, वहीं निराला रहस्यात्मक और दार्शनिक बिम्बजालों से निजत्व की सीधी-सादी अभिव्यक्ति का काम निकालते हैं। 'रूखी री यह डाल' के 'आशुतोष फल' और 'स्मर-हर को वरने' में भी कविता का उद्देश्य प्रेम के गहरे, सान्द्र प्रतिफलन की अभिव्यक्ति ही है। इसी तरह उसे 'ज्ञान-तन्तु' या 'अजान-मन-शव' की 'शिव-शक्ति' कहना भी उसकी दार्शनिक व्यंजना के प्रति प्रतिश्रुति नहीं है। इन अभिप्रायों से निराला अपनी आत्माभिव्यंजना और सहज आत्म-स्वीकृति का ही काम निकालते हैं। इसीलिए प्रेम की यह 'उक्ति' कबीर का उपदेश नहीं बन जाती।

कबीर अपनी उक्तियों को अपने निजत्व से जोड़ते नहीं—एक प्रवचनकर्त्ता की हैसियत से प्रेम के सम्बन्ध में अनुभव और चिन्तन का एक साक्ष्य प्रस्तुत करते हैं। कबीर की उक्ति अपने लिये उतनी नहीं है, जितनी दूसरों के लिए। उनकी साखी उद्धृत करते वक्त कबीर तिरोहित हो जाते हैं, उनका दिया हुआ सूत्र-वाक्य रह जाता है। निराला की 'उक्ति' कहीं से भी दूसरों के लिए नहीं है। वह सीधा निजी साक्षात्कार है—नरम, कोमल, उदास, लेकिन पूर्णता प्रदान करनेवाला। यहाँ पर कविता से निराला कभी तिरोहित नहीं होते, बल्कि वे अपनी निजता की गहरी अनुभूति को चुपचाप हमारे भीतर प्रतिरोपित करते हैं—उनके निजी क्षण हमारे निजी क्षण बन जाते हैं।

इन विषयगत विशेषताओं के साथ इस गीत की भाषिक संरचना भी अत्यन्त सरल, सहज और प्रत्यक्ष है। उसकी व्यंजकता में दूर के संकेत नहीं हैं। संश्लिष्टता, जो निराला के गीतों की एक मुख्य विशेषता है, यहाँ बिलकुल नहीं दिखायी देती। स्थितियाँ साफ़ और द्वन्द्वरहित हैं। अपने अतीत के दुःखान्तों का सहज स्वीकार है।

सारे कथन में एक सुखद मन्थरता है, भागमभाग नहीं है, अर्थ-चमत्कार नहीं है। यह मन्थरता कविता की सम्पूर्ण भाषिकता में अन्तर्गुम्फित है। पढ़ते वक्त टेक की पंक्तियों, तुकों और अन्तरें की छोटी पंक्तियों को एक-एक शब्द पर रुकना पड़ता है। तभी कथ्य का मन्थर-सौन्दर्य उद्घाटित होता है :

कुछ / न हुआ / न / हो /। मुझे / विश्व का / सुख-श्री /, यदि / केवल / पास / तुम / रहो/। मेरे / नभ के / बादल / यदि / न कटे /, चन्द्र / रह गया / ढका /, तिमिर / रात / को तिरकर / यदि / न अटे /, लेश / गगन / भा- / स / का /, रहेंगे / अधर / हँसते /, पथ पर / तुम /, हाथ / यदि गहो /- आदि।

पाठ-प्रवाह के अन्दर इस तरह की मन्थरता कथ्य की दुविधाहीन निश्चिन्तता, आत्मस्थता और निःसंशय मन की अभिव्यक्ति देती है। निराला की कविताओं में यह शिल्पगत सुघढ़ता जगह-जगह प्राप्त होती है, जहाँ कथ्य शब्द-बन्ध के लय-प्रवाह से अधिक व्यक्त होता है—शब्दार्थ से कम। इस गीत में लय की यह मन्थरता ही कवि की दुविधाहीन आत्मस्थता को व्यक्त कर देती है। उसी दुविधाहीन निःसंशय मनःस्थिति को निराला ने अपने संग्रहों के अनेक गीतों में अभिव्यक्त किया है :

सुख का दिन डूबे, डूब जाय।
तुमसे न सहज मन ऊब जाय।

खुल जाय न मिली गाँठ मन की
लुट जाय न उठी राशि धन की
धुल जाय न आन शुभानन की
सारा जग रूठे, रूठ जाय।

उलटी गति सीधी हो न भले
प्रति जन की दाल गले न गले
टाले न बात यह कभी टले
यह जान जाय तो ख़ूब जाय।

वही मन्थर आह्लाद की अनुभूति यहाँ भी व्यक्त हुई है। वही 'तम-गहन जीवन', वही 'अँधेरा आकाश' यहाँ 'उलटी गति' के शब्द-बन्ध में व्यक्त हुआ है। 'जो चाहें, कहें वे, कहें', यहाँ 'सारा जग रूठे, रूठ जाय' में ध्वनित है। वही प्रतिज्ञाबद्धता, वही निश्छल आत्म-त्याग, वही पूर्णता की अनुभूति, वही निरामयता और बेलागपन! इसीलिए मैंने कहा कि निराला के गीत अलग-अलग कविताएँ नहीं हैं, खण्ड अनुभूतियाँ नहीं हैं। उनमें एक सहज एकतानता हर जगह विद्यमान है। वे उनके

अखण्ड अन्तःसंगीत के वक्राकार स्वरारोह हैं, जिनकी निरन्तरता कहीं भी टूटती नहीं है।

□□

प्रेम को व्यक्तित्व की पूर्णता का पर्याय मानने के पीछे निराला के निजी जीवन के दुःखान्त ही हैं। अपनी आत्म-जर्जरता के इन्हीं क्षणों को भरने के लिए वे उसका आवाहन करते हैं। अपनी प्रतिभा-तेजस्विता को समृद्ध करनेवाले स्रोत की तरह उसकी ओर उन्मुख होते हैं। इसलिए आह्लाद से लगातार आत्म-मुक्ति तक की इस अन्तर्यात्रा के संगीत के पीछे अपने निजी दुःखान्तों की तीखी अनुभूति उनके गीतों में हर जगह परिव्याप्त है। शायद दुःखान्त की इसी तीखी अनुभूति की पृष्ठभूमि पर रचे जाने के कारण उनका यह निरामय आत्मतोष, उनकी उच्छल पावनता और निष्कामता की अभिव्यक्ति दुहरी सशक्तता ग्रहण करती है। क्योंकि यहाँ प्रेम एक दुःखी आदमी का पाया हुआ रतन है। रवीन्द्रनाथ की तरह सारी सुविधाओं के बीच एक और अतिरिक्त सुविधा नहीं है, बल्कि 'न कुछ होने' की स्वीकृत स्थिति में पूर्णता का प्रतिभास है। 'न कुछ' की इसी तीखी अनुभूति पर उनके लगभग सभी प्रेम-गीतों की रचना हुई है :

(1) हँसो अधर-धरी हँसी
बसो प्राण-प्राण बसी।
करुणा के रस उर्वर
कर दो ऊसर-ऊसर,
दुःख की सन्ध्या धूसर
हीरक-तारकों कसी।

(2) मेरा दुःख अरण्य, किसलय-दल
ज्वाल, जली काली कोयल तुम
दैन्य-डाल पर बैठी प्रतिपल।
सुना रही हो तान।

इसी 'ऊसर-ऊसर' की भूमिका पर रस का उर्वर स्रोत कवि माँगता है, इसी 'दुःख-अरण्य' में कोयल की काकली सुनकर अन्ततः आश्वस्त होता है। वही 'तम-गहन-जीवन' यहाँ 'दुःख की धूसर सन्ध्या' में अभिव्यक्त हुआ है। दुःखान्त की यही तीखी अनुभूति उनके प्रेम-गीतों की रचना-पृष्ठभूमि है। इसी दुःखते, जले अरण्य में, ऊसर के सर्वान्त प्रसार में, वह अतल स्रोत फूटकर उसे रसप्लावित करता है। इसी का प्रतिफलन उसकी अगाध, ऊर्जस्वित काव्य-रचना है, जिसके बारे में कवि कहता है :

तेरे सहज रूप में रँग कर
झरे गान के मेरे निर्झर

भरे अखिल सर
स्वर से मेरे सिक्त हुआ संसार।

यह उस आत्म-तोष और आस्था की अन्तिम परिणति है। ऊसर-ऊसर में बरसता हुआ, उसे समृद्ध करता हुआ वह अतल स्रोत ही गीतों के निर्झर का रूप ग्रहण करता है। उस 'दुःख-अरण्य' में गाती हुई, जली हुई कोयल के स्वर से सारा संसार अन्ततः नहा उठता है। मन का दैन्य, आत्म-जर्जरता अन्ततः अपने समृद्धतम रूप में प्रतिफलित होती है। अपने निजी जीवन के लिए अक्सर निराला ने जंगल, वृक्ष और पहाड़ का बिम्ब लिया है। उनकी शाद्वलता, कठोरता, उनका अगम अन्धकार-ये सब-कुछ निराला के अपने जीवन के प्रतिरूप लगते हैं। इसीलिए जगह-जगह इन बिम्बों को वे कविता में उभारते हैं। कभी 'ठूँठ', 'कभी झूमता हुआ हरा-भरापन', कभी 'जीवन-वन-सावन', कभी 'पतझर का-सा वन-उपवन', कभी 'नर, अगर तू बन पहाड़' के रूप में हर जगह वे अपनी तेजस्विता और व्यक्तित्व की गहनता तथा अपराजेयता की अनुभूति वहाँ पाते हैं। इसी तरह निराला ने 'श' - 'ण' - 'ल' - 'व' की जगह जिस दन्त्य 'स' की तारीफ़ की है और उसके सन्दर्भ में जयदेव तथा तुलसीदास को वे उद्धृत करते हुए उसे हिन्दी की प्रकृति बतलाते हैं, उसका सुघड़तम रूप-बन्ध 'हँसो अधर-धरी-हँसीवाले' बन्द में देखने को मिलता है। दन्त्य 'स' के प्रयोग का इतना गहन सौन्दर्य शायद ही हिन्दी कविता में कहीं दूसरी जगह मिले। 'हँसो', 'हँसी', 'रस', 'ऊसर-ऊसर', 'सन्ध्या-धूसर', 'कसी'-पूरे बन्द के अधिकांश शब्द दन्त्य 'स' के इस उदास सौन्दर्य से कविता को उद्‌भासित करते हैं। शब्दों की इस चमक में एक शान्त, उदास, मटमैला पीलापन उभरता है, जो पूरी कविता के अर्थ-सौन्दर्य को, उसकी प्रार्थना को, उसकी आशावन्तता को अपने उस मटमैलेपन से मढ़ देता है। जो दृश्य-बिम्ब कवि ने 'अधर-धरी-हँसी' में खड़ा किया है, उसे प्रकृति में प्रतिरोपित करके, 'हीरक-तारकों-कसी' में ले जाकर वह पूरा करता है। होंटों पर रखी हुई हँसी के फूटने-फूटने में धवल दन्त-पंक्तियों की चमक का जो आभास है, उसे धूसर-सन्ध्या के बीच एकाएक हीरे की तरह फूटते सितारों से कवि से मिलाया है। इस तरह एक चित्र में से दूसरे चित्र का सौन्दर्य फूटता है। एक बिम्ब दूसरे बिम्ब को दीये की तरह लौ पकड़ाता है और सहसा बीच के बिम्ब की धूसरता चमक उठती है।

□□

लेकिन निराला के प्रेम-गीतों में चित्रित आह्लाद स्वयं अपने में पूर्ण नहीं है। वह तो सम्पूर्ण क्रम में एक सीढ़ी है। इसी आह्लाद और तन्मयता से होकर निराला प्रेम

के गहरे अननुभूत सुख के चित्रण में उतरते हैं। इस तरह के चित्रण मुझे पारम्परिक उतने नहीं लगे, बल्कि इस तरह के गीत पढ़ते हुए मुझे हेनरी मिलर के उपन्यास 'ट्रॉपिक ऑफ कैन्सर' के कुछ स्थलों की याद आयी। यद्यपि 'ट्रॉपिक' में बहुत-कुछ ऐसा है, जिस ढंग से निराला का दिमाग़ सोच भी नहीं सकता था, लेकिन अननुभूत सुख का जो चित्रण हेनरी मिलर ने किया है, बावजूद अपनी सारी नग्नता के, वह मन पर कोई अश्लील प्रभाव नहीं छोड़ता। इसी को मिलर ने 'दूसरे बाइबिल' की संज्ञा दी है।

निराला और मिलर में अन्तर यही है कि मिलर उस आत्म-तोष की उपलब्धि मानसिक तनावहीनता तथा शारीरिक विश्रान्ति तक मानते हैं, जब कि निराला उसमें एक अजीब-सी पवित्रता और निष्कामता की अनुभूति से अपने को मुक्त महसूस करते हैं। मानसिक तनावहीनता एक प्रकार की दैहिक प्रतिक्रिया ही है कुल मिलाकर, जब कि आत्म-मुक्ति उससे पाया हुआ एक नैतिक मूल्य है। मैंने पहले ही कहा है कि इस तरह की कविताएँ एक ही एकतान अनुभूति के प्रतिफलन हैं। ऊपर के कुछ उदाहरणों में हमने आह्लाद-चित्रण का रूप देखा है। यहाँ एक कविता में उस अपूर्व सुख (जिसे देह-सुख कहकर अक्सर यहाँ तिरस्कृत किया गया है।) की पूर्व-तैयारी का बड़ा ही सूक्ष्म चित्रण कवि ने किया है :

मूँद पलक प्रिय की शय्या पर
रखते ही पग, उर धर-धर-धर
काँप उठा वन में तरु-मर्मर
चली पवन पहली।

यहाँ पग रखने के बाद का सारा व्यापार सिर्फ़ संकेतित है। निराला ने उसके बाद आधी-रात की पहली हवा में काँपते हुए पेड़ का चित्रण करके सारी बात संकेत में कह दी है। लेकिन यह सांकेतिकता किसी मानसिक संकोच की उपज नहीं है। वह पूरी कविता के शिल्प और उसके सौन्दर्य-पक्ष की माँग है। कविता के पहले दो बन्दों में प्रेम-पात्र के मानसिक उल्लास और भोलेपन की छवि को कवि ने उकेरा है। उस भोली-भाली छवि के संयोग की परिकल्पना निराला शब्द-चित्रों से न करके एक प्रकृति-बिम्ब में उसे प्रतिरोपित कर देते हैं। उन्होंने ऊपर के बन्दों में जिस लज्जा की चर्चा की है, उसकी रक्षा वे इसी सांकेतिकता से इस गीत में करते हैं। अतः यह संकोचवश अभिव्यक्ति को टाल जाने का प्रतिफल न होकर शिल्प की माँग से उपजी हुई सांकेतिकता है। जहाँ शिल्प उनसे प्रत्यक्ष अभिव्यक्ति की माँग करता है, वहाँ वे ज़रा भी संकोच नहीं करते। 'जुही की कली' इसका प्रत्यक्ष उदाहरण है। 'निपट निठुराई से सारी देह झकझोर डालने' और 'गोरे कपोल मसलने' का अत्यन्त खुला और बेलाग चित्रण निराला ने 'जुही की कली' में किया है। इसके उदाहरणस्वरूप दूसरे और कई गीत लिये जा सकते हैं :

स्पर्श से लाज लगी,
अलक-पलक में छिपी-छलक
उर से नव-राग-जगी।

चुम्बन-चकित चतुर्दिक् चंचल
हेर, फेर मुख, कर बहु सुख-छल
कभी हास, फिर त्रास, साँस-बल
उर-सरिता उमगी।

प्रेम-चयन से उठा नयन-नव
विधु-चितवन, मन में मधु-कलरव
मौन-पान करती अधरासव
कण्ठ-लगी उरगी।

मधुर-स्नेह के मेह प्रखरतर
बरस गये रस-निर्झर झर-झर
उगा अमर-अंकुर उर भीतर
संसृति-भीति भगी।

यह गीत सम्भोग का अत्यन्त सघन और सूक्ष्म चित्र प्रस्तुत करता है। इतने कम शब्दों में ऐसा भरपूर चित्र रवीन्द्रनाथ में भी देखने को नहीं मिलता। हर शब्द सम्भोग-सुख के पूरे कार्य-व्यापार को तह-दर-तह खोलता है। उसका मनोवैज्ञानिक विकास सूक्ष्मतम ढंग से इस कविता में लक्षित किया जा सकता है। प्रथम स्पर्श से धीरे-धीरे वह नव-राग जन्म लेता है। आह्लाद के इस प्रथम सोपान से आगे बढ़कर कविता असीम तन्मयता और तीव्र व्याकुलता की मनःस्थिति में प्रवेश करती है। कवि उसे 'सुख-छल' कहता है। छले जाने में तीव्र-से-तीव्रतर होता हुआ उल्लास व्यंजित है। फिर उसकी तह-दर-तह पंखुरियों को कवि उघाड़ता है—कभी हास, फिर त्रास. .. साँस-बल। कुचों के उठने-गिरने के लिए साँस लेती, उमड़ती हुई नदी का बिम्ब निराला ने प्रयुक्त किया है। फिर उस सम्पूर्णता का वर्णन है, उस मदहोशी का, जहाँ पर त्रास-हास सब समाप्त हो गये हैं—शान्त मौन भाव से अर्द्ध-बेहोशी में वह कण्ठ से लगी हुई अधरासव पान कर रही है। निराला ने यहाँ उसे 'उरगी' कहा है। इसमें स्त्री के तीखे बेहोश कर देनेवाले वासना-ज़हर का संकेत है। वह विष, जो हमारी सारी चेतना को थोड़ी देर के लिए कुण्ठित कर देता है, मार देता है। लेकिन निराला यहीं पर, इसी तनावहीनता या शारीरिक और मानसिक विश्रान्ति तक ले जाकर इस सारे

चित्र को छोड़ नहीं देते। उनके लिए उससे भी अधिक महत्त्वपूर्ण निष्कामता और आत्म-मुक्ति का वह नैतिक मूल्य है, जो इस सारी प्रक्रिया से होकर उन्हें मिलता है। इसका अन्त 'अमर प्रेम का अंकुर उगने' में होता है, जहाँ पहुँचकर इस जीवन और संसार के सारे दुःखान्त, सारे भय भाग जाते हैं—व्यर्थ, नगण्य और महत्त्वहीन हो जाते हैं।

यही वह व्यक्तित्व की पूर्णता है, वह आत्म-मुक्ति है, जहाँ प्रेम की इस सारी प्रक्रिया से होकर निराला पहुँचते हैं। यही उनकी भारतीयता और मौलिकता दोनों ही है। इसी को कहीं वे 'तृप्ति-प्रेम-सर' कहकर परिभाषित करते हैं। इसी पूर्णता के प्रभाव को वे बार बार अपने गीतों में मुग्धत्व की अलग-अलग छवियों में अंकित करते हैं। कभी 'जुही की कली' के रूप में, कभी 'शेफालिका' के वेश में। इसी को कभी वे 'जब तू रचना में हँस दीं, पल्लव डोले चिड़ियाँ चहकीं' कहकर उसके अनन्त-असीम प्रभाव-सुख को अंकित करते हैं। इसी को कभी 'तन की मन की धन की हो तुम' कहते हैं, कभी 'रंग भरी किस अंग भरी हो' कहकर नारी के भरे-पूरे सौन्दर्य पर अपनी स्नेहित, पावन मुग्धता प्रकट करते हैं। लेकिन वह चाहे किसी भी कोण से गीत को क्यों न उठायें, उसका अन्त उसी पावन निष्कामता और आत्म-मुक्ति में होता है।

(1) नहीं लाज, भय, अनृत, अनय, दुःख
लहराता उर मधुर प्रणय-सुख
अनायास ही ज्योतिर्मय मुख
स्नेह-पाश-कसना।

(2) चमका हीरक-हार हृदय का
पाया अमर प्रसाद प्रणय का
मिला तत्त्व निर्मल परिणय का
लौटी स्नेह-भरी।

(3) गहरे गया तुम्हें तब पाया
रहीं अन्यथा कायिक छाया
सत्य-भास की केवल माया
मेरे श्रवण-वंचन की हो तुम।

(4) दूर हुआ कलुष-भेद
कण्टक-निस्पन्द छेद
खुले सर्ग, दिव्य वेद
माया हो गयी भली।

(5) रह कर मेरे दबते मन
फटे सौ-सौ मधु-गुंजन
तल की छबियाँ, नत लोचन
उमड़ीं, मानस लहराया।

ऊपर के पाँचों उदाहरण गीतों के अन्तिम बन्द हैं। इन सभी उदाहरणों में मुक्ति और आत्म-तोष की वही भावना व्यक्त हुई है जिसका ज़िक्र ऊपर हम कर आये हैं। चाहे वह ज्ञान-तन्तु के रूप में व्यक्त हुआ हो, चाहे प्रेम के अमर-अंकुर के रूप में, चाहे धागे में पिरोयी त्याग की मुक्ता के रूप में—उसका उद्देश्य प्रेम की सारी गहनतम प्रक्रिया से गुज़रकर उसी आत्म-मुक्ति को प्राप्त करना है। यह विशद, अमर प्रेम स्वयं ही मुक्त है, पूर्ण है, अनायास है। उसे किसी लज्जा, भय या असत्य अथवा सन्ताप की चिन्ता नहीं है। जब वह मिलता है तो पूर्ण कर देता है... उस स्नेह-पाश में कसे जाने पर सब-कुछ अनायास ही ज्योतिर्मय हो जाता है—कहीं अँधेरे, अज्ञान के ख़ाली कोटर नहीं रह जाते। वह एक अमर प्रसाद है, निर्मल तत्त्व है जिसके मिलते ही सारा मानव-व्यक्तित्व प्रोद्भासित हो उठता है। सारे कलुष, भेद, ईर्ष्या, अहंकार, अपूर्णताएँ, रिक्तियाँ मिट जाती हैं। जीवन में नया ज्ञान, नया अध्याय प्रकाशवन्त होकर खुलता है। माया भी शुभ में बदल जाती है। दबे हुए मन में सौ-सौ वसन्त फूट पड़ते हैं....।

यही है निराला के इन प्रेम-गीतों की उपलब्धि, उनका भाव-सार, उनका भीतरी महत्त्व,—जिसे बार-बार, लौट-लौटकर कवि चित्रित करता है; उसकी अभिव्यंजना में अपने को पूरी तरह ख़ाली कर देना चाहता है। लेकिन यह सुख, आत्म-तोष, यह आत्म-मुक्ति बार-बार उसे अभिव्यक्ति के लिए घेरती है। वह रस-स्रोत कभी सूखता नहीं, क्योंकि उसका अन्त मानसिक-शारीरिक विश्रान्ति में नहीं होता—उसका अन्त आत्म-मुक्ति में होता है, जो कवि को मिली हुई अनमोल मणि है। इसीलिए उसके मन में कोई संशय, भेद और सम्भ्रम नहीं है। प्रेम को आन्तरिक और बाह्य परम पावन अनुभूति से मण्डित करके उसे आत्म-मुक्ति के सोपान तक ले जानेवाले कवि, आधुनिक युग में अकेले निराला हैं। व्यक्तिगतता का इतना प्रसार, आत्म-साक्षात्कार की सघन अनुभूति की इतनी पवित्र अभिव्यक्ति, अपने निजत्व की समीपतम पहचान की इतनी प्रखर और भावमयी अभिव्यक्ति किसी दूसरे कवि में नहीं मिलती।

□□

इस तरह के मांसल देह-सौन्दर्य को मुक्ति के धरातल तक रवीन्द्रनाथ ने भी इतनी ख़ूबसूरती, सघनता और असाधारणता से नहीं उठाया है। इसके लिए एक ही उदाहरण काफ़ी होगा। अपनी एक प्रेम-कविता 'रात्रे ओ प्रभाते' में रवीन्द्रनाथ ने नारी के 'प्रेयसी' और 'देवी' रूप का बड़ा ही सुन्दर, कोमल और पावन चित्रण किया है :

(1)

कालि मधुयामिनीते ज्योत्स्नानिशीथे कुंज कानने सुखे
फेनिलोच्छल यौवन-सुरा धरेछि तोमार मुखे।
तुमि चेयें मोर आँखि' परे
धीरे पात्र लयेछ करे
हेसे करियाछ पान चुम्बन-भरा सरस बिम्बाधरे
कालि मधुयामिनीते, ज्योत्स्नानिशीथे मधुर आवेश-भरे।
तव अवगुण्ठनखानि
आमि खुले फेलेछिनु टानि
आमि केड़े रेखेछिनु वक्षे तोमार कमल कोमल पाणि
भावे निमीलित तव युगल नयन मुखे नाहि छिल वाणी।
आमि शिथिल करिया पाश
खुले दियेछिनु केशराश
तव आनमित मुखखानि
सुखे थुयेछिनु बुके आनि-
तुमि सकल सोहाग सयेछिले सखी, हासि मुकुलित मुखे
कालि मधुयामिनीते ज्योत्स्नानिशीथे नवीन मिलन सुखे।।

(2)

आजि निर्मलबाय शान्त उषाय निर्जन नदी तीरे
स्नान-अवसाने शुभ्रवसना चलियाछ धीरे-धीरे
तुमि वाम करे लये साजि
कत तुलिछ पुष्प राजि
दूर देवालयतले उषार रागिणी बाँशिते उठिछे बाजि।
एइ निर्मल बाय, शान्त उषाय जाह्नवीतीरे आजि।
देवी तव सिंथिमूले लेखा
नव अरुण सिन्दूर-रेखा
तव वाम-बाहु बेड़ि शंख-बलय तरुण इन्दुलेखा।
एकि मंगलमयी मुरति बिकाशि प्रभाते दितेछ देखा।
राते प्रेयसीर रूप धरि
तुमि एसेछ प्राणेश्वरी
प्राते कखन देवीर वेशे
तुमि समुखे उदिले हेसे-
आमि सम्भ्रम भरे रयेछि दाँड़ाये दूरे अवनत शिरे
आजि निर्मल बाय, शान्त उषाय निर्जन नदी तीरे।।

यहाँ पूरी कविता मैंने अभिप्रायवश उद्धृत की है। एक तो इस पूरी कविता का शिल्प-संघटन कुछ ऐसा है कि उसे खण्ड-रूप में उद्धृत करके उसके साथ न्याय नहीं किया जा सकता। दूसरे इसी सन्दर्भ की निराला की एक पूरी कविता-'स्पर्श से लाज लगी' ('गीतिका', गीत संख्या 28) पीछे उद्धत की है। दोनों कविताओं का कथ्य लगभग एक ही है। लेकिन दोनों की भाषिका-संरचना, बिम्ब-संयोजन, सम्बवेदन-सूक्ष्मता और भाव-प्रसार में बहुत अन्तर है। रवीन्द्रनाथ की कविता में स्त्री के उसी मांसल सौन्दर्य को देवीत्व के स्तर तक उठाने के लिए बड़ा तामझाम इस्तेमाल किया गया है। निराला की कविता की मूल संवेदना इससे थोड़ी-सी पृथक् भी है। उसका कथन इतना स्थूल और सपाट नहीं है, जितना रवीन्द्रनाथ का। कथ्य की इसी स्थूलता और सपाट्ता के कारण रवीन्द्रनाथ की भाषिक संरचना और शिल्प-संघटन भी बावजूद अपने सारे माधुर्य और तत्समता के सपाट हो गया है। रवीन्द्रनाथ ने पूरी कविता को बहुत स्थूल ढंग से दो भागों में विभाजित करके उसके कथ्य को सम्प्रेषित किया है। प्रथम भाग में 'प्रेसी' का रूप और द्वितीय भाग में 'देवी' का रूप। रवीन्द्रनाथ ने कविता के अन्त में यह अभिव्यक्त करने की कोशिश की है कि ये दोनों रूप परस्पर विरोधी हैं और इसीलिए आश्चर्य में डालते हैं। रवीन्द्रनाथ कविता में इस विरोधाभास के भीतर धँसकर उसके सत्य की खोज नहीं करते, बल्कि 'सम्भ्रम भरे रयेछि दाँड़ाये दूरे अवनत शिरे' कहकर अपने आश्चर्य और अनिश्चय में ही कविता का अन्त करते हैं।

निराला की कविता में इस तरह की शिल्पगत और संघटनगत स्थूलता और सपाटता कहीं नहीं है। उसमें शब्दों का एक सघन रचाव है और हर शब्द एक बिम्ब बनकर कथ्य के विकास को क़दम-दर-क़दम आगे बढ़ाता है। निराला के शब्द-बन्ध के भीतर घुली हुई बिम्ब-संक्षिप्ति दर्शनीय है। वे शब्दों में घटनाओं का इस्तेमाल नहीं करते बल्कि परिस्थिति की संगोपन सघनता को अत्यन्त सूक्ष्म ढंग से संकेतित करते चलते हैं। इसकी जगह रवीन्द्रनाथ आँचल हटाने, वक्ष पर हाथ रखने, चुम्बन लेने, केशराशि खोलने का स्थूल विवरण करते हैं। इस तरह यह ऊपरी विवरणात्मकता सम्भोग को अत्यन्त सपाट और मुखर बना देती है। पाठक उसकी स्थूलता से उसे स्थूल रूप में ही प्रत्यक्ष करता है। जबकि निराला के शब्द-चित्रों में गूढ़ संकेत प्रमुख हैं। 'चुम्बन' कहकर भी निराला चुम्बन की स्थूलता तक नहीं जाते। निराला के लिए वह स्थूल रूप में घटित हो चुका है। निराला उसकी घटनात्मकता को अतीत में रखकर ही शुरू करते हैं। इसलिए उसमें चूमना प्रमुख नहीं है, चूमने का प्रभाव मुख्य है। 'चुम्बन-चकित चतुर्दिक चंचल', कहकर निराला चूमने के प्रभाव को अंकित करते हैं, रवीन्द्रनाथ की तरह 'हेसे करियाछ पान, चुम्बन-भरा सरस बिम्बाधरे' कहकर उसे एक स्थूल क्रिया तक सीमित नहीं कर देते। जहाँ निराला में 'अधरासव पान' का ज़िक्र आया है, वह अंश भी रवीन्द्रनाथ की 'यौवन-सुरा' की तरह मात्र स्थूल कथन नहीं है। 'कण्ठ लगी उरगी' कहकर निराला वासना के मारक ज़हर को अत्यन्त

सघनता और सूक्ष्म बिम्ब से उजागर कर देते हैं। यह बिम्ब एक ही साथ दृश्य और अनुभवगम्य दोनों ही है। दृश्य के रूप में निराला इस बिम्ब के द्वारा वक्राकार, गोल-कटावदार, सुन्दरी स्त्री को कसे हुए आलिंगन में मूर्त करना चाहते हैं और अनुभवगम्य बिम्ब के रूप में 'उरगी' कहकर वे वासना के मारक ज़हर से उत्पन्न अनन्त व्याकुलता और मदहोशी के भाव को सम्प्रेषित करते हैं। निराला जिस अनुभव को 'कभी हास, फिर त्रास, साँस-बल' कहकर सम्प्रेषित कर देते हैं, उसके लिए रवीन्द्रनाथ को पंक्ति-दर-पंक्ति के स्थूल विवरणों पर उतरना पड़ा है।

फिर रवीन्द्रनाथ की तरह 'प्रेयसी' के 'देवी' रूप पर निराला के मन में कोई संशय, आश्चर्य और चाकचक्य भाव नहीं है। ये इस परिणति को पहले से ही जानते हैं। स्थूल देह-भोग उनका लक्ष्य नहीं है। वह तो वह प्रक्रिया है, जिसके भीतर से गुज़रकर निराला प्रेम के अमर अंकुर को अपने भीतर उगा हुआ पाते हैं। उसे एक निर्मल तत्त्व, ज्ञान-तन्तु के रूप में स्वीकार करते हैं। यही ज्ञान-तन्तु इस सृष्टि की रहस्यात्मकता से उत्पन्न अनाम भय को दूर करता है। स्वच्छता, पावनता, आत्म-तोष और निष्काम मुक्ति जिससे उपलब्ध होनेवाले अमर मूल्य हैं। इस तरह कथ्य में समानता होते हुए भी भाषिक संरचना, शिल्प-संघटन और सम्प्रेषण के लिहाज़ से रवीन्द्रनाथ की कविता की तुलना निराला की कविता से नहीं की जा सकती। यहाँ निराला रवीन्द्रनाथ से बहुत ऊँचे दर्जे की प्रतिभा और ऊर्जस्वित वाग्मिता के कवि ठहरते हैं और रवीन्द्रनाथ उनके सामने एक अत्यन्त स्थूल, व्यंजना में उथले और साधारण कवि लगते हैं।

□□

इसके अतिरिक्त भी रवीन्द्रनाथ की कविता में कई तरह की पुनरावृत्तियाँ हैं। उसके तामझाम में 'मधुयामिनी', 'कुंज-कानन' भी है, फिर निर्मल हवा में सुबह का नदी का किनारा भी है। ये सारे शब्द एक ख़ास तरह की मानसिक बनावट और पारम्परिकता की ओर संकेत करते हैं। अगर 'जाह्नवी तीरे' की जगह 'यमुना तीरे' होता तो यह पूरा भाव-संवेदन प्रकारान्तर से कृष्ण और राधा में प्रतिरोपित हो जाता। नहीं भी हुआ है, तब भी यह सारा तामझाम उसकी अनुगूँज तो देता ही है। फिर यह एक सुविधा-सम्पन्न आदमी की प्रणय-कथा है, जिसके पास रात में विहार करने के लिए कुंज भी है और सुबह नहाने के लिए 'निर्जन' नदी का किनारा भी है। यानी कि वह कोई प्राइवेट घाट होगा, जिस पर नहाने की इजाज़त जन-सामान्य को नहीं होगी। इन्हीं अर्थों में इस कविता का पूरा सम्प्रेषण एक ख़ास प्रकार की दूरी का अनुभव कराता है, सारे अनुभव को हमारे अन्दर प्रतिमूर्त नहीं करता।

निराला की कविता में इस तरह की टीम-टाम नहीं है। क्योंकि वह एक जन-साधारण का भाव-संवेदन है। उसके पास कुंज और प्राइवेट घाट नहीं है, चाँदनी रात में विहार करने का उन्मुक्त साधन और एकान्तिकता नहीं है। निराला की कविता का सारा संगोपन-प्रेम शायद एक कमरे में घटित होता है, जहाँ प्राइवेसी तो

है, लेकिन वह समग्र जन-साधारण की प्राइवेसी का पर्याय बन जाती है। उसमें उस तरह की पारम्परिक अनुगूँज देनेवाले प्रसंग भी नहीं हैं। इस तरह, इन सभी दृष्टियों से निराला की कविता अधिक सशक्त, मार्मिक, पूर्ण और गहरी बन पड़ी है।

□□

आह्लाद, सुख, आत्म-तोष, पावनता, निष्कामता और आत्म-मुक्ति की प्रधानता के बावजूद निराला के कुछ प्रेम-गीत ऐसे भी हैं, जिनमें दुःख-भाव की प्रधानता है। यद्यपि इन गीतों की संख्या कोई बहुत ज़्यादा नहीं है, फिर भी प्रेम में आत्म-सन्ताप की अभिव्यक्ति बड़े ही सशक्त ढंग से यहाँ हुई है। इन गीतों में भी पारम्परिकता का कमतम आभास मिलता है। इनमें भी कवि के निजत्व की समीपतम पहचान ही अधिक व्यक्त हुई है। इस तरह विरह के पुराने अर्थ में इन गीतों को नहीं लिया जा सकता। इस तरह के गीतों में स्मरण-भाव प्रमुख है। लगभग सभी गीतों में सुखकर अतीत के दृश्य-चित्र उपस्थित किये गये हैं। इस स्मरण-भाव के माध्यम से कवि ने अत्यन्त डूबकर नारी-सौन्दर्य-चित्रण किया है। ऐसे गीतों की कोमल और मार्दव-भरी भाषिक संरचना दर्शनीय है। 'परिमल' की 'स्मृति' एक प्रकार से इस तरह के स्मरण-भाव की प्रतीक कविता है। यद्यपि इसके सम्पर्ण शब्द-बन्ध और ध्वनि-संयोग पर पन्त का प्रभाव साफ़ झलकता है। 'स्मृति' कविता का स्मरण-भाव निराला की दूसरी कविता 'यमुना के प्रति' की-सी अतीतोन्मुखता की याद दिलाता है। अन्तर यही है कि यहाँ स्मरण-भाव निजी है, किसी प्राचीन इतिवृत्त के माध्यम से नहीं आया है। इसीलिए जहाँ 'यमुना के प्रति' में आनेवाले बिम्ब अवैयक्तिक (Impersonal) हैं, वहाँ स्मृति के बिम्ब एकदम वैयक्तिक (personal)। लेकिन इस कविता में भी विरह-भाव प्रमुख नहीं है।

इस तरह की दूसरी कविताओं में भी-चाहे वह 'तरंगों के प्रति' हो, 'सन्ध्या-सुन्दरी' हो, 'प्रिया के प्रति', 'निवेदन', या 'अनामिका' की 'मरणादृश्य' और 'यहीं' अथवा 'अर्चना' का प्रसिद्ध गीत 'बाँधो न नाव इस ठाँव'- सभी में स्मरण-भाव में आया हुआ दग्ध सौन्दर्य ही प्रमुख है। उसमें गलदश्रु भावुकता कहीं नहीं झलकती। कहीं-कहीं, किन्हीं गीतों में उलाहना और व्यंग्य का भाव इस दुःख-भाव में मिला हुआ है—जैसे 'आँख लगायी जब से, हमने चैन न पायी' जैसे 'अर्चना' के एक गीत में। इस तरह के व्यंग्य और उलाहने से निराला दुःख की भावोच्छलता को सन्तुलित करते हैं। इन्हीं अर्थों में वे विरही कवि न होकर एक आधुनिक कवि बन जाते हैं। उनमें दुःख का हरहराता ज्वार है, आत्म-जर्जरता भी है, दैन्य भी है, लेकिन अपनी इस मनःस्थिति को उन्होंने प्रेम को सन्दर्भ बनाकर अभिव्यक्त नहीं किया है। अपनी इस दुर्दम नैराश्य-भावना को उन्होंने अपने जीवन के दूसरे कठोर-संघर्षों को सन्दर्भ बनाकर व्यक्त किया है। कभी-कभी उन्हें 'मुझे स्नेह क्या मिल न सकेगा'-जैसा अनुभव घेरता ज़रूर है, लेकिन यह भी प्रेम का सन्दर्भ न होकर, करुणाकर के कृपा-भाव के प्रार्थना-प्रश्न के रूप में फूटता है। यह दूसरी बात है कि उनके मस्तिष्क में जब भी

प्रेम-शून्यता का बवण्डर मँडलाता है, वे इसी तरह की प्रश्नवाची मुद्रा अपनाते हुए दिखायी देते हैं :

(1) जब कहीं झड़ जायेंगे वे
कह न पायेगी,
वह हमारी मौन भाषा
क्या सुनायेगी
फिर किधर को हम बहेंगे
तुम किधर होगे,
क्या कहोगे भी कि हाँ, पहचानते?

(2) कैसा था अतीत वह, अब यह
बीत रहा है कैसा काल?
क्या तुम व्याकुल होतीं?
मेरे दुःख पर रोतीं?

(3) किसके स्वर में आज मिला दोगी वर्षों का गान
आज तुम्हारा किस विशाल वक्षःस्थल में अवसान?
बहतीं जातीं साथ तुम्हारे स्मृतियाँ कितनी
दग्ध-चिता के कितने हाहाकार!

(4) छिपी जो छवि छिप जाने दो
खोलते हुए तुम्हें क्यों चाव?
दुःखद वह झलक न आने दो
हमें खेने भी तो दो नाव!
हुए क्रमशः दुर्बल ये हाथ
दूसरे और न कोई साथ!

(5) अर्द्धरात्रि की निश्चलता में हो जाती वह लीन
कवि का बढ़ जाता अनुराग
विरहाकुल कमनीय कण्ठ से
आप निकल पड़ता तब एक विहाग।

ये सारे उदाहरण निराला के उन गीतों से लिये गये हैं, जिनमें स्मरण-भाव और प्रश्न की मुद्रा प्रमुख है। आत्म-सन्ताप का एक नुकीलापन है, जो रह-रहकर गड़ता है। लेकिन ये सभी उदाहरण प्रेम-गीतों से नहीं लिये गये हैं। तीसरा उदाहरण 'तरंगों के प्रति' नामक कविता से लिया गया है और पाँचवाँ 'सन्ध्या-सुन्दरी' से। आगे हम

देखेंगे कि निराला ने अपनी इस तरह की कविताओं को ही 'मुक्त गीत' कहा है। बहरहाल, इन दोनों कविताओं का मुख्य विषय प्रेम नहीं है। इनमें प्रकृति में मानवीय व्यापारों का अत्यन्त सघन प्रतिरोपण है। 'तरंगों के प्रति की सारी बिम्बमाला तैरती हुई सुन्दर, मस्तानी औरत को चित्रित करती है और 'सन्ध्या सुन्दरी' में एक, सुन्दर, कोमल, शान्त स्त्री का चित्र कवि ने खड़ा किया है। लेकिन ये तटस्थ बिम्बमालाएँ मात्र नहीं हैं। अगर ऐसा होता तो ये कविताएँ मानवीकरण का अत्यन्त सफल, सुन्दर, कोमल और सान्द्र पारम्परिक निर्वाह-मात्र बनकर रह जातीं। लेकिन ये कविताएँ मात्र निर्वाह की कविताएँ नहीं हैं। कारण वही है—कविता के अन्त में आते-आते निराला ने उसे अपने निजत्व से जोड़ दिया है।

इस अन्त से पूरी कविता का अर्थ ही उलट जाता है। अन्त से जब हम शुरू की ओर बढ़ते हैं तो अचानक लगता है कि इस सारे प्रतिरोपण में कवि का वही 'स्मरण-भाव' छिपा हुआ है। उसी में से वह नितान्त निजी बिम्बमालाएँ निकालकर कभी 'तरंगों' में, कभी 'सन्ध्या' में, कभी 'रूखी डाल' में, कभी 'विरह वृन्त की कोमल कुन्द कली' में प्रतिमूर्तित करता है। इन्हीं अर्थों में और इसी नुक्ते पर आकर ये कविताएँ मात्र प्रकृति और मानव व्यापारों के कलात्मक संयोजन की कविताएँ न होकर सन्तप्त-प्रेम की कविताएँ बन जाती हैं।

लेकिन पहले, दूसरे और चौथे उदाहरण में यह स्मरण-भाव बिलकुल प्रत्यक्ष है। पहला उदाहरण 'परिमल' की 'निवेदन' नामक कविता से लिया गया है। इस कविता की अत्यन्त विशद व्याख्या निराला ने स्वयं अपने निबन्ध 'मेरे गीत और कला' में एक जगह की है। उन्होंने इसे मुक्त प्रेम (free love) की कविता कहा है। मुक्त प्रेम क्यों? क्योंकि एक तो इसमें छूटने की गहरी पहचान है। प्रेम और स्मरण और सन्ताप के विस्मरण की सच्चाई को प्रेमी जानता है। इसीलिए उसमें स्त्री का दूसरे प्रेमी के साथ 'अतल जल में मगन बह जाने' का ज़िक्र है। इसमें ईर्ष्या या एक-प्रेमी-व्रत की इच्छा नहीं है, बल्कि एक प्रेम के बाद उसे विस्मृति के गर्भ में फेंककर फिर से प्रेम करने और पहले प्रेमी के द्वारा उसे मुक्त भाव से स्वीकारने की स्थिति है। सिर्फ़ वह अतीत की एक हलकी-सी पहचान चाहता है। यह प्रेम-चित्रण का एक सर्वथा नया ढंग है। यह उस तरह का पारम्परिक परकीया-भाव नहीं है, जिसका चित्रण हमारे रीतिकालीन कवियों ने काफ़ी मुखर होकर किया है। बल्कि यह प्रेम-सम्बन्धों को मुक्त होकर एक नये धरातल पर स्वीकारने की इच्छा का प्रतिफलन है। इसीलिए यह कविता सीधी-सादी विरह की कविता न होकर, बहुत गहरे उतरती है।

विरह या वियोग-दुःख को उसकी पारम्परिकता से मुक्त रखने के लिए निराला ने इसी तरह के और भी दूसरे प्रयास किये हैं। 'अर्चना' की कविता 'आँख लगायी' में यह प्रयास व्यंग्य और शब्दों के प्रतीकार्थ को प्रयुक्त करके निकाला गया है। जैसे 'बन आयी वह कि दूर हुई सगाई' में 'सगाई' के पारम्परिक कबीराना अर्थ का प्रवेश

करा कर। इसी तरह 'बाँधो न नाव' में उस प्रेमिका को, उस सौन्दर्यमयी हँसी के द्वारा ही बहुत-कुछ अभिव्यक्त कर देनेवाली स्त्री को 'दाँव देनेवाली' कहकर उसमें नियोजित 'स्मरण-भाव' को दुःखद की जगह हलका और भार-मुक्त करने की कोशिश कवि ने की है। इसके अतिरिक्त इस कविता को पारम्परिकता से मुक्त करने के लिए निराला ने उसे स्थानीयता और भोलेपन के ताज़े रंगों के कई-कई 'कोट्स (Coats) चढ़ा दिये हैं। इसीलिए उसकी सहजता और ताज़गी दुःख या आत्म-सन्ताप की अनुभूति न कराकर एक सुखद भोलेपन में डुबो देती है। इसी तरह डूबने पर इस कविता में से एक फ़कीराना अर्थ भी उभरता है, जो मुक्तता का अहसास अधिक कराता है, दर्द का कम।

पता नहीं क्यों इसे पढ़ते हुए मुझे बार-बार 'नवीन' की कविता 'हम अनिकेतन हम अनिकेतन' की याद आती है। वैसे ऊपरी तौर पर इन दोनों कविताओं में कोई साम्य नहीं है, लेकिन जैसे लगता है बार-बार ठौर खोजनेवाले, स्थायित्व की आकांक्षा रखनेवाले व्यक्ति को हर जगह से उखड़ना और आगे बढ़ना पड़ रहा हो। अन्ततः इस तरह 'अनिकेतन' रह जाने और लगातार बहते जाने की प्रक्रिया ही जैसे उस व्यक्ति की नियति बन गयी हो। जैसे वहाँ ठहर जाने पर लोग शक करेंगे, पूछेंगे। क्योंकि इस स्थान-विशेष की तुम्हारी जो निजी परिचित है वे उसे नहीं जानते; तुम्हारे स्मरण में बसे हुए उस अतीत के भोले सौन्दर्य को नहीं पहचानते। इसीलिए तुम्हारा यहाँ रुकना उचित नहीं है। वह तुम्हारी मौन भाषा तुम्हारे अन्दर बसे हुए सौन्दर्य को कैसे उद्घाटित करेगी? पूरा गाँव तुम्हारी उस स्मरण-संचित भाषा को नहीं समझेगा। अतः यहाँ से चले-चलना ही ठीक है। उदासी और अवसाद की यह झीनी रेखा इस कविता में सर्वान्त फैली हुई है। दरअसल इस गीत को पढ़ते हुए अक्सर तुरन्त यह समझ में नहीं आता कि इसके अन्दर छिपी वह कौन-सी विशेषता है, जो हमें तुरन्त पकड़ लेती है। लेकिन जैसे-जैसे हम डूबने लगते हैं, उसके सौन्दर्य की पारदर्शिता में सब-कुछ झलक मारने लगता है :

बाँधो न नाव इस ठाँव बन्धु।
पूछेगा सारा गाँव बन्धु!

यह घाट वही जिस पर हँसकर
वह कभी नहाती थी धँसकर
आँखें रह जाती थीं फँसकर
कँपते थे दोनों पाँव, बन्धु!

वह हँसी बहुत-कुछ कहती थी
फिर भी अपने में रहती थी

सबकी सुनती थी, सहती थी
देती थी सबके दाँव बन्धु!

शायद सबसे पहले इस गीत की सहज-सरल भाषिक संरचना ही पाठक को आकर्षित करती है। उसके अपनेपन में, उसकी सहजता में वह कुछ इस प्रकार खो जाता है कि अर्थ-सौन्दर्य की तह-दर-तह का उद्घाटन फिर वह नहीं करता। निराला की सबसे बड़ी विशेषता यही है कि इतनी सरल भाषिक संरचना में उन्होंने उदासी और आत्म-साक्षात्कार का इतना गूढ़, सूक्ष्म और गहरा संयोजन किया है।

□□

इस प्रकार ऊपर के विवेचन में हम देखते हैं कि बावजूद इसके कि उन्होंने प्रेम के वियोग-पक्ष का चित्रण किया है, उनका मन और रचनात्मक जीवन इसे अपने अनुकूल नहीं पाता। क्योंकि वे प्रेम को आत्म-जर्जर, सन्तप्त या रिक्त कर देनेवाला तत्त्व न मानकर व्यक्तित्व को पूर्णता प्रदान करनेवाला तत्त्व मानते हैं। उसे वे सांसारिक दुःख-बोध, भय-बाधा आदि को समाप्त करके निष्काम आत्म-मुक्ति का तत्त्व मानते हैं। इसीलिए जहाँ 'स्नेह-निर्झर' के बह जाने और रेत की तरह शरीर के टूट जाने का अवसाद भी व्यक्त हुआ है, उसे अन्त में ले जाकर निराला पूर्णकाम की मनःस्थिति में घुला देते हैं। कहीं दैन्य वहाँ नहीं घेरता है, बल्कि उसकी जगह अपनी उपलब्धि, अपने उत्तरदायित्व को पूर्ण कर पाने का उच्छल गर्व अधिक व्यक्त हुआ है। ढहे हुए जीवन के समृद्ध ऐश्वर्य की अनुभूति उन्हें निरामय और पूर्ण बनाती है। इसके अतिरिक्त भी, जहाँ प्रेम में आत्म-सन्ताप की कठिन अपरिहार्य अनुभूति उन्हें घेरती हैं, वहाँ भी वे विरह-जर्जर नहीं दिखायी देते बल्कि एक सरल और कातर प्रार्थना पर उतर आते हैं :

कह रहा हूँ जो कथा
बज रही उसकी व्यथा?
या चरण चलते रहेंगे
निश्शरण पर सर्वथा?
सुख मिला जिसको जिलाया
दुःख दे मत दलमलो।

बनो वासन्ती मृदुल
पत्रिका तरु की अतुल
फिर सुरस-संचारिका
सुख-सारिका उसकी मुकुल,

फिर मधुर मधुदान से नव
प्राण दे दे कर फलो।

आत्म-साक्षात्कार के गीत

मैंने बार-बार इस बात को ऊपर दुहराया है कि निराला की कविता का सबसे मुख्य स्वर उनकी आत्म-साक्षात्कार की कविताओं में व्यक्त हुआ है। निजत्व की यह सघनतम, निकटतम पहचान केवल उनके गीतों में ही नहीं व्यक्त हुई है—उसकी झंकार उनकी दूसरी रचनाओं में भी आसानी से सुनी जा सकती है। लेकिन गीतों में वह अपने प्रखरतम रूप में बजती रहती है। एक गहरी अवसन्नता से ये गीत शुय होते हैं। यह अवसन्नता कवि के आन्तरिक और बाह्य जीवन की कटु अनुभूतियों का प्रतिफलन है। उसके इर्द-गिर्द का सामाजिक वातावरण, पारिवारिक और दूसरे सम्बन्ध, असत्य के आगे सिर न झुकाने, हार न मानने की उसकी प्रतिज्ञा लगातार उसे तोड़ती है। कवि का आन्तरिक व्यक्तित्व और बाहरी जीवन के तीव्र संघात उसके मन में एक अजीब-सी उदासी और अवसन्नता की सृष्टि करते हैं।

चाहे जिन कारणों से भी हो, निराला अपने समय के समाज और इतिहास में एक 'मिसफिट' व्यक्ति साबित होते हैं। वे दरअसल दुनिया को अपने ढंग से चलाना चाहते हैं और दुनिया अपने ढंग से चलती है। निराला बार-बार उसे तोड़कर ढहाने की कोशिश करते हैं और हर बार स्वयं थोड़ा-थोड़ा टूटते जाते हैं। उनके सारे जीवन-प्रसंगों के भीतर धँसकर विचार करने पर उनके इस निरन्तर होते रहनेवाले आत्म-क्षय के तीखे अनुभव को आसानी से समझा जा सकता है।

निराला अपनी शारीरिक और मानसिक शक्ति और सामर्थ्य से भी बड़ी-बड़ी लड़ाइयाँ लड़ते रहे हैं। अपने सारे व्यवहार और चरित्र से उन-जैसा व्यक्ति किसी भी समाज के लिए बाहरी तौर पर एक ख़तरा तो बन ही जाता है। क्योंकि आम आदमी में सत्य के लिए लगातार जूझते रहने की शक्ति नहीं होती। वह अनेक छोटी-बड़ी बुराइयों, स्वार्थों, नीचताओं और छोटी-छोटी आस्थाओं से घिरा होता है। जो भी व्यक्ति उसके इस तरह के कामों में आड़े आता है, जो भी उसकी छोटी-छोटी आस्थाओं, संकीर्णताओं और स्वार्थों पर अपने उन्मुक्त व्यवहार के हथौड़े चलाता है, वह उसे सन्देह की नज़र से देखता है। वह अकेले और सीधे प्रहार नहीं करता, लेकिन वह अपनी रक्षा के लिए सामूहिक रूप से कमर कस लेता है। यह वह वर्ग होता है, जिसे खुली सच्चाई की आँच सहने की आदत नहीं होती। वह उस जन-साधारण की तरह नहीं होता, जो अपने सुख-दुःख के ऊपर से अत्यन्त भोलेपन से, सच्चाई की इस आँच को गुज़र जाने देता है, या उसे ग्रहण करके उससे शक्ति प्राप्त करता है और अपने जीवन में उस प्रकाश को भर-भर लेता है। क्योंकि इस जनसाधारण के छिपे स्वार्थ इस समाज में नहीं होते। वह स्वयं टूटा, शोषित और सताया गया होता है, इसलिए वह इस तरह की नंग-धडंग सच्चाई का आदर करता है। लेकिन ऊपर जिस आम आदमी की मैंने चर्चा की है, वह, वह वर्ग है, जो समाज और इतिहास को अपने हितों और स्वार्थों के लिए इस्तेमाल करता है। ऐसा व्यक्ति अपने वर्ग-हितों की सुरक्षा

के लिए निराला-जैसे खरे आदमी और ठेठ लड़ाकू के ख़िलाफ़ चुपके-चुपके कमर कसता है।

दूसरी ओर निराला के सम्पूर्ण चरित्र में समझौते की हलकी-सी बू भी कहीं नहीं मिलती। उनकी लड़ाई कई-कई स्तरों पर एक साथ चलती दिखायी देती है। एक स्तर पर वे अपनी रचना को स्वीकृति दिलाने के लिए अपने जीवन के प्रारम्भिक हिस्से में लगातार लड़ते हुए दिखायी देते हैं। उनके निबन्ध देखकर लगता है कि उन्हें तिकड़म नहीं आता, वे दुष्लाप और कुतर्क नहीं कर सकते। दरअसल उनके व्यक्तित्व में गढ़ाकोला का ठेठ किसान बहुत दूर तक बैठा हुआ नज़र आता है। इसीलिए वे उलटकर सीधा प्रहार करते हैं—दूसरों की तरह अभिसन्धियों में व्यस्त नहीं दिखायी देते। वे नफ़ीस किन्तु कायर और नीचतापूर्ण करारी काट में माहिर नहीं हैं। वे सीधे-सादे लट्ठमार ढंग से प्रहार करते हैं। अपनी रचनात्मकता के बचाव में लड़ी गयी उनकी सारी लड़ाई एकदम साफ़ और सीधी है। उन्होंने दूसरों की तरह अपने बारे में लिखवाया नहीं बल्कि स्वयं ख़ूब लिखा है और दूसरों को आमने-सामने समर में बार-बार पछाड़ा है, या पछाड़ने की चुनौती दी है।

इस तरह निराला की सारी लड़ाई एक प्रकार का धर्म-युद्ध है, जिसकी मिसाल दूसरी जगह नहीं मिलती। उसमें कहीं कोई छिपाव नहीं है, पीठ-पीछे छुरा भोंकने की प्रवृत्ति नहीं है, कायर षड्यन्त्र नहीं है—अपने पहाड़ की तरह दृढ़ व्यक्तित्व से दूसरों को टकराकर चूर-चूरकर डालने की प्रवृत्ति है। उन्हें अपनी शक्ति और अपने इस धर्म-युद्ध पर उच्छल गर्व की अनुभूति भी है। उनका नैतिक और सत्य का पक्ष निःसंशय और प्रबल है। इसलिए जब भी वे प्रतिद्वन्द्वी को निःसंशय मन से वे हिन्दी के सवाल को लेकर कभी महात्मा गाँधी से टकराते हैं, कभी जवाहरलाल से, कभी पं. रामचन्द्र शुक्ल, पुरुषोत्तम दास टण्डन, सम्पूर्णानन्द और आचार्य नरेन्द्रदेव से। साहित्य और भाषा के सवाल पर जो भी तिगिड़-बिगिड़ करता है वे उसे बर्दाश्त नहीं कर पाते। सच्चाई के लिए तुरन्त कमर कसकर तैयार हो जाते हैं।

□□

गड़बड़ी वहाँ है, जहाँ निराला पहले से ही यह मान बैठते हैं कि जिसे वे लड़ाई के लिए ललकार रहे हैं, वह भी उनकी सत्य-प्रियता का आदर करेगा। वे यह नहीं जानते कि सामनेवाले लोग भीष्म नहीं हैं, आधुनिक ज़माने के षडयन्त्रग्रस्त योद्धा हैं। वे सामने की लड़ाई लड़ना नहीं जानते। वे आपको टोहते रहते हैं और समय तथा अवसर देखकर पीछे से करारा वार करते हैं। निराला ने अपने सारे जीवन-समर में पीछे से कभी वार नहीं किया। इसीलिए उनका नितान्त भोला मन पीछे से वार सहने की कल्पना भी नहीं करता। गड़बड़ी यहीं पैदा होती है। निराला बहुत-सारे फ्रण्ट एक ही साथ अपने जीवन में खोले हुए दिखायी देते हैं। हर.फ्रण्ट पर वे सीधा प्रहार करते हैं और थोड़े ही दिनों बाद वे पाते हैं कि सामने से उन पर कोई प्रहार न करके, सभी पीछे से प्रहार कर रहे हैं।

आत्म-साक्षात्कार की ये कविताएँ उनके इसी दुःखद मोह-भंग का परिणाम हैं। सहसा उन्हें एक धोखा नज़र आता है; सहसा उन्हें लगता है, वे ठगे गये हैं; सहसा उन्हें वह दूसरी तरह की लड़ाई समझ में आती है, जिसकी वे कल्पना भी नहीं करते थे। चूँकि निराला चाहकर भी इस तरह की छिपी लड़ाई नहीं लड़ सकते-इसलिए उनके मन में एक विचित्र तरह की एकतरफ़ा आत्मपराजय, अवसन्नता, जर्जरता, खिन्नता, उदासी और गहरे आत्म-सन्ताप की तीखी अनुभूति जागती है। यहीं से वे अपना पुनर्दर्शन शुरू करते हैं। पुनर्दर्शन की इसी वृत्ति का परिणाम उनकी ये कविताएँ हैं। निराला को लगता है कि वे सच्चाई के लिए ग़लत जगह टकरा रहे थे... या लड़ाई की उनकी सीधी-सादी स्ट्रेटेजी आज के सन्दर्भों में बेकार साबित हुई। क्योंकि सामनेवाला दूसरी तरह की स्ट्रेटेजी से लड़ता है। निराला की आँखों में जो एक विशाल शून्य-भरी टकटकी दिखायी देती थी, शायद, वह सच के इस तरह ठगे जाने की अनुभूति से ही पैदा हुई है। उन्हें कभी नहीं लगा कि उनके लड़ने का ढंग ग़लत है, बल्कि वे उस प्रत्युत्तर शान्त, मौन और कायर षडयन्त्र—की अपेक्षा नहीं करते थे, जो उन्हें मिला। अपने भोलेपन में, अपनी निपट अक्खड़ता में उन्होंने विश्वास कर लिया था कि सब उन्हीं जैसे हैं।

अपने जैसा न पाकर अचानक जो तकलीफ़ उन्हें हुई होगी, उनके जैसे संवेदनशील आदमी के मानसिक सन्ताप की कल्पना करना हमारे लिये सहज है। पन्त, महादेवी या प्रसाद को इस तरह अपनी रचना-समृद्धि को स्वीकृत कराने की जद्दोजहद नहीं करनी पड़ी। निराला में यह लड़ाई उनके जीवन के अन्तिम क्षण तक दिखायी देती है—लेखों में, व्यक्तिगत झगड़ों में और अन्त में इस संघर्ष के साक्षात्कार में लिखी गयी कविताओं में। यह दूसरी बात है कि अन्ततः इस समर में उन्हें विजय मिलती हुई दिखायी देती है। लेकिन कब? जब कि सारा जीवन समाप्त हो चुका है, तनी हुई खाल झूल चुकी है, शरीर सिर्फ़ रेत रह गया है...। यह विजय-श्री, आत्म-तोष की जगह पिछले सारे संघर्षों की एक तीव्र और कटु अनुभूति बार-बार जगाती है और अन्ततः उनका मन बार-बार इसी अवसन्नता, दुःख-जर्जरता और ठगे जाने की अनुभूति से घिर-घिर आता है :

(1) **हुआ सूना हृदय दूना, याद आया चरण छूना**
कामना की रही बाक़ी, माल-पूँजी ले गये ठग।

(2) **चोट खाकर राह चलते**
होश के भी होश छूटे
हाथ जो पाथेय थे, ठग-
ठाकुरों ने रात लूटे,

कण्ठ रुकता जा रहा है।
आ रहा है काल देखो।

अपने संघर्ष की सच्चाई और उसकी नैतिक निःसंशयता के बावजूद यह जो ठगे जाने का भाव है—यही वह आत्म-दर्शन है—अपने ही को उलटकर बिलकुल नज़दीक से फिर पहचानना है, जिसका प्रतिफलन आत्म-साक्षात्कार के इन गीतों में हुआ है। इसके अलावा इस बाहरी नैतिक, प्रत्यक्ष समर के साथ-ही-साथ उनके जीवन में सदा बनी रहनेवाली दैवी विनाश-लीलाएँ भी हैं, जो लगातार उनका क्षरण करती हैं। वहाँ भयंकर विनाश है; लगातार मृत्युएँ हैं; आर्थिक विपत्ति के दानव का अँधेरा, खुला हुआ कोटर है; लगातार बढ़ता हुआ एकाकीपन है; भयंकर विपन्नता है। इसी अँधेरे एकाकीपन के कोटर में वे भारी-भरकम क़दमों से थप-थप करते टहलते नज़र आते हैं। उनकी आँखें बाहर प्रकाश को खुली चकाचौंध से एकटक घूरती रहती हैं। अँधेरे की उनकी इसी लगातार टहलान का साक्षात्कार इन कविताओं में हुआ है। बाहरी और भीतरी, इन दोनों संघातों से लगातार वे अपने रचनात्मक क्षरण को रोकने के प्रयत्न में जीवन-भर लगे हुए दिखायी देते हैं। यह दूसरी बात है कि वे अपनी विराट् प्रतिभा, वाग्मिता और काव्य-ऊर्जस्विता को टूटने से बहुत-कुछ बचा ले जाते हैं, लेकिन इन बहुत सारे फ्रण्ट्स पर लगातार अपराजेय भाव से लड़ते रहने के कारण उनके मन की उर्वर भूमि में कहीं एक निरन्तर-कटाव शुरू हो गया है।

इसी व्यक्तिगत क्षरण और निरन्तर कटाव की तीखी दुःखमयता से इन कविताओं ने जन्म लिया है। इसी वजह से इन कविताओं में अवसन्नता, एक गला देनेवाली गहरी उदासी, विषैला अपमान, दुःख-भरी आत्म-जर्जरता और निरर्थक पराजय की बड़ी ही तीखी अभिव्यक्ति हुई है। यह पराजय और आत्म-जर्जरता कहीं-कहीं टूटे हुए मन से दैन्य-भाव के निकट जाती लगती है। फिर भी अधिकांशतः दैन्य-जर्जरता से ये कविताएँ ग्रस्त नहीं हैं। निराला का अहं और कठोर आत्माभिमान तथा संघटित व्यक्तित्व उन्हें दैन्य-जर्जर होने से हर जगह बचाता है। यहाँ एक बात जान लेनी ज़रूरी होगी कि ये कविताएँ डायरी या निजी जीवन का आलेख मात्र बनकर नहीं रह जातीं। उनमें आत्म-चरितात्मकता प्रमुख तो है, लेकिन यह आत्म-चरितात्मकता भी एक ऐसे नैतिक नुक्ते पर खड़ी है कि वह मात्र कवि की व्यक्तिगत तकलीफ़ न रहकर एक सार्वजनीन तकलीफ़ बन जाती है। एक अर्थ में इन कविताओं को उनकी आत्म-जीवनी कहा जा सकता है, लेकिन दैवी दुःख-भोग और सच्चाई के लिए सारी दुनिया से लड़ाई मोल लेने की पृष्ठभूमि में भाव-मुखर होने के कारण यह आत्म-जीवनी एक प्रतीक-व्यक्ति की जीवनी बन जाती है। कोई भी इन परिस्थितियों में यही महसूस करता।

यहीं पर आकर निराला के निजी संघात के क्षण किसी भी निःसंशय नैतिक व्यक्ति के निजी क्षण बन जाते हैं। इसी नैतिक नुक्ते के कारण इन कविताओं का प्रभाव इतना गहरा और सार्वजनीन है।

□□

निराला के आत्म-दर्शन से सम्बन्धित इन गीतों को भी हम दो भागों में, अध्ययन की सुविधा के लिए, विभाजित कर सकते हैं।

पहला रूप उन गीतों का है जो उनके रचनात्मक संघर्ष को प्रतिबिम्बित करते हैं; जिनमें अपनी रचना-समृद्धि की लगातार उपेक्षा से आहत होकर निराला ने उसे स्वीकृत कराने, उसके सौन्दर्य, उसकी तेजस्विता को उद्‌घाटित करने के लिए लेखों के अलावा कविता का माध्यम भी इस्तेमाल किया है। अपने लेखों में जहाँ वे अपने हमलावरों का डटकर जवाब देते हैं और अपनी काव्य-स्मृद्धि की महत्ता का उद्‌घाटन करते हैं, वहीं अपनी इस रंग की कविताओं में वे अपनी रचनात्मक ऊर्जा का आह्वान करते हैं। अपनी महत्ता पर गर्वोक्ति व्यक्त करते हैं तथा अपनी मौलिक तेजस्िता की अपराजेयता का आत्म-स्वीकार प्रस्तुत करते हैं। इसीलिए इस प्रकार के गीतों में कहीं भी दैन्य, पराजय या अपने प्रति अविश्वास की अभिव्यक्ति नहीं दिखायी देती। बल्कि इससे ठीक विपरीत अपने रचना-जीवन के प्रारम्भ से लेकर अन्त तक अपनी प्रतिभा की इसी अपराजेयता की उन्होंने अभिव्यक्ति दी है।

दूसरा रूप उन गीतों का है, जिनमें दैवी तथा सांसारिक विपत्तियों के अँधेरे कोटर में टहलते हुए, क्षरित होते, निरन्तर टूटते जाते भाव-संवेदन की अभिव्यक्ति हुई है। अवसन्नता से लेकर गहरी उदासी, आत्म-क्षय, अपमान और पराजय की मुखर अभिव्यक्ति इन गीतों में हुई है। आत्म-क्षरण और पराजय की इसी मनोभूमि से निराला दुःख-कातर होकर मृत्यु की भाव-भूमि में और अन्ततः प्रपत्ति-भाव में उतरते हैं।

□□

निराला का जितना ही विरोध उनके रचना-जीवन के शुरू में हुआ है, उतनी ही गहराई से उन्होंने अपनी तेजस्वी काव्य-प्रतिभा में अपना आत्म-विश्वास प्रकट किया है। 'परिमल' में ही और उससे भी पहले 'अनामिका' नामक अपने पहले संग्रह में ही वे अपने दुःखी भाई की छाया अपने रचना-जीवन में प्रविष्ट पाते हैं और उसे अत्यन्त उल्लास और आत्म-विश्वास के साथ अपनी रचनात्मकता में सँजोते हैं। इसके लिए चाहे उन्हें जो कुछ भी खोना क्यों न पड़े, वे अपनी इस निजी, विशिष्ट और मौलिक शैली का त्याग नहीं कर सकते। निराला 'मैंने 'मैं'-शैली अपनायी' कहकर इसकी गर्वोक्तिपूर्ण घोषणा अपने रचना-जीवन के शुरू में ही कर देते हैं। यही उच्छल, पवित्र और समृद्ध गर्व 'परिमल' के 'अभी न होगा मेरा अन्त' में भी अभिव्यक्त हुआ है। कवि को अनन्त आत्म-विश्वास है कि उसी के 'अविकसित राग' से सारी दिशाएँ

विकसित होंगी। उसी की स्वर-झंकार सारे वायु-मण्डल में एक दिन छा जायेगी। चाहे उसका लाख विरोध हो, उसे स्वयं अपनी प्रतिभा-तेजस्विता की अपराजेयता में अनन्त विश्वास है। इसी अपराजेय वाग्मिता और काव्य-कौशल को वे बार-बार अनेक रूपों में अपने गीतों में व्यक्त करते हैं। संघर्ष जितना ही तीखा होता जाता है, उनकी यह अपराजेय मनःस्थिति उतनी ही गहरी और दृढ़ होती जाती है। कवि बार-बार अपने को, छिप-छिपकर ललकारनेवालों को प्रत्युत्तर देने के लिए अपनी काव्य-ऊर्जा का आवाहन करता है। कभी सामनेवालों की मूढ़ता पर हँसता है, व्यंग्य करता है, कभी अपनी अपराजेयता पर ख़ुश होकर गर्वोक्ति करता है, फिर अपनी रचनात्मकता की समृद्धि का उत्साहपूर्वक प्रतिघोष करता है :

(1) फिर सितार सँवार लो।
बाँध कर फिर ठाट अपने
अंक पर झंकार दो।
शब्द के कलि-दल खुलें,
गति-पवन-भर-काँप थरथर
भीड़ भ्रमरावलि दुलें
गीत-परिमल बहें निर्मल
फिर बहार-बहार हो।

(2) ईर्ष्या कुछ नहीं मुझे, यद्यपि
मैं ही वसन्त का अग्रदूत।

(3) और-और छवि रे यह
नूतन भी कवि, रे यह

समझ तो सही
जब भी यह नहीं गगन
वह नहीं नहीं

यज्ञ है यहाँ
जैसे देखा पहले होते अथवा सुना,
किन्तु नहीं पहले की यहाँ
कहीं हवि, रे यह
और - और छवि।

तीनों उदाहरण 'नयी अनामिका' से लिये गये हैं। पहले में कवि अपनी स्वर-झंकार का आवाहन करता है। दूसरे उदाहरण में अपनी अपराजेयता और अग्रगामिता की बेलाग गर्वोक्ति है। क्योंकि निराला ने सम्पूर्ण रचना द्वारा इसे सिद्ध कर दिया, इसलिए यह गर्वोक्ति हमें आज खोखली न लगकर, भरी-पूरी, सच्ची लगती है। तीसरे उदाहरण में कवि अपनी नितान्त मौलिक अद्वितीयता की घोषणा करता है। दूसरे को बता रहा है—'समझ तो सही।' लोग क्या ढूँढ़ते हैं? पारम्परिकता, अपनी रुचि की अनुकूलता। जब कोई रचनाकार उनकी इन संकीर्ण माँगों को पूरा नहीं करता तो वे बौखला उठते हैं। इसी बौखलपन में वे या तो उसे झूठा, अमौलिक क़रार देते हैं या उसकी ग़लत व्याख्याएँ प्रस्तुत करते हैं।

निराला के साथ कितनी बार ऐसा हुआ है, इसके लिए पाठकों को उनकी जीवनी पढ़नी चाहिए। ऐसे ही पारम्परिक रुचिवालों ने निराला द्वारा प्रवर्तित-प्रचारित मुक्त छन्द का मज़ाक उड़ाते हुए उसे 'रबड़ छन्द' और 'केंचुआ छन्द' की संज्ञा दी थी। ऐसे मूर्खों की निराला ने अपने निबन्धों में अच्छी ख़बर ली है। यहाँ इस कविता में निराला अपनी अद्वितीयता का गर्वपूर्ण बखान कर रहे हैं—यह दूसरा ही सौन्दर्य है। तुमने इसकी ताज़गी, इसकी सर्वथा नूतनता और अद्वितीयता को नहीं जाना। यह कवि जहाँ खड़ा है, उस बिन्दु पर कोई दूसरा तुम्हें खड़ा दिखायी नहीं देता। उसकी इस सर्वान्त मौलिकता पर तुम्हें इसीलिए आश्चर्य हो रहा है। क्योंकि तुम्हारी रुचि, तुम्हारी मानसिक बनावट एक विशेष साँचे में ढली हुई है। तुम इसी साँचे में इस कविता को भी ढालकर समझने की कोशिश में हो। इसीलिए तुम्हें अजूबा लगता है।—समझ तो सही—यहाँ वह पारम्परिकता, रुचि की अनुकूलता कहीं नहीं है। यह काव्य-ऊर्जा का एक नया धरातल है। यह एक नयी और अभी तक अजानी समिधा से प्रज्वलित की हुई काव्य-अग्नि है। यह 'अग्निनाग्निःसमिध्यते कविः' का नया रूप है। इसको समझने की बजाय तुम उसी तरह के देखे या सुने हुए अग्निहोत्र की तलाश में हो, वही शाकल्य ढूँढ़ रहे हो, उसी पुरानी काव्य-भूमि और काव्याकाश की खोज में हो—समझो तो सही, यह दूसरा ही सौन्दर्य है। इसे समझने और सराहने के लिए तुम्हें रचना के नये मानदण्डों की तलाश करनी होगी।

इसी को कवि ने अपने अन्तिम जीवन-दिनों में 'मल्ल-मल्ल की मारें मूर्च्छित हुईं, निशाने चूक गये हैं', कहकर अभिव्यक्त किया है। जिन्होंने भी उसकी अद्वितीयता को नहीं पहचाना, वे उस पर प्रहार करते रहे। निराला की अपराजेय काव्य-ऊर्जा अन्ततः इन सारे प्रहारों को सहकर निष्कलंक रूप में आज हमारे सामने है। कवि इसी को भीष्म के बिम्ब से अभिव्यक्त करता है। ठीक है कि वह 'शरों की कठिन सेज' पर लेटा हुआ चुप है, अपने सांसारिक जीवन के अन्तिम दिन गिन रहा है; ठीक है कि उसकी ढाल की तरह बनी हुई त्वचा झूल गयी है, लेकिन उसे कोई क्षोभ नहीं है। उसकी अद्वितीयता अन्ततः प्रमाणित हो गयी है। सारे निशाने, जो उस पर तक-तककर मारे गये थे, अन्ततः चूक गये हैं। उसकी तेजस्विता का

प्रकाश कहीं भी धूमिल नहीं पड़ा है। उसे जितना ही बहिष्कृत किया गया, उसके भीतर की ऊर्जा उतनी ही उद्भासित होती गयी, उसका त्याग, उसकी अनन्त साधना अन्ततः सफल हुई :

(1) गीत से ध्वनित अन्तर, फैला फेनिल कल-स्वर
सत्य का तरंग-मुखर रहा वही सुधर जिया।
प्राणों में परम स्पन्द, भाषा में सुषम छन्द
भरा चरण गमन-मन्द, जीवन-विष विषम लिया।

(2) वही राह देखता हूँ, हँस-हँस कर
आती है धूप-छाँह लस-लस कर।

जड़ता तामस, संशय, भय, बाधा अन्धकार
दूर हुए दुर्दिन के दुःख, खूले बन्द द्वार,
जीवन के उतरेकर, आँखों को दिखा सार
छुई बीन नये तार कस-कसकर।

त्याग तपा, व्रत की शिक्षा ली, सँभले जनगण,
पीठ न दी अरि को, निःशरण किया मृत्यु-वरण
इसी भाव से आया जीवन का सिन्धु-तरण
निकले मानव-गृह से फँस-फँसकर।

ठीक है कि अब चाल मन्द हो गयी है, लेकिन वैषम्य का विषय पीकर भी शिवत्व खण्डित नहीं हुआ। गीतों के फेनिल स्वरों में सब-कुछ गुंजायमान हो गया। अब कहीं जड़ता, भय, संशय, अन्धकार नहीं है। फिर से नये तार कसकर कवि ने नया स्वर-झंकार किया। संघर्ष अन्ततः ख़त्म हुआ और जीवन का सार उसकी मुट्ठी में आ गया। जो विरुद्ध थे, वे जन भी अन्ततः सँभल गये। कारण कि उसने कभी शत्रु को पीठ नहीं दिखायी। और इसी तरह लड़ते-लड़ते एक दिन कवि ने पाया कि जीवन का अन्त निकट आ गया। अपनी रचनात्मकता का यही अपराजेय वरण इस तरह के गीतों में कवि ने किया है। उसे मृत्यु के आने का डर यहाँ नहीं है। वह अपने अमरत्व को पहचानता है। सम्पूर्ण इतिहास में उसे अपनी जगह मालूम है और वह अपनी जगह की अद्वितीयता को ख़ूब अच्छी तरह जान गया है। इस तरह कवित्व के संघर्ष के सम्बन्ध में यह आत्म-दर्शन किसी भी जर्जरता, नैराश्य, अकेलेपन और अपमान से पीड़ित नहीं है।

इन गीतों में अपने ही रचना-संघर्ष को कवि ने विभिन्न ध्वनि-छवियों में आँकने का सफल प्रयास किया है। निराला अपने कवित्व की इस अपराजेय अद्वितीयता को

पहाड़ के बिम्ब में साक्षात्कृत करते हैं। उनकी रचनात्मकता के भीतर से ही वह रस का स्रोत झरेगा, जिससे सैकड़ों जीवन प्राण ग्रहण करेंगे। उसी की ऊँचाई पर से जीवन के सौन्दर्य और प्रकाश का दर्शन सारे मनुष्य करेंगे। उसी की स्वच्छता, पावनता, शीतलता और रंगमयता से जीवन वैविध्यपूर्ण, सघन और पूर्ण और रंगमय होगा। उसके कवित्व की ऊँचाई ही अन्त में जाकर मनुष्य के मन में सिंह के-से अपराजेय साहस का संचार करेगी, क्योंकि उसने कभी कोई लड़ाई छिपकर नहीं लड़ी, हमेशा आमने-सामने, अपनी प्रतिभा और वर्चस्विता के बल पर यह रचनात्मक अद्वितीयता उपलब्ध की। क्योंकि उसका नैतिक पक्ष सबल और निःसंशय है :

तू कभी न ले दूसरी आड़
शत्रु को समर जीते पछाड़।

सैकड़ों फलेंगे फूलेंगे
जीवन ही जीवन भर देंगे
झरने फूटेंगे, उबलेंगे,
नर, अगर कहीं तू बन पहाड़।
तेरी ही चोटी पर चढ़कर
देखेंगे लोग दृश्य सुन्दर
उतरेंगे रवि-शशि के शुचि कर
नीचे से ऊँचा सर उभाड़।
हिम का किरीट होगा उज्ज्वल
बदलेंगे रंग-पीठ प्रतिपल
जब होगा जीवन का सम्बल
पदतल शत सिंहों की दहाड़।

□□

लेकिन निराला के भीतरी और बाहरी संघर्षों के फलस्वरूप उनके रचनात्मक जीवन में जो तीव्र संघात उत्पन्न होता है, उसकी अभिव्यक्ति ही दूसरे तरह के आत्म-साक्षात्कार के गीतों में सर्वत्र एक गहरी अवसन्नता के रूप में हुई है। इन तीव्र आघातों का परिणाम उनकी रचनात्मकता की उर्वर भूमि में एक गहरे निरन्तर कटाव और आत्मक्षरण के रूप में सामने आता है। यह आत्मक्षरण उनमें एक गहरे नैराश्य और एकाकीपन की सृष्टि करता है। नैराश्य और एकाकीपन की इसी तीखी अनुभूति से निराला के मन में एक विचित्र-सी निरर्थकता, पराजय, अपमान और आत्म-जर्जर होने की मनःस्थित कुण्डली मारकर बैठ जाती है।

इन गीतों में आत्म-जर्जरता के इसी सर्प का विषैला दंश कवि ने अभिव्यक्त किया है। धीरे-धीरे अँधेरे कोटर उसके मन में फिर जन्म लेने लगते हैं। उनका

आकार इतना बड़ा होता जाता है कि वे कवि के सम्पूर्ण व्यक्तित्व को ही निगल लेना चाहते हैं। सम्भवतः इसी मानसिक स्थिति में निराला में मृत्यु का डरावना अहसास जन्म लेता है और अन्ततः वे मुक्ति के लिए शरणागति और भक्तिमयी प्रार्थना पर उतर आते हैं। तन-मन के लगातार मार खाते रहने पर निरन्तर टूटते जाने की यही एकमात्र सच्ची परिणति हो सकती है। निराला ने इसे सहज रूप में स्वीकार कर लिया है; क्योंकि उनकी सारी मानसिक बनावट में सत्य को झुठलाने का स्वभाव कहीं भी दिखायी नहीं देता। इस तरह की कारुणिक अवसन्नता और एक गला देनेवाली उदासी का साक्षात्कार निराला अपने रचना-जीवन के प्रारम्भ से ही करते हुए दिखायी देते हैं, क्योंकि उनके जीवन के प्रारम्भिक काल से ही उन पर दैवी और सांसारिक विपत्तियों का पहाड़ टूटना प्रारम्भ हो गया था। इन्हीं दुःखान्तों और विडम्बनाओं की उच्छल अविस्मरणीय अभिव्यक्ति निराला के इन गीतों में हुई है।

यह, जैसा कि मैंने पीछे अभी कहा है, एक प्रकार सघन-प्रखर आत्मदर्शन है जिससे कवि की मुक्ति सम्भव नहीं दिखायी देती। मुक्ति सिर्फ़ इस तीखी पीड़ा को, इस नरक-यात्रा को रचना में लगातार बदलते चलने में ही सम्भव है। मोह-भंग और उससे उत्पन्न अकेलेपन की तीखी पीड़ा-भरी नरक-यात्रा की अभिव्यक्ति ही आत्म-साक्षात्कार के इन गीतों में हुई है। अपने रचना-जीवन के प्रारम्भ में कवि अपने इस अकेलेपन से पूर्णतया आत्म-जर्जर नहीं दिखता, बल्कि उसे एक जीवन-सत्य के रूप में स्वीकार करता है। इसे अपनी नियति मानकर इस अवसन्नता और अँधेरे एकाकीपन को वह सारे मानव समाज की नियति के रूप में चित्रित करता है। उसका व्यापक प्रसार समझकर ही इस एकाकीपन और अवसन्नता को भुगतने में वह अपने को अकेला नहीं पाता। अपनी नियति को मनुष्य-मात्र की सामूहिक नियति मानकर भुगतने में जो एक शामिल होने का भाव है, वह निराला के इस तरह के गीतों की करुणा में भी सहनशीलता की उच्चाशयता को व्यक्त करता है :

देख चुका, जो-जो आये थे,
चले गये।
मेरे प्रिय सब बुरे गये, सब
भले गये।

क्षण-भर की भाषा में
नव-नव अभिलाषा में
उगते पल्लव-से कोमल शाखा में,
आये थे जो, निष्ठुर कर से
मले गये।
मेरे प्रिय सब बुरे गये, सब
भले गये।

चिन्ताएँ बाधाएँ,

आती ही हैं, आयें
अन्ध हृदय है, बन्धन निर्दय लायें
मैं ही क्या, सब ही तो ऐसे
छले गये।

एक गहरे अँधेरे, एक भयावह विनाश की कारुणिक अनुभूति इस कविता में व्यक्त हुई है। यह अपनी नियति को जानना है। अपने तईं ही उसका सीधा-सादा, सहज स्वीकार है। उससे लड़ने की भी आकांक्षा यहाँ व्यक्त नहीं हुई है। केवल उसे व्यक्तित्व पर झेलने और सहने की अनुभूति है। कहीं उससे मुक्ति नहीं है। मुक्ति सिर्फ़ उसे जानने, समझने और अपने ही निकट स्वीकार कर लेने में है। यह एक प्रकार के स्वप्न-भंग की पश्च-मनः स्थिति है। इसलिए कवि यहाँ ठगा हुआ खड़ा नहीं दिखता। उसे अपनी नियति का सच्चा साक्षात्कार हो चुका है। यह 'निष्ठुर कर' कौन है? वही अदृश्य नियति, वही अनन्त विनाश, जिसने कवि के सघन-संघटित काव्य-जीवन को धीरे-धीरे खुरचना शुरू कर दिया है। एक निरन्तर गहरा होता जाता कटाव, एक अँधेरा खड्ड धीरे-धीरे बनना शुरू हो गया है। कवि अपने समतल, उर्वर रचना-जीवन से कटाव के उसी अँधेरे खड्ड में उतरता हुआ दिखायी देता है। धीरे-धीरे उसमें एक डुबो देनेवाली कारुणिक जर्जरता का अहसास बढ़ने लगता है। उसे लगता है कि अपने इस आत्म-क्षय को वह किसी भी तरह रोक नहीं सकता।

अपनी इसी कारुणिक विवशता का साक्षात्कार बार-बार निराला ने अपने इन गीतों में किया है। अपनी नियति की इतनी समीपतम और सहज पहचान शायद ही किसी दूसरे भारतीय कवि ने इतनी शक्ति और काव्य-ऊर्जा के साथ व्यक्त की है। अपने इस आत्म-क्षय को व्यक्त करने के लिए निराला बार-बार वृक्ष, वन, झरने का बिम्ब लेते हैं। वही हरा-भरा जीवन-वन अब 'दमन-दाह' से मुरझाया रहता है। वह हरी-भरी उर्वर काव्यभूमि रसहीन, जलहीन होकर सूख गयी है। यहाँ तक कि सारे ताल-तलैये धीरे-धीरे सूख गये हैं। उसमें जो वृक्ष कवि ने रोपा था, उसे भी सींचने के लिए जल नहीं है—सारा अतल रस-स्रोत कहीं किसी गहरी मरु-भूमि में विलुप्त हो गया है। सारी धरती में गहरी दरारें पड़ गयी हैं। जीवन एक चिरकालीन रुदन में बदल गया है। कवि जैसे प्रार्थना करता है कि अब वह मुक्ति नहीं चाहता, उसकी दुःख-जर्जरता इतनी बढ़ गयी है कि वह अपनी दुःख-निशा की सुबह भी देखना नहीं चाहता। जर्जर-जीवन का रथ कीचड़ में धँस गया है। धीरे-धीरे अन्धकार घिर रहा है। उसका प्रखर-प्रज्वलित सूर्य धीरे-धीरे अस्ताचल की ओर बढ़ रहा है। जिस ऊर्जस्वित प्रकाश से प्रोद्भासित उसकी प्रतिभा अपनी चकाचौंध से हर पल लोगों को आश्चर्य-चकित करती रहती थी, वह उसी अँधेरे खड्ड में विलीन होती जा रही है। चारों ओर अँधेरे, अपमान, दुःख, अवसन्नता और उदासी का घटाटोप मुँह फाड़े खड़ा है। मन की इसी गला देनेवाली उदासी का चित्रण बार-बार निराला अपने इन गीतों में करते हैं :

(1) बेलि विष की फैलकर जो खिल गयी
गन्ध जिसकी हवा के उर मिल गयी
वह बिना समझे हृदय में हिल गयी
कर गयी अपमान।

(2) अस्ताचल रवि, जल छलछल छवि
स्तब्ध विश्वकवि, जीवन उन्मन।

(3) मैं अकेला,
देखता हूँ, आ रही
मेरे दिवस की सांध्य-बेला।

पके आधे बाल मेरे
हुए निष्प्रभ गाल मेरे
चाल मेरी मन्द होती आ रही
हट रहा मेला।

जानता हूँ नदी-झरने,
जो मुझे थे पार करने,
कर चुका हूँ, हँस रहा यह देख,
कोई नहीं भेला।

कहीं एक ज़हर का पौधा था, चुपके-चुपके अपनी ज़हरीली गन्ध से जंगल की हवा को दूषित करता हुआ। वही अदृश्य नियति, जो पहले से ही कहीं घात लगाये बैठी थी। निराला यहाँ हलका-सा मज़ाक भी करते हैं। बैठी थी तो बैठी रहती। उसे समझना चाहिए था कि उसका शिकार कौन है? उसे किस पर अपने पंजे साफ़ करने चाहिए। इसमें निराला यह ध्वनित करना चाहते हैं कि इस तरह के आघातों के लिए मैं उपयुक्त व्यक्ति नहीं था। क्योंकि मेरा जीवन सच्चाई के लिए था। उसमें कोई कायर-ग्रन्थि नहीं थी, उसकी कोई अनैतिक दिशा नहीं थी।

इसीलिए निराला को आहत होने पर गहरे अपमान का अनुभव होता है और वे चुपचाप अस्ताचलगामी अपने सूर्य को देखते हुए, स्तब्ध, हतप्रभ, अपने अन्दर उठते हुए उस घने अन्धकार का साक्षात्कार करते हैं। जीवन में धीरे-धीरे उतरती हुई यह साँझ-उदासी उन्हें एकाकीपन की कठिन, दुर्निवार अनुभूति से भर देती है। तीसरे उदाहरण में फिर उसका सीधा-सादा, सहज और तटस्थ स्वीकार है—कुछ इस तरह की सहजता कथन में है कि पूरी कविता निराला की कारुणिक जर्जरता का काटता

हुआ प्रभाव मन पर छोड़ जाती है। पूरा जीवन पार करके कवि जहाँ खड़ा है, पाता है कि कोई नाव नहीं है। कहीं कोई मुक्ति-पथ नहीं है। एक गहरी उदासी-भरी हँसी से कवि अपनी इस नियतिजन्य विवशता का दर्शन करता है। इसी का अगला चरण 'माँ, अपने आलोक निखारो, नर को नरक-त्रास से वारो' जैसे प्रार्थना के करुण गीतों में हुआ है। निराला जानते हैं कि नियति की इस विवशता से कहीं कोई निस्तार सम्भव नहीं है। सारी स्थितियाँ साफ़ हैं–शरीर और मन दोनों जर्जर हो गये हैं। चाल मन्द हो गयी है। इसी को निराला ने एक-दूसरे गीत में 'भरा चरण गमन-मन्द' कहकर पुनः अभिव्यक्त किया है।

आत्म-क्षरण और अकेलेपन की तीखी अनुभूति के सहज तटस्थ स्वीकार के कारण ही यह गीत अपनी सारी उदासी को हमारे अन्दर प्रतिमूर्तित कर देता है। इसीलिए इसकी आत्म-चरितात्मकता एक सार्वजनीन अनुभव में बदल जाती है। इसी रूप में निराला हमारे निजी, एकान्त क्षणों के कवि बन जाते हैं। क्योंकि निराला का रेत होना, सूखते जाना, रिक्त होते-होते एकदम विलुप्त होने के कगार पर पहुँचने की अनुभूति अपनी तीखी रचनात्मक संवेदना के कारण हमारी सबकी संवेदना का अंग बन जाती है। वह मात्र उक्ति-कथन न रहकर रचा हुआ सार्वजनीन अनुभव बन जाता है। रचनात्मकता की इसी सघनता के कारण उनके अपने निजत्व की यह पहचान व्यक्ति-व्यक्ति की पहचान का रूप ले लेती है। क्योंकि निराला अपने हर व्यक्तिगत अनुभव को रचनात्मक अनुभव में सहज ढंग से अनायास परिणत कर देते हैं। उन्हें बार-बार अपनी काव्य-ऊर्जा की तेजस्विता का बीता हुआ अहसास घेर-घेर लेता है। आज उसका खँडहर सिर्फ़ वर्तमान है। चकाचौंध कर देनेवाला प्रकाश नहीं है, बल्कि उसकी जगह सर्वत्र–अन्दर-बाहर–लीलनेवाला अन्धकार जड़ जमाकर बैठ गया है, जिसमें कवि स्वयं विलीन हो गया है। वही मुक्ति-रहितता की मनःस्थिति, वही अपने दान का तीखा, सालता हुआ अनुभव, वही उसके विनष्ट हो जाने की दुःखती अनुभूति :

स्नेह-निर्झर बह गया है।
रेत ज्यों तन रह गया है।

आम की वह डाल जो सूखी दिखी,
कह रही है, "अब यहाँ पिक या शिखी
नहीं आते, पंक्ति मैं वह हूँ लिखी
नहीं जिसका अर्थ-
जीवन दह गया है।"

"दिये हैं मैंने जगत् को फूल-फल,
किया है अपनी प्रभा से चकित-चल,

पर अनश्वर था सकल पल्लवित-पल
ठाट जीवन का वही
जो ढह गया है।"

अब नहीं आती पुलिन पर प्रियतमा,
श्याम तृण पर बैठने को निरुपमा।
बह रही है हृदय पर केवल अमा,
मैं अलक्षित हूँ, यही
कवि कह गया है।

अपनी सूखती हुई, स्रोतहीन होती हुई काव्य-ऊर्जा के लिए निराला ने यहाँ आम की सूखी डाल का बिम्ब लिया है। सम्पूर्ण कवि-जीवन-वृक्ष में वह एक सूखी हुई डाल निरर्थक पंक्ति की तरह जड़, लिखी हुई पड़ी है। उसका स्वर, उसका नृत्य, उसकी काकली, उसका ऊर्जस्वित आनन्द तिरोहित हो गया है, क्योंकि उसे सींचनेवाला जीवन-रस-स्रोत सूख गया है। लेकिन कवि में अपनी काव्य-ऊर्जा के गहरे प्रतिदान का गर्व अभी बरक़रार है। वह जानता है कि उसने फलों-फूलों से सचराचर जीवन को समृद्ध और सुगन्धित किया है। उसकी हरियाली छाया से, उसकी पत्तियों पर नाचती, चकाचौंध मचाती किरणों के खेल से सभी आश्चर्य-चकित रह गये हैं। लेकिन नियति का वही क्रूर पंजा बड़ी निष्ठुरता से उन्हें मसल गया है। फूटते हुए लालिम पत्तों की तरह उल्लास के वे क्षण मन में दुःख की एक अमर स्मृति छोड़ गये हैं। इसी विनष्ट जीवन के अतीत सौन्दर्य को स्मरण करता हुआ कवि अपने एक अगले गीत में 'दुःखता रहता है अब जीवन, पतझड़ का जैसा वन-उपवन' कहकर उस 'दमन-दाह' को वर्तमान में खींच लाता है।

ऊपर की कविता में तो अपने दान का, अपने द्वारा दी गयी समृद्धि का कहीं-न-कहीं अहसास है, लेकिन इस गीत में पूरे वृक्ष के सूखते और पृथ्वी में धँसते जाने की अवसन्न करन देनेवाली अनुभूति को कवि ने व्यक्त किया है। यहाँ 'तनु का तरुदल' कहकर कवि वृक्ष के अपने जीवन-बिम्ब को बिलकुल स्पष्ट कर देता है। ऊपरवाले गीत में इस बात की तीखी अनुभूति है कि अब यहाँ कोयल या शिखी नहीं आते। अब इसकी स्वर-झंकार हमेशा के लिए बन्द हो गयी है, सिर्फ़ उसके अतीत की समृद्ध स्वर-लहरियों की अनुगूँज, स्मृति-शेष रह गयी है। लेकिन इस दूसरे गीत में उस सूखे हुए वृक्ष पर फिर कोयल बैठी हुई है। कवि फिर से अपने 'स्वर से पूरे संसार को सिक्त करना' चाहता है। लेकिन उसे अपने ही स्वर की बुढ़ाई देखकर आश्चर्य और एक घनी उदासी घेर लेती है। उसे लगता है, अब उसकी स्वर-झंकार और उसका जीवन-वृक्ष, दोनों ही विस्मृति और विनाश के गर्भ में 'गमन-मन्द चरणों' से चलते हुए विलुप्त होते जा रहे हैं। आत्म-क्षय की इतनी तीखी

गहरी अनुभूति की अभिव्यक्ति अभी तक मुझे किसी भी भारतीय या विदेशी कवि में कहीं नहीं मिली :

दुःखता रहता है अब जीवन
पतझड़ का जैसा वन-उपवन।

झर-झरकर जितने पत्र नवल
कर गये रिक्त तनु का तरुदल
हैं चिह्न शेष केवल सम्बल
जिनसे लहराया था कानन।
डालियाँ बहुत-सी सूख, गयीं
उनकी न पत्रता हुई नयी
आधे से ज़्यादा घटा विटप
बीज को चला है ज्यों क्षण-क्षण।

यह वायु बसन्ती आयी है
कोयल कुछ क्षण कुछ गायी है,
स्वर में क्या भरी बुढ़ाई है
दोनों ढलते जाते उन्मन।

पराजय, अवसन्नता, उदासी, अपमान की इसी प्रक्रिया से होते हुए निराला एक कारुणिक आत्म-जर्जरता तक पहुँचते हैं। उस ठूँठ पर बैठे हुए अपशकुन के उस गिद्ध की याद उन्हें कभी-कभी आती है, जिसका अहसास कभी शुरू-शुरू में उन्हें हुआ था। उनमें जीवन की व्यर्थता, नीरसता और असारता का ज्ञान जगता है। जो जीवन 'तन्द्रालस लालसा' और 'अमृत-रस' से भरा हुआ था, जो 'स्वर्ण-किरण कल्लोलों' पर बहता रहता था, उसमें कहीं कोई रोशनी नहीं है। सूरज, चाँद, सितारे—सभी डूब गये हैं। केवल एक सनसनाता हुआ अँधेरा सम्पूर्ण जीवनाकाश पर फैला हुआ है। संसार को सिक्त करनेवाला वह स्वर, वह राग धूल-धूसरित कुछ यों पड़ा हुआ है कि अब उसे उठाते ही लज्जा घेर लेती है। इस आत्म-पतन का कहीं अन्त नहीं है। यह लज्जा सारे अन्तरमन में, रग-रग में, धूल के किरकिराते कणों की तरह छा गयी है। कवि उन कणों के सूक्ष्मतम ढंग से रेंग-रेंगकर सारे तन-मन में छा जाने के लिए 'छई' शब्द का आविष्कार करता है। लज्जा, अवसन्नता और आत्मजर्जरता में अपना यही कारुणिक अवसान निराला ने इन गीत-पंक्तियों में चित्रित किया है :

(1) निशि-दिन तन धूलि में मलिन,
क्षींण हुआ छन-छन मन छिन-छिन।

व्यर्थ हुआ जीवन यह भार
देखा संसार, वस्तु
वस्तुतः असार,
भ्रम में जो दिया, ज्ञान में लो तुम
गिन-गिन।

(2) खड़ी है दीवार जड़ की घेरकर,
बोलते हैं लोग ज्यों मुँह फेरकर,
इस गगन में नहीं दिनकर,
नहीं शशधर, नहीं तारा।
गहन है यह अन्ध कारा।

(3) भर गया है ज़हर से
संसार, जैसे मार खाकर
देखते हैं लोग, लोगों का
सही परिचय न पाकर।

(4) तूलि तूलि के सुस्वर
गीत धूलि में धूसर
वाणीमय, मरु-प्रान्तर
छई है विषण्ण लाज।

इसी मनोभूमि से निराला मृत्यु और शरणागति की कविताओं में उतरते हैं। इन दोनों मनोभूमियों के प्रारम्भ की सशक्ततम अभिव्यक्ति निम्नलिखित कविता में हुई है :

भग्न तन, रुग्ण मन
जीवन विषण्ण वन।

क्षींण क्षण-क्षण देह
जीर्ण सज्जित गेह
घिर गये हैं मेह
प्रलय के प्रवर्षण।

चलता नहीं हाथ
कोई नहीं साथ
उन्नत, विनत माथ
दो शरण, दोषरण!

मृत्यु-सम्बन्धी गीत

निराला के मृत्यु-सम्बन्धी गीतों पर विचार करने से पहले हम मृत्यु की वास्तविक स्थिति पर थोड़ा विचार करेंगे। इस शताब्दी से पहले की सम्पूर्ण कला-खोज अथवा कलाकार का वृहद् असन्तोष दो रूपों में प्रतिफलित हुए हैं। या तो अपनी रचना के माध्यम से वह 'सौन्दर्य' (व्यापक अर्थों में) की उपासना में लगा रहा है, अथवा 'प्रभु' की। 'सौन्दर्य' और 'प्रभु' की उपलब्धि ही हर महान् कला की अब तक की अन्तिम उपलब्धि रही है। पश्चिम और पूर्व, दोनों ही अपनी सांस्कृतिक मान्यताओं और समय के अन्तर्सम्बन्धों के अनुकूल कला-रचना के द्वारा 'सौन्दर्य' और 'प्रभु' के इसी प्राप्तव्य की ओर संकेत करते रहे हैं। अन्ततः 'सौन्दर्य' और 'प्रभु', जीवन की सम्पूर्ण खोज के दो विन्दु हैं। रचनाकारों ने इन्हें ही रचना के अन्तर्गत क्रमशः 'रस' और 'अर्थ' के प्रतीक के रूप में उपलब्ध किया है। अपने सारे भौतिक ज्ञान और अनुभव की निरर्थकता का अन्तिम ख़ौफ़, अन्ततः संवेदनशील मनुष्य को 'रस' और 'अर्थ' की खोज में भटकाता हुआ उसका विकल्प ढूँढ़ने की ओर उन्मुख करता रहा है।

अपने ज्ञान की, शक्ति और विचार की इसी सीमा और निरर्थकता की सरहद पर जाकर आदमी ने 'सौन्दर्य' और 'प्रभु' की अमर, कभी नष्ट न होनेवाली फ़ैण्टेसी का आविष्कार अपनी कला और अपने विचार-स्रोत के भीतर से किया है। आदमी की अपनी सीमा और लघुता का गहरा अहसास ही उसे असीम शक्तिशाली और अमर फ़ैण्टेसी की रचना कराता है। मृत्यु आदमी की सीमा और लघुता का अहसास करानेवाली सबसे भयावह स्थिति है। जीवन, ज्ञान और संघर्ष, इन सबके मूल में मृत्यु की भावना अथवा उसका ख़ौफ़ ही काम करता है। मानव-अस्तित्व की सीमा-रेखा इसी ने स्थापित की है। हमारे सारे ज्ञान, आनन्द का उपहास, अस्तित्व का मज़ाक-यह मृत्यु ही है। इसीलिए इसके ऊपर, इसे काटकर, जीवन को स्थापित करने की लगातार चेष्टा कवि-कलाकार करते रहे हैं, क्योंकि मृत्यु एक भयंकर अर्थहीनता को जन्म देती है—एक भय की निरन्तर मनःस्थिति का निर्माण करती है। इसीलिए मृत्यु मानव-चिन्तन का सबसे प्रमुख विषय है। इस निरर्थकता और भय की शाश्वत मनःस्थिति को काट फेंकने के लिए ही रचनाकारों और मनीषियों ने 'सौन्दर्य' और 'प्रभु' की शाश्वत प्रतीक-फ़ैण्टेसी की परिकल्पना की है। इस तरह 'सौन्दर्य' और 'प्रभु' की परिकल्पना एक प्रकार से मानव-अस्तित्व पर एक विराट् प्रश्न-चिह्न रखनेवाली मृत्यु की स्थिति के ख़िलाफ़ मनुष्य का एक शाश्वत विद्रोह भाव है।

मृत्यु की इसी ख़ौफ़नाक़ स्थिति से ऊपर उठकर, पिछली सभी शताब्दियों के रचनाकारों ने 'सौन्दर्य' और 'प्रभु' को एक नाशहीन प्रतीक के रूप में स्थापित और उपलब्ध किया है। 'सौन्दर्य' और 'प्रभु' की इस फ़ैण्टेसी को मृत्यु नष्ट नहीं कर पाती, क्योंकि दोनों मृत्यु की सीमा से परे, एक अनजान, सीमाहीनता में रूपायित हुए हैं। मृत्यु उसे छू नहीं सकती। यदि मनुष्य उसे अपनी अन्तिम आस्था के रूप में पकड़ता

है तो मृत्यु उसका कुछ भी बिगाड़ नहीं सकती। क्योंकि मृत्यु की स्थिति को जीवन से निष्कासित नहीं किया जा सका, अतः जीवन से पृथक् या बाहर जीवन की आस्था बनाये रखने का प्रतीक ढूँढ़ निकालना मनुष्य के लिए आवश्यक हो गया। स्थूल और भौतिक जीवन से परे 'प्रभु' की फ़ैण्टेसी की परिकल्पना इसीलिए की गयी, क्योंकि वहाँ मृत्यु के ख़ूँख़्वार पंजे नहीं पहुँच सकते। इसीलिए चिन्तकों और कलाकारों ने सौन्दर्य के विचार को भी अन्ततः 'प्रभु' की फ़ैण्टेसी में ही निरूपित कर दिया। इस प्रकार 'प्रभु' अपने सम्पूर्णतम रूप में मृत्यु के ख़िलाफ़ मनुष्य की आस्था का प्रतीक बन गया।

लेकिन बीसवीं शती के ज्ञान-विज्ञान की प्रक्रिया ने ज्ञान की सीमा से परे, फ़ैण्टेसी में रूपायित 'प्रभु' की इस परिकल्पना पर फिर एक बार शंका उत्पन्न कर दी। 'सौन्दर्य' और 'प्रभु' की गरिमा मृत्यु के ख़ौफ़ को ख़त्म नहीं कर सकती। यह तर्कातीतता एक प्रकार से मनुष्य का पलायन है और पलायन कभी सत्य का स्थान नहीं ग्रहण कर सकता। इस तरह मृत्यु की सर्वान्त प्रधानता मनुष्य द्वारा निर्मित 'सौन्दर्य' और 'प्रभु' के पावन प्रतीकों को फिर दबोच लेने में समर्थ हुई। ज्ञान से एक अनजान फ़ैण्टेसी और अनजान फ़ैण्टेसी से तर्काश्रित ज्ञान की ओर लौटना ही मनुष्य की शताब्दियों की यात्रा का वह रहस्य है, जिसके भीतर से उसकी वैचारिक विडम्बना को समझा जा सकता है। अनजान आस्था से तर्काश्रित अनास्था की ओर लौटने का क्रम ही उसके विचारों का क्रम है। इसीलिए मृत्यु की अन्तर्ध्वनि और प्रधानता, एक विचित्र प्रकार की निरर्थकता का ख़ौफ़, एक ऊब और कारुणिक असहायता की अनुभूति आधुनिक काव्य और आधुनिक मनुष्य की चिन्ता का अंग बन गयी है। उसके सारे चिन्तन और रचनाकारिता का प्रधान स्वर मृत्यु की शक्तिमत्ता का स्वर बन गया है।

□□

निराला की मृत्यु-सम्बन्धी रचनाओं को इन्हीं विचार-सरणियों में समझा जा सकता है। इस नज़रिये से देखने पर निराला अतिशय आधुनिक और अतिशय पुरातन, दोनों ही लगते हैं। एक ओर तो उनमें मृत्यु की सीमा का सहज स्वीकार मिलता है। दूसरी ओर 'प्रभु' की फ़ैण्टेसी में अन्ततः उनका आत्मसमर्पण उन्हें पुरातन बनाता है। यद्यपि वे जगह-जगह प्रार्थना की व्यर्थता और मृत्यु की सर्वान्त व्यापकता और शक्तिमत्ता का उद्घोष करते हुए दिखायी देते हैं, लेकिन वे यहीं ठहर नहीं जाते, बल्कि इसकी जगह 'प्रभु' की इस तर्कातीत फ़ैण्टेसी को अपने जीवन में पुनः उतारते हैं।

आधुनिक मनुष्य के रूप में निराला का यह निर्णय आश्चर्य में डालता है। लेकिन उनकी भौतिक विडम्बनाओं से उत्पन्न उनकी मानसिक और शारीरिक

अवसन्नता, उदासी, पराजय, अकेलापन और आत्म-जर्जरता के सन्दर्भों को समझने के बाद इस आश्चर्य का परिहार हो जाता है। फिर भी निराला मृत्यु के विचार को लेकर अपनी रचनाओं में रवीन्द्रनाथ की तरह पुराने नहीं लगते। रवीन्द्रनाथ अपनी मृत्यु की भावना के ऊपर प्रभु, आलोक और उत्सव की फ़ैण्टेसी को सीधे-सीधे आरोपित करके अपना परोक्ष विद्रोह ज़ाहिर करते हैं। रवीन्द्रनाथ की दूसरी विशेषता यह भी है कि वे अपने जिये हुए जीवन को मृत्यु से अधिक महत्त्वपूर्ण मानते हैं। इसीलिए वे धरती की महिमा और उसके सौन्दर्य से प्राप्त अपनी तृप्ति को मृत्यु के विचार के भीतर भी अत्यन्त गरिमा से स्मरण करते हैं। रवीन्द्रनाथ मृत्यु के ख़ौफ़ के ऊपर इन्हीं तीन वस्तुओं को स्थापित करते हैं—धरती और मिट्टी का अमर सौन्दर्य, आलोक और प्रभु। इस तरह रवीन्द्रनाथ मृत्यु के ख़िलाफ़ उसी पारम्परिक विद्रोह को किसी-न-किसी रूप में स्थापित करते हुए दिखायी देते हैं। वे मृत्यु-भय की आधुनिक अनवरतता को व्यक्त न करके, उसे आलोक-मण्डित करते हुए धरती के सौन्दर्य को मृत्यु की महत्ता के ऊपर स्थापित कर, उसे एक उत्सव का रूप दे देते हैं।

निराला में इसकी जगह आधुनिक मन का मृत्यु से सीधा आमना-सामना और उसके ख़ौफ़ और विनाश की सहज-स्वीकृति है। प्रभु में उनका अवसान भी बहुत-कुछ निजी है। उसे तुलसीदास के कृपा-भाव या रवीन्द्रनाथ की दार्शनिकता के स्तर तक उठाने का प्रयत्न निराला ने कभी नहीं किया है। निराला की प्रार्थनाएँ बिलकुल निजी नैराश्य की प्रार्थनाएँ हैं। रवीन्द्रनाथ की तरह प्रार्थना को एक व्यापक दार्शनिक विचार से मण्डित करने के पक्ष में निराला नहीं हैं। मृत्यु के इस ख़ौफ़ के सहज-सीधे आत्म-स्वीकार के कारण ही निराला, रवीन्द्रनाथ से आगे के, आधुनिक चिन्ता के, कवि ठहरते हैं।

रवीन्द्रनाथ मृत्यु के ख़ौफ़ को एक व्यक्तिगत आलोक से पराजित करते हैं या पराजित करने की मुद्रा अपनाते हैं। निराला मनुष्य के पौरुष और उसकी सत्ता को इस मुद्रा तक नहीं ले जाते, बल्कि उसकी सीमा का सहज स्वीकार ही उनके मृत्यु-गीतों में व्यक्त हुआ है। इससे यह साबित नहीं होता कि निराला से रवीन्द्रनाथ में मृत्यु का ख़ौफ़ कम है। बार-बार आलोक और सौन्दर्य से उसे मण्डित करने की रवीन्द्रनाथ की मनोवैज्ञानिक प्रक्रिया का अगर अध्ययन किया जाय तो हम इस निष्कर्ष पर पहुँचेंगे कि मृत्यु का निरन्तर भय ही उन्हें बार-बार इस तरह उसे झुठलाने की ओर अग्रसर करता है। रवीन्द्रनाथ जिस तरह मृत्यु को बन्धु, माँ कहकर सम्बोधित करते हैं, यह सम्बन्ध-स्थापन का प्रयत्न ही उनके मन के भय को प्रकारान्तर से व्यक्त कर देता है। निराला में इतने पेंच या इतने घुमाव नहीं हैं, बल्कि इसकी जगह मृत्यु का सीधा सहज-स्वीकार है। यहाँ दोनों कवियों के एक-एक उदाहरण से मेरी बात स्पष्ट हो जायेगी :

(1) निविड़ विपिन पथ अराल,
भरे हिंस्र जन्तु व्याल।

मारे कर अन्धकार,
बढ़ता है अनिर्वार,
द्रुम-वितान नहीं पार
कैसा है जटिल-जाल!

नहीं कहीं सुजलाशय
सुस्थल, गृह, देवालय
जगता है केवल भय
केवल छाया विशाल।

अन्धकार के दृढ़ कर
बँधा जा रहा जर्जर
तन उन्मीलन निस्वर
मन्द्र-चरण मरण-ताल।

(2) हिंस्र रात्रि आसे चुपे-चुपे
गतबल शरीरे शिथिल अर्गल भेंडे दिये
अन्तरे प्रवेश करे,
हरण करते थाके जीबनेर गौरवेर रूप।
कालिमार आक्रमणे हार माने मन।
ए पराभवेर लज्जा, ए अवसादेर अपमान
यखन घनिये ओठे, सहसा दिगन्ते देखा देय
दिनेर पताकाखानि स्वर्ण किरणेर रेखा-आँका,
आकाशेर येन कोन दूर हते
उठे ध्वनि 'मिथ्या मिथ्या' बलि।

प्रभातेर प्रसन्न आलोके
दुःख विजयीर मूर्ति देखि आपनार
जीर्णदिह दुर्गेर शिखरे।

दोनों कविताओं का मूल कथ्य मृत्यु का सर्वनाशकारी भय है। निराला उसे घने, सनसनाते, हिंस्र, जंगली जानवरों से भरे वन के बिम्ब से व्यक्त करते हैं और

रवीन्द्रनाथ उसे हिंस्र रात्रि के बिम्ब से। रवीन्द्रनाथ का बिम्ब वैसे भी बहुत साधारण और इकहरा है। उनकी कविता का मूल उद्देश्य मृत्यु द्वारा जीवन को समाप्त करने के प्रयत्न को असफल करके जीर्ण देह के दुर्ग-शिखर पर अपनी अपराजेय मूर्ति की स्थापना है। मृत्यु के पराभव और लज्जा-अपमान के घने होते ही उसको आलोकित करनेवाला प्रकाश फूटता हुआ उन्हें दिखायी देता है। सहसा मृत्यु के भय के विरुद्ध उन्हें 'मिथ्या-मिथ्या' की ध्वनि सुनायी पड़ती है। रवीन्द्रनाथ हिंस्र रात्रि के भीतर से आयी हुई मृत्यु द्वारा जीवन-गौरव को खोने नहीं देना चाहते। वे तुरन्त उसे आलोक-मण्डित करते दिखायी देते हैं। मृत्यु के सम्बन्ध में रवीन्द्रनाथ की मूलभूत वैचारिक मनःस्थिति यही है।

निराला अपनी इस पूरी कविता को कहीं भी मृत्यु-भय पर विजय प्राप्त करने के लिए विभाजित नहीं करते। उसमें क्रियाओं का कमतम प्रयोग है। केवल घने-सनसनाते वन की बिम्ब-मालाओं के सघन उपयोग से उस भय की सृष्टि की गयी है; मृत्यु का सहज-स्वीकार व्यक्त किया गया है। अन्धकार घहरा-घहराकर बढ़ता है, कहीं प्रकाश की कोई किरण नहीं दिखायी देती। 'द्रुम-वितान' का इतना 'जटिल-जाल' फैला हुआ है कि सूर्य की किरणें उसे भेदकर अन्दर तक प्रवेश नहीं कर सकतीं। कहीं कोई सुजलाशय, जीवन-रस-स्रोत नहीं दिखता; कहीं कोई शरण नहीं है; मुक्ति के लिए प्रार्थना-गृह नहीं दिखायी देता। केवल अँधेरे की एक विशाल छाया यहाँ-से-वहाँ तक फैली हुई है। इस भयावह अँधेरे की मुट्ठियों में धीरे-धीरे जर्जर शरीर बँधता और बन्द होता जा रहा है। मुक्ति के लिए कोई स्वर-झंकार, कोई चीख़, कोई आवाज़, कोई आह तक नहीं निकलती। धीमे-धीमे चलते हुए चरण जैसे मृत्यु के आगमन पर ताल दे रहे हैं। यह है निराला का बिम्बों के सघन रचाव द्वारा अभिव्यक्त मृत्यु का सहज साक्षात्कार। उससे कहीं पलायन नहीं है, किसी आलोक की तलाश का प्रयत्न नहीं है।

संवेदना के स्तर पर इस अन्तर के अलावा दोनों कविताओं की भाषिक संरचना और सघन रचावगत कलात्मकता में भी बहुत अन्तर है। रवीन्द्रनाथ की पूरी कविता एक सोचे हुए विचार-दर्शन में बदल जाती है। उसमें उक्ति-कथन अधिक लगता है। उसकी पूरी भाषिक संरचना भी इकहरी है और बिम्बों का कलात्मक सघन रचाव नहीं मिलता। निराला में एक पूरी बिम्बमाला तह-दर-तह उभरती-रचती जाती है। जैसे-जैसे कविता आगे बढ़ती जाती है, बिम्बों की सघनता बढ़ने के साथ-साथ मृत्यु की सघनता भी सनसनाती हुई बढ़ने लगती है। रवीन्द्रनाथ में पूरे वाक्यों का उपयोग भी उनकी कविता को सपाट बनाता है, जब कि निराला ने अपनी कविता में वाक्य की जगह शब्द-संकेतों या अधूरे वाक्य-संकेतों का आधार अधिक लिया है। निराला की कविता में प्रयुक्त छन्द 'दुर्गा-सप्तशती' के छन्द के मेल से रचा गया है। इस

तरह उसकी पाठ-ध्वनि ही उस मृत्यु-भय की भयावहता को चित्रित करती चलती है। दरअसल निराला वाक्य को शब्द और फिर शब्द को केवल 'नाद' तक लाकर कविता के अर्थ-प्रसार को सघन और संकेतित करते हैं।

रवीन्द्रनाथ की इस कविता की अगर सिम्फ़नी बनायी जाय तो उसमें शुरू में सारंगी की ट्रेजिक मींड़ और बाद में सितार की उत्फुल्ल स्वर-झंकार (पहाड़ी-झिंझोटी में) उपयुक्त होगी। निराला की कविता में लगातार पृष्ठभूमि में नगाड़े की ढम ढमम ढम ढमम सुनायी पड़ती है, जो धीरे-धीरे लगातार, अनवरत बढ़ती जाती है। दोनों की सिम्फ़नी-रचना का यह अन्तर ही, भय पर दुःख-विजयी रूप, (रवीन्द्रनाथ), और भय की अनवरतता (निराला) के अन्तर को स्पष्ट कर देता है। निराला में अपराजेय मृत्यु सजीव होकर उनके चरण-ताल पर थप-थप करती हुई आती दिखायी देती है; रवीन्द्रनाथ की कविता में वह दृश्य कम है, सूच्य ही अधिक लगती है। कवित्व और कलात्मकता तथा संवेदनागत इस अन्तर के कारण निराला कई मायनों में रवीन्द्रनाथ से बड़ी प्रतिभा के कवि ठहरते हैं।

□□

रवीन्द्रनाथ का यह मृत्युञ्जय भाव तरह-तरह से व्यक्त होता है। कभी वे अपने मृत्यु-दिन को जन्म-दिन के आमने-सामने बैठा हुआ पाते हैं। उन्हें दोनों प्रकाश के समान दिखते हैं। दोनों में कहीं कोई अन्तर नहीं दिखायी देता। दिन के अजस्र आलोक का ऋण वे मृत्यु के द्वारा ही चुकाने की कल्पना करते हैं। इसलिए मृत्यु उनके लिए विनाश या अन्तिम विराम नहीं है। उन्हें अपनी कीर्ति पर भी उतना विश्वास नहीं है। उन्हें अपने निज पर सबसे अधिक आस्था है। वह निजत्व जिसने इस धरती के सौन्दर्य को छककर पान किया है, प्रतिक्षण प्रेम किया है, स्नेह पाया है, दिया है। मनुष्य के प्रेम में उन्होंने जीवन के अमृत-तत्त्व का आशीर्वाद पाया है। इसीलिए निराला की तरह उन्हें 'हट रहा मेला' की अनुभूति नहीं होती। वे 'आगे-पीछे, दायें-बायें' आनेवालों से हटने की प्रार्थना नहीं करते। वे आसन्न मृत्यु के समय भी परिजनों का स्नेह-स्पर्श चाहते हैं। वे जानते हैं कि मृत्यु के बाद यही प्रीति-रस, यही पृथ्वी के अनुपम सौन्दर्य का गहन अनुभव, वे अपने साथ ले जायेंगे। इसी तरह वे बार-बार मृत्यु-भय के ऊपर अपनी विजयी मूर्ति की, अपने मृत्युंजय रूप की कल्पना करते हैं। मनुष्य-जीवन और इस पृथ्वी के सौन्दर्य के प्रति उनकी यह अनन्त आस्था दर्शनीय है। उसमें कहीं भी क्षीणता, विनष्टता, समाप्तप्रायता का अहसास नहीं है। दैन्य और करुणा से वे कहीं भी निराला की तरह आत्म-जर्जर नहीं होते। उनमें कहीं भी वह निरन्तर चलनेवाला गहरा कटाव और आत्म-क्षय दृष्टिगोचर नहीं होता। वे नैराश्य और एकाकीपन से ऊपर उठकर मनुष्य-जीवन में अपनी अनन्त आस्था और आत्म-विश्वास की घोषणा करते हैं। इस रूप में रवीन्द्रनाथ दरअसल शक्ति-सम्पन्न एक महामानव दिखायी देते हैं :

(1) ए जीवने सुन्दरेर पेयेछि मधुर आशीर्वाद
मानुषेर प्रीति-पात्रे पाइ ताँरि सुधार आस्वाद।
दुःसह दुःखेर दिने
अक्षत अपराजित आत्मारे लयेछि आमि चिने।
आसन्न मृत्युर छाया येदिन करेछि अनुभव
सेदिन भयेर हाते हयनि दुर्बल पराभव
महत्तम मानुषेर स्पर्श हते हइनि वंचित
तादेर अमृतवाणी अन्तरेते करेछि संचित

(2) दिने-दिने पेयेछिनु सत्येर या-किछु उपहार
मुधरसे क्षय नाइ तार।
ताइ एइ मन्त्रवाणी मृत्युर शेषेर प्रान्ते बाजे-
सब क्षति मिथ्या करि अनन्तेर आनन्द विराजे।
शेष-स्पर्श निये याब यबे धरणीर
बले याब, 'तोमार धूलिर तिलक परेछि भाले।'

(3) आमार कीर्तिरे आमि करि ना विश्वास।
जानि, कालसिन्धु तारे नियत तरंग घाते
दिने दिने दिबे लुप्त करि।
आमार विश्वास आपनारे।
दुइ वेला सेइ पात्र भरि
ए विश्वेर नित्य सुधा
करियाछि पान।

(4) 'आमि मृत्यु चेये बड़ो' एइ शेष कथा बले
याब आमि चले।।

निश्चय ही यह शक्तिमन्त आस्थावान् वाणी किसी साधारण मनुष्य की वाणी नहीं है। आसन्न मृत्यु की छाया में भी पराभव नहीं होगा; दुर्बलता, विषण्णता नहीं घेरेगी। क्यों? क्योंकि रवीन्द्रनाथ निराला की तरह मनुष्य के महत्तम स्नेह-स्पर्श से वंचित नहीं हैं। उन्हें रिक्तता और अकेलेपन का कभी अहसास नहीं हुआ। बल्कि मनुष्य के महत्तम स्पर्श को उन्होंने भरपूर पाया है। उनके जीवन में कहीं कोई ख़ालीपन नहीं है। वे बार-बार जीवन को भरपूर जीने के अपने अनुभव के प्रति कृतज्ञ हैं। उनकी मृत्यु-सम्बन्धी कविताओं में उनका यही कृतज्ञता-ज्ञापन अभिव्यक्त हुआ है। कहीं क्षय नहीं है—आत्म-क्षय की तो बात ही दूर है। अपनी कीर्ति से भी बड़ा

वह जीवन का मिला हुआ आशीष है, जिसे कवि ने भरपूर भोगा है। कीर्ति धीरे-धीरे समय के अन्तराल में लुप्त हो जायेगी, लेकिन यह जीवन को भरपूर जीने का अनुभव नष्ट नहीं होगा। क्योंकि मनुष्य का अमृत-तत्त्व, उसका आशीष बूँद-बूँद जो कवि के जीवन में संचित हुआ है, उसका क्षय सम्भव नहीं है। इसी भूमि पर आकर रवीन्द्रनाथ कहते हैं कि प्रस्थान के समय मैं यह उद्घोषणा करके जाऊँगा कि 'मैं मृत्यु से बड़ा हूँ'—'आमि मृत्यु का चित्रण भी चेये बड़ो'। मृत्यु से बड़े होने के अपने इसी शक्तिमन्त अनुभव के कारण रवीन्द्रनाथ मृत्यु का चित्रण भी जगह-जगह एक उत्सव की तरह करते हैं। वे सिर्फ़ उसकी सत्ता की साधारणता ही नहीं घोषित करते, वे सिर्फ़ उसके ऊपर अपने दुःख-विजयी रूप की मूर्ति ही नहीं स्थापित करते, बल्कि फिर मृत्यु का आगमन भी भयकारक न रहकर, एक उत्सव का रूप ले लेता है। मृत्यु का यही उत्सवमय चित्रण उनकी कविताओं में जगह-जगह हुआ है :

(1) देखिलाम अवसन्नचेतनार गोधूलिवेलाय
देह मोर भेसे याय कालो-कालिन्दीर स्रोत बहि
निये अनुभूति पुंज, निये तार विचित्र वेदना,
चित्र-करा आच्छादने आजन्मेर स्मृतिर संचय,
निये तार बाँशिखानि दूर हते दूर येते येते
म्लान हये आसे तार रूप, परिचित तीरे-तीरे
तरुच्छाया-आलिंगित लोकालये क्षीण हये आसे
सन्ध्या-आरतीपर ध्वनि, घरे घरे रुद्ध हय द्वार
ढाका पड़े दीपशिखा, नौका बाँधा पड़े घाटे
दुई तटे क्षान्त हल पारापार घनालो रजनी,
बिहंगेर मौन गान अरण्येर शाखाय शाखाय

(2) मृत्युर दक्षिण हस्त हते, नूतन अरुण लिखा
यबे दिबे यात्रार इंगित।
आज आसियाछे काछे
जन्मदिन मृत्युदिन, एकासने दोंहे बसियाछे,
दुइ आलो मुखोमुखि मिलिछे जीवनप्रान्ते मम

(3) याबार समय हल बिहंगेर। एखनि कुलाय
रिक्त हबे। स्तब्धगीति, भ्रष्टनीड़ पड़िबे धुलाय
अरण्येर आन्दोलने। शुष्क-पत्र, जीर्ण-पुष्प-साथे
पथचिह्नहीन शून्ये याब उड़े रजंनी प्रभाते
अस्त सिन्धु परपारे।

कतकाल एइ वसुन्धरा
आतिथ्य दियेछे, कभु आम्रमुकुलेर-गन्धे भरा
पेयेछि आह्वानवाणी फाल्गुनेर दाक्षिण्ये मधुर
अशोकेर मंजरि से इंगित पेयेछ मोर सुर
दियेछि प्रितिरसे भरि, कखनो या झंझाघाते
बैशाखेर, कण्ठ मोर रुधियाछे उत्तप्त धुलाते
पक्ष मोर करेछे अक्षम,

सब निये धन्य आमि
प्राणेर सम्माने। ए पारेर क्लान्त यात्रा मेले थामि।
क्षणतरे पश्चाते फिरिया मोर नम्र नमस्कारे।
वन्दना करिया याब ए जन्मेर अधिदेवतारे।।

निराला के मृत्यु-गीतों में इस तरह की उत्सवमयता कहीं नहीं मिलेगी। निराला 'स्मरण में है आज जीवन' कहते अवश्य हैं, लेकिन उनकी अवसन्नता, उदासी, उनका आत्म-क्षय फिर उलटकर उस स्मृति-शेष, समृद्ध जीवन की चर्चा नहीं करता। रवीन्द्रनाथ इसलिए कहते हैं कि उनका यह 'आजन्मेर स्मृतिर संचय' मृत्यु के बाद भी उनके साथ जाता है। वे समझते हैं कि वे उसे ले जाने में सफल होंगे। निराला के साथ उलटा है। निराला का 'स्मरण में बचा हुआ जीवन' भी 'मृत्यु की नीली रेखा' में विलीन हो जाता है। इसीलिए वे रवीन्द्रनाथ की तरह उसका चित्रमय चित्रण नहीं करते, बल्कि सिर्फ़ उसका संकेत-भर कर देते हैं। इसीलिए उनमें मृत्यु के तिलक की चर्चा नहीं है। वे उसमें प्रकाश का सान्द्रत्व नहीं देख पाते।

रवीन्द्रनाथ पक्षी के रूपक से बड़ी ही चित्रमय शैली में उस महाप्रस्थान को चित्रित करते हैं। उन्हें इस क्लान्त-क्षान्त यात्रा पर कोई पश्चात्ताप, कोई भय, कोई अपमान-अवसाद, दुःख-जर्जरता नहीं घेरती। निराला में यही अनुभूतियाँ प्रधान हैं। उनकी अवसन्नता और उसी का प्रभाव उनके इन गीतों के शिल्प पर भी पड़ा है। उनमें एक सघनता-संक्षिप्तता और मन्थरता इसीलिए सर्वत्र परिव्याप्त है। यहाँ-से-वहाँ तक एक काला अँधेरा रंग उनकी इन कविताओं पर पुता हुआ है—एक भयप्रद ढम ढमम, ढम ढमम लगातार बजता हुआ सुनायी देता है। अटूट नैराश्य और आत्म-जर्जरता की कड़ियाँ एक-दूसरे में गुँथी हुई कड़कड़ाती रहती हैं; जबकि रवीन्द्रनाथ के मृत्यु-गीतों में रंग-वैविध्य दर्शनीय है। वहाँ दूसरे रंगों के बीच काले रंग का एक हलका-सा स्ट्रोक भर लगा हुआ है, जिससे श्वेत रंग और खिलकर निखर आये। निराला के घने काले रंगों के बीच अगर सफ़ेद की कोई क्षीणतम रेखा दिखायी भी देती है, तो शायद वह इसलिए कि अँधेरे की विविड़ता में हम और भीतर तक धँस सकें। वे रवीन्द्रनाथ की तरह यह कहने का साहस कभी नहीं कर सकते कि 'मैं इस

सुन्दर संसार में मरना नहीं चाहता'-'मरिते चाहि ना आमि सुन्दर भुवने'। वे जानते हैं कि रवीन्द्रनाथ की तरह वे मृत्यु को झुठला नहीं सकते। उनके सम्पूर्ण रचना-चरित्र में सत्य को झुठलाने का कहीं प्रयत्न दिखायी नहीं देता। इसीलिए वे अपने 'जीवन-फल' को मृत्यु के ऊपर स्थापित नहीं करते। उनमें वह महामानवत्व कहीं दृष्टिगोचर नहीं होता। वे अपने सम्पूर्ण रचना-जीवन में एक साधारण मनुष्य का ही व्यवहार दिखाते हैं। मनुष्य की साधारणता और सीमा को झुठलाने का कोई प्रयत्न कहीं भी निराला में नहीं दिखायी देता, बल्कि उसकी साधारणता, उसकी सीमा, उसकी मरणशीलता ही उसका सत्य और सामर्थ्य है।

निराला को रवीन्द्रनाथ के समकक्ष या उनसे बड़ा घोषित करने के लिए उन्हें 'महाप्राण', 'महात्मा' या 'काव्य का देवता' कहना निराला का अपमान करना है। रवीन्द्रनाथ से बड़े वे इसलिए हैं कि उनकी अनुभूति महामानव की अनुभूति न होकर, एक साधारण मनुष्य की अनुभूति है। उनकी प्रतिभा रवीन्द्रनाथ से इसलिए बड़ी है कि उसका स्रोत जन-साधारण के अतल में है; वह अधिक गहरे से फूटकर निकलती है। वे रवीन्द्रनाथ से बड़े कवि इसीलिए हैं कि वे जन-साधारण की दुःख-जर्जरता (चाहे अपने ही माध्यम से क्यों न हो।) और उसकी प्रवंचनाओं, सीमाओं के उद्घोषक हैं। वे इसीलिए महान् कवि हैं कि वे सत्य को तद्वत् स्वीकार करते हैं—उस पर किसी विचार-दर्शन का मुलम्मा नहीं चढ़ाते। रवीन्द्रनाथ से उनकी महानता रवीन्द्रनाथ के ठीक प्रतिकूल होने में है, उनके समान दिखने में नहीं। इसीलिए वे अपने मृत्यु-गीतों में मृत्यु को किसी भी तरह झुठलाते नहीं। अपनी भय-जर्जरता को स्पष्ट स्वीकारते और उसकी बेलाग अभिव्यक्ति देते हैं। उनकी यही सच्चाई की पकड़ उनकी कविताओं को हमारे मन में गहरे उतारती है। हम उनके नैराश्य, एकाकीपन और दुःख-जर्जरता पर प्रश्नवाचक चिह्न नहीं लगाते-रवीन्द्रनाथ की विराट् आस्था पर अवश्य लगाते हैं। क्योंकि रवीन्द्रनाथ की वह आस्था सबकी पहुँच से परे है। इसीलिए निराला 'मैं मरना नहीं चाहता' या 'मैं मृत्यु से बड़ा हूँ!' की जगह 'आओ, छवि मृत्यु-दशन, दंश करो जीवन-फल' कहकर उसका आह्वान करके अपने आत्म-विनाश को निःसंशय स्वीकार कर लेते हैं।

□□

निराला की मृत्यु-सम्बन्धी कविताओं की संवेदनागत विशिष्टता को इसी नुक्ते से समझा जा सकता है। उनमें मृत्यु का यह सहज-स्वीकार बहुत प्रारम्भ से ही पाया जाता है। जैसा कि मैंने कहा, निराला अपनी निरर्थक पराजय, उदासी, अवसन्नता और आत्म-जर्जरता से होकर ही मृत्यु-भय में पदार्पण करते हैं। इसकी क्षीण अनुगूँज उनकी कविताओं में शुरू से ही मिलने लगती है। अतः निराला द्वारा मरणशीलता के सहज आत्म-स्वीकार की अभिव्यक्ति भी, जो उनके गीतों की रचना-प्रक्रिया का

एक अंग है, मेरी इस स्थापना को प्रमाणित करती है कि उनके रचना-जीवन में रचना-प्रक्रिया के अनेक स्तर साथ-साथ लगातार क्रियाशील रहे हैं। 'परिमल' की 'पतनोन्मुख' कविता से ही मृत्यु-भय का पदार्पण उनके काव्य-जीवन में दिखायी देने लगता है :

हमारा डूब रहा दिनमान!
मास-मास दिन-दिन प्रतिपल
उगल रहे हो गरल-अनल,
जलता यह जीवन असफल,
हिम-हत-पातों सा असमय ही
झुलसा हुआ शुल्क निश्चल!
विकल डालियों से
झरने ही पर हैं पल्लव-प्राण-
हमारा डूब रहा दिनमान।

रवीन्द्रनाथ इस तरह सहज ढंग से अपने सूर्यास्त का चित्रण नहीं कर सकते; उनमें यह स्वीकार-भाव, यह लघुता की सहज आत्म-स्वीकृति कहीं नहीं मिलती। 'पल्लव-प्राण' कहकर निराला 'उगते पल्लव-से कोमल शाखा में' की वही अभिव्यक्त फिर दुहराते हैं। रवीन्द्रनाथ के निकट उनकी 'क्षय नाइ तार' की अभिव्यक्ति ही सच लगती है। 'महत्तम मानुषेर स्पर्श' ही उनकी संवेदना के अनुकूल है। निराला अगर इस तरह से अपने को अभिव्यक्त करते तो वे ग़लत और कृत्रिम लगते, क्योंकि उन्होंने इस तरह का भरा-पूरा जीवन कभी जिया नहीं। इसीलिए इस सन्दर्भ में उनका एकान्तिक नैराश्य और आत्म-जर्जरता की सच्ची अभिव्यक्ति ही मूल्यवान् है। इसीलिए निराला 'मृत्यु है जहाँ वहाँ क्या विजय, करती है क्षिति जीवन का क्षय' कहकर रवीन्द्रनाथ के ठीक प्रतिकूल अनुभूति का साक्ष्य प्रस्तुत करते हैं। जहाँ मृत्यु है, वहाँ अपनी 'दुःख विजयी मूर्ति' रवीन्द्रनाथ की तरह वे स्थापित नहीं कर सकते। वे रवीन्द्रनाथ की तरह 'धूलिर तिलक' की कृतज्ञता भी ज्ञापित नहीं करते, बल्कि क्षिति को जीवन का क्षय करनेवाली बताते हैं। निराला के 'साथ कोई नहीं है' बल्कि जो हैं भी, उनके भी हट जाने की प्रार्थना वे करते हैं। इसके विपरीत रवीन्द्रनाथ अन्तिम प्रस्थान के समय बन्धु-बान्धवों के हाथों के स्नेहास्पर्श का प्रसाद ले जाने की इच्छा व्यक्त करते हैं। निराला अपनी अतिशय आत्म-जर्जरता में 'लोक-आलोक' दोनों के पार, रहस्य के उस घने अँधेरे गर्भ में समा जाने की इच्छा व्यक्त करते हैं, लेकिन रवीन्द्रनाथ आलोक-सन्तरण की बात कभी मन में उठा भी नहीं सकते :

(1) आगे-पीछे दायें बायें
जो आये थे, वे हट जायें

उठे सृष्टि से दृष्टि, सहज मैं
करूँ लोक-आलोक सन्तरण।

(2) आमि चाहि बन्धुजन यारा
ताहादेर हाते परशे
मर्त्येर अन्तिम प्रीति रसे
निये याब जीबनेर चरम प्रसाद

निराला के मृत्यु-गीतों में नैराश्य के काले रंगों की यही बाढ़ सर्वत्र छायी हुई है। इसीलिए वे जीवन के भीतर हमेशा रहना नहीं चाहते। उन्हें लगता है कि जीवनरूपी घर के किसी कोने में ही मृत्यु का बिल है। अचानक, एक दिन, न जाने कब यह मृत्यु-सर्प उस कोने के बिल से निकलकर उन्हें डँस लेगा। यह अकेली सुरक्षा सबसे बड़ी असुरक्षा है। इससे बचने के लिए विशाल जन-मैदान में निकल जाना होगा। उसी में खोकर मृत्यु के भयावह आक्रमण से बचा जा सकता है। यह अकेली गुफा अत्यन्त पुराने भयावह विषधरों से भरी हुई है। यहाँ की हवा में विषैलापन व्याप्त है। निराला इसी विषैलेपन से बचने के लिए अपनी एकान्तिकता से जन-साधारण की ओर बढ़ते हैं। वहीं उन्हें शुद्ध प्रकाश और खुशबुओं-भरी हवा का स्पर्श मिलेगा। रवीन्द्रनाथ इस गृह-गुहा से बाहर आना नहीं चाहते, बल्कि वहीं अपने बन्धु-बान्धवों के स्नेह-स्पर्श के लिए व्याकुल हैं। इस प्रकार प्रकारान्तर से निराला अपनी मुक्ति अगर कहीं मानते भी हैं तो अपनी समग्र रचनाकारिता को वृहत् दुःखी, शोषित, मानव-समुदाय की सेवा में लगा देने में ही मानते हैं। इसी को वे नीचे की पंक्तियों में अलग-अलग रूपों में अंकित करते हैं :

(1) मैं रहूँगा न गृह के भीतर
जीवन में रे मृत्यु के विवर।

यह गुहा-गर्त्त, प्राचीन, रुद्ध,
नव-दिक्-प्रसार, वह किरण शुद्ध
है कहाँ यहाँ मधु-गन्ध लुब्ध
वह वायु विमल आलिंगनकर।

(2) मरण को जिसने वरा है
उसी ने जीवन भरा है
परा भी उसकी, उसी के
अंक सत्य-यशोधरा है।

(३) कौन फिर तुझको वरेगा।
जो न तू उस पथ मरेगा।

इस तरह रवीन्द्रनाथ अपनी जिस कीर्ति को अस्वीकार करके अपने ही भीतर विश्वास करते हैं, निराला उसके विपरीत यश और 'अखिल कारुणिक मंगल' को ही मृत्यु से मुक्ति का साधन बताते हैं। 'मृत्यु में ही जीवन की असली सार्थकता है' निराला की यह उक्ति मृत्यु के सन्दर्भ में रवीन्द्रनाथ के लिए एकदम उलटी पड़ेगी। क्योंकि रवीन्द्रनाथ तो जीवन के समृद्ध स्मरण में ही मृत्यु से मुक्ति मानते हैं। जहाँ निराला 'मधुर-मधुर मृत्यु मधुर' की बात भी करते हैं, वहाँ भी इसीलिए कि जन्मान्तर के पार फिर नया जीवन पाने का निरन्तर क्रम बना रहता है। सब-कुछ के 'नित-नूतन' होते रहने का यह भाव ही उन्हें मृत्यु की छवि का भान कभी-कभी कराता है।

लेकिन बावजूद इन छिटपुट उक्तियों के, निराला के मृत्यु-गीतों में उनकी आत्म-जर्जरता का साक्ष्य ही हमें अधिक मिलता है। मृत्यु के मधुर स्वर के आह्वान में भी अवसान की कालिमा ही मुख्यतः व्यक्त हुई है। उसका स्वर, उसका संगीत, निराला अलग से पहचानते हैं। इसीलिए चाहे वह कितने भी मधुर-स्वर में क्यों न बुलाये, वे उसे पहचान लेते हैं। चाहे वह किसी भी वेश में आये। चाहे उस पच्छिमी हवा के भीतर या बादलों के मधुर मन्द्र गर्जन के भीतर—कवि को पहचानने में देर नहीं लगेगी। इसीलिए वह मृत्यु के इस छद्म-खेल पर हँसता है, उलहना देता है। क्योंकि जहाँ उसका सहज स्वीकार है, वहाँ छिपकर आने की ज़रूरत ही क्या थी :

मधुर स्वर तुमने बुलाया
छद्म से जो मरण आया।

बो गयी विष वायु पच्छिम
मेघ के मद हुई रिमझिम
रागिनी में मृत्यु, द्रिमद्रिम
तान में अवसान आया।

चरण की गति में विरत लय
साँस में अवकाश का क्षय,
सुषमता में असम संचय
वरण में निश्शरण गाया।

यहाँ 'द्रिमद्रिम' शब्द का प्रयोग देखने योग्य है। भय की हलकी-सी अनुभूति, किसी भयावह वस्तु के आने का आभास-द्रिम-द्रिम-द्रिम....... शब्द की ध्वनि से ही

निराला ने अर्थ की सूक्ष्मता को व्यक्त किया है। इसी को निराला कभी 'मन्द्र-चरण मरण-ताल', फिर 'भरा चरण गमन-मन्द', या 'मारण-रजनी' कहकर व्यक्त करते हैं। मृत्यु की इसी विनाश-लीला को उन्होंने शिव के ताण्डव-नृत्य के डमरू-नाद से अभिव्यक्त किया है। ध्वनियों के आवर्त और टवर्गों की परुषता का जगह-जगह उपयोग इस सन्दर्भ में उन्होंने किया है। 'डमड डम डमड डम' कहकर वे विनाश-लीला की प्रतीकात्मकता का बड़ा ही सुन्दर चित्र खींचते हैं। इस गीत में सम्पूर्ण प्रलय का चित्र बड़ी सूक्ष्मता से कवि ने पिरोया है। लेकिन वह मात्र एक पौराणिक कथा की पुनरावृत्ति ही नहीं मालूम पड़ती, बल्कि पूरा-का-पूरा प्रलय का बजता हुआ यह साज़ स्वयं कवि के भीतर उतर जाता है, और वह पूरा-का-पूरा प्रतीक उसकी अपनी विनाश-लीला का प्रतीत बन जाता है।

इस तरह निराला के मृत्यु-गीतों की मुख्य अनुभूति उनका वही आत्म-साक्षात्कार है, जिसकी चर्चा हम पीछे कर चुके हैं। आत्म-क्षय की उसी तीखी अनुभूति का परिणाम उनके ये गीत हैं। उससे कहीं भी कोई मुक्ति नहीं है। अन्ततः सब-कुछ नष्ट हो जानेवाला है। सारा दायित्व, प्रतिदान, प्रतिभा, शरीर और आत्मा और प्रेम और घृणा और यश और सम्बन्ध। मनुष्य का अन्त ही उसके सारे क्रिया-कलापों, उसके यश-अपयश का अन्तिम विराम है। इसी विराम का भय उनके इन मृत्यु-गीतों में बार-बार, बार-बार व्यक्त हुआ है। इस तरह निराला के ये मृत्यु-गीत भी उनके प्रेम-गीतों और आत्म-साक्षात्कार के गीतों की तरह एक ही अखण्ड, एकतान अनुभव के खण्ड-चित्र हैं। उनकी यह एकतानता कहीं भी खण्डित नहीं होती। मृत्यु-भय से मुक्ति के लिए अन्ततः निराला इन मृत्यु-गीतों से प्रपत्ति की भूमिका में उतरते हैं, जिसकी चर्चा हम अगले किसी अध्याय में करेंगे। यहाँ निराला के अन्तिम संग्रह 'सान्ध्य-काकली' से मृत्यु-सम्बन्धी कुछ पंक्तियाँ उद्धृत करके अब हम इस प्रसंग को समाप्त करते हैं :

(1) आग सारी फुक चुकी है
रागिनी वह रुक चुकी है
स्मरण मे है आज जीवन
मृत्यु की है रेख नीली।

(2) सिद्ध योगियों जैसे या साधारण मानव
ताक रहा है भीष्म शरों की कठिन सेज पर
झूल चुकी है खाल ढाल की तरह तनी थी
पुनः सवेरा, एक और फेरा है जी का

ग़ज़लें और लोकगीत

'बेला' में निराला द्वारा रचित लगभग 35-36 ग़ज़लें संगृहीत हैं। इनके बारे में भूमिका में निराला ने लिखा है कि, 'बढ़कर नयी बात यह है कि अलग-अलग बहरों

की ग़ज़लें भी हैं जिनमें फ़ारसी के छन्द-शास्त्र का निर्वाह किया गया है। काव्य की कसौटी भी है।' ग़ज़लें देखकर शुरू में मुझे अचम्भा हुआ था। फिर मैंने जब काफ़ी ध्यान से उनकी ग़ज़लें पढ़ीं तो मुझे कुछ विशेष हाथ नहीं लगा। अचम्भा इसलिए हुआ कि कविता को उनके अभिजात प्रसंगों से मुक्त करनेवाले निराला ने कविता की यह अभिजात पारम्परिक शिल्प-विधा क्यों अपनायी? क्योंकि इसी संग्रह में जो गीत संगृहीत हैं, उनमें गीतों की अपनी ही बनायी हुई भूमि को निराला ने तोड़ा है। उनकी भाषिक संरचना और कथन की भंगिमा काफ़ी बदली हुई लगती है।

दूसरे, यह उनकी काव्य-रचना का वह दौर है जिसमें निराला अपनी अधिकांश शक्ति कविता के पारम्परिक रूप को ध्वस्त करके एक नये तरह के काव्य के निर्माण में संलग्न दिखायी देते हैं। 'कुकुरमुत्ता' पूरा संग्रह और 'अणिमा' में संगृहीत काव्य-आभिजात्य से मुक्ति के प्रयास में लिखी गयी बहुत-सी कविताओं का रचना-काल यही है। फिर यह ग़ज़लों की रचना की ओर उनका ध्यान कैसे गया?

इस सम्बन्ध में डॉ. रामविलास शर्मा द्वारा लिखी गयी जीवनी पढ़ने के बाद मेरी इस शंका का समाधान हुआ। उनके अनुसार फ़िराक़ गोरखपुरी द्वारा तथा अंग्रेज़ीदाँ हिन्दी लेखकों द्वारा हिन्दी कविता और भाषा की खिल्ली उड़ाये जाने से सन्तप्त तथा उर्दू के आदर से प्रभावित होकर निराला ने उर्दू में लिखने का निश्चय किया। रामविलास जी के अनुसार इसमें शायद मन में यह भी भावना थी कि उर्दू में लिखने से ख्याति मिलती है, और हिन्दी गँवारों की भाषा मानी जाती है। लेकिन शायद मुख्य प्रेमरणा फ़िराक़ द्वारा फेंकी गयी चुनौती ही थी। इसके लिए निराला ने उर्दू शायदी का डटकर अध्ययन-अवगाहन किया, जिससे वे फ़ारसी छन्दःशास्त्र पर महारत हासिल कर सकें।

इसके अलावा वह कौन-सी मनःस्थिति थी, जिसके कारण उन्होंने ग़ज़ल की शिल्प-विधा अपनायी, इस सम्बन्ध में डॉ. रामविलास शर्मा के विचार यहाँ उद्धृत करना अनुचित न होगा—'निराला थक गये थे। पुराने तेवर याद करके नयी चुनौती स्वीकार कर ली थी। जिगर और फ़िराक़ से होड़ करने में काफ़ी समय और शक्ति नष्ट की। उनके मन में कोई ऐसा रीतापन था, जिसे कोई चीज़ भर न सकती थी। मन के गुह्यतम स्वर चंचल हो उठें, भावना के प्रच्छन्नतम स्रोत प्रवाहित हों, रचना में सम्पूर्ण व्यक्तित्व ढल जाय, यह जैसे अब उनके लिए सम्भव न था।' ('निराला की साहित्य-साधना'-नरक-यात्रा, पृष्ठ 397)।

रामविलास जी के इस कथन से लगता है कि निराला ने थकान में ही यह चुनौती स्वीकार कर ली थी, इसीलिए सुन्दर ग़ज़लों की रचना में वे असफल हुए। यह सच हो सकता है। लेकिन मुझे लगता है कि चुनौती स्वीकार कर लेने के बाद भी ग़ज़ल जैसी पारम्परिक विधा में उनकी रुचि जम नहीं पायी। उनके मन का प्रच्छन्नतम स्रोत तो कविता को उसकी अभिजात संस्कारों से मुक्त कराने में खुला

हुआ था। अगर रामविलास जी की बात को प्रमाण मान लिया जाय (मानना ही चाहिए।) तो इसका निष्कर्ष यह निकलेगा कि काव्य-आभिजात्य से मुक्ति की 'नये पत्ते' की उनकी अधिकाँश कविताएँ उनकी गम्भीर काव्य-रचना का परिणाम न होकर हलके मूड, या संश्लिष्टता और बिम्बात्मकता के कठिन श्रम के बाद रिलैक्सेशन के मूड में लिखी गयी कविताएँ हैं। मुझे ऐसा नहीं लगता। मेरा यह पक्का विचार है कि 'कुकुरमुत्ता', 'अणिमा' की नयी तर्ज़ की कविताएँ, 'बेला' और 'नये पत्ते' की कविताएँ उनके गीतों या लम्बी कविताओं से कम महत्त्वपूर्ण नहीं हैं। बहरहाल, रामविलास जी का यह कथन तो सच है कि कि जिगर और फ़िराक़ से होड़ करने में उन्होंने काफ़ी समय और शक्ति नष्ट की।

मेरी धारणा की पुष्टि इससे भी होती है कि ग़ज़लों की पारम्परिक विधा अपनाने के बावजूद निराला ने ग़ज़ल की संवेदना का अपनी ग़ज़लों में लगभग परित्याग कर दिया है। उनमें भी वे हास्य-व्यंग्य और जन-समर्पित अनुभवों को ही समाहित करने की चेष्टा करते हुए दिखायी देते हैं। उनकी कोई भी ग़ज़ल संवेदना के लिहाज़ से पारम्परिक ग़ज़ल नहीं है। बल्कि उसकी संवेदना काव्य-आभिजात्य से मुक्ति के प्रयत्न में लिखी गयी कविताओं के अधिक निकट मालूम पड़ती है। यह एक प्रकार से ग़ज़ल का फ़ॉर्म अपनाते हुए भी उसमें एक प्रयोग है, क्योंकि अधिकांश ग़ज़लें ग़ज़ल की विषयगत परिपाटी से अलग हैं। उनमें इश्क़ और विरह की चर्चा कहीं भी नहीं है। किसी विचार-सूत्र को भी अत्यन्त गूढ़ ढंग से (ग़ालिब और इक़बाल की तरह) गूँथने का प्रयत्न वहाँ नहीं दिखायी देता। कहीं-कहीं चुनौती में आकर जब भी निराला ने नाजुक-ख़याली दिखलाने की कोशिश की है, वे अधिकांशतः असफल ही रहे हैं। लेकिन जहाँ वे हास्य-व्यंग्य और उपेक्षित जन-साधारण की भावनाओं को अपनी ग़ज़लों में जगह देते हैं, वहाँ हमारा ध्यान उनकी ओर सहज ही आकर्षित हो जाता है। क्योंकि यहाँ संवेदना के स्तर पर उनकी रचनात्मक क्रियाशीलता, जो ग़ज़लों से इतर ढंग की कविताओं में व्यक्त हुई है, एकतान हो जाती है। इसीलिए ऊपर मैंने कहा कि काव्य-आभिजात्य से मुक्ति के प्रयास में लिखी गयी कविताएँ उनकी गम्भीर रचनात्मकता का परिणाम हैं और उनको लेकर यह नहीं कहा जा सकता कि 'रचना में अपने सम्पूर्ण व्यक्तित्व को ढाल देना अब निराला के लिए सम्भव नहीं था।'

लेकिन संवेदनागत एकतानता के बावजूद विधा की पारम्परिकता के कारण ग़ज़लों के उनके प्रयोग सफल नहीं हुए हैं। व्यंग्य-हास्य और जन-सम्पर्क की अनुभूतियों को व्यक्त करने के अनुकूल ग़ज़ल का स्वभाव नहीं है। इसीलिए ग़ज़ल का यह स्वभाव निराला की प्रयोगशीलता में आड़े आता है। कोई भी पूरी एक ग़ज़ल ऐसी नहीं है, जिसमें संवेदना, प्रयोग और विधागत सामंजस्य निराला स्थापित कर सके हों। यही बात भाषा-बन्ध की रचना को लेकर भी कही जा सकती है। अपनी

ग़ज़लों की भाषा में निराला वह गढ़न और सँवार नहीं ला सके हैं, जिससे ग़ज़ल का हर शेष अर्थ-चमत्कार से सहसा उद्‌भासित हो उठे।

भाषिक संरचना के स्तर पर निराला ने संस्कृत के तत्सम और उर्दू शब्दों का एक अजीब-सा घाल-मेल किया है, जो जगह-जगह हास्योत्पादक हो उठा है। कारण वही-विधागत पारम्परिकता में नयी संवेदना को ठूँसने का प्रयास है। इसके अलावा शायद निराला ग़ज़ल के लिए संस्कृत तत्सम शब्दों तथा उर्दू-फ़ारसी के शब्दों को मिलाकर किसी नये भाषा-बन्ध का ईजाद करना भी चाहते हैं। लेकिन इस प्रयत्न में भाषा की एक अजीब-सी बेस्वाद खिचड़ी तैयार होकर रह गयी है। सम्भवतः निराला को भी अपनी ग़ज़ल-रचना की गहरी असफलता का अहसास है। एक जगह अपनी एक ग़ज़ल में वे ख़ुद का मज़ाक बनाने से नहीं चूकते :

मैंने कला की पाटी ली है शे'र के लिए
दुनिया के गोलन्दज़ों को देखा, दहल गया।

उनकी ग़ज़लों की कमज़ोर भाषिक संरचना के उदाहरणस्वरूप यहाँ कुछ शे'र उद्धृत करना मुनासिब होगा :

(1) **नवीनता की आँखें चार जो हुईं उनसे**
कहा कि प्यार के होते हैं ये बहार के दिन।
(2) **क़दम के उठते कहा प्रियतमा ने फूलों से**
उरों में तीरों के हूले हैं ये बहार के दिन।
(3) **वहीं नवीना सजी और वहीं बजी वीणा**
शराबो-प्याले का अब तक न बहिष्कार हुआ।

पहले शे'र में 'नवीनता' शब्द का प्रयोग बहुत ही भोंड़े ढंग से किया गया है। इसी तरह 'क़दम' के साथ 'प्रियतमा' और 'उरों में तीरों के हूले' न कोई नया मुहावरा गढ़ते हैं, न शब्दों के मिश्रित प्रयोग से कोई नयी अभिव्यक्ति निकालते हैं। तीसरे शे'र की पहली पंक्ति तो बिलकुल तत्सम शब्दों के प्रयोग से निर्मित की गयी है। 'वीणा' और 'नवीना' के साथ 'शराबो-प्याले' का ज़िक्र दो अलग-अलग संस्कारों के शब्द-बन्धों को एक थाली में परोस देने जैसा लगता है। जैसे एक ओर पंचामृत और दूसरी ओर भुना हुआ मुर्ग़ा रखा हो। फिर 'शराबो-प्याले' के 'बहिष्कार' की बात भी खटकती है।

इस तरह के भोंड़े और अर्थहीन प्रयोगों से निराला की ग़ज़लें भरी पड़ी हैं। भाषा की जिस सफ़ाई और सौन्दर्य के लिए निराला की तारीफ़ की जाती है, वह यहाँ कहीं नहीं मिलती और दरअसल वह पूरी तरह अपनी इन ग़ज़लों में असफल हो गये हैं।

इसकी वजह वही है—बावजूद चुनौती मानकर ग़ज़ल का अपनाने के, यह विधा उनके स्वभाव और संस्कारों के प्रतिकूल पड़ती है। उनका 'प्रेम' भी 'इश्क़' नहीं है। निराला चाहे जितना अच्छा गोश्त क्यों न पकाते रहे हों, चाहे वे भरे मंच पर शराब की बोतल क्यों न खोल लें, चाहे वे कैसी भी ठेठ गालियाँ क्यों न दे लें, वे बुनियादी तौर पर वैष्णव-संस्कारों के कवि हैं।

उनके काव्य में फूट-फूटकर बहनेवाली करुणा, पावनता और आत्म-समर्पण उनके इन्हीं वैष्णव-संस्कारों की देन हैं। इसीलिए उनका प्रेम-चित्रण और ग़ज़ल का नफ़ीस, चमत्कारिक इश्क़-वर्णन—दोनों दो भिन्न दिशाओं की वस्तुएँ हैं। इसीलिए प्रेम की गहरी उच्छलता और पावनता के कवि होते हुए भी उन्होंने ग़ज़ल के फ़ॉर्म में अपनी प्रेम-भावना को बैठालने और चित्रित करने की कोशिश नहीं की है। जहाँ की है, वहाँ वे नितान्त असफल रहे हैं, या जहाँ इश्किया ग़ज़लें लिखने की कोशिश की है, वे उर्दू शायरी की परम्परा का पिष्ट-पेषण-सा करते दिखायी देते हैं। मीर, सौदा, ग़ालिब, इक़बाल, जिगर या फ़िराक़ की तरह वे भी इन सबके समकक्ष अपनी कथन-भंगिमा का कोई नया चमत्कार नहीं रख सके हैं, जिससे इश्क़ के सम्बन्ध में उनका भी काई शे'र उसी तरह ज़बान पर चढ़ जाय।

इसीलिए मैंने कहा कि निराला की ग़ज़लों का अगर कोई महत्त्व है तो यही कि वे 'बेला' की दूसरी कविताओं से संवेदना के स्तर पर बहुत अलग नहीं हैं। उनके उपयोग का महत्त्व वहीं है जहाँ उनकी विषयगत परम्परा को तोड़कर निराला ने उन्हें अपने अनुकूल बनाने की कोशिश की है। जहाँ उनमें व्यंग्य, हास्य, प्रयोग और जन-साधारण को प्रतिष्ठित करने के उनके काव्य-प्रयत्न की अभिव्यक्ति मिली है। इस तरह के प्रयोग कहीं-कहीं बहुत ही काव्यात्मक और प्रभावशाली बन पड़े हैं :

(1) बाँधी थी मूठ मैंने संचय की चिन्तना से
मुद्रा दरिद्र की है, तुमने किया इशारा।

(2) समाज ने सर उठाया है, राज बदला है
सलास वे पतझर से बहार लायेंगी।

(3) खुला भेद विजयी कहाये हुए जो
लहू दूसरे का पिये जा रहे हैं।

(4) जिन्होंने ठोकरें खायीं ग़रीबी में पड़े उनके
हज़ारों-हा-हज़ारों हाथ के उठते समर देखे।

(5) भेद कुल खुल जाय वह सूरत हमारे दिल में है
देश को मिल जाय, जो पूँजी तुम्हारी मिल में है।

□□

निराला को सुर और लय बहुत गहराई से आकर्षित करते रहे हैं। उनका संगीत उनके हृदय में बजता हुआ, बाहर आता हुआ मालूम पड़ता है। उनके गीतों को पढ़ते हुए बराबर यह लगता है कि उनका सम्पूर्ण व्यक्तित्व सुर से सधा हुआ है। वे शब्द को केवल अर्थ की पृष्ठभूमि में ही अपनी कविताओं में प्रयुक्त नहीं करते-बल्कि उनकी निगाह अर्थ से अधिक उसमें निहित सूक्ष्म लयात्मकता, ध्वनि-संयोग तथा रंगमयता पर जाती है। इसीलिए निराला की कविताओं में प्रयुक्त शब्दों में उनका अर्थ उतना प्रमुख नहीं होता, जितना उसकी बजती हुई स्वर-लहरियाँ और रंग-वैविध्य। इसीलिए अक्सर शब्दों के स्वर और रंग उन्हें अधिक आकर्षित करते हैं।

स्वरों और रंगों के इसी संयोग ने कभी-कभी लोकगीतों की 'ट्यून' की ओर आकर्षित किया है। रंगमयता की दृष्टि से वसन्त ऋतु उन्हें बहुत प्रिय है। ऋतु-चित्रण इसी सन्दर्भ में उन्होंने कुछ फागों या होली के गीतों की रचना की है। इनकी संख्या ज़्यादा नहीं है—यही दो-तीन। लेकिन उनका काव्यत्व दर्शनीय है। लोकगीतों की ओर उनका झुकाव शायद अभिव्यक्ति की निश्छलता और उसमें प्रयुक्त शब्दों के भोले व्यवहार के कारण हुआ लगता है। उनके द्वारा रचे हुए फाग बड़े ही मधुर स्वर में गाये जा सकते हैं। ख़ासकर उनमें गेयता का उन्होंने बहुत ख़याल रखा है। शब्दों के प्रयोग और छन्द-रचाव में परम्परागत फागों की 'ट्यून' निराला ने पकड़ी है। इन विशेषताओं के अतिरिक्त एक बात यह भी ध्यान देने लायक़ है कि उनके दूसरे प्रेम-गीतों की तरह इन फागों में भी उनकी आह्लाद से आत्ममुक्ति तक की वही सुखद आत्म-तोष-भरी यात्रा अन्तर्गुम्फित है। इस दृष्टि से निराला द्वारा रचित ये फाग उनके प्रेम-गीतों की ही कोटि में आते हैं :

नयनों के डोरे लाल गुलाल-भरे, खेली होली।

जागी रात सेज प्रिय पति संग, रति सनेह-रँग घोली,
दीपित दीप-प्रकाश, कंज-छवि, मंजु-मंजु हँस खोली-
मली मुख चुम्बन-रोली।

प्रिय-कर-कठिन-उरोज-परस कस कसक-मसक गयी चोली
एक-वसन रह गयी मन्द हँस, अधर-दशन अनबोली
कली-सी काँटे की तोली।

मधु-ऋतु-रात, मधुर अधरों की पी मधु सुध-बुध खो ली,
खुले अलक, मुँद गये पलक-दल, श्रम-सुख की हद हो ली-
बनी रति की छवि भोली।
बीती रात सुखद बातों में प्राप्त पवन प्रिय डोली,
उठी सँभाल बाल, मुख, लट, पट, दीप बुझा हँस बोली-
रही यह एक ठठोली।

□□

भाषिक संरचना और गीति-तत्त्व

निराला के सम्पूर्ण अन्तःसंगीत में सुर और शब्द का अद्भुत संयोग है। उनकी भाषिक संरचना का मूलाधार यही है। उनके गीतों के शब्द-बन्ध कहीं भी शब्दार्थ को प्रधान मानकर निर्मित नहीं हुए हैं। उनमें से फूटनेवाला अर्थ, जिस पर अक्सर हम चमत्कृत होते हैं, दरअसल शब्दों की ध्वनि-लहरियों और उनमें निहित रंग-वैविध्य से अधिक प्रकट होता है। अर्थ को स्वर का आधार देकर ही निराला ने अपने गीतों की भाषिक संरचना तैयार की है। अक्सर वे शब्द की ध्वनि और उसके स्वरावर्तों से ही पहले आकर्षित होते हुए दिखायी देते हैं। वे शब्द को उस छोर पर जाकर पकड़ते हैं, जहाँ उसके भीतर का सघन स्वर, कवि के मौन संगीत को ध्वनित कर सके। शायद इसी को ध्यान में रखते हुए प्रसाद ने उनके गीतों को 'चित्र' कहा है, जिसकी 'रेखाएँ पुष्ट और वर्णों का विकास भास्वर है।'

यह 'वर्ण-भास्वरता' ही उनके गीतों की भाषा की सबसे प्रमुख विशेषता है। लेकिन यह भास्वरता अर्थ-सन्धान से नहीं आती—ध्वनि-लहरियों से उजागर होती है। इसीलिए निराला के अधिकांश गीतों की भाषिक संरचना संश्लिष्ट, बिम्बात्मक और सामासिक पद-योजना से पूर्ण है। शब्द में स्वर-लहरियों और रंगों के इसी सन्धान की प्रमुखता के कारण उन्होंने अपने अधिकांश बिम्ब प्रकृति से लिये हैं। इन बिम्बों में कहीं भी इकहरापन नहीं दिखायी देता। आनन्द, उत्फुल्लता, उदासी, अवसन्नता, आत्म-जर्जरता या आत्म-तोष के भाव-प्रसंगों को शब्दों के स्वर और रंग में निराला ने एकमेक कर दिया है। इसीलिए उनके गीत कहीं भी विवरणात्मकता का आभास तक नहीं देते। उनमें एक गहरी संकेतात्मकता हर जगह प्रधान है। निराला कहते नहीं, संकेतित कर देते हैं। मौन की यही भास्वरता उनके गीतों की मुख्य संवेदना है।

□□

निराला ने अपने गीतों को दो भागों में विभाजित किया है—लिरिक (lyric) और सांग (song)। मेरा ख़याल है कि सांग से उनका तात्पर्य उन गीतों से है जिनकी स्वर-लिपि बनायी जा सकती है। 'गीतिका' में कुछ गीतों की स्वर-लिपि उन्होंने स्वयं भी बनायी है। लिरिक शायद उन्होंने अपने उन गीतों को कहा है जिन्हें वे मुक्तगीत

कहकर परिभाषित करते हैं। स्वर के साथ भाव और छन्द जहाँ तीनों मुक्त हों, उसे निराला ने मुक्तगीत कहा है। उनके अनुसार 'परिमल' के दूसरे खण्ड में इस ढंग की रचनाएँ संकलित हैं। उनकी मुख्य विशेषता यह है कि उनका छन्द मुक्त है, लेकिन अन्त्यानुप्रास फिर भी बरक़रार है। इसीलिए असम-मात्रिक होने के बावजूद वे गायी जा सकती हैं। इस तरह की रचनाओं के उदाहरणस्वरूप निराला ने अपनी 'बादल-राग' की कविताएँ उद्धृत की हैं।

जहाँ तक स्वर-लिपि बनाने का सम्बन्ध है, अपने गीतों को लेकर निराला ने रवीन्द्रनाथ की तरह कोई प्रयोग नहीं किया है। उनका झुकाव मुख्यतः शास्त्रीयता की ओर है। 'गीतिका' की भूमिका में जहाँ उन्होंने अपने कुछ गीतों की स्वर-लिपि बनायी है, उनमें शास्त्रीयता ही प्रमुख है। वे 'धम्मार', 'रूपक', 'झपताल', 'तीन ताल', 'चौताल', या 'दादरा' की चर्चा करके ही छोड़ देते हैं। 'गीतिका' की भूमिका पढ़ने से भी यही लगता है कि वे अपने गीतों को संगीत में ढालने की प्रक्रिया में रवीन्द्रनाथ की तरह प्रयोग के क़ायल नहीं हैं।

दरअसल निराला के सामने समस्या ही दूसरी है। वे खड़ीबोली के अपने गीतों द्वारा इस लांछन को धोने में लगे हुए हैं कि उन्हें गाया नहीं जा सकता। वे शास्त्रीय गवैयों द्वारा ब्रजभाषा में तुतलाने की निन्दा करते हुए अपने गीतों की रचना द्वारा यह सिद्ध कर देना चाहते हैं कि खड़ीबोली में भी वह लोच, वह स्वर-माधुर्य, वह शब्द-लास्य विद्यमान है जिसे शास्त्रीय संगीत में ढाला जा सकता है। इस तरह अपने गीतों की रचना द्वारा वे इस भ्रम को तोड़ देने के लिए ही अधिक प्रयत्नशील दिखायी देते हैं कि खड़ीबोली के शब्द-बन्धों में गायन की सम्भावनाएँ हैं ही नहीं। अपनी गीत-रचना द्वारा इस विचार का वे बड़ी तीव्रता से खण्डन करते हुए दिखायी देते हैं। अतः निराला के सामने समस्या, अपने गीतों को लेकर, सुरों के प्रयोग की नहीं, बल्कि शास्त्रीयता के कुशल निर्वाह की ही है।

इस धरातल पर हम कह सकते हैं कि रवीन्द्रनाथ उनसे बड़े कवि हैं, क्योंकि उन्होंने अपने गीतों को शास्त्रीय स्वर-लिपि बनाने की उतनी चिन्ता नहीं की, जितनी उसे तोड़कर कभी मिश्र स्वरों द्वारा, कभी पश्चिमी संगीत का मिश्रण करके, एक नये ढंग के संगीत का आविर्भाव करने की। इस प्रकार अपनी गीत-रचना द्वारा रवीन्द्रनाथ का साध्य और उद्देश्य केवल साहित्यिक गीत लिखना ही नहीं है, बल्कि एक नये ढंग के संगीत आविष्कार भी है। रवीन्द्रनाथ का कन्सर्न (concern) जितना गीत है, उतना ही संगीत भी। इसीलिए उन्होंने सुर और शब्द के योग में हमेशा सुर का बहुत ख़याल रखा है। इसीलिए रवीन्द्रनाथ के गीत एक प्रकार की सप्रयत्न रची गयी सिम्फ़नियाँ हैं। यह बात दूसरी है कि अपनी विराट् प्रतिभा के बल पर उन्होंने संगीत की इस प्रधानता के बावजूद अपने गीतों में अर्थ-सम्भार को क्षीण नहीं होने दिया है।

इसके विपरीत संगीत, और उसमें भी अपने गीतों के माध्यम से किसी नये ढंग के संगीत का आविर्भाव निराला का उद्देश्य नहीं है। उनका मुख्य उद्देश्य हिन्दी खड़ीबोली की असंगीतात्मकता के लांछन का प्रक्षालन-भर है। इसीलिए 'गीतिका' के अलावा उन्होंने अपने किसी दूसरे संग्रह के गीतों की स्वर-लिपि का सवाल नहीं उठाया है। शायद उनके स्वयं के गीतों पर जो यह आरोप लगाया जाता रहा कि वे गाये नहीं जा सके, इससे भी प्रेरित होकर उन्होंने 'गीतिका' में अपने गीतों के गायन-पक्ष की सफलता का उद्घोष करते हुए, उनके न गाये जाने का दोष ब्रजभाषा में तुतलानेवाले गवैयों पर डाल दिया। लेकिन उनका मुख्य उद्देश्य अपनी गीत-रचना के द्वारा अपने आत्म-साक्षात्कार को ही अभिव्यक्त करना है।

गायन-पक्ष पर बल देने और उसके महत्त्व को स्थापित करने के लिए उन्होंने अपने गीतों में आत्माभिव्यक्ति को कहीं भी कुंठित या क्षरित नहीं होने दिया है। इसीलिए निराला एक जगह कहते हैं कि 'मेरा गाना भी कविता का ही गाना है।' (प्रबन्ध प्रतिमा)। यानी कि उसमें कविता ही प्रमुख है। निराला का स्वर-सन्धान या शब्द-संगीत दरअसल अर्थ का संगीत है। उनके गीतों के गायन-पक्ष पर यहाँ उन्हीं का विचार उद्धृत करना उचित होगा—'यह निश्चय है कि ब्रजभाषा के पद गानेवालों के लिए साफ़ उच्चारण के साथ इन गीतों का गाना असम्भव है। वे इतने मार्जित नहीं हो सके।... मैं खड़ीबोली में जिस उच्चारण-संगीत के भीतर से जीवन की प्रतिष्ठा का स्वप्न देखता आया हूँ, वह ब्रजभाषा में नहीं। ब्रजभाषा के पदों को गानेवाले उस्ताद, प्राचार्य उत्तरी-संगीत-स्कूल के कलावन्त, जिन्हें खड़ीबोली का बहुत साधारण ज्ञान है, मेरे गीत नहीं गा सकेंगे, यह मैं जानता था और इस ज्ञान के आधार पर गीतों की स्वर-लिपि मैं स्वयं करना चाहता था, पर कुछ ऐसी परिस्थिति मेरी रही कि सब तरफ़ से अभाव-ही-अभाव का सामना मुझे करना पड़ा। एक अच्छे हारमोनियम की गुंजाइश भी मेरे लिये नहीं हुई। मेरी सरस्वती संगीत में भी मुक्त रहना चाहती हैं, सोचकर मैं चुप रह गया।... चूँकि मैं बाज़ार का नहीं बन सका, शायद इसीलिए सरस्वती ने मेरे स्वरों को बाज़ारू नहीं बनने दिया।' ('गीतिका' की भूमिका, पृष्ठ 12)।

इन पंक्तियों में कवि के कई तरह के आशय और दर्द व्यक्त हुए हैं। अपनी सरस्वती को संगीत से मुक्त रखने का यह अन्तिम निर्णय भी रवीन्द्रनाथ के ठीक प्रतिकूल पड़ता है। शायद इसी स्तर पर जाकर या इसी तरह की अनेक स्थितियों से गुज़रते हुए निराला रवीन्द्र-ग्रन्थि के शिकार हुए होंगे।

□□

दरअसल, जैसा कि मैंने अभी कहा, निराला का अन्तःसंगीत उनके आत्मसाक्षात्कार की सघनता का परिणाम है.। वह वास्तव में कथ्य का संगीत है, अर्थसन्धान का संगीत है। उनकी शब्द-गीति ही उनकी इन रचनाओं में प्रमुख है। उन्हें गाया जाय या न गाया जाय, इससे कोई अन्तर नहीं पड़ता। वे अपने सम्पूर्ण अर्थ-सम्भार से हमारे

भीतर झंकृत होती रहती हैं। शब्द-दर-शब्द, उनके द्वारा संकेतित अर्थ को हमारे भीतर गाता चलता है। यह गायन एक तरह का अबूझ, मौन गायन है—स्वर-रहित, आनन्दातिरेक से पूर्ण, अनाहत, अननुभूत। वह कहीं भी खण्डित नहीं होता। उसके लिए किसी शास्त्रीय स्वर या नये आविष्कृत सुर की ज़रूरत भी नहीं पड़ती। अपने इस अन्तःसंगीत द्वारा निराला अर्थ-संगीत से लय की सूक्ष्मता की ओर जाते हुए दिखायी देते हैं। मौन की भीतरी भाषा से अर्थ के बाहरी संसार में आकर, वे फिर अपने उसी मौन-द्वार में धीरे-धीरे लुप्त होते हुए दिखायी देते हैं। इस तरह उनके इस अन्तःसंगीत की काव्य-यात्रा मौन-से-मौन तक की एक आत्म-झंकृति की यात्रा है :

बाहर वह,
खोया-पाया, मैला-उजला
दिन-दिन होता जाता वयस्क
दिन-दिन धुँधलाती आँखों से
सुस्पष्ट देखता जाता था,
पहचान रहा था रूप,
पा रहा वाणी और बूझता शब्द
पर दिन-दिन अधिकाधिक हकलाता था
दिन-दिन पर उसकी घिग्घी बँधती जाती थी।

(सरस्वती-पुत्र : अज्ञेय)

•

लंम्बी कथात्मक कविताएँ

अनिमेष राम-विश्वजिद्‌दिव्य-शर-भंग-भाव
विद्धांग-बद्ध-कोदण्ड-मुष्टि-खर-रुधिर-स्राव।
श्लथ धनुगुण है, कटिबन्ध स्रस्त तूणीन-धारण।।
दृढ़ जटा-मुकुट हो विपर्यस्त प्रतिलट से खुल।।
फैला पृष्ठ पर, बाहुओं पर, वक्ष पर, विपुल
उतरा ज्यों दुर्गम पर्वत पर नैशान्धकार

मैंने अपने इस निबन्ध का शीर्षक—लम्बी कथात्मक कविताएँ' दिया है। पहले मैंने सोचा था, 'प्रबन्ध-क्षमता' शीर्षक ठीक रहेगा। फिर 'प्रबन्ध का स्थापत्य' और फिर 'कथा-काव्य'। लेकिन जैसे-जैसे इन लम्बी कविताओं के भीतर में धँसता गया—उनके अर्थ-सन्धान की प्रक्रिया में डूबते हुए मुझे लगा कि निराला की इन कविताओं के लिए 'प्रबन्ध-क्षमता' या 'प्रबन्ध का स्थापत्य' जैसे शीर्षक ठीक नहीं रहेंगे। क्योंकि इन शब्दों का एक निश्चित पारिभाषिक अर्थ है और इस तरह के शीर्षकों के अन्तर्गत निराला की इन लम्बी कविताओं को 'फिट-इन' नहीं किया जा सकता। क्योंकि निराला की ये कविताएँ उस परम्परागत अर्थ में 'प्रबन्ध के स्थापत्य' का नमूना नहीं, न ही उनकी प्रबन्ध-क्षमता को कालिदास, तुलसीदास, हरिऔध, मैथिलीशरण गुप्त या प्रसाद की प्रबन्ध-क्षमता की तरह, इन कविताओं के आधार पर, व्याख्यायित, परिभाषित या विश्लेषित किया जा सकता है। फिर ये सिर्फ़ कथा-काव्य भी नहीं हैं। क्योंकि इनकी इतिवृत्तता समूची कहीं भी सुरक्षित नहीं है। किसी-न-किसी तरह का प्रक्षेप इन सारी कविताओं में हर जगह विद्यमान है। चाहे यह कवि के व्यक्तित्व का प्रक्षेप हो, उसके निजी आत्म-साक्षात्कार का, संघर्षों का, अथवा भाषा की लयपूर्ण बिम्बात्मकता का।

ये सारे प्रक्षेप निराला की इन लम्बी कविताओं को परम्परा-विहित प्रबन्धात्मकता से अलग करते हैं। भारतीय काव्यशास्त्र में कथा-काव्य के लिए अनुशासनबद्ध विधान काफ़ी कड़े हैं। उसमें 'लम्बी' शब्द कहीं नहीं प्रयुक्त हुआ है। उन्होंने इसे प्रबन्धकाव्य, खण्डकाव्य, महाकाव्य इत्यादि शीर्षकों में विभाजित किया है और इस तरह की रचनाओं का एक निश्चित मापदण्ड है। इससे इतर काव्य' को उन्होंने मुक्तक की संज्ञा दी है। दरअसल मैथिलीशरण गुप्त के बाद कविता के नियामक

अनुशासन सबसे पहले समाप्त हुए। आज की कविता उन पुराने निश्चित अर्थों में मुक्तक रचना का उदाहरण नहीं है। इसी तरह आज की (या निराला की भी) लम्बी कविताएँ भी उन निश्चित अर्थों में प्रबन्ध-काव्य के उदाहरणस्वरूप उदाहृत नहीं की जा सकतीं। इसीलिए उनमें उस तरह की अनुशासनबद्ध पारिभाषिकता का अभाव है। दरअसल ये कविताएँ गद्य के वृत्तान्त और कविता के भावोद्वेग को समेटने और समन्वित करने के प्रयास से जन्मी हैं। तुलसीदास या कालिदास या माघ के समय में गद्य कविता के लिए चुनौती नहीं थी। बल्कि कविता अपने इतिवृत्त-कथन से ही 'प्रबन्ध' की परिभाषा से जुड़ती थी। जब इतिवृत्त की जगह गद्य ने ले ली तो कविता के लिए प्रबन्धात्मकता एक प्रकार से चुनौती बन गयी।

□□

हिन्दी में गद्य की इस चुनौती का पहला अहसास प्रेमचन्द की रचनाओं ने कराया और कविता से एक तरह से प्रबन्ध या इतिवृत्त के महत्त्व को उसने खींच लिया। इसका अहसास मैथिलीशरण गुप्त या हरिऔध के समय तक नहीं हो पाया था, क्योंकि गद्य के सामर्थ्य और उसके क्षेत्र-विस्तार की स्थिति इन कवियों के सामने स्पष्ट नहीं थी। इसीलिए हरिऔध को 'प्रिय-प्रवास' या मैथिलीशरण गुप्त को 'साकेत' लिखने में रचनात्मक स्तर पर किसी 'डैंजर पॉयण्ट' (danger point) का अहसास नहीं हुआ। लेकिन प्रसाद के लिए यह सबसे बड़ी समस्या सिद्ध हुई। क्योंकि प्रसाद तक आते-आते हिन्दी गद्य के क्षेत्र-विस्तार और उसके फैलते सीमान्तों का अहसास सारे नये कवियों के सामने स्पष्ट हो गया था।

इतिवृत्त और विवरण-प्रधानता गद्य का स्वभाव है। अपने इसी गुण के कारण दुनिया की सारी भाषाओं के इतिहास की सीमा में पहली घुसपैठ गद्य ने ही की है। इस घुसपैठ का स्वाभाविक परिणाम यह होता है, और हिन्दी में भी यही हुआ कि कविता का क्षेत्र-विस्तार संकुचित हो गया और इतिवृत्त और विवरणात्मकता (जो प्रबन्ध-रचनाओं की पहली शर्त थे) को गद्य ने आकर कविता के क्षेत्र से बहिष्कृत कर दिया। या अगर बहिष्कृत नहीं भी किया तो कवि के सामने प्रबन्ध-रचना को लेकर एक नयी चुनौती तो मैदान में फेंक ही दी। हिन्दी में प्रबन्ध-रचना की दृष्टि से इस चुनौती का अभी तक सबसे सफल परिणाम 'कामायनी' की रचना है।

इतिवृत्त के बहिष्कृत हो जाने से गद्य ने एक प्रकार से प्रबन्ध-रचना की बुनियाद पर ही आघात किया, और इतिवृत्त में कविता की उस बुनियाद के बिना कोई भी प्रबन्ध-रचना असम्भव नहीं तो अत्यन्त कठिन तो हो ही गयी। यह जैसे दो हज़ार वर्षों के बाद कविता के पुराने प्रबन्ध-स्थापत्य के ढह जाने या उसके पुनर्निर्माण के व्यर्थ सिद्ध हो जाने पर प्रबन्ध-रचना के सर्वथा एक नये स्थापत्य की तलाश थी। बिना बुनियाद, बिना किसी पुराने नक़्शे, रेखांकन या झलक के, यह नयी तलाश कितनी श्रम-साध्य, कठिन और संशय-ग्रस्त रही होगी— इसका अन्दाज़ा आसानी से लगाया जा सकता है। इसीलिए 'कामायनी' प्रबन्ध-रचना के स्थापत्य के तलाश की

एक सर्वथा नयी खोज है– कुछ-कुछ उसी ढंग की खोज, जो एज़रा पाउण्ड के 'कैण्टोज़' में अभिव्यक्त हुई है। प्रसाद की 'कामायनी' में तो फिर भी इतिवृत्त अपना वेश बदलकर घुस-पैठ करता हुआ दिखायी देता है और उन्हें लगता है कि इतिवृत्त से उन्हें एकदम से निजात नहीं मिल सकती। इसीलिए उसमें एक आदिम कथा का आधार भी लिया गया है। प्रसाद हिन्दी कविता के जिस युग में पैदा हुए, उसके पहले इतिवृत्त पर संशय का कोई चिह्न भी नहीं लगाया गया था। हरिऔध और मैथिलीशरण गुप्त ने तो सदियों बाद उस इतिवृत्त का ही आधार लेकर बड़ी ख्याति अर्जित की।

लेकिन प्रेमचन्द के आविर्भाव ने सहसा गद्य को इतनी तेज़ गति दे दी कि 20-25 वर्षों के अन्तराल के बाद ही प्रसाद को इस चुनौती का सामना करना पड़ा। फिर भी बावज़ूद इसके प्रसाद के मन में इतिवृत्त के अनिवार्य त्याग पर एक संशयग्रस्तता की स्थिति तो है ही। यह जो कथा को आगे बढ़ाने का क्रम 'कामायनी' में परिलक्षित होता है, वह उस इतिवृत्त की परम्परागत अनुगूँज ही है। यह अनुगूँज इसलिए अनिव्रार्य तत्त्व की तरह 'कामायनी' के सम्पूर्ण रचना-कलेवर से चिपटी शेष रह गयी है, क्योंकि प्रसाद गद्य द्वारा फेंकी गयी इस चुनौती को झेलनेवाले गद्य का आविर्भाव प्रसाद के लिए अभी कल की बात थी। लेकिन एज़रा पाउण्ड का आविर्भाव अंग्रेज़ी-अमेरिकन कविता के उस युग में हुआ, जब गद्य को विकसित हुए सदियों गुज़र चुके थे। पाउण्ड स्वयं 'बिम्बवाद' (imagism) के जन्मदाता हैं। उनमें और पश्चिम की प्रबन्ध-कविता में दूरी बहुत लम्बी थी। 'इलियड', 'ओडेसी', 'डिवाइन कामेडी', 'इन्फ़र्नो' और 'पैराडाइज़ लास्ट' से पाउण्ड की दूरी जितनी अधिक थी, उनके लिए प्रबन्ध-रचना की चुनौती उतनी ही गहरी और कठिन होती गयी। क्योंकि गद्य इतिवृत्त को वहाँ सदियों से सम्पूर्णतः निगलता चला आ रहा था। उसका कुछ उपयोग 'प्रॉमेथियस अनबाउण्ड' या 'कुबला ख़ाँ' के कवियों के लिए तो सम्भव था, लेकिन पाउण्ड के लिए उसकी अनुगूँज को भी किसी प्रबन्ध-रचना में समाहित कर सकना सम्भव नहीं था। यहाँ प्रबन्ध-रचना से मेरा मतलब पाउण्ड के 'कैण्टोज़' से ही है, उनकी अन्य लम्बी कविताओं से नहीं।

पाउण्ड जिनकी काव्य-दृष्टि और काव्य-इतिहास की समझ अत्यन्त गहरी है, अपनी रचनाओं में किसी भी पारम्परिक अनुगूँज को शायद बर्दाश्त नहीं कर सकते थे। यह उनकी दृष्टि में, या किसी की भी दृष्टि में कवि की रचनात्मक तेजस्विता का एक प्रकार से स्खलन साबित होता। दूसरी ओर पश्चिम के हर महान् कवि की तरह पाउण्ड की चुनौती भी दान्ते, होमर, वर्जिल या मिल्टन ही हैं—उनकी इसी चुनौती, आकांक्षा और भटकन का परिणाम 'कैण्टोज़' की कविताएँ हैं। वे अपने 'कैण्टोज़' में जिस दुरूहता और अर्थ-संश्लिष्टता से लेकर अर्थ-रहितता तक के शिकार हुए हैं, उनका कारण अंग्रेज़ी गद्य द्वारा पाउण्ड और मिल्टन के बीच में खड़ी

की गयी दूरी और उसके फलस्वरूप इतिवृत्त या वर्णन के अनिवार्य रूप से तिरोहित हो जाने, या नये ढंग की प्रबन्ध-रचना के लिए सर्वथा अनुपयोगी सिद्ध हो जाने में ही ढूँढ़ा जा सकता है। इसीलिए शायद पाउण्ड ने अपने जीवन के अन्तिम दिनों में 'कैण्टोज़' के बारे में पूछे जाने पर कह दिया कि 'मुझे उनके बारे में कुछ भी याद नहीं।' हो सकता है वर्जिल, दान्ते या मिल्टन की पंक्ति में 'कैण्टोज़' द्वारा अपने को खड़ा न पाने की अनुभूति से सन्तप्त पाउण्ड ने यह नैराश्यपूर्ण वाक्य कहा हो, या हो सकता है वर्षों के कठोर परिश्रम के बाद भी किसी सर्वथा नये प्रबन्ध-स्थापत्य की तलाश की असफलता ने उन्हें अपनी ही वर्षों से अर्जित रचना-समृद्धि के बारे में यह विस्मृति का विस्मय प्रदान किया हो।

□□

गद्य द्वारा पैदा की हुई प्रबन्ध-रचना के स्थापत्य की इस दूरी और चुनौती को समझे बिना निराला की कथात्मक कविताओं को प्रबन्ध-रचना का नाम देना उचित नहीं है। परम्परागत प्रबन्धात्मकता से बिलगाव के फलस्वरूप पश्चिम के कवियों ने अपनी नये ढंग की कथात्मक कविताओं के लिए 'लम्बी कविता' शब्दावली का ईजाद किया। वह कविता, जिसमें कथ्य का विकास, प्रवाह, एक सार्थक सोची हुई परिणति हो; जिसमें किसी झीने कथात्मक आधार पर अपने विचार-चिन्तन को नये अर्थों प्रकाशित करने की रचनात्मक योजना कवि ने क्रियान्वित और प्रतिफलित की हो। यह पुरानी प्रबन्धात्मकता से मुक्ति की पहली सीढ़ी है। दूसरी सीढ़ी में किसी भी पौराणिक-ऐतिहासिक या मिथिकल सन्दर्भ का पूर्णतया बहिष्कार हुआ। कथ्य के इस आख्यानगत आधार के बिना ही कवि ने अपने चिन्तन को ही रचनात्मक स्तर पर एक कथात्मक आधार दिया। बल्कि चिन्तन को ही कथा का रचनात्मक रूप दिया।

पहले ढंग के प्रयत्नों का उदाहरण यदि 'प्रॉमेथियस अनबाउण्ड', 'कुबला खाँ', 'पेशोला की प्रतिध्वनि', 'राम की शक्ति-पूजा', 'शिवाजी का पत्र', 'स्वामी प्रेमानन्द जी महाराज', 'तुलसीदास', 'संशय की एक रात', 'कनुप्रिया', 'असाध्य वीणा' आदि कविताएँ हैं तो दूसरे ढंग के प्रयत्नों के उदाहरण 'सरोज-स्मृति', 'चम्बल की घाटियाँ', 'अँधेरे में', 'ब्रह्मराक्षस', 'हॉलो मेन', 'ईस्ट कोकर', 'वेस्ट लैण्ड' आदि कविताएँ हैं। 'कैण्टोज़' इस दूसरी धारा को ही अधिक सूक्ष्म और गहरे स्तर पर प्रतिष्ठित करने का एक अनवरत प्रयास है। सिर्फ़ अपने चिन्तन को विराट् नये प्रबन्ध-स्थापत्य के धरातल पर मूर्त करने का अनथक प्रयत्न। हिन्दी में बिना किसी कथात्मक आधार के, फ़ैण्टेसी और अपनी निजी कल्पना-ऊर्जा से इस तरह के नये प्रबन्ध-स्थापत्य निर्मित करने का अनथक और सफल प्रयास सिर्फ़ मुक्तिबोध में मिलता है। मुक्तिबोध या इलियट की इन कविताओं को कथा-काव्य या कथात्मक कविताएँ नहीं कहा जा सकता क्योंकि इनमें आख्यान का ऐतिहासिक, परम्परागत आधार बिलकुल तिरोहित हो गया है। इन्हें 'प्रबन्ध के नये स्थापत्य' के अन्तर्गत रखा जा सकता है।

इन्हें 'लम्बी कविताएँ' तो कहा जा सकता है, लेकिन लम्बी कथात्मक कविताएँ' नहीं।

लेकिन निराला के साथ दूसरी तरह की गड़बड़ इन कविताओं को लेकर पेश आती है। 'सरोज-स्मृति' को छोड़कर बाक़ी अपनी किसी भी लम्बी कविता में उन्होंने आख्यान का आधार नहीं छोड़ा है। चाहे वह 'पंचवटी प्रसंग' जैसी प्रारम्भिक कविता हो, या 'यमुना के प्रति' या 'राम की शक्ति-पूजा', 'तुलसीदास', 'शिवाजी का पत्र' अथवा 'स्वामी प्रेमानन्द जी महाराज'—सभी में किसी-न-किसी रूप में दूरवर्ती या निकट अतीत का कोई-न-कोई पौराणिक, ऐतिहासिक या लोक-आख्यान विद्यमान है। अब जहाँ आख्यान विद्यमान है, वहाँ से इतिवृत्त या विवरण का निष्कासन कैसे सम्भव होगा? जबकि स्थिति यह है कि गद्य ने इस निष्कासन को एक चुनौती के रूप में फेंक दिया है। मुझे लगता है कि निराला, प्रसाद की तरह इस चुनौती को लेकर सचेत भी नहीं हैं और अपनी इन लम्बी कविताओं द्वारा प्रबन्ध-रचना के उस नये स्थापत्य की तलाश में जूझ भी नहीं रहे हैं। लेकिन अनजाने ही समय और परिस्थितियों का जो दबाव उन पर है, वह उनके पारम्परिक, इतिवृत्तात्मक, क्लैसिक टोन को जगह-जगह से खण्डित भी करता है।

उनकी ये सभी लम्बी कविताएँ उनके रचनात्मक मन की इसी दुविधा का प्रतिफलन हैं। उनमें न तो इतिवृत्त और विवरण से निजात है, न उसका पूरा स्वीकार। उन्हें लगता है कि कथा-तत्त्व के बिना लम्बी कविता सम्भव नहीं है और फिर कथा-तत्त्व उन्हें पारम्परिकता के पिटे-पिटाये 'वर्णन' के दायरे में किसी-न-किसी रूप में खींच ही ले जाता है। 'कुल्ली भाट' और 'बिल्लेसुर बकरिहा' के लेखक निराला को काव्य के सीमाहीन क्षेत्र में पैदा की हुई गद्य की इस गड़बड़ी का अहसास शायद नहीं है। इसीलिए वे अपनी इन लम्बी कविताओं द्वारा प्रबन्ध-रचना के उस नये स्थापत्य की तलाश के लिए जूझते हुए नहीं दिखायी देते, जैसे 'कामायनी' की रचना द्वारा प्रसाद दिखायी देते हैं।

इतिवृत्त के निष्कासन की इसी चुनौती को स्वीकार न करने, या न झेल पाने के कारण प्रबन्ध-रचना के ऐतिहासिक विकास की दृष्टि से दिनकर की 'उर्वशी' या पन्त का 'लोकायतन', 'कामायनी' से आगे की रचनाएँ नहीं हैं और प्रबन्ध-रचना के क्षेत्र में व्यर्थता और पिष्ट-पेषणता का उदाहरण हैं। लगता है कि दिनकर या पन्त ने या तो इस ऐतिहासिक नुक्ते को समझा नहीं जहाँ आख्यान की घटनात्मकता व्यर्थ पड़ गयी है या वे प्रसाद की तरह रचनात्मक चुनौती की उस भयंकर कष्ट-साध्यता से लगातार जूझे नहीं और घबराकर घुटने टेक दिये और फलतः एवं फालतू क़िस्म रचना के उत्तरदायी बने। इसी ऐतिहासिक नुक्ते की गहरी समझ के कारण रवीन्द्रनाथ से प्रबन्ध-रचना को लेकर सवाल पूछा गया तो उन्होंने उसका बड़ा सटीक जवाब दिया था। उन्होंने कहा कि 'आधुनिक ज़माने में सरस्वती जब नृत्य-निमग्न

थीं, उनके घुँघरू एकाएक टूट गये। मैंने उनमें से एक-एक घुँघरू अपनी कविताओं के रूप में अलग-अलग चुने हैं।'

अपनी सारी रूपकात्मक व्यंजना में यह कथन उसी ओर संकेत करता है, जहाँ आधुनिक युग में प्रबन्ध-रचना अपने सम्पूर्ण आख्यानगत इतिवृत्त के साथ निरर्थक और नीरस पड़ गयी है और उसकी स्वर-झंकार स्फुट, अलग-अलग गीतों, कविताओं के रूप में ही सुनी जा सकती है, या मुक्तिबोध, आर्थर रैंबो, इलियट और पाउण्ड द्वारा रची गयी निजी चिन्तन-कथाओं के नये प्रबन्ध-स्थापत्य में। जब निराला सरस्वती के टूटे हुए इन नूपुरों को अलग-अलग चुनते हैं, जब वे अपने अन्तःसंगीत के सम्पूर्ण अर्थ-सम्भार को छोटे-छोटे गीतों में व्यक्त करते हैं, तब वह मौलिक तेजस्विता का प्रमाण देते हैं; जब वे क्रोध, या सन्ताप या अपरम्पार दुःख-भार से भारत को, उसके जन-समाज को उद्बोधित करने का संकल्प लेते हैं, जब वे कविता और गद्य की ज़मीन के फ़र्क को ख़त्म करके उसे आभिजात्य और पारम्परिकता से सम्पूर्ण रूप से मुक्त करने की शपथ लेते हैं, जब वे टूटे हुए, अपनी अन्तिम तन्मयता में प्रभु के चरणों में समर्पित होते हैं अथवा जब वे ऋतुओं के प्रत्यावर्तन में अपने 'स्मरण में बचे हुए' जीवन के पुनः-पुनः लौटने की प्रतीक्षा करते हैं—रचना-प्रक्रिया के इन सभी स्तरों पर उनकी काव्य-ऊर्जा दर्शनीय है।

लेकिन वही निराला जब आख्यान का आधार लेकर प्रबन्ध-रचना के क्षेत्र में किसी नये स्थापत्य की तलाश करते चलते हैं तो कुछ अजीब-सा चित्र सामने उभरता है। अगर इन कविताओं में प्रतिष्ठित दूसरे अर्थ का सन्धान न किया जाय तो ये कविताएँ सिर्फ़ पारम्परिकता का सफल निर्वाह लगेंगी। क्योंकि विवरणात्मकता तो इनमें काफ़ी हद तक सुरक्षित है। यह दूसरा अर्थ बहुत स्पष्ट ढंग से संकेतित नहीं है—उसे गहरे उतरकर खोजना पड़ता है और उसकी संगति बिठानी पड़ती है।

चूँकि यह संगति बैठ जाती है, इसलिए लगता है कि निराला का उद्देश्य केवल पारम्परिकता का पिष्ट-पेषण नहीं है, बल्कि जाने-अनजाने इस दूसरे अर्थ की प्रतिष्ठा ही है। वैसे भी 'तुलसीदास' कविता में से स्थूल विवरण और इतिवृत्त को निष्कासित करने में निराला ने अद्भुत सफलता पायी है और दूसरा अर्थ भी इसमें इतना अमूर्त नहीं है। फिर भी रत्नावली के भाई द्वारा उसे अपने घर लिवा ले जाने का स्थूल विवरण उन्हें लाना ही पड़ा है। सम्पूर्ण कविता की ऊर्जस्वित बिम्बात्मक भाषिक संरचना के बीच वे दो-तीन पद किस तरह खटकते हैं—इसे कोई भी आसानी से लक्ष्य कर सकता है। 'सरोज-स्मृति' आख्यान-मुक्त तो है, लेकिन विवरण-मुक्त नहीं। शेष सारी लम्बी कविताएँ इतिवृत्त से ग्रस्त हैं और वे प्रबन्ध-रचना के क्षेत्र में कुछ नया विशेष नहीं जोडतीं। वैसे कहने के लिए 'शिवाजी का पत्र' और 'स्वामी प्रेमानन्द जी महाराज' के लिए तो यह भी कहा जा सकता है कि वे मुक्त छन्द में लिखी गयी हैं और यह लम्बी कविताओं की रचना के सम्बन्ध में एक उल्लेखनीय उपलब्धि है; या यह भी कि 'राम की शक्ति-पूजा' अपनी नयी प्रसंग-उद्भावना और संशिलष्ट तथा ऊर्जस्वित

शब्द-बन्ध को लेकर हिन्दी-साहित्य में बेजोड़ है और क्लासिक की परम्परा का विस्तार करती है। लेकिन जैसा कि निबन्ध के आरम्भ में ही मैंने कहा है, प्रबन्ध-रचना के स्थापत्य में निराला या किसी के भी योगदान को इसलिए महत्त्वपूर्ण नहीं माना जा सकता कि उन्होंने क्लासिक की ओजस्वी परम्परा का कितना सफल निर्वाह किया है, बल्कि इस आधार पर कि उन्होंने प्रबन्ध-रचना के स्थापत्य की आज के आधुनिक सन्दर्भों के अनुकूल किस छोर से और कितनी सार्थक तलाश की है।

इस लिहाज़ से देखने पर, हम आगे चलकर देखेंगे कि 'राम की शक्ति-पूजा' के सम्बन्ध में वे परम्परागत प्रशस्ति-वाक्य एक छद्म साबित होते हैं। दरअसल इस कविता के महत्त्वपूर्ण होने का कारण कुछ और ही है। निराला की इन कविताओं का महत्त्व इस मायने में है कि उन्होंने इसमें भी अपने निजी रचनात्मक जीवन का आत्म-प्रक्षेप करके उसे पूरे इतिवृत्त के माध्यम से सर्वथा एक नये, मौलिक और अननुभूत अर्थ-प्रसंग की सर्जना की है। आख्यान को तोड़कर भी उसके पुराने पारम्परिक, सन्दर्भगत, इतिहास-सिद्ध अर्थ की रक्षा करते हुए, उसमें नये अर्थ की प्रतिष्ठा ही इन कविताओं की मौलिक शक्तिमत्ता का प्रमाण है। लेकिन यह नवीन अर्थ-प्रतिष्ठा भी जीवन-दर्शन या आत्म-चिन्ता के स्तर पर निराला ने नहीं की है, बल्कि ऐसा उन्होंने आत्म-प्रक्षेप और आत्म-साक्षात्कार के स्तर पर किया है। यही फ़र्क़ उन्हें शेली या इलियट या मुक्तिबोध से अलग करता है। इसीलिए मुक्तिबोध की कविताओं की तरह उनकी लम्बी कविताओं को प्रबन्ध के नये स्थापत्य की संज्ञा भी नहीं दी जा सकती, न ही इलियट की कविताओं की तरह उनकी कविताओं को सिर्फ़ 'लम्बी कविताएँ कहा जा सकता है। क्योंकि न तो निराला आख्यान से निजात पाने की चेष्टा करते हैं और न ही मुक्तिबोध की तरह अपने आत्म-चिन्तन, अपनी 'अभिव्यक्ति आत्म-सम्भवा' को मौलिक सर्जना द्वारा आख्यानवत् प्रतिष्ठित करते हैं। निराला में पारम्परिक कथात्मकता भी है और पारम्परिकता से पृथक् उसका आत्म-साक्षात्कार के स्तर पर एक नया अर्थ-विकास भी। इसीलिए उनकी इस तरह की कविताओं के विश्लेषणवाले इस निबन्ध का शीर्षक मैंने 'लम्बी कथात्मक कविताएँ' रखा है।

□□

छायावादी कवि की भाषिक संरचना की नयी दृष्टि एक नयी आवश्यकता थी। जैसा कि कुछ लोग मान बैठे हैं, यह प्रयास कोई पूर्व-नियोजित नहीं था, बल्कि गद्य की इतिवृत्तात्मकता द्वारा फेंकी गयी चुनौती का परिणाम था। इसीलिए इन कवियों को—चाहे वह पन्त हों या निराला, प्रसाद या महादेवी—एक नये बिम्बात्मक, अन्तरमुख, लयात्मक, गीतियुक्त भाषा-बन्ध का आविष्कार बड़े परिश्रम से करना पड़ा। पहली चीज़ यह भाषा की नयी खोज ही है, जो मैथिलीशरण गुप्त या हरिऔध की इतिवृत्तात्मक पारम्परिकता से इन्हें अलग करती है। इस खोज का सुखद परिणाम इन कवियों द्वारा रचित सौन्दर्य-गीतियों में देखने को मिलता है। विवरण की भाषा

से बिम्ब की भाषा की ओर यह प्रयाण छायावादी कवि की पहली विशेषता है।

गद्य द्वारा विवरण के क्षेत्र पर कब्जा जमा लेने के बाद कविता को उसके अभिजात पारम्परिक सौन्दर्य-रूप में सुरक्षित रखने के लिए बिम्ब की इस नयी भाषा का आविष्कार एक न टाली जा सकनेवाली विवशता थी, जिससे इन कवियों को सबसे पहले टकराना पड़ा। यह नयी भाषा, गीतों, मुक्त-गीतों या छोटी आत्म-सम्बोधनात्मक कविताओं के लिए तो काफ़ी शक्तिमन्त साबित हुई, लेकिन घपला वहाँ उठ खड़ा हुआ, जब पाउण्ड की तरह ही पन्त, प्रसाद या निराला ने अपने को अपने पूर्ववर्ती प्रबन्ध-काव्य के रचयिताओं–हरिऔध, तुलसीदास, मैथिलीशरण गुप्त-के समकक्ष रखकर उसी स्तर तक अपने को उठाने की चेष्टा की। तुलसी या हरिऔध या मैथिलीशरण के लिए गद्य की दखलन्दाजी कोई समस्या नहीं थी। तुलसीदास को तो इसका अहसास भी नहीं रहा होगा, वरना वे 'रामचरितमानस' को 'भाषा-निबन्धम्' की संज्ञा कभी नहीं देते।

हरिऔध और मैथिलीशरण के जमाने में गद्य अभी कविता के क़िले के इर्द-गिर्द सुरंगें बिछा रहा था। उसका ख़तरा खुलकर सामने नहीं आया था। लेकिन छायावादियों के सामने तो वह आँख-से-आँख मिलाकर खड़ा था। प्रसाद को शायद इस चुनौती के द्वारा अपने नये रचनात्मक बिन्दु की पुनर्पहचान करने में सबसे अधिक सफलता मिली। इसीलिए शायद उन्होंने महाभारत या रामायण के इतिवृत्त को अपनी प्रबन्ध-रचना के लिए नहीं चुना। क्योंकि यहाँ उन्हें लगा होगा कि इतिवृत्त से निजात नहीं मिल सकती। जब कि इन्द्र अथवा मनु के मिथिकल प्रसंगों में इतिवृत्त को झीना कर सकना सम्भव होगा। जीवन-दर्शन के अलावा रचनात्मकता के शिल्प का यह आग्रह या यह अनिवार्य आवश्यकता भी कहीं-न-कहीं मनु के प्रसंग को प्रबन्ध-रचना के लिए चुने जाने में निहित है। इसीलिए सम्भवतः पन्त ने भी 'लोकायतन' में कथा के पौराणिक आख्यानों की जगह स्व-रचित लोक-आख्यान को उठाया। शायद पन्त भी इतिवृत्त की इस पारम्परिक झंझट से परिचित थे। यह दूसरी बात है एक सर्वथा स्व-रचित लोक-आख्यान को अपनी प्रबन्ध-रचना का विषय बनाने के बावजूद विवरण उन पर हावी हो गया है। पौराणिक ऐतिहासिक इतृित्त से तो उन्होंने छुटकारा पा लिया, लेकिन बिम्ब की भाषा की जगह विवरण की भाषा को अपनाकर उन्होंने सारा गुड़-गोबर कर दिया है। इस नयी रचनात्मकता के कलेवर में जैसे इतिवृत्त का भूत बैठकर बोलता है। हालाँकि इस भूत की आवाज़ को झीना करने के लिए उन्होंने कथा-प्रबन्ध को मनोवैज्ञानिक और दार्शनिक 'द्वारों' की अमूर्तता में बाँधने और सँजोने की भरपूर कोशिश की है–लेकिन भूत तो भूत–उसका जादू सिर पर चढ़कर बोलने लगता है। पन्त उसे जितना ही झीना करते हैं, जितना ही दबाते हैं उसका मुँह बन्द करते हैं, वह बार-बार हकलाता हुआ पुक्का फाड़ देता है। 'लोकायतन' की असफलता, प्रबन्ध के नये स्थापत्य की इसी अधूरी पहचान के कारण है।

दिनकर की 'उर्वशी' में तो इतिवृत्त भी पूर्णतया विद्यमान है। मुझे नहीं लगता कि गद्य की भाषा की इस चुनौती के फलस्वरूप दिनकर ने कभी प्रबन्ध के नये सन्दर्भगत स्थापत्य के बारे में सोचा भी है। इतनी सूक्ष्म रचनात्मक दृष्टि उनकी नहीं है। वे एक हुंकारनेवाले कवि हैं। 'उर्वशी' में समस्या पुराने स्थापत्य से निबटने की नहीं, बल्कि उसके सफल निर्वाह की है। प्रबन्धात्मकता का यह पारम्परिक सफल निर्वाह उसमें अक्षुण्ण है, लेकिन यह कोई उपलब्धि क़तई नहीं है। इसीलिए 'उर्वशी' की अपेक्षा 'लोकायतन' प्रबन्ध-रचना के क्षेत्र में फिर भी आगे की रचना है और 'कामायनी' इन दोनों से आगे, प्रबन्ध के स्थापत्य का एक नया प्रारम्भ-बिन्दु है। प्रसाद को भी इस विवरणात्मकता का गहरा अहसास है। उन्हें लगता है कि कथानक चाहे इन्द्र या मनु का ही क्यों न हो, उसमें इतिवृत्त की झीनी आहट तो रहेगी ही। इसीलिए प्रसाद उसे और झीना करने के लिए पूरी प्रबन्ध-रचना को मनोवैज्ञानिक प्रखण्डों में बाँटकर उसके शरीरी अर्थ को अशरीरी और अमूर्ततम कर देते हैं।

पन्त को 'मनोवैज्ञानिक द्वारों' की प्रेरणा शायद प्रसाद के इसी प्रयास से मिली है और उन्होंने वही उपाय आज़माने की कोशिश 'लोकायतन' में की है। लेकिन प्रसाद की सफलता का रहस्य इसमें है कि अपनी इस पूरी प्रबन्ध-रचना को मनोवैज्ञानिक, अमूर्त प्रखण्डों में विभाजित करने के साथ ही उन्होंने बिम्बात्मक भाषा का भरपूर और सफल उपयोग किया है। इस तरह इन दुहरे उपायों द्वारा वे इतिवृत्त के निष्कासन का सामना करने में काफ़ी दूर तक सफल हुए हैं। पन्त उनकी प्रेरणा से 'लोकायतन' में 'मनो-द्वारों' की रचना तो करते हैं, लेकिन भाषा के स्तर पर उसी विवरणात्मकता से काम निकालना चाहते हैं। फलस्वरूप सब-कुछ गड़बड़ हो गया है।

इस सम्बन्ध में महादेवी की स्थिति सबसे अलग है। शायद वे बिम्ब की भाषा के उपयोग की सीमाएँ अच्छी तरह पहचानती हैं। शायद उन्हें यह भी मालूम है कि बिम्ब की भाषा के प्रयोग द्वारा पूर्णरूपेण सफल प्रबन्ध-रचना सम्भव नहीं है या वे उतनी बड़ी महत्त्वाकांक्षा से लैस नहीं हैं, जितनी बड़ी महत्त्वाकांक्षा से लैस होकर प्रसाद ने 'कामायनी' और पन्त ने 'लोकायतन' की रचना की। शायद संवेदना और अनुभूति के सघनतम क्षण-बिन्दुओं को प्रबन्ध-विस्तार में फैलाने और छितरा देने के पक्ष में महादेवी नहीं हैं। उसमें उन्हें या तो ख़तरा दिखायी देता है, या सौन्दर्य की मार्मिक तन्मयता भंग होती लगती है, जो महादेवी-जैसी सौन्दर्य-प्रिय मानसिकता के अनुकूल नहीं ठहरती। शायद महादेवी यह भी जानती हैं कि संवेदना और अनुभूति के सघनतम क्षण-बिन्दुओं के संघटन-तत्त्व को प्रबन्ध-विस्तार की लम्बाई में बिम्ब की भाषा के प्रयोग द्वारा क़ायम नहीं रखा जा सकता। इसीलिए भगवान बुद्ध के प्रति अनन्य श्रद्धा के बावजूद उन्होंने 'बुद्ध-चरित' या 'सौन्दरानन्द' की रचना की बात कभी नहीं सोची। वे अपनी अनुभूति के सघनतम संगोपन में ही सन्तुष्ट हैं, जिसके अर्थ-संघटन की सघनता के भीतर आप उँगली नहीं रख सकते।

निराला के सन्दर्भ में स्थिति इतनी स्पष्ट नहीं है। प्रबन्ध-रचना को लेकर वे पन्त या प्रसाद-जैसी महत्त्वाकांक्षा से लैस नहीं दिखायी देते। दूसरी ओर महादेवी की तरह भाषागत सीमा की स्पष्ट पहचान भी निराला में नहीं मिलती। शायद निराला को अपनी भाषा-सर्जना पर इतना अगाध विश्वास है कि वे यह समझ बैठे हैं कि इतिवृत्त का बाप भी उनका कुछ नहीं बिगाड़ सकता। इसी हठपूर्ण अनन्त निष्ठा के कारण वे 'राम की शक्ति-पूजा' में 'शब्द-ताण्डव' का अघोर नृत्य रचकर बुलाते-से लगते हैं कि देखो—भाषा-सर्जना मेरे लिये कोई समस्या नहीं है। इसी अनन्त विश्वास के कारण वे 'तुलसीदास' में भाषिक संरचना की चरम संश्लिष्टता का उदाहरण पेश करते हैं। लेकिन बावजूद इसके, मुझे बराबर लगता है कि प्रबन्ध-रचना को लेकर निराला की महत्त्वाकांक्षा और चिन्ता उस कोटि की नहीं है, जैसी प्रसाद या पन्त की है। वे कालिदास की प्रशंसा करते हुए भी उन्हें हिन्दी की प्रकृति के निकट का कवि नहीं मानते। तुलसीदास उनके लिए आदर्श ज़रूर हैं, लेकिन चुनौती नहीं। उनकी चुनौती तो रवीन्द्रनाथ हैं, जो सरस्वती के इकले नूपुर इकट्ठा करते हैं, जो आधुनिक ज़माने में प्रबन्ध-रचना को बहुत महत्त्वपूर्ण नहीं मानते। इसीलिए बावजूद 'राम की शक्ति-पूजा' और 'तुलसीदास' लिखने के, उनकी रुझान प्रबन्ध की ओर नहीं मालूम पड़ती।

निराला अपने व्यक्तित्व और कवित्व—दोनों की संरचना में निर्वाह के पक्षधर उतने नहीं हैं, जितने तोड़-फोड़ और प्रयोग के। वे कुछ ऐसा कर गुज़रना चाहते हैं, जो अब तक हिन्दी कविता या भारतीय साहित्य में कभी नहीं हुआ हो। उनका मुख्य मन यही है। इस प्रयत्न में जब-जब उन्हें वह ख़तरा दिखायी देता है कि शायद लोग इस तोड़-फोड़ को उनके असामर्थ्य का पर्याय मान बैठेंगे तो वे परम्परा-निर्वाह के दो-दो हाथ दिखा देते हैं, कि जिसे तुम बड़े सामर्थ्य की चीज़ समझते हो वह तो मेरे बायें हाथ का खेल है। इसीलिए वे संस्कृत कविता की व्याख्या, विवेचना, छन्दःशास्त्र, ऋग्वेद, वैष्णव-दर्शन, वेदान्त आदि की बातें करते हैं। उसमें अपने को निष्णात और पारंगत बताते हैं, जिससे कोई यह न कहने का साहस करे कि यह तोड़-फोड़ की कार्रवाइयाँ करनेवाला निराला कुछ जानता नहीं।

यह बात कुछ अपनी कार्रवाइयों का लोहा मनवाने के लिए है, वरना निराला की रुचि तो कविता द्वारा अपने आन्तरिक मन के सन्ताप के गहरे साक्षात्कार में है, जो उनके गीतों में अभिव्यक्त हुई है। या महगू में है, कुकुरमुत्ते में, बिल्लेसुर और चतुरी चमार और 'कानी रानी' की रचना में है। जब यह सब-कुछ रचकर भी उन्हें मुक्ति नहीं मिलती, उनका सन्ताप नहीं मिटता तो अन्ततः टूटकर वे वैष्णव भाव से शरणागति की स्थिति में उतर आते हैं, जहाँ उन्हें लगता है, उन्हें सारे परितापों से मुक्ति मिलेगी। लेकिन जीवन भर तोड़-फोड़ करनेवाले और नयी संरचना की खोज करनेवाले निराला का आधुनिक मन तुलसीदास का मन तो है नहीं कि वह अभी तक विनष्ट होकर अब आगे विनष्ट नहीं होगा। उनके मन का द्वैत बार-बार उन्हें घेरता

है—उनकी एकान्त भक्ति और अन्तिम शरणागति को उन्हीं के लिए असम्भव बनाता है, इसीलिए उन्हें 'प्रार्थना की व्यर्थता' की अनुभूति बार-बार घेरती है। उनके काव्य का बहुमुखी मर्म उनकी इसी सर्वग्रासी अभिशप्त मनःस्थिति में ढूँढ़ना उचित होगा।

इसीलिए निराला की ये कविताएँ, 'लम्बी कविताएँ हैं—खण्ड-काव्य या प्रबन्ध-रचनाएँ नहीं। उनमें कथा-तत्त्व विद्यमान है। इसीलिए मैंने उन्हें 'लम्बी कथात्मक कविताएँ' कहा है। उनमें पुरानी कथा को सुरक्षित रखते हुए उसके भीतर नये अर्थ की सूक्ष्म प्रतिष्ठा है। इस नये अर्थ की प्रतिष्ठा के द्वारा ही निराला ने अपने इन कविताओं को पारम्परिकता से अलग एक नये धरातल पर प्रतिष्ठित किया है। इस नये अर्थ की प्रतिष्ठा की जो परम्परा 'प्रॉमेथियस' से शुरू हुई या 'रामचरित मानस', 'प्रिय-प्रवास', 'कनुप्रिया' या 'संशय की एक रात' में जिस धरातल पर इसकी प्रतिष्ठा हुई है, निराला की इन लम्बी कविताओं में इस नये अर्थ की प्रतिष्ठा उनसे पृथक् कुछ दूसरे ही धरातल पर हुई है।

अधिकांशतः कवि जब किसी पौराणिक, ऐतिहासिक आख्यान को लेते हैं तो उसमें पुराने अर्थ को सुरक्षित रखते हुए, जन-मानस में बैठी हुई पात्रों और चरित्रों की तस्वीर को भंग न करते हुए भी अपने समय की सामाजिक-राजनीतिक समस्याओं की चिन्ता और निर्णय को उस कथा में प्रतिष्ठित कर देते हैं। यह प्रतिष्ठा ही उस इतिवृत्त में एक नये प्राण-रस का संचार करती है और इसी मौलिक रचनात्मक ऊर्जा के द्वारा एक ही कथा बार-बार 'नयी' होती चलती है। उपर्युक्त कविताओं में इसी कलात्मक संरचना के स्तर पर बार-बार एक ही कथा को कवियों ने नित-नूतन किया है। वह 'नाना पुराण निगमागम सम्मत' तो है, लेकिन वह नहीं है, जो नाना पुराणों में थी, निगमों में थी... वह कुछ नयी-नवीन, अननुभूत है। अगर ऐसा नहीं है तो मात्र पुनरावृत्ति में किसी भी प्रतिभाशाली समझदार कवि को क्या रुचि होगी। इसीलिए 'रामचरित मानस' एक युग-प्रवर्तक काव्य-ग्रन्थ है, लेकिन 'कृष्णायन' एक निरर्थक पुनरावृत्ति! बल्कि कृष्ण के इतिवृत्त के सम्बन्ध में 'प्रिय-प्रवास' और 'कनुप्रिया' अपने नये अर्थ-सन्दर्भों की वजह से सर्वथा सार्थक रचनाएँ हैं और 'कृष्णायन' नितान्त निरर्थक।

लेकिन निराला ने अपनी इन कविताओं में जिस नूतन अर्थ का संचार किया है, उसमें अपने समय की सामाजिक, नैतिक, ऐतिहासिक समस्याओं और निर्णयों को प्रतिष्ठित करने का प्रयत्न उतना प्रबल दिखायी नहीं देता, (ऐसा बिलकुल नहीं है, यह नहीं कहा जा सकता।) जितना अपने आत्म से इन कविताओं में भी साक्षात्कृत होने का प्रयत्न। इसी को मैंने इस निबन्ध के प्रारम्भ में ही कहीं आत्म-प्रक्षेप कहा है। इन कविताओं में निराला की अन्तरमुख व्यक्तिगतता ही प्रमुख है, जो कि उनके गीतों में है। अन्तर यही है कि उस व्यक्तिगतता को एक कथा के सहारे बड़े दूरवर्ती संकेतों के माध्यम से प्रतिष्ठित किया गया है। चाहे वह 'शिवाजी का पत्र' हो या 'राम की शक्ति-पूजा', 'सरोज-स्मृति', 'तुलसीदास' या

'स्वामी प्रेमानन्द जी महाराज'—ये सारी कविताएँ प्रकारान्तर से आत्म-चरितात्मक ही हैं। इनमें निराला ने अलग-अलग धरातलों पर अलग-अलग ढंग से अपनी रचनात्मकता के विभिन्न पहलुओं का ही साक्षात्कार किया है। यानी कि ये कविताएँ कवि की रचना-प्रक्रिया को परिभाषित करने, उसे समझने, उसके अंग-उपांगों को रेखांकित करने, उसकी सीमा और परिधि पहचानने, उसके दायित्व और दर्द झेलने के अनूठे प्रयत्नों के साक्षात्कार का ही परिणाम है।

इस रूप में ये कविताएँ अपने युग, समय और इतिहास को नये सिरे से व्याख्यायित करने के प्रयास का उतना प्रतिफलन नहीं हैं—जैसे कि 'प्रॉमेथियस' है या 'रामचरित मानस' या 'प्रिय-प्रवास', 'कनुप्रिया' या 'संशय की एक रात'। बल्कि ये कविताएँ अपने कवि के निजत्व की पहचान का ही प्रतिफलन हैं। इसीलिए वे निजी अधिक हैं—सार्वजनिक कम। इस दृष्टि से निराला की अपनी ही रचना-प्रक्रिया की यह व्याख्या, पुनर्पहचान और पुनर्प्रतिष्ठा, मुक्तिबोध की 'अभिव्यक्ति आत्म-सम्भवा' या अज्ञेय की 'असाध्य वीणा' की रचनात्मकता की पहचान और उसके प्रति एकान्त समर्पण, अथवा आर्थर रैंबो की 'नरक में एक ऋतु' के निजी साक्षात्कार के अधिक निकट पड़ती है।

इसीलिए 'राम की शक्ति-पूजा' रामकथा कम है, निराला के रचनात्मक संघर्ष, संशय और आत्म-बलिदान की कहानी अधिक। हालाँकि यह अर्थ-प्रतिष्ठा, यह व्यक्तिगतता, अपने रचनात्मक संघर्ष का राम के व्यक्तित्व में यह समावेश, इतना सूक्ष्म है कि इसका अर्थ-सन्धान करना पड़ता है। 'तुलसीदास' कविता में रचनात्मकता और अपनी काव्य-वर्चस्विता को पाने के संकेत 'राम की शक्ति-पूजा' से अधिक स्पष्ट और मुखर हैं और इन्हें आसानी से पहचाना जा सकता है। 'शिवाजी का पत्र' के सांस्कृतिक विनाश की चिन्ता और 'तुलसीदास' के सांस्कृतिक अन्धकार में भी चिन्ता के स्तर पर एक सूक्ष्म एकान्विति है। 'राम की शक्ति-पूजा' या 'तुलसीदास' कविताओं में यह निजी आत्म-प्रक्षेप—अपनी रचनात्मकता की खोज, पहचान, प्रतिष्ठा और रेखांकन जितना ही झीना है, 'सरोज-स्मृति' में वह उतना ही स्पष्ट और शब्द-मुखर है, कुछ-कुछ आत्मालाप और सन्ताप के स्तर तक। फिर अपनी पराजय, एकाकीपन, रचनात्मक संघर्ष की जो कथा 'सरोज-स्मृति में है, 'स्वामी प्रेमानन्द जी महाराज' के 'पश्चिमीय युवक' की उपेक्षा और प्रतारणा में भी वही संकेत दुहराया गया है।

इस प्रकार मैं जो कहना चाहता था, वह यह कि निराला की इन लम्बी कथात्मक कविताओं में एकान्विति के सूत्र वर्तमान हैं और निजी, आत्म-चरितात्मक होते हुए भी, ये निराला की रचना-प्रक्रिया के साथ-साथ क्रियाशील अनेक रूपों और स्तरों में से एक विशेष का प्रतिनिधित्व करती हैं और वह रूप है—इतिवृत्त तथा कथा के माध्यम से अपनी ही रचनात्मकता के सन्दर्भों की पहचान और प्रतिष्ठा का रूप। इसीलिए देखने में बिलकुल अलग-अलग लगती हुई भी किसी-न-किसी सूक्ष्म गहरे

धरातल पर निराला की ये पाँचों लम्बी कथात्मक कविताएँ (1. शिवाजी का पत्र, 2. राम की शक्ति-पूजा, 3. तुलसीदास, 4. सरोज-स्मृति और 5. स्वामी प्रेमानन्द जी महाराज) मुक्तिबोध की उसी 'अभिव्यक्ति आत्म-सम्भवा' की खोज के निकट पड़ती हैं।

इस रूप में निराला की ये लम्बी कविताएँ और मुक्तिबोध की लम्बी कविताएँ एक-दूसरे के बहुत निकट पहुँच जाती हैं और दोनों इस धरातल पर आकर एक ही प्रकार की विषय-अभिव्यक्ति तथा एक ही तरह की मौलिक ऊर्जा के कवि लगते हैं। उनकी समस्याएँ, उनका दर्द और उनकी खोज का धरातल एक हो जाता है। अन्तर इतना ही है कि निराला ने अपनी इस 'अभिव्यक्ति आत्म-सम्भवा' को पौराणिक, ऐतिहासिक इतिवृत्तों और लोक-वृत्तों में प्रतिष्ठित किया है और मुकतिबोध ने अपनी कल्पना-ऊर्जा और सामाजिक चिन्ता द्वारा आख्यानवत् रचित आख्यान, या इतिवृत्त-रहित कविताओं में। इस दृष्टि से 'राम की शक्ति-पूजा' मुक्तिबोध की लम्बी कविता 'अँधेरे में' या अज्ञेय की 'असाध्य वीणा' के निकट अधिक है, 'संशय की एक रात' के निकट कम। जब कि 'संशय की एक रात' और 'राम की शक्ति-पूजा' में 'संशय' का ऊपरी साम्य बहुत स्पष्ट दिखायी देता है।

□□

ऊपर एक जगह मैंने अभी कहा है कि ऐतिहासिक-पौराणिक इतिवृत्तों में इस नूतन अर्थ-संचार की प्रक्रिया में निराला में अपने समय की सामाजिक, नैतिक और ऐतिहासिक समस्याओं और निर्णयों को प्रतिष्ठित करने का प्रयत्न उतना प्रबल नहीं दिखायी देता, जितना इन कविताओं में भी अपने आत्म से साक्षात्कृत होने का। लेकिन मैंने यह भी कहा है कि ऐसा बिलकुल नहीं है, यह नहीं कहा जा सकता। कहीं-न-कहीं, किसी-न-किसी स्तर पर अपने समय की सामाजिक समस्याओं, निर्णयों और नैतिक स्थितियों की प्रतिष्ठा भी इन कविताओं में मौजूद है, चाहे वह कितनी भी क्षींण क्यों न हो। अन्तर यही है कि इन दोनों अर्थों की प्रतिष्ठा में आत्म-साक्षात्कार और अपनी तेजस्वी रचनात्मकता की पुनर्पहचान की प्रतिष्ठा ज़्यादा प्रबल है, सामाजिक-ऐतिहासिक समस्याओं और निर्णयों की प्रतिष्ठा उससे नीचे हैं। बल्कि यों कहीं कि इस दूसरे और ज़्यादा जाने-पहचाने अर्थ की प्रतिष्ठा भी इसी आत्म-साक्षात्कार में से ही प्रस्फुटित हुई है। अतः इन दोनों अर्थों को साथ-साथ प्रतिष्ठित करने से कविताओं में शिल्पगत विखण्डन और कलात्मक स्खलन की स्थिति कहीं भी उत्पन्न होती नहीं दिखायी देती। बल्कि इन दोनों अर्थों में एक संश्लिष्ट समाहार दिखायी देता है, जो कविता को शिल्प और भाषिक संरचना के स्तर पर और ठोस, सघन एवं सन्तुलित बनाता है।

दुहरे अर्थों की यही प्रतिष्ठा मुक्तिबोध की कविता 'अँधेरे में' या 'चम्बल की घाटियाँ' में या रैम्बो की 'नरक में एक ऋतु' में भी दिखायी देती है। 'असाध्य वीणा' में सिर्फ़ कवित्व और कला के रचनात्मक निष्ठा की परीक्षा है और उसमें वह

ऐतिहासिक-सामयिक अर्थ कहीं भी प्रस्फुटित होता हुआ दिखायी नहीं देता। इसके ठीक विपरीत 'संशय की एक रात' में ऐतिहासिक चिन्ता की प्रतिष्ठा ही प्रमुख है—वह सामाजिक चिन्ता भी है और शाश्वत भी, लेकिन कवि के रचनात्मक अनुभव और कवित्व की रचना-प्रक्रिया के एकान्त आत्म-साक्षात्कार की प्रवृत्ति उसमें कहीं नहीं है। इस दृष्टि से 'संशय की एक रात' में जिस नये अर्थ (युद्ध और शान्ति की चिन्ता) की प्रतिष्ठा श्रीनरेश मेहता ने करने की कोशिश की है, वह इकहरी है। निराला और मुक्तिबोध की तरह दुहरी, संश्लिष्ट और समाहृत नहीं। इस तरह अज्ञेय और नरेश मेहता की ये दोनों कविताएँ अर्थों की दृष्टि से इकहरी होते हुए भी दो छोरों पर स्थित हैं। एक में (अज्ञेय) सामाजिक समस्याओं और निर्णयों की प्रतिष्ठा नहीं है तो दूसरे में (नरेश मेहता) कवि की रचनात्मकता का आत्म-सक्षात्कार नहीं है। इसीलिए मैंने कहा कि इस सन्दर्भ में हिन्दी में सिर्फ़ निराला और मुक्तिबोध की काव्य-चिन्ता इन लम्बी कविताओं में समान है और इसी नुक्ते-नज़र से निराला की इन कविताओं का समुचित अध्ययन किया जा सकता है।

'पंचवटी-प्रसंग' और 'यमुना के प्रति' :

निराला की सबसे पहली कविता 'पंचवटी-प्रसंग' है, जो उनके प्रथम संग्रह 'अनामिका' की 9 कविताओं में शामिल की गयी थी। अब यह 'परिमल' के मुक्त छन्दवाले तीसरे खण्ड के अन्त में प्रकाशित है। पूरी कविता पाँच भागों में विभाजित है और काव्य-नाटक की शैली में लिखी गयी है। पहले खण्ड में राम और सीता के गार्हस्थिक सन्तुष्ट जीवन की झाँकी है। दूसरे खण्ड में लक्ष्मण का एकालाप है। सम्पूर्ण राम-साहित्य में लक्ष्मण शायद पहली बार इस तरह एकान्त-मुखर हुए हैं। लेकिन इस एकान्त-मुखरता में लक्ष्मण के चरित्र में किसी नये अर्थ का समावेश निराला ने नहीं कराया है। वे वही भाई के भक्त लक्ष्मण हैं, जो वाल्मीकि रामायण में हैं या 'रामचरित मानस' और 'साकेत' में हैं। बल्कि अपने इस एकालाप में लक्ष्मण इसी 'भक्ति के बने रहने' की प्रार्थना एकान्त में करते-से दिखायी देते हैं। तीसरे खण्ड में शूर्पनखा का आत्मालाप है। उसे अपने ही सौन्दर्य पर मन्त्र-मुग्ध और गर्वोक्ति-मुखर दिखाया गया है। इसमें भी कोई नयी प्रसंग-उद्‌भावना निराला ने नहीं की है। चौथे खण्ड में निराला ने राम और लक्ष्मण के आपसी संवादों द्वारा राम के मुख से लक्ष्मण को ब्रह्मज्ञान, वेदान्त और अद्वैतवाद की शिक्षा दिलवायी है। सृष्टि के प्रलय और निर्माण पर राम प्रवचन करते हैं। शायद यह खण्ड शिल्प की दृष्टि से उस अन्तराल को भरने के लिए नियोजित किया गया है, जो शूर्पनखा के पहुँचने के समय-व्यवधान के कारण पैदा हो गया है। इसमें भी वेदान्त या प्रलय की कोई नयी व्याख्या निराला प्रस्तुत नहीं करते। पाँचवें खण्ड में शूर्पनखा कें नाक-कान काटने का प्रसंग है।

दरअसल निराला की यह सबसे पहली लम्बी कविता है। शायद रचनात्मक स्तर पर किसी ऐतिहासिक-पौराणिक प्रसंग को क्यों कोई कवि फिर से उठाता है, यह निराला ने नहीं सोचा था। इसीलिए वे सीधे-सादे ढंग से पौराणिक इतिवृत्त को दुहरा भर गये, उसमें किसी नये अर्थ की उद्भावना का सवाल भी उनके दिमाग़ में नहीं उठा। मुझे लगता है कि इस कविता को लिखने की मूल प्रेरणा मुक्त छन्द के पाठ-प्रवाह की ओर पाठकों और लेखकों का ध्यान आकर्षित करना भर था। इस ओर निराला ने 'परिमल' की भूमिका के अन्त में संकेत भी किया है। वे कहते हैं कि कवित्त छन्द की ज़मीन पर मुक्त-छन्द की रचना सर्वाधिक सफल हो सकती है। इस सम्बन्ध में वे पढ़ने के आनन्द और 'आर्ट ऑफ रीडिंग (art of reading) की भी चर्चा करते हैं और यह भी बताते हैं कि इस तरह का एक नाटक लिखकर वे कलकत्ता-रंगमंच पर खेल चुके हैं और प्रशंसा भी पा चुके हैं। मुझे लगता है कि 'पंचवटी-प्रसंग' की रचना की मूल प्रेरणा यही पाठ-प्रक्रिया के प्रवाह का आनन्द है, किसी नये अर्थ की प्रतिष्ठा क़तई नहीं। इसकी भाषिक संरचना में वही आभिजात्य पारम्परिक तत्समता और विवरण-प्रधानता है तथा शैली एकालाप और संवादों की है। इसका छन्द कवित्त की ज़मीन को तोड़कर ही तैयार किया गया है।

□□

यही स्थिति 'यमुना के प्रति' कविता की भी है। यह लगभग सत्रह पृष्ठों की सम-मात्रिक कविता है। यानी कि लगभग उतनी ही लम्बी जितनी 'राम की शक्ति-पूजा' या 'सरोज-स्मृति'। लेकिन पूरी कविता पढ़ जाने पर भी किसी नये, सर्वथा निजी या समसामयिक, सामाजिक, ऐतिहासिक चिन्ता या निर्णय से पूर्ण अर्थ की प्रतिष्ठा नहीं मिलती। पूरी कविता में कृष्ण के प्राचीन प्रसंगों, लीलाओं के स्मृतिवाची प्रश्न हैं। इनका कोई उत्तर, कोई समाधान या उसके समानान्तर उन प्रसंगों के अन्दर किसी नये अर्थ की उद्भावना कहीं नहीं मिलती। पूरी कविता में भाषा का शब्द-लास्य दर्शनीय है, उसका मार्दव, संगीत और सहज आभिजात्य। लेकिन फिर भी उस भाषा को बिम्ब की भाषा के रूप में रूपायित वे नहीं कर पाये हैं। जो बिम्बात्मकता है, वह मात्र अलंकरण बनकर रह जाती है। बाक़ी उसमें निराला ने विवरण को घुसेड़ दिया है। पूरी कविता का टोन और उसका शिल्प पन्त की कविता 'परिवर्तन' की प्रारम्भिक दो पंक्तियों द्वारा परिभाषित किया जा सकता है :

कहाँ आज वह पूर्ण पुरातन, वह सुवर्ण का काल
भूतियों का दिगन्त छवि-जाल!

यमुना के उसी पूर्ण पुरातन, उसी सुवर्ण-काल, उन्ही ऐश्वर्यपूर्ण लीला-छवियों की महानताओं की स्मृति कवि बार-बार करता है और स्मरण के आधार पर उनका अत्यन्त मधुर, लाक्षणिक, अलंकृत वर्णन प्रस्तुत करता जाता है। इस नज़रिये से देखें तो 'यमुना के प्रति' में कथा का कोई विकास नहीं मिलता। बल्कि कथा एक ही

नुक्ते पर ठहरी हुई निस्पन्द है और 'पूर्ण पुरातन' की 'स्मृति-ममाखियाँ' उसके चारों ओर गुंजार करती हैं....कभी उस पर छत्ते बनाती हैं, कभी उड़कर दूर स्मृति का ताज़ा मधु बटोरने के लिए चली जाती हैं। पूरी कविता का शिल्प इसी रूप में ढाला गया है :

वह सहसा सजीव कम्पन-द्रुत
सुरभि-समीर, अधीर वितान
वह सहसा स्तम्भित वक्षःस्थल
टलमल पद, प्रदीप निर्वाण।

गुप्त-रहस्य-सृजन-अतिशय श्रम
वह क्रम-क्रम से संचित ज्ञान
स्खलित-वसन-तनु-सा तनु अमरण
नग्न, उदास, व्यथित अभिमान।

कहाँ छलकते अब वैसे ही
ब्रज-नागरियों के गागर?
कहाँ भीगते अब वैसे ही
बाहु, उरोज, अधर, अम्बर?

दरअसल मुझे लगता है, निराला अपनी शब्द-शक्ति इस कविता में आज़मा रहे हैं। शब्द-शक्ति के द्वारा नयी भाषिक संरचना उनका लक्ष्य यहाँ नहीं है। न ही वे किसी नये अर्थ की प्रतिष्ठा की चिन्ता में व्यस्त हैं। वे कृष्ण के सारे मोहन प्रसंगों को अपने शब्द-वैभव में बाँधने की चेष्टा में रत हैं। इसमें वे सफल भी हुए हैं। लेकिन यह सफलता इस कविता को कोई नय महत्त्व प्रदान नहीं करती, क्योंकि भारतीय जन-मानस के इस सर्वथा परिचित प्रसंग में किसी नवीन, अननुभूत, निजी या सार्वजनिक अर्थ की प्रतिष्ठा निराला ने नहीं की है।

□□

इस दृष्टि से 'प्रिय-प्रवास', 'अन्धा-युग' और 'कनुप्रिया' में कृष्ण के इस आख्यान में अर्थ की अनेक नयी सम्भावनाएँ एकत्रित और प्रतिष्ठित की गयी हैं। 'प्रिय-प्रवास' में कृष्ण का प्रवास लोक-सेवा के निमित्त दिखाया गया है और यह पारम्परिक अर्थ को भ्रष्ट न करते हुए भी उसे एक नयी अर्थवत्ता में प्रकाशित करता है। इसीलिए राधा भी यहाँ कृष्ण की प्रेरणा से लोक-सेविका का रूप ग्रहण करती हैं। वे उन पुरातन अर्थों में, जयदेव, विद्यापति या सूर की विरहिणी राधा नहीं हैं, न ही वे कृष्णकथा में बखानी गयी कृष्ण की शक्तिरूपा राधा हैं। इसकी जगह एक साधारण संवेदनशील किन्तु त्यागमयी स्त्री के रूप में ही हरिऔध ने उन्हें अधिक कल्पित किया है। वे

कृष्ण के लिए रोतीं और क्षुत-क्षाम नहीं होतीं, बल्कि कहती हैं कि 'प्यारे जावें जनहित करें, गेह चाहे न आवें।'

यह लोक-सेवा हित राधा का त्याग उन्हें विद्यापति की विरहिणी राधा से एक-दूसरे ही स्तर का चरित्र सिद्ध करता है। इसमें कृष्ण और राधा का पारम्परिक व्यक्तित्व खण्डित नहीं होता, बल्कि अर्थ की नयी गरिमा से दुबारा प्रकाशित हो उठता है। व्यक्तिगत मनस्ताप तो है, लेकिन उसे सार्वजनिक स्थिति पर हावी नहीं होने देना चाहिए। हरिऔध के भीतर से कृष्ण और राधा के आख्यान में इस नये अर्थ की प्रतिष्ठा गीता के कर्मवाद और उनके अपने समय में प्रचारित समाज-सुधार आन्दोलनों की उपज है। सामाजिक जन-जागरण के इसी नैतिक उद्‌बोधन को हरिऔध कृष्ण के आख्यान में प्रतिष्ठित करके एक सर्वथा नूतन अर्थ की सर्जना से इस 'नानापुराणनिगमागम सम्मत' कथा को नूतन करते हैं।

'प्रिय-प्रवास' पढ़ने पर अन्ततः राधा का कौन-सा चित्र मन में उभरता है—सादे-सुफेद वस्त्रों में लिपटी एक गौर वर्ण की अधेड़ स्त्री का चित्र, जो झोला लटकाये घर-घर सेवा में घूम रही है। और कृष्ण—सारी निजी मानसिक दुविधाओं को परे ठेलकर युद्ध की योजना में निमग्न है। परम्परित अर्थों और आधारों के भीतर से अर्थ का यह नया प्रकाश झलक मारता है। इसीलिए 'प्रिय-प्रवास' कृष्ण-कथा के क्रम को आगे बढ़ानेवाली एक सर्वथा मौलिक रचना है, जब कि 'कृष्णायन' एक अर्थहीन पुनरावृत्ति मात्र। 'यमुना के प्रति'-जैसी कविता में एक-दूसरे कोण से नये अर्थ की प्रतिष्ठा की सम्भावनाएँ तो बहुत थीं, लेकिन ऐसा कुछ भी निराला ने किया नहीं है। इसीलिए बावजूद अपने सारे नये शब्द-वैभव के, यह कविता 'प्रिय-प्रवास' से आगे की कविता नहीं है।

कृष्ण और राधा के इसी आख्यान को भारती ने अपनी लम्बी कविता, 'कनुप्रिया' में उठाकर उसे फिर एक नयी अर्थ-सम्भावना दी है। लेकिन अर्थ का यह नया प्रकाश 'प्रिय-प्रवास' की तरह किसी सामयिक चिन्ता के साथ-साथ एक शाश्वत चिन्ता से भी जुड़ा है। इसकी जगह राधा और कृष्ण के चरित्र के भीतर से, शाश्वत नारीत्व और पुरुषत्व के बीच के अन्तर्सम्बन्धों के भीतर से राधा की ओर से एक नया प्रश्न उठाया गया है। क्या स्त्री व्यक्ति के निजी जीवन और उसके सार्वजनिक कार्य-क्षेत्र के बीच मात्र एक सेतु है, जिस पर से होकर वह सार्वजनिक कर्म-क्षेत्र में उतर जाता है और फिर कभी लौटने की फुर्सत नहीं पाता? वह अपने विराट् कर्मों से एक नये इतिहास का निर्माण करता है। वह सम्पूर्ण राष्ट्र, संस्कृति, दर्शन और सामाजिक जीवन का केन्द्र-बिन्दु बनकर उसका दिशा-निर्देश करता है, वह सम्पूर्ण मानव-नियति का नियामक-पद ग्रहण कर सकता है। व्यक्ति की इस महत् रचना में उसके लगातार ऊपर उठते-उठते जाने में उस सेतु का क्या महत्त्व है, जिस पर पैर रखकर वह आगे चला गया?

इसी प्रश्नवाचक के साथ राधा 'कनुप्रिया' में एक नये रूप में, एक नये अर्थ-प्रकाश से भरकर उठ खड़ी होती हैं। यानी कि कथा वही है। वही मिलन, रास-लीला, सघनतम संगोपन, अभिसार, आम्र-मंजरियों से भरी माँग, वही वंशी-रव में राधन् राधन्... राधन्—व्यक्ति कृष्ण का वही निजी, आन्तरिक सघनतम जीवन, जिसे भरपूर जीकर वे फिर सार्वजनिकता में खो जाते हैं—यानी कि वही परम्परित विरह, मनस्ताप, लेकिन इस नये प्रश्नवाचक से एक सर्वथा नये अर्थ से पूर्णतया प्रकाशित :

नीचे की घाटी से
ऊपर के शिखरों तक
जिसको जाना था-वह चला गया

हाय, मुझी पर पग रख
मेरी बाँहों से
इतिहास तुम्हें ले गया।

सुनो कनु, सुनो—
क्या मैं सिर्फ़ एक सेतु थी तुम्हारे लिए
लीला-भूमि और युद्ध-क्षेत्र के
अलंध्य अन्तराल में?

मानव-इतिहास की इस नियमित-निरन्तर रचना में स्त्री का स्थान क्या है—इसी प्रश्न को लेकर राधा 'कनुप्रिया' में उपस्थित होती हैं। निश्चय ही जयदेव की अभिसारिका या विद्यापति और सूर की विरहिणी राधा इतिहास में स्त्री के स्थान की इस चिन्ता को नहीं उठा सकतीं और नहीं उठातीं, क्योंकि यह चिन्ता आज की एक संवेदनशील, जागरूक स्त्री की चिन्ता है। वह चिन्ता एक भोली-भाली अबला की चिन्ता नहीं हो सकती। 'प्रिय-प्रवास' में फिर भी राधा कृष्ण की अनुगामिनी है। उनके सार्वजनिक कर्म-जीवन की प्रेरणा से वह भी अपने व्यक्तिगत दुःख-भाव को दबाकर सार्वजनिक सेवा का व्रत लेती हैं। यह भी एक प्रकार से कृष्ण के जीवन के प्रति राधा के अनन्त अनुराग और आत्म-समर्पण का ही प्रतीक है। इसमें नयापन यह है कि वह सूर या विद्यापति की राधा की तरह असहाय, तिल-तिल घुलनेवाली, अबला स्त्री भर नहीं है।

लेकिन 'कनुप्रिया' की राधा कृष्ण के सार्वजनिक जीवन से परोक्ष प्रेरणा लेकर वैसा ही जीवन नहीं अपनाती। वह पुरुष के बराबर खड़ी होकर इतिहास में अपना स्थान माँगती है; वह अपनी वास्तविक नियति और इयत्ता से परिचित होना चाहती

है। पागलपन-भरे अनन्त मिलन-संगोपन क्षण बीतने के बाद वह असहाय विरहिणी नहीं बन जाती, बल्कि मिलन के बाद की यह उत्तर-स्थिति उसे एक मोह-भंग की स्थिति लगती है। उसे अपना स्वत्व, अपने अधिकार, अपनी नियति और अपने वास्तविक अस्तित्व की चिन्ता घेर लेती है। विरह-दुःख से आगे बढ़कर अन्ततः वह विश्लेषण और छान-बीन की ओर प्रवृत्त होती है। यह सेतु होना उसे सालता है। इसीलिए इस सेतु होने के बाद की अपनी स्थिति को जानने के लिए वह व्याकुल है।

भारती ने इस व्याकुलता को अनुत्तरित नहीं छोड़ा है। यद्यपि कृष्ण नहीं हैं। वे सार्वजनिकता में खो गये हैं, फिलहाल लुप्त हो गये हैं... लेकिन राधा अपने इस प्रश्न का उत्तर पा जाती हैं। यह सार्वजनिक कर्म-संकुलता तो व्यक्ति को धीरे-धीरे रेशम के कीड़े की तरह चाट जाती है... वह उसे खा जाती है। यह तो एक प्रतारणा है—इतिहास की संरचना, उसका नियमन, यह अनन्त यश, यह महापुरुषत्व, यह शिखरों पर जाकर सूर्य की तरह की चकमक से ऊर्जस्वित होना—ये सब प्रवंचनाएँ हैं। वह व्यक्ति, जो अपने एकान्त निजी जीवन के सघनतम सुख-क्षणों को छोड़कर सार्वजनिकता में उतर गया-अन्ततः सब-कुछ सिद्ध कर लेने के बाद, सब-कुछ पा लेने के बाद—वह यह भी पाता है कि वह निरन्तर अकेला होता गया है। वह जितना ही बाहर होता गया है, भीतर वह अपने निजी जीवन की ओर लौटने के लिए उसी तरह उत्कट भावोद्वेग से भरता गया है। सारी पक्षधरनाएँ, तटस्थताएँ, सारे नैतिक नियमन, सारे उद्घोषित निर्णय—इन सबके आलोक-मण्डल से घिरा, वह पाता है कि वह चौधिया गया है, वह थक गया है। यही व्यक्ति के लौटने की वेला है, यही कृष्ण का प्रत्यावर्तित अनन्त विश्राम-क्षण है। शायद उन्हें फिर आवश्यकता पड़े...। वह जानती है कि अन्ततः उसकी आवश्यकता पड़ेगी ही। यहीं आकर वह अपनी नियति और अपनी इयत्ता की सही पहचान करती है कि वह सिर्फ़ सेतु नहीं है—वह नियति भी है। इतिहास में अपनी इस पहचान का लेकर वह इतिहास के मोड़ पर सार्वजनिकता से टूटे, थके कृष्ण की अनन्त प्रतीक्षा में खड़ी है। यह विरह नहीं—अपनी इयत्ता की एक समयहीन, सार्वजनीन पहचान है। इसीलिए यहाँ राधा अपनी इस अनन्त प्रतीक्षा में ऊर्जस्वित और सन्तुष्ट हैं...। तिल-तिल घुलती हुई समाप्त नहीं हो रही हैं। अर्थ की यही नवीन सम्भावना 'कनुप्रिया' को कृष्ण-कथा के आख्यान में एक नया मोड़ देती है :

> और जन्मान्तरों की अनन्त पगडण्डी के
> कठिनतम मोड़ पर खड़ी होकर
> तुम्हारी प्रतीक्षा कर रही हूँ।
> कि, इस बार इतिहास बनाते समय
> तुम अकेले न छूट जाओ।

समुद्र के किनारे नारियल के कुंज हैं
और तुम एक बूढ़े पीपल के नीचे चुपचाप बैठे हो
मौन, परिशमित, विरक्त,
और पहली बार जैसे तुम्हारी अक्षय तरुणाई पर
थकान छा रही है

और इस क्षण
केवल अपने में डूबे हुए
दर्द से पके हुए
तुम्हें बहुत दिन बाद मेरी याद आयी है।

अब इस क्षण तुम
केवल एक भरी हुई, पकी हुई
गहरी पुकार हो
सब त्यागकर
मेरे लिये भटकती हुई।

तुमने मुझे पुकारा था न!
मैं पगडण्डी के कठिनतम मोड़ पर
तुम्हारी प्रतीक्षा में
अडिग खड़ी हूँ-
कनु मेरे!

□□

'शिवाजी का पत्र' और 'स्वामी प्रेमानन्द जी महाराज' :

'शिवाजी का पत्र' मुक्त छन्द में लिखी गयी पत्र-शैली की एक लम्बी कविता है। इसके भीतर भी पाठ-प्रवाह का वही सुघड़ रूप संयोजित है। सारी कविता में ओजस्विता अत्यन्त प्रखर है। बल्कि पूरी कविता एक तरह से एक ललकार है। इस ललकार में क्रोध या आवेश या उत्तेजना नहीं है। इसकी जगह अपने पौरुष और अपने विचारों और निर्णयों पर सम्पूर्ण आस्था के साथ यह ललकार अभिव्यक्त हुई है। छन्द के अनुरूप ही उसके कथ्य के ओजस्वी आवेग में एक मन्थरता है। गति की यह मन्थरता शायद इसलिए निराला ने नियोजित की है, जिससे पत्र पानेवाले पर एक-एक शब्द की ओजस्विता का सम्पूर्ण गम्भीर प्रभाव पड़े। वाग्मिता इस कविता का सबसे बड़ा गुण है, जिसे अंग्रेज़ी में इलोक्वेन्स (Eloquence) कहते हैं। पत्र-लेखक शिवाजी, जैसे भारतीय संस्कृति की सुरक्षा की चिन्ता से ग्रस्त हैं। वे

अपनी वीरता, अपने उद्‌देश्य और हिन्दू जाति में समाविष्ट कमियों से एक साथ परिचित हैं। शिवाजी के लिए भारतीय संस्कृति का अर्थ हिन्दू संस्कृति है, सनातन धर्म है, हिन्दुत्व है। वे मुसलमानों को भारतीय संस्कृति का विनाशकर्ता मानते हैं और हिन्दुत्व तथा संस्कृति की सुरक्षा के लिए कटिबद्ध हैं। उन्हें इस बात से घोर दुःख है कि हिन्दुओं का औसत चरित्र गिर गया है। निराला इसी को 'तुलसीदास' कविता में 'जो रहे शेष नृप-वेश-सूत-बन्दीगण' कहते हैं। प्रकारान्तर से यह वही जय सिंह हैं, जिनको यह पत्र सम्बोधित है। निराला उनके अतीत की, उनके क्षत्रियत्व, उनकी शूर-वीरता की भी याद शिवाजी के मुख से दिलवाते हैं, अपना दुःख भी प्रकट करते हैं और सूक्ष्म धारदार व्यंग्य करने से भी नहीं चूकते–

(1) और है विकर्षणमय सारा
संसार हिन्दुओं के लिए।
धोख़ा है अपनी ही छाया से
ठगते वे अपने ही भाइयों को
लूटकर उन्हें ही वे भरते हैं अपना घर।

(2) व्यक्तिगत भेद ने छीन ली हमारी शक्ति
मिलो भाइयों से
व्याधि भारत की छूट जाय।

(3) फैले संवेदना
एक ओर हिन्दू एक ओर मुसलमान हों
व्यक्ति का खिंचाव यदि जातिगत हो जाय
देखो परिणाम फिर,
स्थिर रहेंगे न पैर यवनों के
पस्त हौसला होगा–
ध्वस्त होगा साम्राज्य।

(4) चाहते हो क्या तुम
सनातन-धर्म-धारा शुद्ध
भारत से बह जाय चिरकाल के लिए?
याद रहे–बरबाद जाता है हिन्दू धर्म,
हिन्दुस्तान।
जारी रहा ऐसा यदि अत्याचार महाराज,
निश्चय ही हिन्दुओं की कीर्ति उठ जायेगी।
चिह्न भी न हिन्दू-सभ्यता का रह जायेगा।

(5) **काफिर तो कहते न होंगे कभी तुम्हें वे**
विजित भी न होगे तुम औ' गुलाम भी
नहीं?
कैसा परिणाम यह सेवा का!
लोभ भी न होगा तुम्हें मेवा का महाराज
सीमा के राज राजेश्वर!
भाइयों के शेर और कीतदास तुर्कों के!

सांस्कृतिक क्षय की यही चिन्ता 'शिवाजी का पत्र' का मुख्य स्वर है। शिवाजी जिस युग में पैदा हुए थे, उस युग में संस्कृति का अर्थ उनके लिए 'हिन्दू संस्कृति' या 'हिन्दुत्व' ही हो सकता था। वे उस संश्लिष्ट, सम्मिश्रित संस्कृति की बात ही नहीं सोच सकते थे, जिसकी दुहाई आज बार-बार दी जाती है। जिस तरह वे 'एक ओर हिन्दू एक ओर मुसलमान हों', की बात करते हैं, व्यक्ति के जातिगत खिंचाव की वकालत करते हैं—आज के धर्म-निरपेक्ष हिन्दुस्तान में यह शब्दावली बड़ी अटपटी लगती है। इस तरह की शब्दावली से निराला से कुल व्यक्तित्व पर ही कभी-कभी शंका होने लगती है।

मान लीजिये शिवाजी के लिए यह शब्दावली सटीक और उपयुक्त भी हो तो क्या एक ऐसी सांस्कृतिक परम्परा और देश के बीच, जहाँ हिन्दू-मुसलमानों का साथ-साथ रहना (उन्हें पसन्द भले न हो, और निराला की यह उक्ति सच्चाई के निकट भले हो) उनकी नियति हो, वहाँ इस तरह की कथा-वस्तु एक इतनी बड़ी प्रतिभा के कवि ने कैसे उठायी? अगर हम मुसलमानों या मुगलों को विदेशी मानकर (हालाँकि हुमायूँ के बाद ही मुगलों ने अपने को विदेशी मानने से इन्कार कर दिया था।) उन्हें अंग्रेज़ों और साम्राज्यवादियों के लिए एक प्रतीकार्थ में भी नियोजित कर लें, जिसके कुछ संकेत भी इस कविता में निहित हैं, तो भी हम यह कहने से नहीं बच सकते कि यहाँ मुसलमान का अर्थ मुसलमान नहीं है और औरंगजेब, शाहजहाँ का बेटा न होकर, सम्राट् जॉर्ज पंचम है। क्योंकि 'मुसलमान' हिन्दुस्तान के लिए और सारी दुनिया के लिए एक ऐसा सेन्सिटिव शब्द है कि वह 'मुसलमान' के अलावा और किसी भी अर्थ में नियोजित हो ही नहीं सकता। यदि शिवाजी के सन्दर्भ से यह सारी शब्दवली उचित भी हो, तब भी मेरा कहना यही है कि आज के एक हिन्दुस्तानी कवि को, इस कथा-वस्तु को इस धरातल से नहीं उठाना चाहिए।

निराला के इस कथन में कि 'व्यक्ति का खिंचाव यदि जातिगत हो जाय, एक ओर हिन्दू, एक ओर मुसलमान हों' और जुल्फिकार अली भुट्टो के इस कथन में कि 'हिन्दू-मुसलमान कभी एक नहीं हो सकते' क्या अन्तर है? इस नज़रिये से यह कविता अटल बिहारी वाजपेयी के लिए 'राष्ट्रीय स्वयंसेवक संघ' के जलसों में सार्वजनिक पाठ के लिए उपयुक्त हो सकती है। लेकिन इन्हीं विचार-सरणियों के

आधार पर यदि हम निराला को भारतीय संस्कृति या हिन्दू संस्कृति की चिन्ता का पक्षधर मान लें तो यह उचित नहीं होगा। जैसा जिन्ना ने गाँधी की मृत्यु पर पाकिस्तान एसेम्बली में कहा था कि 'वह हिन्दुओं के नेता थे' वैसे ही शायद हिन्दुस्तान के मुसलमानों को भी आगे चलकर इस कविता की बिना पर यह कहना पड़े कि 'वह हिन्दुओं का कवि था'।– यह उपाधि ही, जैसे गाँधी जी के लिए वैसे ही निराला के लिए, कितनी घातक और अनुचित साबित होगी! इसीलिए इस कविता की ओजस्विता और वाग्मिता की तारीफ़ करते हुए भी वस्तु के स्तर पर इसकी वक़ालत शायद उचित नहीं होगी। मैं फिर इस बात को दुहराना चाहूँगा कि शिवाजी के सन्दर्भ में यह भाषा, यह शब्दावली और यह इतिवृत्त सच भले ही हो, वर्तमान सन्दर्भों में इसकी उपयोगिता तो क़तई नहीं है–हाँ, उलटे एक ख़तरा अवश्य है।

□□

जिस सांस्कृतिक क्षय की चिन्ता निराला को 'शिवाजी का पत्र' में सालती है, वही 'सांस्कृतिक अन्धकार' के रूप में 'तुलसीदास' में भी व्यक्त हुई है। 'राम की शक्ति-पूजा' में भी 'दुर्गम-पर्वत पर नैशान्धकार' के रूप में वही चिन्ता उतरती है... कम-से-कम इसका झीना संकेत तो इसमें से निकाला ही जा सकता है। हालाँकि उसका व्यक्तिगत कवि-जीवन का अर्थ ज़्यादा स्पष्ट और सारवान् है। 'शिवाजी का पत्र' में जिसके घातक आक्रमण को निराला ने–

मोगल - दल - विगलित-बल
हो रहे हैं राजपूत
बाबर के वंश की
देखो राज-लक्ष्मी
प्रखर से प्रखरतर दीखती

कहकर व्यक्त किया है, उसे ही वे 'तुलसीदास' में–

मोगल-दल-बल के जलद-यान
दर्पित-पद, उन्मद-नद पठान
हैं बहा रहे दिग्देशज्ञान, शर-खरतर
छाया ऊपर घन-अन्धकार–
टूटता वज्र-यह दुर्निवार
नीचे प्लावन की प्रलय-धार, ध्वनि हर-हर।

कहकर अत्यन्त संश्लिष्ट और भाव-प्रवण, ऊर्जस्वित भाषा-बन्ध में व्यक्त करते हैं। 'राम की शक्ति-पूजा' के-

...राक्षस पदतल पृथ्वी टलमल
बिंध महोल्लास से बार-बार आकाश विकल

में भी आसुरी संस्कृति के उसी प्रकार की झंकार है। शिवाजी संस्कृति के वैसे ही रक्षक-प्रतीक हैं, जैसे 'तुलसीदास' में 'तुलसी' हैं और 'राम की शक्ति-पूजा' में 'राम'। लेकिन इन तीनों चरित्रों के भीतर से निराला स्वयं अपन कवित्व और कवि-जीवन द्वारा संस्कृति की रक्षा का बीड़ा उठाते हुए लगते हैं। सांस्कृतिक अँधेरे के भीतर से जैसे शिवाजी 'प्राची के भाल पर स्वर्ण-सूर्योदय' देखने की परिकल्पना करते हैं, उसकी तरह 'तुलसीदास' में तुलसी 'प्राची दिगन्त-उर में पुष्कल रवि-रेखा' देखते हैं और 'राम की शक्ति-पूजा' में 'होगी जय होगी, हे पुरुषोत्तम नवीन' कहकर उसी सांस्कृतिक सूर्योदय की परिकल्पना करते हैं।

इन तीनों पात्रों का एकत्र समाहार निराला के कवि-व्यक्तित्व में ही होता है। वे ही कभी शिवाजी बनकर अपनी अनन्त आस्था का साक्षात्कार करते हैं, कभी तुलसीदास बनकर और कभी राम के पौरुष और उनकी गरिमामय सौम्य वाग्मिता में समाविष्ट हो कर। इस प्रकार प्रकारान्तर से निराला के निजी आत्म-साक्षात्कार का जो प्रक्षेप शिवाजी में हुआ है, उसी से उस इतिवृत्त को एक नया अर्थ-प्रकाश मिला है और इसीलिए निराला की यह लम्बी कविता उनकी पीछे चर्चित दो कविताओं 'पंचवटी-प्रसंग' और 'यमुना के प्रति' की तरह व्यर्थ नहीं गयी है। अगर आत्म-साक्षात्कार के इस नये अर्थ को शिवाजी के इतिवृत्त से निकाल दें तो यह कविता राजनैतिक दाँव-पेंच (political manoeuring) भर बनकर रह जाती है, जिसमें एक वीर योद्धा कभी प्राचीनता की दुहाई देकर, कभी सांस्कृतिक क्षय की चिन्ता प्रकट करके, कभी उदास, कभी उद्धत होकर, कभी शौर्य का संकेत देकर, तो कभी व्यंग्य-बाणों से वेधकर, एक-दूसरे योद्धा को उसके पक्ष से काटकर दल-बदल करवाना चाहता है।

इस कविता को इस नजरिये से पढ़ते हुए मुझे नेपोलियन के वाग्मिता-भरे पत्र याद आते रहे, जिनसे वह राजनीति के अनेक गहरे दाँव-पेंच आसानी से सुलझा लेता था। अपनी रण-नीति के साथ ही अपनी वाक्-शक्ति का अगाध विश्वास ही उसे राजनीति के उच्चतम शिखर पर पहुँचाने में सहायक हुआ। शिवाजी के पत्र में शब्द-बन्ध की जिस वाग्मिता (eloquence) का इस्तेमाल निराला ने किया है, वह कुछ-कुछ उसी कोटि की है और शिवाजी के अद्वितीय चरित्र-निर्माण के लिए भापिक संरचना की यही शैली सबसे अधिक उपयुक्त है।–

(1) **वीरवर! समर में**
धर्म-घातकों से ही खेलती है रण-क्रीड़ा
मेरी तलवार निकल म्यान से।

(2) **उठती जब नग्न तलवार है स्वतन्त्रता की**
कितने ही भावों से
याद दिला घोर दुःख दारुण परतन्त्रता का
फूँकती स्वतन्त्रता निज मन्त्र से

जब व्याकुल कान,
कौन वह सुमेरु
रेणु-रेणु जो न हो जाय।

इसी वाग्मिता के कारण पूरी कविता में एक दुर्निवार प्रवाह है, जैसे पत्र न लिखकर शिवाजी सामने खड़े जयसिंह को ललकार रहे हों। और यह ललकार भी कैसी? उद्धत, उदास, शौर्यपूर्ण, ओजस्विता से भरी हुई!

□□

'स्वामी प्रेमानन्द जी महाराज', फिर निराला की एक कमज़ोर लम्बी कविता है। यानी कि यह मात्र इतिवृत्तात्मक है। बल्कि अगर इसे गद्य के रूप में लिख दें तो यह सपाट नीरस गद्य लगेगा। न उसमें गद्य की विवरण-क्षमता का अहसास होता है, न कविता की अनुभव-संकुलता का। दरअसल यह एक प्रशस्ति काव्य है और 'अनामिका' की कविता 'सेवा-प्रारम्भ' का ही एक प्रकार से विस्तार है। यह निराला के 'समन्वय-काल' की गुरु-भक्ति से उऋण होने का प्रयत्न है। लेकिन इस कविता में भी सपाटता से जो इसे थोड़ी-सी निजात मिली है, वह निराला के निजी जीवन के प्रक्षेप के कारण ही। कविता अपनी सपाटता से अलग जो थोड़ी-सी भाव-मुखर हुई है, वह निराला के इसी आत्म-साक्षात्कार से सम्भव हो सका है। इसमें भी उन्होंने अपने को एक पश्चिमीय उपेक्षित प्रताड़ित युवक के रूप में रख है। यह कोई और भी हो सकता है, लेकिन निराला की रचना में आकर वह निराला ही हो गया है। और मुझे तो लगता है कि यह कविता जिस सपाट-बयानी के ढंग से लिखी गयी है और जिस तरह इसका टोन स्वामी प्रेमानन्द के चरित्र और जीवन की कुछ घटनाओं का विवरण प्रस्तुत करना है, उसमें 'पश्चिमीय युवक' और कोई नहीं, बल्कि निराला स्वयं हैं। प्रेमानन्द के चरित्र से जहाँ अपने आत्म-चरित को वे एकान्वित करते हैं, वहीं कविता का सबसे मार्मिक स्थल है—और वही शायद पूरी कविता का उद्देश्य भी है।

भाषा तो इसकी बहुत ही लचर है। उसमें तत्सम और ठेठ शब्दों का ऐसा कुनबा जोड़ा गया है, जो भाषा की किसी भी नयी सर्जना के लिए सर्वथा अक्षम है। ठेठ शब्दावली का काव्यात्मक प्रयोग तो निराला ने स्वयं 'अणिमा' की ही कुछ कविताओं में तथा 'कुकुरमुत्ता', 'बेला' और 'नये पत्ते' में किया है, लेकिन वहाँ वह शब्द-बन्ध सर्वथा एक नया ईजाद है। यहाँ तो 'खेत एक पीटकर बराबर कर दिया गया' जैसे हास्यास्पद विवरण हैं, जो कविता कहीं से भी नहीं लगते। अपने आत्म-प्रक्षेप द्वारा ही निराला इसमें थोड़ा-बहुत कवित्व ला सके हैं। निराला के जिस संन्यास की बात डॉ. रामविलास शर्मा ने उनकी जीवनी में उठायी है, उसका संकेत इस कविता की अन्तिम पंक्तियों में मिलता है :

पश्चिमीय जन वह मन्दिर के बाहर रहा।
स्वामी जी ने चलते समय कहा कि

'मैं वही हूँ बाहर खड़ा है जो।'
लौटे जब स्वामी जी
साथ युवक हो गया मन्त्र-मुग्ध प्रेम से।
वासना से मुँह फेरा, सदा को चला गया।

'राम की शक्ति-पूजा' :

'राम की शक्ति-पूजा' की बहुत प्रशंसा हुई है। उसके शब्द-कौशल की, उसकी ओजस्विता की, उसके प्रगाढ़, संश्लिष्ट शिल्प और क़थन-संक्षिप्तता की। आचार्यों और विश्वविद्यालयीय आलोचकों ने उसके 'वीर रस' की, राम के चरित्र-चित्रण की, उनकी धीरता-गम्भीरता की बड़ी-बड़ी तारीफ़े की हैं। अक्सर विश्वविद्यालयों के विद्यार्थियों को यह कविता वीर-रस और चरित्र-चित्रण के नजरिये से ही पढ़ायी जाती हैं। विद्यार्थी और उनके गुरु उसकी सामासिकता में ओजगुण की सराहना करते हुए अलंकारों की खोज में सिर मारते बार-बार चमत्कृत होते रहते हैं। विद्यार्थियों पर बड़ी आसानी से इसकी भाषा का खौफ़ हावी हो जाता है और निराला के सम्पूर्ण व्यक्तित्व को न समझते हुए, एक अजीब-से डर में आकर इस कविता के साथ ही वे कवि का भी लोहा मानकर उसे साष्टांग दण्डवत् करते हैं।

यह प्रसंग उद्धत करना बहुत ज़रूरी था। उससे कई बातें साफ़ होती हैं। पहली बात तो यह कि 'राम की शक्ति-पूजा' की जितनी भी व्याख्या-आलोचना या जितना भी विश्लेषण अभी तक प्रस्तुत हुआ है, उसकी जितनी भी तारीफ़ हुई है वह निहायत परम्परागत ढंग और शास्त्रीय शब्दावली में हुई है। यह तथ्य इस बात का संकेतक है कि 'राम की शक्ति-पूजा' को एक परम्परित रचना मान लिया गया है।

'वह वीर रस की रचना है....उसमें उदात्त वीर पुरुष राम का चरित्र-चित्रण है. ...वह सम्पूर्ण लंका-काण्ड की संक्षिप्ततम और सुघड़तम अभिव्यक्ति है... उसमें महाकाव्य की क्लासिक शैली और ओजस्वी भाषा का अद्भुत समन्वय और निर्वाह हुआ है....वह अपने सारे विधान में एक संश्लिष्ट और पूर्ण क्लासिक प्रबन्ध-रचना का अद्वितीय उदाहरण है....उसमें असत् शक्तियों पर सत् की विजय का सफल निर्वाह है....वह अपनी संक्षिप्तता में भी एक प्रबन्ध-रचना है और निराला के प्रबन्ध-स्थापत्य का अद्वितीय नमूना है....उसमें अलंकारों, रसों, मानवीय भावनाओं, उद्दीन, आलम्बन, रीतियों का अद्भुत समन्वय हुआ है'-आदि-आदि।

यह किसी एक आलोचक-प्रवर या अध्यापक-प्रवर की वाणी का उदाहरण मैंने प्रस्तुत नहीं किया है। यह अधिकांश ऐसी वाणियों का सार-सार है। इससे अधिक अगर कुछ हुआ तो विश्वम्भर मानव-जैसे सतही कुंजी-लेखक इस पर बँगला के 'कृत्तिवास-रामायण' की छाया या नक़ल ढूँढ़कर अपनी खोज पर गद्गद होते रहते हैं। 'राम की शक्ति-पूजा' को लेकर नासमझी-भरे प्रशस्ति वाक्यों का जो अम्बार लगाया गया है, उसका अधिकांशतः सार-संक्षेप यही है। उसे परम्परित प्रबन्ध-रचना

के सफल निर्वाह के रूप में परम्परित काव्य-शास्त्रीय शब्दावली में ही अधिक देखा-परखा गया है। हिन्दी आलोचकों की लाला भगवानदीन की यह पीढ़ी महान् है, जो अधिकांश विश्वविद्यालयों में शोभा बढ़ाती हुई हिन्दी-आलोचना को बड़े सुचारू ढंग से आगे बढ़ा रही है, शोध-प्रबन्ध लिखवा रही है और विद्यार्थियों को गुमराह और पस्त करके, साहित्य के प्रति उनके मन में एक खौफ़, एक अरुचि और एक अजीब ढंग की नफ़रत पैदा करके स्वयं धन्य-धन्य हो रही है। बहरहाल....

□□

मैंने इस निबन्ध के शुरू में यह कहा है कि यदि किसी प्रबन्ध-रचना में सिर्फ़ परम्परागत आदर्शों का निर्वाह भर है तो यह उस रचना के लिए आज कोई प्रशंसा या उपलब्धि की बात नहीं है। बल्कि उलटे यह उस रचना का दुर्गुण माना जायेगा। वह मात्र पिष्ट-पेषणता होगी। उससे कवि की मौलिकता पर ही प्रश्नवाचक लग जायेगा। ऐसी रचनाएँ करके कोई भी कवि सिर्फ़ अनुगामी हो सकता है, मौलिक वाग्मिता और रचनात्मकता का उद्‌भावक नहीं। इस नुक्ते की व्याख्या हम इस निबन्ध के शुरू के हिस्से में कर चुके हैं।

अतः यदि 'राम की शक्ति-पूजा' सिर्फ़ एक परम्परित रचना है, यदि उसकी तारीफ़ मात्र उपर्युक्त ढंग से ही की जा सकती है, यदि उसके महत्त्व उसकी गरिमा और सफलता की सीमा यही है—तो यह कविता सिर्फ़ पिष्ट-पेषणता का उदाहरण होगी। और निराला की किसी भी रचना को अनुगामीपन का उदाहरण सिद्ध करना (चाहे वह कितने भी परोक्ष ढंग से क्यों न हो) निराला की सम्पूर्ण रचनात्मकता का अपमान करना है। यदि अज्ञेय, मुक्तिबोध अथवा रघुवीर सहाय की कविताओं को कोई रस, अलंकार, रीति-सिद्ध रचनाएँ बताकर उनकी तारीफ़ करते न अघाये तो आप उसे क्या समझेंगे? और अज्ञेय या रघुवीर सहाय को कैसा महसूस होगा? क्या अज्ञेय और रघुवीर सहाय आपको डण्डा लेकर दौड़ा नहीं लेंगे। या आपके इस हास्यास्पद प्रयत्न पर सिर्फ़ मुस्कराकर चुप रह जायेंगे।

लेकिन सवाल यह है कि इस तरह के आलोचकों को निराला ने क्यों नहीं दौड़ाया? वे तो अक्सर दौड़ा लेते थे। इसके पीछे दो कारण हो सकते हैं। एक तो उनका लगातार विरोध। पं. रामचन्द्र शुक्ल ने भी पन्त की तुलना में उन्हें बड़े ही चलते ढंग से अपने इतिहास में याद किया है। इसके लिए निराला ने शुक्ल जी को छोड़ा नहीं। सन् '28 की 'समालोचना' पत्रिका में शुक्ल जी की आलोचक-प्रतिभा पर एक लेख लिखकर उन्होंने शुक्ल जी को अच्छी तरह दौड़ाया है। ऐसी स्थिति में परम्परित ढंग से ही सही, जो भी व्याख्या उनके पक्ष में, उनकी प्रशंसा में होती थी, निराला के आहत मन और क्षत-विक्षत अहं को थोड़ी राहत मिलती थी। उन्हें लगता था कि उन्हें भी चाहनेवाले, संमझनेवाले कुछ लोग हैं—उनके भी इर्द-गिर्द एक समाज, एक सुरुचि-सम्पन्न पाठकों का दल धीरे-धीरे संगठित हो रहा है।

अपनी तारीफ़ दुनिया के हर लेखक की सबसे बड़ी कमज़ोरी है। फिर जिसका लगातार विरोध होता रहा हो, उसे थोड़ी-सी भी तारीफ़ मिले तो वह गद्गद हो जाता है। और निराला तो फिर भी अत्यन्त भावुक-मन, असन्तुलित प्रकृति के व्यक्ति थे। उनका गुस्सा और उनका प्यार अतिवादी सीमाओं को हमेशा छूता था। गाँधी, नेहरू हों या पन्त, इलाचन्द्र जोशी या रवीन्द्रनाथ या रामचन्द्र शुक्ल, ज्योतिप्रसाद मिश्र 'निर्मल' या भुवनेश्वर-जिसने भी जाने-अनजाने उनका विरोध किया, उन्होंने ले दौड़ाया। लेकिन अगर उसी ने उन्हें ज़रा भी स्नेह दिया, वे फिर कातर, गद्गद, करुण और अति विनम्र हो गये।

जिन रामचन्द्र शुक्ल को उन्होंने अपने लेख में इतना गलियाया, उन्हें उन्होंने फ़ैज़ाबाद साहित्य सम्मेलन' में, जबर्दस्ती, राजनीतिज्ञों को कुर्सी से हटाकर सभापति के पद पर ला बिठाया। उन्हीं पर निराला ने 'हमारे कालेज के बचुआ' कहकर एक कविता लिखकर मज़ाक उड़ाया और उन्हीं पर 'अणिमा' में उन्होंने 'प्रशस्ति कविता' भी लिखी। पन्त को 'पल्लव'वाले लेख में समूल नष्ट करने का बीड़ा उठाया और उन्हीं को 'परिमल' की भूमिका में 'समवायः सखामतः' और 'एकक्रियं भवेन्मित्रं' कहकर याद किया है। उन्हें ज़रा-सी भी सहानुभूति आर्द्र और गद्गद कर जाती थी। शायद इसी मनःस्थिति के कारण उन्होंने अपनी निरर्थक और ग़लत प्रशंसाएँ भी स्वीकार कर लीं। अगर शुक्ल जी-जैसे आलोचक ने उन्हें सही सन्दर्भों में व्याख्यायित-विश्लेषित किया होता तो उन्हें जानकीवल्लभ शास्त्री या गंगाप्रसाद पाण्डेय की ज़रूरत न पड़ती। इसीलिए उन्होंने अपनी कविता की सीमा-रेखा बाँधनेवाले या उसकी ग़लत प्रशंसा करनेवाले आलोचकों को अपनी परिचित शैली में 'धाखो चू....' कहकर दौड़ाया नहीं।

यह तो हुई एक प्रकार से निराला की मानसिक स्थिति की खोज-बीन। दूसरे, यह भी हो सकता है कि इस तरह की परम्परित व्याख्याओं से निराला को सुख मिलता हो। 'मेरे गीत और कला' में जहाँ उन्होंने 'जुही की कली' या 'सखि वसन्त आया' के एक बन्द का अर्थ किया है, उनकी भाषा और उनका टोन निहायत पारम्परिक ढंग का है। शायद 'राम की शक्ति-पूजा' को लेकर प्रबन्ध-निर्वाह की पारम्परिक सफलता की उद्घोषणा की जाती होगी तो निराला के आहत अहं को यह भी तुष्टि मिलती होगी कि उन्हें व्यास, वाल्मीकि और तुलसीदास की क़तार में रखा जा रहा है। शायद प्रसाद के लिए उनके मन में इतना आदर-भाव उनकी प्रबन्ध-रचना को लेकर ही है। मुझे तो कभी-कभी यह भी लगता है कि 'राम की शक्ति-पूजा' में जिस शब्द-बन्ध का उपयोग और सृजन उन्होंने किया है, वह विषय-वस्तु और उसकी रचना के अनुकूल और उसके लिए आवश्यक ही क्यों न हो, उसमें थोड़ा-सा अंश अपनी प्रतिभा और कल्पना-ऊर्जा का जौहर दिखाने के लिए भी है। अपने विरोधियों के सामने यह प्रदर्शित करने के लिए कि जो निराला मुक्त छन्द के आविर्भाव और प्रयोग द्वारा हिन्दी कविता में क्रान्ति ला सकता है, और 'रबड़ छन्द' का रचयिता

कहकर जिसकी तुम खिल्ली उड़ाते हो वह, वह सब-कुछ भी कर सकता है, जो तुम्हारी नज़र में ऊँची कविता है, महान् रचना है। और उसे भी वह तुमसे बेहतर ढंग से कर सकता है।

□□

अगर ये बातें सच नहीं हैं और निराला ने सचमुच इसे उसके प्रथम विवरणात्मक अर्थ में ही रचा है तो वह कविता कोई ख़ास ऊँची कविता नहीं है। तब तो उसमें बस इतना ही है कि रावण से युद्ध करते हुए लगातार अपने मज़बूत अस्त्रों को असफल होते देख, राम खिन्न हो जाते हैं। उन्हें पराजय की शंका घेर लेती है। उनकी सारी सेना और सैनिक अधिकारी उनके इर्द-गिर्द उनकी खिन्नता में हिस्सा लेते हुए स्तब्ध बैठे हैं। राम को सीता से प्रथम मिलन की बात याद आती है। वे फिर विजय की आकांक्षा से उद्वेलित होते हैं, लेकिन यह जानकर कि शक्तिमती दुर्गा रावण के साथ हैं, उनकी आँखों से दो बूँद आँसू टपक पड़ते हैं। उन आँसुओं को लक्ष्य करके स्वामिभक्त हनुमान अत्यन्त उत्तेजित होकर आकाश में चढ़ जाते हैं और सूर्य को निगलने के लिए तत्पर होते हैं। अन्ततः अपनी माँ की डाँट खाकर वे नीचे उतर आते हैं और फिर वैसे ही राम के चरणों में बैठ जाते हैं। फिर जामवन्त की सलाह पर राम शक्ति की आराधना में लगते हैं और लड़ाई उनकी सेनाएँ तब तक लड़ती हैं। अन्तिम दिन दुर्गा उनकी परीक्षा लेने के लिए पूजा का अन्तिम कमल उठा ले जाती हैं। राम उसे न पाकर पहले तो खिन्न होते हैं, फिर अपनी माँ द्वारा दिया गया नाम 'राजीव-नयन' उन्हें याद आता है। वे अपना एक नेत्र पूजा में चढ़ाकर आराधना पूरी करना चाहते हैं। पुरानी कहानियों की तरह जब राम अपनी आँख निकालने के लिए लकलक करता तीर हाथ में लेते हैं तो उनकी परीक्षा पूरी होती है। स्वयं दुर्गा उनका हाथ पकड़ लेती हैं और उन्हें विजय का वरदान देकर उनके बदन में समा जाती हैं।

इस कथा का अगर इससे इतर कोई अर्थ नहीं है तो इसका प्रभाव-क्षेत्र बहुत सीमित हो जायेगा। इस पर वही यक़ीन करेंगे, जो रोहिताश्व के ज़िन्दा होने या राजा बलि के पाताल लोक में धँसने की घटनाओं को अक्षरशः सही मानते हैं। यह कौन-सी 'पब्लिक' होगी, इसका अन्दाज़ा आसानी से लगाया जा सकता है। और यह तो मैं क़तई मानने के लिए तैयार नहीं हूँ कि ऐसी 'पब्लिक' के लिए उन्होंने इतनी ओजस्वी भाषा में यह कथा कही (रची नहीं)।

अतः परम्परित अर्थ में इसकी व्याख्या निश्चय ही बेमानी है। क्योंकि तब तो सीता की स्मृतिवाला प्रसंग बिलकुल उद्दीपन अर्थ में नियोजित लगता है। मानो राम के संशय और खिन्नता और पराजय के डर के पीछे मूल कारण सीता ही हैं। फिर तो राम का यह चरित्र तुलसीदास के राम से भी पीछे जाता है, जहाँ किसी भी बड़े युद्ध के पीछे मुख्य कारण स्त्री ही होती थी—चाहे वह सीता हो, द्रौपदी या हेलेन। क्योंकि तुलसीदास के राम तो जानते ही हैं कि यह सब होगा। ऐन मौक़े पर कैकेयी

की मति फिर जायेगी; दशरथ की मृत्यु होगी; उन्हें वन जाना पड़ेगा। उन्हें यह भी मालूम है कि उन्हें 'हेम-मृग' के पीछे सीता भेजेंगी और फिर उनका हरण होगा।

वह सब जानते हुए भी मनुष्य की तरह आचरण करते हैं, लीलाएँ करते हैं, जिससे लोक-मर्यादा भंग न हो, जिससे मानवीय सम्बन्धों का लोकादर्श बना रहे। इसीलिए रावण के विनाश में वे सीता के कारण उन्मुख नहीं होते। यह तो सिर्फ़ लीला है, जो जन-साधारण के मस्तिष्क में राम के निर्णयों और पूर्व-निश्चित कार्यक्रमों को स्वाभाविक बनाती है। क्योंकि राम उसी ढंग से उसी स्वभावजन्य, वास्तविक मनोवैज्ञानिक प्रक्रिया में अपना 'मिशन' पूरा करते हैं, जिससे वह चमत्कार न लगे, जिससे वह एक वीर का मर्यादा-युक्त नैतिक कर्म ही दिखे। इसीलिए वे बाल-क्रीड़ाएँ भी करते हैं; विश्वामित्र के आदेशों का चुपचाप पालन भी करते हैं; इसीलिए वे सेनाएँ भी इकट्ठी करते हैं; जटायु का पितृवत् श्राद्ध भी करते हैं; इसीलिए वे लक्ष्मण से सीता के विरह की भी बात करते हैं और शक्ति लगने पर उनके लिए घोर विलाप भी करते हैं। नहीं तो वे कुछ भी कर सकते थे। वे सर्व-अन्तर्यामी, घट-घट-वासी, शरणदाता प्रभु हैं। गोस्वामी जी बार-बार इसकी याद दिलाते हैं। कभी चूकते नहीं। फिर भी राम से उन्होंने कुछ भी वैसा नहीं करवाया, जो ईसा के चरित्र की तरह चमत्कारपूर्ण हो। राम सब-कुछ इस ढंग से करते हैं कि लोक में साधारण जन भी वैसा कर सकें। उनका किया हुआ कार्य अद्वितीय होते हुए भी, असम्भव और जादुई या रहस्यमय न लगे।

यही तुलसी के राम की अद्वितीयता और महानता है। सब-कुछ जानते हुए, पूर्व-निश्चित होते हुए भी वे उसे क्रियात्मक स्तर पर साधारण जन की शैली में ही करते हैं। लेकिन चूँकि वे सब-कुछ जानते भी हैं इसलिए उनके मन में शंका नहीं है। एक तटस्थ और सुख-दुःखरहित निर्णय है। इसीलिए वे सीता के लिए रावण के विनाश में तत्पर नहीं होते, (गो कि लोक-भूमि पर उनका कर्म ऐसा ही लगता है) बल्कि रावण का विनाश तो पूर्व-नियोजित है और सीता तो मात्र निमित्त बनती हैं। राम इसे भी जानते हैं। तुलसी के राम और वाल्मीकि के राम तथा निराला के राम में यही अन्तर है।

निराला के राम इन अर्थों में वाल्मीकि के राम के अधिक निकट लगते हैं, क्योंकि रावण के विनाश की मुख्य प्रेरणा इन दोनों जगहों पर सीता ही हैं। जब कि 'रामचरितमानस' में सीता तो मात्र निमित्त हैं—रावण का विनाश तो पूर्व-निश्चित है। कारण कि वह धर्म का विनाशक है, ऋषियों से रक्तदान लेता है, अत्याचारों से सारे आर्यावर्त्त को त्रस्त किये हुए हैं। यहाँ तो राम का अवतार ही 'विनाशाय च दुष्कृताम्' हुआ है। इस अर्थ में 'राम की शक्ति-पूजा' में अगर सिर्फ़ प्रत्यक्ष अर्थ ही रचयिता का उद्देश्य है तो फिर वह इस इतिवृत्त को किसी नये अर्थ से प्रकाशित करके 'नित-नूतन' नहीं करती बल्कि और पीछे ले जाती है। फिर तो उत्तराखण्ड की राम-कक्षा में निराला सिर्फ़ इतना ही जोड़ते हैं कि राम ने शक्ति की भी आराधना

की, जैसे कि तुलसी के राम ने कहा कि 'सिव द्रोही मम दास कहावा, सो नर सपनेहुँ मोहि न भावा'....।

बंगाल में तो कृत्तिवास ने माँ दुर्गा की प्रतिष्ठा को उनकी पूजा राम से कराकर और मज़बूत किया। लेकिन क्या निराला ने भी यह समझकर राम से शक्ति की पूजा करवायी कि उत्तर भारत में, जहाँ शक्ति की उपासना लगभग नगण्य है, लोग उनकी कविता पढ़कर उसकी पूजा करने लगेंगे। ऐसा सोचना भी निराला के सम्बन्ध में मूर्खतापूर्ण है। इसका अर्थ तो यह हुआ कि यदि 'राम की शक्ति-पूजा' में निराला ने कोई दूसरा आधुनिक, निजी या सामाजिक अर्थ प्रतिष्ठित नहीं किया तो यह कविता मात्र कथा का पिष्ट-पेषण है और विश्वम्भर मानव जो कहते हैं कि यह कृत्तिवास के बँगला रामायण की नक़ल है—वही ठीक है। क्योंकि फिर तो यह कविता राम के चरित्र को आगे क्या बढ़ाती है, तुलसी के राम की व्यापक और बड़ी भूमिका से भी पीछे उसे दूर अतीत में ढकेल देती है।

लेकिन ऐसा है नहीं। और यही बात विश्वम्भर मानव जैसे कूढ़मगज लोगों की समझ में कभी नहीं आयी। इसे मात्र अपने इतिवृत्तात्मक अर्थ में ही प्रतिष्ठित मान लेने के कारण उन्हें लगा कि यह कृत्तिवास की नक़ल है। क्योंकि अगर यह कविता मात्र कथा की पुनरावृत्ति है तो इसमें कोई भी नयापन कैसे लगेगा और फिर यह 'कृत्तिवास-रामायण' से अलग कैसे होगी।

उपर्युक्त इस सारी व्याख्या और तर्क-वितर्क का उद्देश्य यही बताना है कि 'राम की शक्ति-पूजा' में प्रत्यक्ष अर्थ या मात्र इतिवृत्त-कथन निराला का अभिप्रेत नहीं है—कहीं से भी नहीं है। यही नहीं, परम्परा का सफल निर्वाह भी निराला का उद्देश्य पूर्णतया नहीं मालूम पड़ता। अगर ऐसा है तो मैं फिर कहना चाहूँगा कि तब इस रचना कोई विशेष महत्त्व नहीं होगा। फिर सवाल यह है कि वह कौन-सा नया अर्थ-प्रकाश है, जिससे यह कविता उद्भासित है। किस नये अर्थ-सन्धान के द्वारा इसके महत्त्व का नया द्वार खुलना सम्भव है?

□□

कहीं-कहीं इस कविता में राम के माध्यम से निराला की राष्ट्रीय ग़ुलामी से मुक्ति की चिन्ता झलक मारती है। इस नये अर्थ की प्रतिष्ठा की ओर कुछ लोगों ने संकेत भी किया है। इसकी कुछ झीण और दूरवर्ती झंकार कविता में विद्यमान है। यद्यपि इस अर्थ को पूरी कविता में बहुत सावधानी से पिरोया नहीं गया है। एक स्थूल ढंग से राम की विजय और सीता की मुक्ति की चिन्ता को हम राष्ट्र-मुक्ति और मर्यादा की रक्षा के लिए युद्ध में नियोजित होने के नैतिक पक्ष को कविता में से खींच सकते हैं। यह राष्ट्रीय मुक्ति किसी महान् वीर पुरुष के हाथों ही सम्भव है, जो मुक्ति की बलि-वेदी पर अपना सब-कुछ समर्पित कर देने के लिए तैयार हो। निराला इसके लिए शक्ति की आराधना का पक्ष लेते हैं।

ध्यान देने योग्य है कि यह सुझाव जन-साधारण के माध्यम से राम तक नहीं पहुँचता, बल्कि उनके वरिष्ठ मन्त्री और सैनिक अधिकारी जामवन्त इसकी सलाह देते हैं। क्या इसे नरेश मेहता के शब्दों में 'शान्ति युद्ध के सत्य की एक चेष्टा है' नहीं माना जा सकता? या 'युद्ध ही युद्ध का उत्तर' के रूप में क्या नहीं देखा जा सकता? यह अवश्य है कि इस सम्पूर्ण युद्ध की तैयारी के पीछे राम की ओर से एक नैतिक उत्तरदायित्व भी है, लेकिन 'शक्ति की आराधना' यह वाक्य-खण्ड ही सैनिक पक्ष को सतत दृढ़ किये जाने का संकेत करता है। इसका यह अर्थ हुआ कि राष्ट्रीय मुक्ति के लिए निराला गाँधीवादी सिद्धान्तों में विश्वास नहीं करते। मनुष्य मात्र में हृदय होता है और किसी भी समय उसका चरित्र-परिवर्तन हो सकता है, इसमें निराला का विश्वास नहीं है। शक्ति की आराधना से ही राष्ट्रीय मुक्ति सम्भव है। इसीलिए यहाँ 'शक्ति की मौलिक परिकल्पना' का प्रश्न उठाया गया है। गाँधीवादी सिद्धान्तों में निराला का यह अविश्वास और भी दूसरी कविताओं में प्रकारान्तर से प्रकट हुआ है। 'महगू मँहगा रहा' कविता में गाँधी जी के पट्ट-शिष्य और उत्तराधिकारी, श्री जवाहरलाल नेहरू और उनके लगुओं-भगुओं पर महगू विश्वास नहीं करता। उसे मालूम है कि और भी दूसरे लोग हैं, जो प्रकाश में नहीं हैं। पूँजीपतियों के अख़वार उनके बारे में ख़बरें नहीं छापते। लेकिन वे फिर भी समय पर प्रकट होंगे और इस धरती को मुक्त करेंगे :

एक उड़ी ख़बर सुनी है
हमारे अपने हैं यहाँ बहुत छिपे हुए लोग
मगर चूँकि अभी ढीला-पोली है देश में
अख़बार व्यापारियों की ही सम्पत्ति हैं
राजनीति कड़ी से भी कड़ी चल रही है
वे सब जन मौन हैं इन्हें देखते हुए
जब ये कुछ उठेंगे
और बड़े त्याग के निमित्त कमर बाँधेंगे
आयेंगे वे जन भी देश के धरातल पर

वे जन कौन हैं, जो अभी भूमिगत हैं? निश्चय ही वे गाँधी जी के चेले-चपाटे तो नहीं हो सकते। वे काई और लोग, जो 'शत्रु को समर जीत पछाड़ने' में यक़ीन रखते होंगे। 'शक्ति की आराधना' की धारणा ही गाँधीवादी सिद्धान्तों के विरुद्ध है। शक्ति की मौलिक परिकल्पना की बात भी अहिंसा की शक्ति परिकल्पना नहीं है—बल्कि कुछ ऐसी व्यूह-रचना, जो शत्रु को इस तरह मात दे सके, जिसकी उसे कल्पना भी न हो। यह सीधी-सादी सैनिक-स्ट्रेटेजी की बात है। अपराजेय शक्ति को निःशंक अपनाने और धारण करने का संकेत है।

राष्ट्रीय मुक्ति की समस्यावाले इस नये अर्थ-प्रकाश का उद्भास पहली बार इन पंक्तियों में लगता है :

स्थिर राघवेन्द्र को हिला रहा फिर-फिर संशय
रह-रह उठता जग-जीवन में रावण-जय-भय।

इसमें संशय सीता की मुक्ति के लिए उतना नहीं व्यक्त है, जितना सम्पूर्ण राष्ट्र में रावण की विजय से उत्पन्न होनेवाले दुर्दमनीय अत्याचारों की चिन्ता व्यक्त है। मैंने कहा कि इस अर्थ की क्षीण अनुगूँज ही पूरी कविता में मिलती है। क्योंकि इस प्रसंग को तुलसीदास की 'धरम की हानी' या आसुरी शक्तियों के प्रसार के सन्दर्भ से बहुत अलग करके नहीं देखा जा सकता। पूरी कविता में प्रतीकार्थ बहुत सचेत और सघन ढंग से नियोजित नहीं है। उसमें शब्द-बन्ध की उठान आड़े आती है और इस प्रतीकार्थ को जगह-जगह बाधित करती है। शब्द-बन्ध के खलखलाते प्रवाह की मस्ती में निराला इस अर्थ को कविता में आदि से अन्त तक संगुम्फित करने में चूक गये हैं। जैसे हनूमान का प्रसंग ठीक ढंग से प्रतीकार्थ में जुड़ता नहीं लगता। वह उत्तेजित बल-प्रदर्शन का उदाहरण अधिक लगता है। कुछ-कुछ परम्परित पाठक को चमत्कृत करनेवाला। उनके प्रदर्शन से विजय की सम्भावना कम और प्रलय की सम्भावना अधिक बढ़ जाती है। इसीलिए उन्हें रोका जाता है। क्योंकि राम सिर्फ़ मर्यादित विजय चाहते हैं—मुक्ति चाहते हैं, सर्वग्रासी विनाश नहीं।

इसीलिए शायद इतने बड़े योद्धा के रहते हुए भी इस उच्छृंखल विनाश की जगह निराला को 'शक्ति की मौलिक परिकल्पना' की बात करनी पड़ी। कुछ इस तरह कि जिससे कमतम विनाश में मुक्ति को लाया जा सके। हनूमान के प्रसंग को इसी रूप में थोड़ा-बहुत इस नये अर्थ से जोड़ा जा सकता है। लेकिन इस अर्थ का प्रकाश कितने भी 'लो वोल्टेज' पर क्यों न हो, यह उसे इतिवृत्त से अलग करके नूतन और महत्त्वपूर्ण बनाकर उद्भासित तो करता ही है। निराला को राम की विजय में अन्ततः पूरी आस्था है। क्योंकि वे 'नवीन पुरुषोत्तम' हैं। इसी को और आगे बढ़ाते हुए नरेश मेहता ने उन्हें 'प्रज्ञा पुरुष' कहा है। वे 'शक्ति की मौलिक परिकल्पना' कर सकते हैं। वे भावुक बल-प्रदर्शन और सर्वग्रासी विनाश के पक्षपाती नहीं हैं। बावजूद अपने सारे संशय, खिन्नता और उदासी के, वे अपनी अन्तिम विजय में आस्था कभी नहीं खोते। इस तरह 'भारती प्रार्थना' में जिस 'भारति, जय, विजय करे' की आकांक्षा उन्होंने प्रकट की थी, वह यहाँ आकर पूरी होती है :

'होगी जय, होगी जय, हे पुरुषोत्तम नवीन।'
कह महाशक्ति राम के बदन में हुईं लीन।

कथा के इस नये अर्थ के विकास में राम के 'संशय' का बहुत महत्त्व है। यह संशय ही उन्हें एक नये चरित्र के रूप में प्रतिष्ठित करता है। क्योंकि तुलसी के राम के मन में कहीं कोई संशय नहीं है। उनका विरह, विलाप और उनकी विजय की चिन्ता—सभी मात्र लीलाएँ हैं, जिन्हें राम अपने चरित्र को जनसाधारण में विश्वस्त बनाये रखने के लिए करते हैं। इसीलिए वे मनुष्य-पुत्र के रूप में इस धरती पर अवतार लेते हैं, जिससे उनकी क्रियाएँ लोक-आस्था को फिर से प्रतिष्ठित करें और वह भी बिलकुल साधारण जन की शैली में। अवतार की आवश्यकता और महत्त्व इसी में निहित है, अन्यथा सर्व-अन्तर्यामी भगवान् जैसे चाहें रावण का विनाश कर सकते थे। लेकिन ऐसा करने से लोक-मन के लिए वह एक चमत्कार लगता, एक दैवी कारनामा लगता, जिसे सिर्फ़ देवता ही कर सकता था।

तुलसी इसीलिए महान् जन-कवि की भूमिका में उतरते हैं, क्योंकि वे जानते हैं कि चमत्कारों से जनता में एक परोक्ष ख़ौफ़ भी जन्म लेता है। जनता की आस्था टूटती भी है; उसे अपने पर से विश्वास उठता भी है। वह यह भी समझ सकती है कि किसी दुष्कृती, अत्याचारी का विनाश उसके बूते की बात नहीं। उसके लिए उसे ईश्वर की ज़रूरत पड़ेगी। इसीलिए तुलसी राम के सारे कार्यों को जन-साधारण की शैली में सम्पन्न करते हैं जिससे साधारण जन का आत्म-बल क़ायम रहे और वह विश्वास पा सके कि इस रूप में दुष्टों का विनाश वह भी कर सकता है। जिससे यह शैली अपनाकर वह भी अत्याचार और दमन के विरुद्ध संघर्ष कर सकने का नैतिक और मनोवैज्ञानिक बल प्राप्त कर सके। इसीलिए तुलसी ने कहा :

राम कथा सुन्दर करतारी
संशय-विहग उड़ावनि हारी।

तुलसीदास के राम में संशय तो क्या होता, उनकी कथा का ज्ञान भी संशय को नष्ट करनेवाला है; आत्म-बल, विश्वास और जन-आस्था को लौटाने और प्रतिष्ठित करनेवाला है। संशय-रहितता की इस भूमि से ही निराला राम को 'संशय' की मनःस्थिति में पहली बार उपस्थित करते हैं। उनके चरित्र का यह संशय ही उन्हें नयी मानवीय भूमि पर लाता है। यहाँ तुलसी के राम की तरह जानते-बूझते हुए भी उनके आँसू या उनका विलाप अथवा विरह लोक-मन में स्वाभाविकता पैदा करनेवाली एक लीला-मात्र नहीं है। वह संशय राम के सम्पूर्ण व्यक्तित्व का एक अंग है। इसी संशय के द्वारा वे जन-साधारण के लीलामय भगवान् न बनकर एक नवीन पुरुषोत्तम की भूमिका ग्रहण करते हैं और मनुष्य मात्र की तरह राष्ट्रीय मुक्ति की चिन्ता में समर्पित होते हैं।

अतः उनको मनुष्य की भूमि पर उतारनेवाला नया तत्त्व यह 'संशय' ही है। संशय मात्र को दूर भगानेवाले राम के चरित्र में व्यक्तिगत रूप से संशय का प्रवेश, तुलसी की रामकथा को तोड़कर उसमें एक नया सामाजिक-ऐतिहासिक और

समसामयिक अर्थ प्रतिष्ठित करता है। इसी धरातल पर आकर निराला इस कथा को नित-नूतन करते हैं। और इसी भूमिका पर इस कविता का महत्त्व स्थापित किया जा सकता है, न कि उसे वीर रस और ओजस्वी शिल्प का राम-चरित मान कर। यदि विश्वम्भर मानव ने यह अर्थ समझा होता तो वे इसे 'कृत्तिवास-रामायण' का पुनर्लेखन न बताते।

□□

'राम की शक्ति-पूजा' में राम जिस संशय के शिकार होते हैं, उसका धरातल समसामयिक और राष्ट्रीय है। जन-जीवन में रावण की विजय का अहसास उन्हें शंकित करता है। लेकिन यह संशय 'वैयक्तिक अन्धता' अथवा 'ऋत शोधन' के फेर में नहीं पड़ता। नरेश मेहता की लम्बी कविता 'संशय की एक रात' में राम का 'संशय' उन्हें यह जानने के लिए बाध्य करता है कि उनका संशय वैयक्तिक अन्धता है या सत्य का पुनर्शोधन। 'राम की शक्ति-पूजा' में संशय ऐन लड़ाई के मैदान में पराजय की आशंका का प्रतिफल है, लेकिन 'संशय की एक रात' में राम के मन में सम्पूर्ण युद्ध की उपयोगिता को लेकर ही संशय उत्पन्न होता है।

'राम की शक्ति-पूजा' के विपरीत नरेश की कविता में संशय सेतु-बन्ध के अवसर पर ही नियोजित किया गया है। निराला द्वारा नियोजित नया अर्थ राष्ट्रीय मुक्ति की समस्या को लेकर है, जो स्वतन्त्रता-पूर्व भारत में किसी भी कवि या रचनाकार के लिए सबसे बड़ी समस्या थी। इसके विपरीत 'संशय की एक रात', आज़ादी के बाद की रचना है। उसमें राम के मन का संशय राष्ट्रीय मुक्ति का न होकर युद्ध और शान्ति के व्यापक प्रश्नों को लेकर उत्पन्न हुआ है। इस तरह नरेश मेहता ने राम के चरित्र की उद्भावना फिर एक नये व्यापक धरातल पर करने की कोशिश की है। उनकी चिन्ता समसामयिक और राष्ट्रीय से भी आगे बढ़कर सम्पूर्ण व्यापक मानवता की चिन्ता है। वे रावण से अपनी पराजय की चिन्ता को लेकर शंकित नहीं हैं। वे भयंकर अनिर्णय के शिकार हैं। वे सीता-हरण को भी अपनी व्यक्तिगत समस्या समझते हैं और उसके लिए सम्पूर्ण राष्ट्र और जन-साधारण को युद्ध की आग में झोंक देना उचित नहीं समझते। उन्हें लगता है कि सत्य के जिस उद्घोष को सिद्धान्त बनाकर लड़ाइयाँ लड़ी जाती हैं, या लड़ी जाती रही हैं, उन सारे सिद्धान्तों के अन्तःपुर में व्यक्तिगत स्वार्थ का षड्यन्त्र ही रहता है। तुलसी के राम की तरह वे दुष्टों के विनाश के लिए वन-गमन की बात अपने मन में जानते नहीं। वे उस तरह के अन्तर्यामी नहीं हैं, वे राज-परिवार के षड्यन्त्रों से मुक्त होकर वन में चौदह वर्षों तक शान्तिपूर्वक एक तपस्वी का जीवन बिताने की बात सोचकर बहुत ख़ुश होते हैं, लेकिन वे पाते हैं कि वन भी निष्कंटक और निर्विरोध नहीं है। वे शान्तिपूर्वक नहीं रह सकते।

अगर यहाँ से राम के अतीत चरित्र पर नज़र डालें तो हमें अन्तर साफ़ नज़र आता है। तुलसी के राम अपने वन जाने का उद्देश्य जानते हैं, नरेश मेहता के राम

उसे शान्ति-स्थल समझकर जाते हैं। तुलसी के राम को मालूम है कि दक्षिणापथ के वन में रहनेवाले ऋषियों से रक्त-कर वसूल किया जाता रहा है और उन्हें वहाँ जाकर तपस्वी बनकर शान्ति से बैठना नहीं है, बल्कि संघर्ष के लिए उपस्थित होना है। इसीलिए उनमें अनिर्णयात्मकता, सन्देह या एकाएक वन को निरापद न पाकर धक्का लगने या ठगे जाने या उद्विग्न होने की मनःस्थिति पैदा नहीं होती। पूर्व-निश्चितता की इसी स्थिति की जानकारी के कारण, अपने सर्व-अन्तर्यामी मन के कारण तुलसी के राम अपने को कुल के विनाश या परिताप, पिता की मृत्यु, भरत के स्वयं-निर्णीत-निर्वासन या उर्मिला के दुःख के लिए उत्तरदायी नहीं मानते। यह तो नर-रूप लेने पर लीला का एक अंग है।

इस नज़रिये से 'संशय की एक रात' में राम घोर व्यक्तिवादी और नितान्त साधारण मानव लगते हैं। सिर्फ़ उनकी नैतिक दृष्टि पकी हुई और साफ़ है, लेकिन इसके अनुकूलन भी वे आचरण नहीं कर पाते। वे अपने वैयक्तिक स्वार्थों के लिए जन-विनाश का निमित्त नहीं बनना चाहते। यहाँ तक कि 'मानव-रक्त पर पग धर आती सीता' की प्राप्ति भी वे नहीं चाहते। क्योंकि वे जानते हैं कि चाहे जिस सिद्धान्त या नैतिक अवधारणा की उद्घोषणा क्यों न की जाय, सारे युद्धों के पीछे कुछ लोगों या किसी एक व्यक्ति की सत्ता अन्धता का स्वार्थ छिपा रहता है। राम युद्ध के इस सत्य को जानते हैं। इसलिए वे युद्ध से प्राप्त कोई साम्राज्य, कोई भी ऐश्वर्य नहीं चाहते। व्यक्तिगतता की, सार्वजनिकता के लिए यह निराकृति ही, युद्ध की गहरी अन्दरूनी वास्तविकता की पहचान ही उन्हें एक 'प्रज्ञा पुरुष' बनाती है। लेकिन उनकी इस 'प्रज्ञा पुरुषता' को उनके मन का वैयक्तिक अन्धकार धुँधला और आच्छन्न कर देता है।

यहाँ पर आकर युद्ध के प्रति उनकी खिन्नता गीता में अर्जुन की खिन्नता के निकट लगने लगती है। लेकिन अर्जुन की विरक्ति से राम की विरक्ति अधिक नैतिक है और इसीलिए अधिक अविश्वसनीय भी लगती है। अर्जुन, युद्ध-भूमि में विरोध-पक्ष में लड़ने के लिए प्रस्तुत अपने परिजनों, भाइयों, गुरुओं और सम्बन्धियों को देखकर खिन्न होते हैं। यहाँ राम के विरुद्ध उनके सम्बन्धी या गुरु हथियार बाँधे नहीं खड़े हैं। लेकिन उन्हें जन के विनाश की चिन्ता है। वे उसके लिए सीता का भी परित्याग करने को प्रस्तुत हो जाते हैं। यहीं आकर राम का यह निर्णय, उनकी खिन्नता अविश्वसनीय और अयथार्थ तथा ओढ़ी हुई लगने लगती है। वे धनुष-बाण और खड्ग से जीता हुआ साम्राज्य नहीं चाहते। इसका इशारा किस तरफ़ है? क्या नरेश मेहता यह समझते हैं कि साम्राज्य गाँधी जी की पद-यात्रा से बनते हैं? इस नुक्ते पर आकर 'राम की शक्ति-पूजा' के राम और 'संशय की एक रात' के राम दो विरोधी बिन्दुओं पर खड़े दीखते हैं। दूसरा युद्ध की व्यर्थता को जानकर खिन्न है, तो पहला उसे जीतने के लिए शक्ति की मौलिक परिकल्पना और आराधना में जुटा हुआ है। 'संशय की एक रात' में राम किसी भी सिद्धान्त की आड़ लेकर, कितने

भी बड़े आदर्श के लिए युद्धोन्मुखता को 'आस्था की वंचना' कहते हैं : इसलिए वे 'शान्ति को भी युद्ध के सत्य की एक चेष्टा' कहकर परिभाषित करते हैं।

इस सारी ऊहापोह-भरी मनःस्थिति से कहीं-न-कहीं यह सच लगता है कि राम अपने सोच और शंका में एक 'वैयक्तिक अन्धता' में फँस गये हैं। एक ओर वे अपने व्यक्तिगत विघटन को लेकर पश्चात्ताप-ग्रस्त हैं, दूसरी ओर प्रज्ञा पुरुषवत् युद्ध का अन्तिम रहस्य, उसका सत्य भी जानते हैं। साधारण मनुष्य और प्रज्ञा पुरुष का यह घाल-मेल ही राम को, संशय को लेकर कभी 'वैयक्तिक अन्धता' और कभी 'ऋत का विश्लेषण' समझने के लिए विवश करता है। फिर उनका निर्णय भी स्वचालित नहीं है। अपने निर्णयों में वह युद्ध मात्र को एक अपराध मानते हैं, लेकिन विवशता में वे दूसरों का निर्णय ढोते हैं और युद्ध की व्यर्थता से परिचित होते हुए भी उसमें नियोजित होते हैं। इस पूरे प्रसंग में 'निमित्त मात्र भव सव्यसाची' की छाया है। कुल मिलाकर यह कविता गीता के प्रवचन का कुछ घाल-मेल बनकर रह जाती है। गीता में कृष्ण अर्जुन का संशय दूर करके उन्हें युद्ध के लिए प्रस्तुत करते हैं, यहाँ दशरथ और जटायु की आत्माएँ तथा विभीषण के प्रवचन। आश्चर्य है कि राम-जैसा प्रज्ञा पुरुष इनके द्वारा थोपे गये निर्णयों को स्वीकार कर लेता है।

इसके पक्ष में सिर्फ़ यही तर्क रह जाता है कि जैसे राम व्यापक जन-समाज को युद्ध में झोंककर अपना वैयक्तिक स्वार्थ सिद्ध नहीं करना चाहते, उसी तरह जन-समाज के समर्थन पर युद्ध के प्रस्तुत भी हो जाते हैं। प्रज्ञा पुरुष राम अपने व्यक्तिगत निर्णय को सामाजिक निर्णय की बलिवेदी पर चढ़ा देते हैं। क्या यह भी एक तर्क और सिद्धान्त की आड़ लेकर 'आस्था की वंचना' नहीं है? और राम जब इतनी दूर तक इस सत्य को समझते हैं तो जान-बूझकर यह ज़िन्दा मक्खी क्यों निगलते हैं? क्यों वे फिर सब-कुछ लीला-भाव से ग्रहण करते हैं?

(1) धनुष बाण, खड्ग और शिरस्त्राण
मुझे ऐसी जय नहीं चाहिए
बाण-विद्ध पाखी-सा विवश
साम्राज्य नहीं चाहिए
मानव के रक्त पर पग धरकर आती
सीता भी नहीं चाहिए।

(2) सत्य की मिथ्या पताकाएँ लिये
अपने स्वार्थ के दे खड्ग
जल के हाथ में,
जो भी लड़ेगा युद्ध
होगी आस्था की वंचना ही।

(3) **अब मैं निर्णय हूँ**
सबका—अपना नहीं।

यह क्या अपने स्वार्थों के लिए जनता के हाथों में खड्ग देना नहीं हुआ? अगर राम लीला-पुरुष, अवतार नहीं है तो फिर यह निमित्त-भाव, यह जान-बूझकर दूसरों के निर्णय का वहन उनके व्यक्तित्व को कमज़ोर बनाता है। सच यह है कि यह कविता गीता के विचारों का फेन है। युद्ध और शान्ति की मानवीय समस्या पर कोई नयी मौलिक परिकल्पना से उद्भूत नहीं है, बल्कि गीता के कृष्ण के विचारों की प्रतिध्वनि से आक्रान्त है। राम में व्यक्तिगत निश्चयता का सर्वथा अभाव झलकता है। उनकी धीर-गम्भीरता भी नैराश्य, पराजय और पश्चात्ताप से आक्रान्त है। नरेश मेहता को भी राम के चरित्र की इस कमज़ोरी का कहीं-न-कहीं आभास है। उन्हें लगता है कि 'व्यक्ति के भीतर एक अप्रमाणित व्यक्ति पैदा हो गया है। वे एक ही साथ दुहरे सत्यों, दुहरे संकल्पों के शिकार हैं। यही अनिर्णयात्मकता का चरम है। वे चुनाव करने में अक्षम हैं और अन्ततः दूसरे का निर्णय चुपचाप वहन कर लेते हैं। अन्ततः वे गीता की इसी मनोभूमि पर उतरते हैं कि एकमात्र कर्म ही सारे संशयों का उत्तर है :

(1) **कर्म ही उत्तर है**
यश जिसकी छाया है।

(2) **दो सत्य**
दो संकल्प
दो-दो आस्थाएँ
व्यक्ति में ही अप्रमाणित
व्यक्ति पैदा हो गया है।

दरअसल नरेश मेहता इस कविता की रचना के दौरान स्वयं ही संशय-ग्रस्त हैं। उनके अन्दर राम के चरित्र को लेकर स्वयं कोई निर्णय नहीं है। वे दिग्भ्रम में हैं। उनके दिमाग़ में उनका वैष्णव संस्कारी विनम्र मन और गीता के प्रवचन के छायाभास चक्कर काट रहे हैं। वे उनसे ग्रस्त हैं और अन्ततः मुक्त नहीं हो पाये हैं। पूरी कविता उनके इसी रचनात्मक सम्भ्रम की उपज है। इसीलिए ऊपर से बड़े-बड़े प्रश्नों और समस्याओं से लैस होने के बावजूद 'संशय की एक रात' की गहरी छान-बीन में उतरने पर लगता है कि यह राम के चरित्र को किसी नूतन अर्थ की सम्भावना से प्रकाशित नहीं कर पाती। उसमें गीता के कर्म-दर्शन का कुछ प्रकारान्तर से नियोजन है। यह क़वि की अध्ययन-आक्रान्तता का प्रतिफल है और इसीलिए ऊपरी तौर पर यह कविता राम के चरित्र का एक नया कोण उद्घटित करने जैसा आभास तो देती है, पर ऐसा करती नहीं। इसीलिए यह 'राम की शक्ति-पूजा' से आगे की कविता

नहीं है। इसके अतिरिक्त इसमें 'राम की शक्ति-पूजा' की संक्षिप्ति और शिल्प-सुगढ़ता का अभाव है। इसमें भावुक और व्यर्थ का पंक्ति-प्रक्षेप बहुत है। पूरी कविता इसकी आधी हो तो शायद भाषिक संघटन कुछ सघन हो सके।

इस तरह विषय-वस्तु, शिल्प-संघटन और भाषिक संरचना—सभी स्तरों पर कुल मिलाकर 'संशय की एक रात' एक कमज़ोर रचना है और कवि के रचनात्मक अनिर्णय का परिणाम है। और यह निश्चयपूर्वक कहा जा सकता है कि अपने राष्ट्रीय मुक्ति के नये अर्थ की क्षीण अनुगूँज के बावजूद 'राम की शक्ति-पूजा' में कोई रचनात्मक सम्भ्रम नहीं है। उसमें से वह अर्थ साफ़-साफ़ झलक मारता है और राम के चरित्र को नूतन और आधुनिक परिप्रेक्ष्य में रखने में सफल हुआ है। इसीलिए राम के चरित्र को लेकर इससे आगे उसमें कोई इज़ाफ़ा नहीं हुआ। 'संशय की एक रात' उसमें कुछ भी जोड़ती नहीं, बल्कि प्रकारान्तर से यह कृष्ण के प्रवचनों के इतिवृत्त का पिष्ट-पेषण ही करती है।

□□

लेकिन जैसा कि इस निबन्ध के शुरू में ही मैंने यह प्रतिष्ठापित करने की कोशिश की है कि निराला की इन लम्बी कविताओं में भी आत्म-साक्षात्कार ही प्रमुख है। ये कविताएँ भी मुख्यतः आत्म-चरितात्मक ही हैं। 'राम की शक्ति-पूजा' के साथ भी यही बात है। राष्ट्रीय मुक्ति के ऐतिहासिक-समसामयिक अर्थ की प्रतिष्ठा से भी अधिक सघन और महत्त्वपूर्ण अर्थ राम के चरित्र के माध्यम से कवि की अपनी ही अखण्ड रचनात्मक विजय की पहचान है। यही आत्म-साक्षात्कार का संघटित अर्थ इस कविता को सर्वथा एक नये और अनछुए धरातल पर ला खड़ा करता है। यद्यपि, जैसा कि मैंने कहीं कहा है, इस अर्थ का संगुम्फन इतना सूक्ष्म है कि उसे आसानी से पकड़ना मुश्किल है। लेकिन एक बार जब इस प्रतीकार्थ को क्रमवार ध्यान में रखकर इस कविता को पढ़ें तो धीरे-धीरे यह अर्थ-रस टपकने लगता है।

दरअसल मुझे बराबर लगता है कि निराला ने राम के संशय, उनकी खिन्नता, उनके संघर्ष और अन्ततः उनके द्वारा शक्ति की मौलिक कल्पना और साधना तथा अन्तिम विजय में अपने ही रचनात्मक जीवन और व्यक्तिगतता के संशय, अपनी रचनाओं के निरन्तर विरोध से उत्पन्न आन्तरिक खिन्नता, फिर अपने संघर्ष, अपनी प्रतिभा को अभ्यास, अध्ययन और कल्पना-ऊर्जा द्वारा एक नयी शक्ति के रूप में उपलब्ध और प्रदर्शित करके अन्ततः रचनात्मकता की विजय का घोष ही इस कविता में व्यक्त किया है। वही स्वयं 'पुरुषोत्तम नवीन' हैं। नये काव्य, नयी रचनात्मकता के सर्वप्रथम और श्रेष्ठतम उद्भावक वही हैं। जो शेष हैं, उनमें से बहुत-से छद्म हैं और अपने छद्म को ही रावण की तरह वे शक्ति या प्रतिभा-प्रदर्शन के रूप में प्रयुक्त कर रहे हैं। वे निराला की पुरुषोत्तमता, उनकी एकान्त नवीन मौलिकता को 'उद्धत बल-विस्तर' और सामयिक 'महोल्लास' से वेधकर पराभूत कर देना चाहते हैं। फ़िलहाल उनका पक्ष प्रबल दिखायी देता है। उन्होंने अपनी छद्म-रचना के

अट्टहासों से कवि की एकान्त ऊर्जा और प्रतिभा के मन्त्रपूत शरों को निरस्त कर रखा है। इससे खिन्नता, संशय और भावावेग स्वाभाविक है। अपनी इसी खिन्न मनःस्थिति का सघन बिम्ब-चित्र निराला राम के रूप-वर्णन में करते हैं :

अनिमेष राम-विश्वजिद्-दिव्य-शर-भंग-भाव
विद्धांग-बद्ध-कोदण्ड-मुष्टि खर रुधिर स्राव
श्लथ धनु-गुण है, कटिबन्ध-स्रस्त-तूणीर-धरण
दृढ़ जटा-मुकुट हो विपर्यस्त प्रति-लट से खुल
फैला पृष्ठ पर, बाहुओं पर, वक्ष पर विपुल
उतरा ज्यों दुर्गम पर्वत पर नैशान्धकार
चमकती दूर ताराएँ ज्यों हो कहीं पार।

यह छवि सिर्फ़ राम की ही नहीं है—कवि की भी है। जिन्होंने कवि को दारागंजवाले मकान के कमरे बैठे हुए बाहर गली की तरफ़ शून्य में एकटक अपने आयत नेत्रों से घूरते हुए एक बार भी देखा है, वे इस 'अनिमेष राम' की छवि और उसकी चिन्ता को समझ सकते हैं। उसका सारा मन क्षत-विक्षत है। मुट्ठियाँ गुस्से में कसी हुई हैं। मन का घाव रिस रहा है। अन्दर लगातार ख़ून बह रहा है....शुद्ध, लाल-लाल, पवित्र, मौलिक रचनात्मक ऊर्जा का ख़ून... जिस पर लगातार वर्षों से प्रहार होता रहा है। कवि के मन-मस्तिष्क पर ही नहीं, उसके सिंहवत् शरीर पर भी प्रहार की यह छाप विद्यमान है—कटिबन्ध ढीला हो गया है, लम्बे केश बाँहों, कन्धों पर फैले हुए हैं। कवि की पर्वत की तरह ऊँची प्रतिभा-क्षमता, उसका दृढ़, कभी न हारनेवाला शिखर-मन जैसे इस अन्धकार में, इस सामयिक और क्षणिक नैराश्य में, पत्थर की तरह जड़ हो गया है। लेकिन यह अवसादग्रस्त, उदास, मानसिक-शारीरिक सौन्दर्य का धुँधलापन, उसकी आच्छन्नता क्षणिक है। अभी भी कवि की तेजस्वी रचनात्मक क्षमता के नेत्र टिमक रहे हैं—उसकी दूरदर्शिता बरक़रार है, जैसे अँधेरे पर्वत-प्रदेश से दूर कहीं सितारे चमक रहे हों।

□□

अपने निजत्व की समीपतम पहचान का यह प्रतीकार्थ, धीरे-धीरे इसी तरह पूरी कविता में संगुम्फित होता हुआ आगे बढ़ता है। इस खिन्नता, उदासी और क्षणिक नैराश्य के बाद फिर उसे अपनी रचनात्मक कोमल ऊर्जा का प्रथम साक्षात्कार याद आता है। कला-साधना के वे शुरू के दिन! जानकी का सारा प्रसंग इसी कलात्मक संरचना के प्रारम्भिक दिनों का प्रतीकार्थ देता है। इसमें कविता कवि से गोपन सम्भाषण करती है, प्राकृतिक वैभव-विलास और सौन्दर्य से भरपूर। उसके प्रथम अनुभव की अभिव्यक्ति के लिए कवि ने एक सम्पूर्ण वाक्य-बिम्बं की रचना की है—'ज्योतिःप्रपात स्वर्गीय ज्ञात छवि प्रथम स्वीय।' जैसे प्रकाश का स्वर्गीय झरना हो.

.. कुछ इस तरह के आन्तरिक सौन्दर्य का अनुभव। कवि अपनी उस प्रथम रचना-ऊर्जा के ऊर्जस्वित सौन्दर्य की स्मृति से जैसे फिर जागता है। अपनी प्रतिभा और रचना-शक्ति पर ही तो प्रश्नवाचक लग गया था, जो रह-रहकर उसके दृढ़ मन को झकझोर रहा था। उस संशय से वह मुक्त होता है और नये सिरे से उसे अपनी रचनात्मक क्षमता की अद्वितीयता का अहसास होता है। उसे अपने व्यर्थ पड़ गये दिव्य शर याद आते हैं और वह अपनी काव्य-वर्चस्विता का सर्वान्त प्रसार देखने के लिए सन्नद्ध हो उठता है :

ऐसे क्षण अन्धकार-घन में जैसे विद्युत्
जागी पृथ्वी-तनया-कुमारिका-छवि अच्युत,
देखते हुए, निष्पलक याद आया उपवन,
विदेह का, प्रथम स्नेह का लतान्तराल मिलन
नयनों का नयनों से गोपन प्रिय सम्भाषण
पलकों का नव पलकों पर प्रथमोत्थान पतन
काँपते हुए किसलय, झरते पराग समुदय
गाते खग नव-जीवन परिचय, तरु-मलय-वलय
ज्योतिः प्रपात स्वर्गीय, ज्ञात छवि प्रथम स्वीय
जानकी-नयन-कमनीय प्रथम कम्पन तुरीय।
सिहरा तन, क्षण भर भूला मन, लहरा समस्त
हर धनुर्भंग को पुनर्वार ज्यों उठा हस्त
फूटी स्मिति सीता-ध्यान-लीन राम के अधर
फिर विश्व-विजय भावना हृदय में आयी भर
वे आये याद दिव्य-शर अगणित मन्त्रपूत
फड़का पर नभ को उड़े सकल ज्यों देवदूत।

नैराश्य के घने अन्धकार के बीच उसे अपनी काव्य-रचना और प्रतिभा का प्रथम सौन्दर्यपूर्ण कोमल अनुभव एक बिजली की कौंध की तरह याद आता है। फिर वह उसी तरह 'अनिमेष', एकटक रचना-ऊर्जा के प्रथम सौन्दर्य की स्मृति को देखने लगता है। उसकी वह रचना-ऊर्जा, जो धरती से उपजी है, जो धरती की अनन्त उर्वरता की साक्षी है, जो सच्चाई है, जो यथार्थ है....। अपनी रचना में नये सिरे से पैदा हुआ यह आत्म-विश्वास उसे फिर से नयी रचनात्मकता के लिए तैयार करता है। उस कलात्मक ऊर्जा का फिर से सन्धान करने के लिए, उस सीता को, उस धरती की रचना को फिर से पाने के लिए प्रतिभा की शक्तिमन्तता को निखारना होगा, शक्ति की साधना करनी होगी...। हनूमान का प्रसंग कवि के उसी शक्ति-स्रोत का प्रतीक है। उसी आज्ञाकारी रचनात्मक शक्तिमन्तता का, जो अद्वितीय कलात्मक

उपलब्धियों के लिए सम्पूर्ण जीवन, सारी प्रकृति, धरती, समुद्र, आकाश—अनुभव के सारे आयाम, सारे छोर-छान रहा है :

शत घूर्णावर्त तरंग-भंग उठते पहाड़,
जल राशि-राशि जल पर चढ़ता, खाता पछाड़,
तोड़ता बन्ध, प्रतिसन्ध धरा, हो स्फीत-वक्ष
दिग्विजय अर्थ प्रतिपल समर्थ बढ़ता समक्ष।

इस तरह अनुभव और जीवन के सभी आयामों को छानते हुए कवि अपनी रचनात्मकता की पुनर्पहचान करता है। उसे लगता है, जब मिडियाकर कवि-लेखक-अलेखक भी उस शब्द-शक्ति की छद्म-साधना से विजयी होने का आभास दे सकते हैं, तुम्हारी प्रतिभा को (कुछ समय के लिए ही सही) आच्छन्न कर सकते हैं तो तुम्हारे जैसा महान् प्रतिभाशाली शास्त्रविद्, नैतिक, कभी 'क्षीण का अन्न न छीननेवाला', क्यों नहीं कर सकता। अतः शक्ति की मौलिक कल्पना करो, प्रतिभा और रचनात्मकता के उस अद्वितीय बिन्दु पर खड़े दिखायी दो, जहाँ कोई न हो। उस कठिन साधना के लिए तुम्हें अपना सब-कुछ समर्पित करना होगा—सारे विचार, सम्पूर्ण दृष्टि, अपना शरीर, रक्त, मन, मस्तिष्क—सम्पूर्ण अन्तर-बाह्य व्यक्तित्व। द्विधा-ग्रस्त मन से रचना की यह साधना सम्भव नहीं है। एकान्त मन से-पूजा भाव से, सम्पूर्ण आत्मदान के साथ...। तब तुम देखोगे कि विजय तुम्हारी ही होगी। क्योंकि नित-नूतन, मौलिक, सत्यद्रष्टा, साधक—पुरुषोत्तम नवीन—तुम्हीं हो :

(1) **रावण अशुद्ध होकर भी यदि कर सका त्रस्त**
तो निश्चय तुम हो सिद्ध करोगे उसे ध्वस्त
शक्ति की करो मौलिक कल्पना, करो पूजन

(2) **कहती थीं माता मुझे सदा राजीव नयन।**
दो नील कमल हैं शेष अभी, यह पुरश्चरण
पूरा करता हूँ देकर मातः, एक नयन।

□□

इस तरह अपने रचनात्मक जीवन के संघर्षों का साक्षात्कार और अपनी प्रतिभा के पुनर्दर्शन का अर्थ ही 'राम की शक्ति-पूजा' के अन्दर प्रतिष्ठित वह अद्भुत, मौलिक और नवीन अर्थ है, जिससे यह कविता जगमगाती है और इसकी गरिमा कई गुनी बढ़ गयी है। इससे इसका इतिवृत्त कहीं भी ग़लत जगह खण्डित नहीं होता, न ही इसका पहला नया अर्थ कहीं बाधित होता है। बल्कि इन अर्थों का एक सुघड़ समाहार पूरी कविता में देखने को मिलता है। आत्म-साक्षात्कार का यह अर्थ राम के चरित्र

के भीतर इतनी सूक्ष्मता से कवि ने पिरोया है कि साधारणतः उसकी जानकारी नहीं हो पाती। लेकिन अर्थ-सन्धान की खोज में डूबने पर पंक्ति-पंक्ति, शब्द-शब्द इस अर्थ को ले दौड़ता है।

यह अवश्य है कि विरोध-पक्ष का स्पष्ट अंकन निराला ने कहीं नहीं किया। रावण के प्रतीक में वे सभी समाहित हो जाते हैं, जो उनकी रचनात्मकता का विरोध करने और उसे धुँधलाने के लिए कटिबद्ध हैं। स्थूल रूप से इनकी जानकारी व्यर्थ है। किसी भी मौलिक विद्रोही कवि को किस तरह के विरोधों का सामना आजीवन करना पड़ता है और फिर भी अपनी रचनात्मकता में उसका विश्वास नहीं टूटता, और किस तरह वह अपनी अपराजेय प्रतिभा का लोहा मनवा लेता है—यही इस कविता का विषय है। इसे निराला के स्थूल जीवन से हटाकर एक जीवन्त सत्य के रूप में भी समझा जा सकता है...। आत्म-साक्षात्कार की इसी अद्वितीयता के समक्ष 'संशय की एक रात' एक नगण्य कविता लगने लगती है।

इसीलिए मैंने कहा कि 'आत्म-सम्भवा अभिव्यक्ति' की खोज और उपलब्धि ही 'राम की शक्ति-पूजा' का लक्ष्य है। वह अपने इतिवृत्त के लिए नहीं, बल्कि इसी अर्थ-सम्भार के लिए महत्त्वपूर्ण मानी जानी चाहिए। इन्हीं अर्थों में निराला की रचनात्मक संवेदना मुक्तिबोध के निकट पड़ती है। 'राम की शक्ति-पूजा' इसीलिए ऊपरी और सहज दिख पड़नेवाले विषयगत साम्य के बावजूद 'संशय की एक रात' के उतने निकट नहीं है, जितनी ऊपर से कोई साम्य न दिख पड़नेवाली मुक्तिबोध की कविता 'अँधेरे में' के निकट है। बल्कि दोनों का उद्‌देश्य लगभग एक है। उसी 'परम अनिवार आत्म-सम्भवा आत्माभिव्यक्ति' की खोज और उपलब्धि। अन्तर सिर्फ़ यही है कि जहाँ निराला ने एक पौराणिक कथा के माध्यम से अपने इस अर्थ को उसमें पिरोकर, उसे खोजने, रचने और पाने की चेष्टा की है, वहीं मुक्तिबोध ने उसे अपनी कल्पनात्मक ऊर्जा और आत्म-फ़न्तासी को एक आख्यान का रूप देकर, पाने का संकेत किया है। प्रकारान्तर से उसी को मुक्तिबोध 'कुहरे में सामने, रक्तालोक-स्नात पुरुष एक रहस्य साक्षात्' कहकर परिभाषित करते हैं।

'राम की शक्ति-पूजा' के राम या 'तुलसीदास' कविता का 'अशेष छविवर कवि' यही 'रक्तालोक स्नात साक्षात् रहस्य-पुरुष' नहीं लगते क्या? यह वही है—उनका संशय, उनके मन-मस्तिष्क और सम्पूर्ण व्यक्तित्व पर उतरा हुआ अँधेरा भी वही है। वही दुर्गम पर्वत-सा व्यक्तित्व भी है—चिन्ताओं से जड़, कठोर, श्यामल और रहस्यमय। वही जहाँ-तहाँ अचानक प्रकट होकर बिजली के झटके देता है। यह वही 'छवि-विद्युत्' 'अच्युत' है, जो कवि की अन्तर-रचनात्मकता को उसी के सामने प्रकट करने के लिए बार-बार बुलाता है। वही ध्वनियों के बुलबुले, स्वरों की सलवटें हृदय में धँसाता हुआ—मीठी, दुस्सह शब्दों की लहरों से उसे भर रहा है। यह वही 'कम्पन तुरीय, ज्योतिः प्रपात छवि' है। वही छवि, जो 'राम की शक्ति-पूजा' में सीता के रूप में नये सिरे से झलक मार रही थी। वही यहाँ 'सलिल के तग-श्याम शीशे में श्वेत

आकृति' की तरह फैलती है। यह वही तिलस्म खोह है—अँधेरे से पुरी हुई, जिसमें राम बैठे हैं—अन्धकार से पुरे हुए, यह वही अपनी रचनात्मक ऊर्जा की अनुगूँज है, जो सुनायी पड़ती है, दिखायी नहीं देती। यह वही रक्तालोक-स्नात पुरुष है, जो अचानक दिखकर फिर तिरोहित हो जाता है। अन्तर सिर्फ़ यही है कि 'निराला' 'राम की शक्ति-पूजा' में उसे पा लेते हैं, जब कि मुक्तिबोध उसे 'अँधेरे में' पाने के लिए कमर कसते हुए दिखायी देते हैं :

(1) कुहरे में सामने रक्तालोक-स्नात पुरुष एक
रहस्य साक्षात्!
भव्य आजानुभुज देखते ही साक्षात्
गहन एक सन्देह।
वह रहस्यमय व्यक्ति
अब तक न पायी गयी मेरी अभिव्यक्ति है।
पूर्ण अवस्था वह,
हृदय में रिस रहे ज्ञान का तनाव वह,
आत्मा की प्रतिमा।

(2) गहर रहस्यमय अन्धकार ध्वनि-सा
अस्तित्व जनाता,
अनिवार कोई एक
सुनायी जो देता, पर दिखायी नहीं देता
सलिल के तम-श्याम शीशे में कोई श्वेत आकृति
कुहरीला कोई बड़ा चेहरा फैल जाता है
कोई मेरी बात मुझी से बताने के लिए ही
बुलाता है—बुलाता है।

(3) अवसर-अनवसर
प्रकट जो होता ही रहता
मेरी सुविधाओं का न तनिक भी खयाल कर
चाहे जिन प्रतीकों में प्रस्तुत,
इशारे से बताता है, समझाता रहता
हृदय को देता है बिजली के झटके।

(4) अँधेरे में ध्वनियों के बुलबुले उभरे
शून्य के मुख पर सलवटें स्वर की

मेरे ही उर पर धुनती हुई सिर
छटपटा रही हैं, शब्दों की लहरें
मीठी दुःसह।

(5) टूट-फूट, टूट-फूट सब अस्त-व्यस्त
टीले के वक्ष में सब कुछ ध्वस्त
किन्तु यह स्पष्ट
प्रचण्ड है तथ्य
अखण्ड है ढाँचा
पाषाणी कारा
दृढ़, जबर्दस्त।

ये उदाहरण मैंने जगह-जगह से उठाये हैं। यह भव्य-आजानु-भुज, जिसे देखते ही वह साक्षात् गहन सन्देह की मूर्ति लगता है। यह वही 'स्थिर राघवेन्द्र को हिला रहा फिर-फिर संशयवाला' प्रसंग है। उसी के प्रतिरूप में निराला और मुक्तिबोध अपनी अब तक न पायी गयी रचनात्मक अभिव्यक्ति खोजते हैं। वह रहस्यमय अन्धकार की ध्वनि-सा सुनायी देता है, दिखायी नहीं देता—दुर्गम पर्वत पर उतरे हुए नैशान्धकार में जैसे ताराएँ कहीं दूर चमक रही हों। उसका आभास तो है, लेकिन हलका-सा, रहस्यमय, अन्तरमुख। इस दुर्गम पर्वत के बिम्ब और 'अखण्ड है ढाँचा, पाषाणी कारा' के बिम्ब-विधान में वही साम्य झलकता है। राम के मन का अन्धकार और मुक्तिबोध के 'अँधेरे में' यों मुझे पकड़कर मौत की सजा दी' या—

भयानक खड्ड के अँधेरे में आहत
क्षत-विक्षत,....पीड़ाएँ समेटे...
किसी शून्य बिन्दु के अँधियारे खड्डे में
गिरा दिया गया मैं
अचेतन स्थिति में

के अँधेरे में कितना साम्य है, वह आसानी से लक्षित किया जा सकता है। यहीं से, इसी शून्य से, इसी सम्भ्रम में से पुनः उस 'रक्तालोक-स्नात, परम-अनिवार, आत्म-सम्भवा अभिव्यक्ति' की खोज दोनों कवि शुरू करते हैं। एक उसे इसकी उपलब्धि को इन शब्दों में अभिव्यक्ति देता है :

'होगी जय, होगी जय, हे पुरुषोत्तम नवीन!'

और दूसरा उसकी उपलब्धि के अपने सतत प्रयास के संकेत में कविता की समाप्ति करता है :

उठता हूँ, जाता हूँ, गैलरी में खड़ा हूँ
एकाएक वह व्यक्ति आँखों के सामने से
गलियों में, सड़कों पर, लोगों की भीड़ में
चला जा रहा है।
धड़कता है दिल
कि पुकारने को खुलता है मुँह
कि अकस्मात्
वह दिखा—वह दिखा
वह फिर खो गया किसी जन-यूथ में
उठी हुई बाँह यह उठी हुई रह गयी।
खोजता हूँ पठार, पहाड़....समुन्दर
जहाँ मिल सके मुझे
मेरी वह खोई हुई
परम अभिव्यक्ति अनिवार
आत्म-सम्भवा।

मुक्तिबोध इसी स्तर आकर निराला के बहुत निकट लगने लगते हैं। यद्यपि वे अपनी इस अभिव्यक्ति की खोज में दूसरे तरह के बिम्बों का इस्तेमाल करते हैं। स्वप्न, फन्तासी और सामाजिक मिथकों के बीच से वे बार-बार गुज़रते हैं। इनके बीच में जो अन्तराल है, जो अँधेरे दायरे हैं, वहाँ मुक्तिबोध बिम्बों से अलग हटकर तथ्यात्मक आत्म-अभिव्यक्ति पर उतर आते हैं। इस तरह के निजी जीवन के सीधे-सादे प्रसंग, उन्हें बिम्बों की एक रोशनी से दूसरी रोशनी तक पहुँचने में सेतु का काम करते हैं। यानी कि मुक्तिबोध स्वप्न, फन्तासी और सामाजिक मिथकों के बीच के अँधेरे अन्तराल में गायब होकर स्वयं रहस्यमय नहीं बन जाते, बल्कि निजी साधारण प्रसंगों से और अधिक मार्मिक और अर्थ-गर्भित हो जाते हैं। सारी बिम्ब-माला ऐंठती हुई रोशनी के जाले चारों ओर फैलाती हुई एकाएक टूट नहीं जाती, बल्कि एक झीने तार से जुड़ जाती हैं। जैसे एक लम्बी, मार्मिक, गहरी बिम्ब-योजना के बाद ये पंक्तियाँ :

(1) निजत्व माफ है बेचैन,
क्या करूँ, किससे कहूँ
कहाँ जाऊँ दिल्ली या उज्जैन?

(2) यह सिविल लाइन्स है। मैं अपने कमरे में
यहाँ पड़ा हुआ हूँ।
पीटे गये बालक-सा चेहरा
उदास इकहरा।

यह मुक्तिबोध का अपना शिल्प है। बिम्बों की रोशनी-दर-रोशनी में चक्कर काटते हुए अन्ततः वे 'आत्म-सम्भवा अभिव्यक्ति' तक पहुँचते हैं।

निराला ने 'राम की शक्ति-पूजा' में मिथकों का या बिम्बों की रोशनी-दर-रोशनी का उपयोग नहीं किया है। निराला कर भी नहीं सकते थे, क्योंकि तब तक काव्य-शिल्प इतना विकसित नहीं हुआ था। इसीलिए निराला सिर्फ़ शब्द-बिम्बों के लयात्मक उपयोग द्वारा यह काम निकालते हैं। मुक्तिबोध की बिम्ब-योजना इससे पृथक् प्रकार की है। वे शब्द-बिम्बों का लयात्मक उपयोग तो करते ही हैं, इसके अलावा वे पूरे वर्णन को एक समग्र बिम्ब बना देते हैं। इन दोनों तरीक़ों का अद्भुत समाहार मुक्तिबोध में मिलता है। उनके यहाँ एक पूरा-का-पूरा स्टैन्ज़ा एक बिम्ब होता है। उसे आप बीच से तोड़ नहीं सकते। वह अन्त में जाकर फिर सम्पूर्णतः शुरू की ओर लौटता है, और शुरू की ओर जाकर फिर अन्त की ओर घूम जाता है। निराला में इस तरह के घुमावदार लम्बे स्टैन्ज़ावाले बिम्बों का अभाव है। दरअसल यह सर्वथा एक नयी प्रणाली है, जो आधुनिक कवियों ने विकसित की है। इसमें कवि विवरण को ही एक सम्पूर्ण बिम्ब-रचना में परिवर्तित कर देता है।

इसके ठीक विपरीत विवरण की भाषा से निजात पाने या उस पर क़ाबू पाने के लिए छायावादी कवि शब्द के भीतर ही लयात्मक दृश्य या श्रव्य बिम्बों की सृष्टि करता था। शब्द के लयात्मक बिम्बों का ही उपयोग निराला ने 'राम की शक्ति-पूजा' में करके उसके विवरण की सपाटता को झीना किया है। जब कि मुक्तिबोध की कविता 'अँधेरे में' ऊपरी तौर पर घटनाओं और विवरणों से भरी पड़ी है, लेकिन कहीं इसका अहसास नहीं होता कि हम विवरण की सपाटता में फँस गये हैं। क्योंकि यहाँ हर घटना और हर लम्बा विवरण एक पूरा बिम्ब है। उसके अन्दर शब्दों के छोटे-छोटे लयात्मक बिम्ब भी भरे हुए हैं। ये एक तरह से पूरक बिम्बों का काम करते हैं। इनकी वजह से सारा लम्बा बिम्ब अन्दर से टिमटिमाता हुआ अन्त में अर्थ-सौन्दर्य के विस्फोटक प्रकाश से चमक उठता है। यह एक प्रकार से तह-दर-तह बिम्ब-योजना की पद्धति है। प्याज़ के छिलकों के समान जितनी पर्तें उतारते चले जाइये, अन्दर और कोमल सौन्दर्य एक के ऊपर एक सँजोया हुआ मिलेगा। छायावादी कवियों की बिम्ब-पद्धति संश्लिष्ट और भावावेगपूर्ण होते हुए भी इस दृष्टि से इकहरी है।...

बहरहाल, इस प्रसंग को अब हम यहीं समाप्त करते हैं।

'तुलसीदास' :

'तुलसीदास' कविता में निराला द्वारा प्रतिष्ठित ऐतिहासिक, सामाजिक और राजनीतिक अर्थ अधिक स्पष्ट है। उसके संकेत साफ़ हैं और उनकी दुहरी अर्थ-व्यंजना पकड़ने में कठिनाई नहीं होती। भारत के सांस्कृतिक अन्धकार की चिन्ता से ही कविता प्रारम्भ होती है। लेकिन इस अर्थ के साथ ही निजी

आत्म-साक्षात्कार का अर्थ और अधिक स्पष्टता और गहराई से निराला ने इस कविता में पिरोया है। इससे भी आगे, 'राम की शक्ति-पूजा' से इस कविता की ख़ास विशेषता यह है कि इस निजी आत्म-साक्षात्कारवाले अर्थ के माध्यम से ही सांस्कृतिक अन्धकार को चिन्तावाला अर्थ भी प्रतिष्ठित होता है।

भारत का सांस्कृतिक सूर्य अस्त हो चुका है। चारों ओर एक नैतिक पराजय का उदास माहौल है। इससे मुक्ति 'तुलसी' के कवि की ओजस्वी वाणी द्वारा ही सम्भव है। इस तरह ये दोनों अर्थ बहुत ही ख़ूबसूरत ढंग से कविता में समाहृत हैं। 'राम की शक्ति-पूजा' में कवि के निजी अर्थ-सम्भार—उसकी रचनात्मकता के संघर्ष को ढूँढ़ना और मिलाना पड़ता है। 'तुलसीदास' में ऐसा नहीं है। दूसरे, जन की चिन्ता,—भारत की सांस्कृतिक अन्धकार से मुक्ति की समस्या—तुलसीदास की अपनी रचनात्मकता की परीक्षा के भीतर से होकर आती है। 'राम की शक्ति-पूजा' में राष्ट्रीय मुक्ति के प्रतीक राम—राम ही हैं, निराला नहीं। निराला वे तब हैं, जब वे कवि के निजी रचनात्मक संघर्ष के साक्षात्कारवाले प्रतीकार्थ में नियोजित होते हैं। अर्थात् पहले अर्थ की प्रतिष्ठा में वे नये धरातल पर प्रतिष्ठित राम ही हैं—'रामो रामेव नापरः'। लेकिन दूसरे रूप में राम में निराला प्रतिष्ठित हो जाते हैं। लेकिन 'तुलसीदास' में तुलसीदास राम भी हैं और यह तुलसी और उनमें प्रतिरोपित राम—निराला ही हैं। यानी कि राम-कथा के रचयिता तुलसीदास और राम और निराला यहाँ एक हो जाते हैं। तुलसीदास के माध्यम से यह जन-साधारण की दुर्दशा और सांस्कृतिक अन्धकार की चिन्ता निराला के कवि की आधुनिक चिन्ता है। 'राम की शक्ति-पूजा' में राष्ट्रीय मुक्ति के चिन्तक राम और निराला के रचनात्मक संघर्ष के प्रतीक राम को मिलाया नहीं जा सकता। यही अन्तर 'तुलसीदास' को शिल्प और काव्य-संघटन तथा रचनात्मक स्तर पर 'राम की शक्ति-पूजा' से अधिक संघटित, सुचिन्तित, सन्तुलित और महत्त्वपूर्ण कविता सिद्ध करता है।

□□

'तुलसीदास' निराला के निजी सांस्कृतिक अन्धकार की चिन्ता से शुरू होती है। कविता के प्रारम्भ में तुलसी नहीं हैं। भारत के अधःपतन, उसके सांस्कृतिक अन्धकार, आर्य संस्कृति पर मुस्लिम संस्कृति की विजय से उत्पन्न खिन्नता का वर्णन—निराला स्वयं करते हैं। फिर वे अतीत के ध्वस्त वैभव, और शौर्य का स्मरण करते हैं और पाते हैं कि किस तरह सम्पूर्ण जाति का मस्तिष्क, उसकी बौद्धिक ऊर्जा और उसका पराक्रम नष्ट हो गया है। इसी विनष्ट शौर्य का प्रतिफलन सांस्कृतिक अँधेरे में हुआ है। सम्पूर्ण भारत के बौद्धिक, राजनैतिक और सांस्कृतिक पतन का यह चित्र निराला शुरू से दसवें छन्द तक करते चले जाते हैं। भारत के नभ का सांस्कृतिक सूर्य शीतल हो गया है। मुसलमानों का सर्वत्र शासन है। पंजाब, फिर

कोशल-बिहार, फिर धीरे-धीरे सम्पूर्ण देश, उनके एकच्छत्र अधिकार में चला गया। एक झंझावात की तरह, बर्फ़ीली आँधी की तरह उत्तर से दक्षिण की ओर मुग़लों का प्रसार बढ़ता गया। बुन्देलखण्ड, कालिंजर, जोधपुर, मारवाड़—सब उनके नीचे रौंद दिये गये। वीरता और शौर्य के प्रतीक राजपूत अब सिर्फ़ राजाओं के वेश में ग़ुलाम हैं, या चाटुकारिता में लीन हैं।

इस पृष्ठभूमि पर निराला तुलसीदास को ग्यारहवें छन्द में उतारते हैं। फिर यह अधःपतन का सूत्र निराला का न रहकर 'तुलसी' का हो जाता है। इसे यों भी कह सकते हैं कि यहाँ से निराला तुलसी के रूप में स्वयं कविता में उतरते हैं। अभी तक वे तटस्थ वर्णनकर्त्ता थे अब यहाँ से वे उसमें शामिल और सक्रिय हो जाते हैं। इसके आगे पूरी कविता में निराला प्रत्यक्ष रूप से कहीं भी नहीं उतरते, कहीं दख़लन्दाज़ी नहीं करते। क्योंकि वे तुलसी के रूप में पूरी कविता में आगे सर्वत्र विद्यमान हैं। वे सांस्कृतिक चिन्ता का उत्तराधिकार 'तुलसी' को सौंपकर स्वयं उनमें समाहित हो जाते हैं। इसीलिए आगे उन्हें व्यक्ति निराला की दख़लन्दाज़ी की ज़रूरत नहीं पड़ती। उनके सारे निर्णय, सारी उत्फुल्लता, सारा आवेग तुलसी के माध्यम से व्यक्त होता है। इसीलिए मैंने कहा कि यहाँ कवि की रचनात्मक सिद्धि और उपलब्धि के अर्थ के भीतर से ही उसके सांस्कृतिक निर्माण का अर्थ भी उगता है, क्योंकि निराला जानते हैं कि उन्हीं की मन्त्रपूत, ओजस्वी वाणी, मौलिक वाग्मिता और गहरे अध्ययन तथा जीवन और संस्कृति की विराट् समझ के भीतर से पुनः भारतीय जनता के लिए आशा, विश्वास और आस्था का नया सूर्य उगेगा :

देश काल के शर से बिंधकर
यह जागा कवि अशेष-छविधर
इसका स्वर भर भारती मुखर होयेंगी
निश्चेतन, निज तन मिला विकल
छलका शत-शत कल्मष के छल
बहतीं जो, वे रागिनी सकल सोयेंगी।

यहाँ पर भी प्रकारान्तर से वही 'जय होगी, जय होगी, हे पुरुषोत्तम नवीन' की पुनर्प्रस्तुति है। पापयुक्त, छद्म रागिनियाँ सब परास्त होंगी और इस अनन्त सौन्दर्य और मेधावाले कवि की वाणी के स्वर में ही सम्पूर्ण देश, माँ सरस्वती अपना नया राग भरेंगी। निराला इस बात से भी सचेत हैं कि वह कवि, मात्र 'समधीत' और 'शास्त्रविद्' ही नहीं है, जिसकी चर्चा वे पीछे एक पद में कर चुके हैं, बल्कि वह देश-काल, सामयिकता, समाज और जन-साधारण के दुःख-शर से बिंधा हुआ है। उनका घायल, छटपटाता हुआ मन अपनी संवेदना की इन भूमियों को अपनी

रचनात्मकता से तिरोहित नहीं होने देगा। यही माँ भारती का नया स्वर होगा। अपनी इसी देश-काल-गत, ऐतिहासिक-सामाजिक चेतना को निराला ने 'नये पत्ते' की कविताओं में उपेक्षित के उन्नयन के रूप में उठाया और प्रतिष्ठित किया है। उसके संकेत 'राम की शक्ति-पूजा' और 'तुलसीदास' दोनों ही कविताओं में मिल जाते हैं। 'तुलसीदास' में तुलसीदास के रूप में निराला इसीलिए प्रतिष्ठित हैं, क्योंकि यहाँ वे जन-साधारण को तुलसीदास के सोच में सबसे ज़्यादा महत्त्व देते हैं। और जन-साधारण में भी कौन? द्विज वर्ग या सवर्ण लोग नहीं, जिनकी सबसे अधिक चिन्ता तुलसीदास को अपने 'रामचरित मानस' में है। बल्कि यहाँ, इस कविता में तो उन्हें 'नृपवेश सूत बन्दीगण' कहकर निराला ने प्रकारान्तर से उनकी वास्तविक स्थिति पर व्यंग्य ही किया है। 'तुलसीदास' में तुलसी की मुख्य चिन्ता का विषय शूद्र हैं—सदियों से प्रताड़ित, उपेक्षित, दलित निम्नवर्ग। यह वही तुलसीदास हैं, जो 'रामचरितमानस' में :

ढोल, गँवार, शूद्र, पशु, नारी
ये सब ताड़न के अधिकारी

कहकर उनका परिचय देते हैं। लेकिन यहाँ, इस कविता में आकर उनकी चिन्ता का मुख्य विषय यही शूद्र हैं। सांस्कृतिक अन्धकार में पूरे देश के डूब जाने के पीछे सवर्णों और सुविधाजीवी इन 'सूत-बन्दीगणों' द्वारा जन-साधारण का यही शोषण है :

चलते-फिरते पर निःसहाय,
वे दीन, क्षीण, कंकालकाय;
आशा केवल जीवनोपाय उर-उर में;
रण के अश्वों से शस्य सकल
दलमल जाते ज्यों दल के दल;
शूद्रगण क्षुद्र-जीवन-संबल, पुर-पुर में।

निश्चय ही मानसिक बनावट का यह फ़र्क़ तुलसीदास को 'रामचरितमानस' का रचयिता तुलसीदास नहीं रहने देता। इसीलिए यह कथा केवल इतिवृत्त नहीं है। तुलसी के व्यक्तित्व के माध्यम से यह चिन्ता कवित निराला के अपने रचनात्मक आयामों की चिन्ता का उद्घाटन है। वे अपनी काव्य-दृष्टि के असीम फैलाव को इस कविता में संकेतित करते हैं। उनकी कविता केवल निजी सुख-दुःख के प्रसंगों की कविता नहीं है, बल्कि देश-काल के शर से बिंधी हुई वह जन-साधारण की, सम्पूर्ण पद-दलित मानव-समाज की रचना-संवेदना है, जिसे कवि ने जीवन के कठिनतम

संघर्षों में से होकर जिया और पाया है। इसी के लिए वह फिर से समर लड़ेगा, इसी को पायेगा और अन्ततः प्रतिष्ठित करेगा।

यह निर्णयात्मकता, यह अपने काव्योद्देश्य का सूक्ष्म और गहरा ज्ञान-उपलब्धि है, उसी 'अभिव्यक्ति आत्म-सम्भवा' की खोज, पहचान और उपलब्धि है, जिसकी चर्चा हम 'राम की शक्ति-पूजा' के प्रसंग में कर चुके हैं। 'राम की शक्ति-पूजा' में जहाँ रचनात्मकता का यह संघर्ष रावण और राम के संघर्ष में आरोपित है, वहाँ 'तुलसीदास' में यह तुलसीदास और सम्पूर्ण मायावी शोषक, अत्याचारी मुस्लिम संस्कृति के आपसी संघर्ष में आरोपित है। प्रकारान्तर से इस मायावी, शोषक संस्कृति और रावण के आसुरी प्रसार में अन्तर नहीं है। दोनों के संकेतार्थ एक ही हैं। अन्तर केवल यही है कि राम चूँकि एक कवि या रचनाकार नहीं हैं, इसलिए उनके चरित्र में जब निराला अपने रचनात्मक संघर्ष को प्रतिरोपित करके एक नया अर्थ खड़ा करते हैं तो वह थोड़ा अमूर्त हो जाता है, क्योंकि राम के व्यक्तित्व की जो ऐतिहासिक, पौराणिक और जन-मन-गत श्रृंखला या पहचान है, उसमें कवि राम की कल्पना थोड़ी कठिन लगती है। लगता है राम के चरित्र को इस नये अर्थ की प्रतीति और प्रतिष्ठापना के लिए कुछ ज़्यादा 'ट्विस्ट' कर दिया गया है। लेकिन रचनात्मक संघर्ष की उसी समस्या को जब निराला 'तुलसीदास' में आरोपित करते हैं तो वह सहज ही विश्वसनीय लगता है और द्विज-समर्थक तुलसी का शूद्र-समर्थक और द्विज-विरोधी होना भी कोई विशेष बाधा उत्पन्न नहीं करता :

"होगा फिर से दुर्धर्ष समर
जड़ से चेतन का निशि-वासर
कवि का प्रति छवि से जीवनहर, जीवन भर।
भारती इधर, हैं उधर सकल
जड़ जीवन के संचित कौशल
जय, इधर ईश, हैं उधर सबल मायाकर।"

इस समर की उद्घोषणा, और शक्ति-प्राप्त राम की 'होगी जय, होगी जय' के धरातल एक ही हैं। लेकिन 'तुलसीदास' में सिर्फ़ सांस्कृतिक अधःपतन और कवि की ओजस्वी वाग्मिता से उसकी मुक्ति का सवाल ही एकमात्र सवाल नहीं है।

निराला ने पहली बार एक कविता के माध्यम से कवि की सम्पूर्ण रचना-प्रक्रिया का सूक्ष्म मनोवैज्ञानिक विश्लेषण किया है। कविता में तुलसीदास के अवतरण के साथ ही उनके अध्ययन, उनकी अभिरुचि, उनके स्वास्थ्य, स्वर, उनके धीर-गम्भीर व्यक्तित्व की चर्चा निराला ने की है। यह प्रकारान्तर से निराला की अपनी ही व्यक्तित्व-सम्पन्नता का चित्र है। यह रचनात्मकता की जैसे पहली मानसिक तैयारी

है। इसी मनोभूमि से कवि अपना रचनात्मक आक्रमण शुरू करता है। इसलिए उसे ख़ूब अध्ययनशील, पुष्ट, परिपक्व और पारंगत होना चाहिए। तभी वह अनुभव के अनेक क्षेत्रों में अपना मानसिक संक्रमण-संवरण जारी रख सकेगा और रचनात्मकता की विराट् वेदना को झेल सकने में समर्थ होगा। अतः यह अंश तुलसीदास के व्यक्तित्व का पारम्परिक सौन्दर्य वर्णन न होकर, रचना-प्रक्रिया के विश्लेषण और अध्ययन का पहला चरण बन जाता है :

युवकों में प्रमुख रत्न-चेतन
समधीत - शास्त्र - काव्यालोचन
जो, तुलसीदास, वही ब्राह्मण-कुल-दीपक
आयत-दृग, पुष्ट-देह, गत-भय
अपने प्रकाश में निःसंशय
प्रतिभा का मन्द-स्मित परिचय, संस्मारक।

निराला का यह संक्षिप्त वर्णन देखने लायक़ है—बड़ी-बड़ी आँखें, स्वस्थ शरीर, निर्भय मन, अध्ययन के प्रकाश में निःसंशय बुद्धि, लेकिन प्रतिभा अभी पूरी तरह प्रस्फुटित नहीं—केवल उसकी मन्द स्मिति प्रकट है। केवल उसका आभास भर मिलता है। तैयारी पूरी है, सिर्फ़ वह प्रस्फुटित होने को है। इसी मनोभूमि से आगे चलकर कवि तुलसी जीवन के अनेक प्रांगणों में प्रवेश करते हैं। अनुभव के साक्षात्कार की इस प्रारम्भिक प्रक्रिया के रूप में ही कवि ने जैसे उनकी चित्रकूट-यात्रा को नियोजित किया है।

कवि तुलसी अपनी व्यक्तिगतता से बाहर आकर प्रकृति और सामाजिक जीवन की विशालता में पहली बार प्रवेश करते हैं। उन्हें प्रकृति के सौन्दर्य के अनुभव के साथ ही जन-साधारण की दुर्दशा और सम्पूर्ण भारतीय जन-जीवन, व्यवस्था और मेधा के अधःपतन का तीखा अनुभव होता है। वे अपने 'समधीत-शास्त्र-काव्यालोचन' द्वारा भारत के गौरवशाली अतीत से परिचित हैं। अपने इस पुस्तकीय अध्ययन को बाहर सामाजिक जीवन में न पाकर उन्हें इसका तीखा बोध होता है और वे उसी वक्त अपनी वाणी की वर्चस्विता द्वारा इस अपूरणीय क्षति को पूरने की मन-ही-मन प्रतिज्ञा करते हैं। उन्हें लगता है कि इस सम्पूर्ण जड़-संस्कृति को, इस प्रस्तरीभूत भारतीय मेधा को राम बनकर मुक्त करना होगा, जिससे वह अपने प्राचीन गौरव, अपनी पुरातन सुन्दरता, और पवित्रता को पुनः प्राप्त कर सके।

"लो चढ़ा तार-लो चढ़ा तार
पाषाण-खण्ड ये, करो हार,
दे स्पर्श अहिल्योद्धार-सार उस जग का,

अन्यथा यहाँ क्या? अन्धकार
बन्धुर पथ, पंकिल सरि-कगार
झरने, झाड़ी, कण्टक; विहार पशु-खग का।''

यहाँ निराला बड़े ही प्रतीकात्मक ढंग से तुलसी के निर्णयों का सूक्ष्म संकेत देते हैं। उन्हें किस दशा में अपनी रचनात्मक ऊर्जा का उपयोग करना है। वे इस बन्धुर पथ, जानवरों की अत्याचारी पशुवत् आचरण करनेवाली, भारतीय प्रकृति-श्री को दबाने-दबोचने, अभिशप्त कर देनेवाली आसुरी, विलासी संस्कृति के प्रसार को समझते हैं। इससे पाषाणवत् पड़ी संस्कृति का उद्धार केवल रामत्व को अंगीकार करके ही हो सकता है। इसीलिए मैंने कहा कि 'तुलसी', 'राम' और 'निराला' यहाँ आकर एकमेक हो जाते हैं। राम के चरित्र में तुलसी के चरित्र के प्रतिरोपण और प्रकारान्तर से उसमें भी अपने ही कवि-चरित्र की सन्निहिति के इस संकेत से ही मैंने 'राम की शक्ति-पूजा' के राम में भी निराला के रचना-व्यक्तित्व को खोजने की प्रेरणा पायी।

□□

अपने रचनात्मक निर्णय की इसी तीखी अनुभूति से कवि उद्वेलित हो उठता है। यहाँ पर निराला ने रचनात्मक आनन्द के प्रथम अनुभव का बड़ा ही अमूर्त, किन्तु भावमय और सटीक वर्णन किया है। उसकी व्याकुलता का आनन्द, उसकी उन्मन उदास तन्मयता में धीरे-धीरे सम्पूर्ण मानसिक चेतना का ऊर्ध्वमुखी होना और इस तरह उस कलात्मक क्षण की अनहोनी प्रथम अनुभूति—कला-रचना के इसी मनोवैज्ञानिक पक्ष का इतना काव्यमय, सूक्ष्म विश्लेषण शायद ही कहीं और उपलब्ध हो। यानी कि विषय तो है शास्त्र-व्याख्या का, आलोचना और विश्लेषण का और उसे निराला ने एक बिम्ब-युक्त शब्द-लय में बाँध दिया है :

बहकर समीर ज्यों पुष्पाकुल
वन को कर जाती है व्याकुल,
हो गया चित्त कवि का त्यों तुलकर उन्मन;
वह उस शाखा का वन-विहंग
उड़ गया मुक्त नभ निस्तरंग
छोड़ता रंग-पर-रंग-रंग पर जीवन।

यह ऊर्ध्वगामिता रहस्यवादिता का पर्याय नहीं है। शब्दों की यह अमूर्तता और विशिष्ट मुद्रा तुलसीदास के जीवन और काव्य-सम्बन्धों को बरक़रार रखने के लिए की गयी है, जिससे उसका इतिवृत्त अपने प्रारम्भिक रूप में सुरक्षित रहे; जिससे यह बिलकुल अपने सन्दर्भों से टूटकर आज का ही सन्दर्भ न बन जाय। भाषा की इस

सामासिक, तत्सम योजना के पीछे, मूल में यह वस्तु की माँग ही है। निराला, तुलसीदास के लोक-आख्यान को उसके उस रूप में भी सुरक्षित रखना चाहते हैं। क्योंकि अगर वह उस अर्थ से छुट जाता है तो उसमें आरोपित नया अर्थ ही व्यंजना न बनकर इतिवृत्त का रूप धारण कर लेगा। इसके अतिरिक्त किसी भी इतिवृत्त को रचना में पुनर्प्रस्तुत करने की पहली शर्त तो यही है कि उसका मूल ढाँचा सुरक्षित रहे और फिर उसी के भीतर नक्क़ाशी से उसकी रूप-सज्जा को एक नया अर्थ दे दिया जाय।

तुलसी के लोक-आख्यान को सुरक्षित रखने के लिए कवि ने भाषा-बन्ध की इस पुरातन नवीनता, या नवीनीकृत पुरातनता का सहारा लिया है। इसलिए 'तुलसीदास' कविता के भूमिका-लेखक का यह मत उचित नहीं जान पड़ता कि 'यहाँ रहस्यवाद से सम्बन्ध रखनेवाली भावना का विश्लेषण करना ही कवि का इष्ट रहा है।' कवि का इष्ट तो रचनात्मकता की मनोवैज्ञानिक व्याख्या है। भाषा का यह तत्सम, किन्तु कुछ-कुछ दार्शनिक रहस्यमय शब्दावली का उपयोग तो लोक-आख्यान और तुलसी के इतिवृत्त-अर्थ को एकतान रखने के लिए किया गया है। इसीलिए मन की इस ऊर्ध्वगामिता में भी तुलसी 'देश की राहुग्रस्त-आभा' को देखना भूलते नहीं। उनका जीवन इस जन-वेदना से भस्मसात हो रहा है। वे धीरे-धीरे जीवन के व्यापक-विराट् अनुभव को उसी तरह अपनी रचना के लिए संचित करते हैं, जैसे ऋतु के प्रभाव को कोई पेड़। वह उसी तरह अपने अन्तर को धीरे-धीरे समृद्ध और पूर्ण करते जाते हैं। उन्हें शेष-श्वास, मूक-पशुओं की तरह सवर्णों के ग्रास—शूद्रों की यातना की तीखी अनुभूति होती है।

वर्ण-व्यवस्था पर यह प्रहार नये तुलसी का है, प्रकारान्तर से निराला का है। इस सामाजिक समत्व को तुलसी के लोक-आख्यान में, रामानन्द की विष्णु की आराधना का अधिकार सभी को दिये जाने से, हलका-सा मिलाया जा सकता है। लेकिन प्रमुखतः 'तुलसी' के रूप में उपेक्षित के उन्नयन की यह चिन्ता निराला के जन-साधारण-मन की सांस्कृतिक निष्ठा का ही रूप है। देश-काल की दुर्दशा, पतन और शोषण की इसी तीखी अनुभूति की पृष्ठभूमि में, अनुभव-संचय की इसी आधार-भूमि पर कवि अपनी रचना-संवेदना की दिशा की सच्ची और मौलिक पहचान करता है :

करना होगा यह तिमिर पार
देखना सत्य का मिहिर-द्वार
बहना जीवन के प्रखर ज्वार में निश्चय
लड़ना विरोध से द्वन्द्व समर
रह सत्य मार्ग पर स्थिर निर्भर
जाना, भिन्न भी देह, निज घर निःसंशय।

यह वही 'तिमिर' है, जिसमें 'राम की शक्ति-पूजा' में राम घिरे हुए हैं। शक्ति की मौलिक परिकल्पना से राम इस अन्धकार पर विजय प्राप्त करते हैं। 'तुलसी' (अथवा निराला) अपनी रचनात्मकता की सही दिशा की पहचान, अपनी मौलिक प्रतिभा की शक्तिमन्तता से इस 'तिमिर' को पार करके नये सूर्योदय की घोषणा अपनी वर्चस्वी वाणी से करते हैं।

□□

अनुभव-अर्जन और अनुभव-समृद्धि की इस व्याख्या के पश्चात् निराला ने रचनाकार के मानसिक भटकाव का वर्णन किया है। इसी सन्दर्भ में उन्होंने रत्नावली के लोक-आख्यान को नियोजित किया है। इस मोह के सर्वग्रासी प्रभाव का बड़ा ही सूक्ष्म अंकन निराला ने किया है। इस दशा में भी कवि को लगातार यह लगता रहता है कि उसका सारा अनुभव-संचय व्यर्थ हो रहा है। इस निजी-सुख-लाभ, इस स्वार्थान्धता में उसका जीवन-क्षय निश्चित है। रचनात्मकता का विनाश उसे बराबर एक तीखी अनुभूति देता रहता है, लेकिन अपनी आन्तरिक ईमानदारी के कारण वह अपने भटकाव को कुछ दिनों के लिए सच मान लेता है। और उसमें पूर्णतया डूब जाता है। लेकिन उसका यह भटकाव सर्वग्रासी सिद्ध नहीं होता। उसे उसका भटकाव ही चेतावनी देता है और अन्ततः वह अपनी निःसंशय रचना-तपस्या की ओर लौटता है। मोह-मुक्ति के इस प्रसंग का बड़ा ही भावमय वर्णन कवि ने किया है :

चमकी तब तक तारा नवीन
द्युति नील-नील जिसमें विलीन
हो गयीं भारती, रूप-क्षीण महिमा अब;
आभा भी क्रमशः हुई मन्द,
निस्तब्ध व्योम—गति-रहित छन्द;
आनन्द रहा, मिट गये द्वन्द्व बन्धन सब।
वे मुँदे नयन, ज्ञानोन्मीलित,
कलि में सौरभ ज्यों, चित में स्थित;
अपनी असीमता में अवसित प्राणाशय;
जिस कलिका में कवि रहा बन्द,
वह आज उसी में खुली मन्द;
भारती-रूप में सुरभि-छन्द निष्प्रश्रय।

आत्म-मोह की इसी स्थिति से, वह इसी के भीतर से नये रूप में अपने कवित्व को प्राप्त करता है। रत्नावली के रूप में 'भारतीय-दर्शन' इस नये अर्थ का

इतिवृत्त-भाग सुरक्षित रखने के लिए किया गया है। अपने इसी नये अर्थ की प्रतिष्ठा के कारण 'तुलसीदास' अपने लोक-आख्यान से पृथक् एक सर्वथा नूतन महत्त्व धारण करती है। उसके प्रसंग एक स्तर पर आधुनिक इतिहास के प्रसंग हैं तो दूसरे स्तर पर कवि की रचना-प्रक्रिया की शाश्वत व्याख्या, उसकी रचना-समृद्धि और उसके संवेदनागत निर्णयों से जुड़े हुए हैं।

'सरोज-स्मृति' :

'सरोज-स्मृति' में भी संघर्ष और समर का वह संकेत, जिसकी व्याख्या हम 'राम की शक्ति-पूजा' और 'तुलसीदास' के सन्दर्भ में कर चुके हैं, विद्यमान है। इस तरह 'शिवाजी का पत्र' और 'स्वामी प्रेमानन्द जी महाराज' से लेकर 'सरोज-स्मृति' तक निराला की इन लम्बी कविताओं में एक विषयगत एकतानता विद्यमान है। इसीलिए मैंने उन्हें एक ही रचना-धरातल या रचना-प्रक्रिया की एक ही विशिष्ट क्रियाशीलता की उपज कहा है। इन सभी कविताओं का कथ्य उनके इतिवृत्त से अलग दो-दो स्तरों पर झंकृत और प्रतिष्ठित हुआ है। एक—भारत के सांस्कृतिक उत्थान और राष्ट्रीय मुक्ति के रूप में और दूसरा, कवि की निजी रचनात्मकता के संघर्ष और प्रतिभा-तेजस्विता की विजय की उद्घोषणा के रूप में।

'सरोज-स्मृति' में भी वह रचनात्मक संघर्ष और उसके लिए समर विद्यमान है। अन्तर यही है कि यहाँ, इस कविता में वह प्रतीकार्थ के रूप में नियोजित न होकर, प्रत्यक्ष अर्थ के रूप में ही रखा गया है। इसका कारण स्पष्ट है। उनकी दूसरी लम्बी कथात्मक कविताओं से बिलकुल अलग 'सरोज-स्मृति' में कोई ऐतिहासिक, अर्द्ध-ऐतिहासिक या लोक-आख्यान पर आधारित इतिवृत्त नहीं उठाया गया है। यह वस्तु के स्तर पर सर्वथा एक आत्म-चरितात्मक कविता है। कवि के जीवन-वृत्त का एक मार्मिक-प्रसंग ही इसका इतिवृत्त है। इसीलिए कवि को यहाँ किसी पात्र के माध्यम से प्रतीकार्थ रूप में अपने व्यक्तित्व को नियोजित नहीं करना पड़ा। बल्कि अपनी इस जीवनीपरक, आत्म-स्वीकार की कविता में कवि संदेह स्वयं उपस्थित है। इसीलिए यहाँ उसका समर, उसका संघर्ष, उसकी उदासी या उसकी खिन्नता और उसका मानकिस अन्धकार 'राम' या 'तुलसी' के भीतर से नियोजित प्रतीक-भाषा में अभिव्यक्त न होकर एक मार्मिक तथ्य-कथन के रूप में व्यक्त होता है। यहाँ समर स्पष्ट है। अपनी कविता की अपने समकालीन पाठकों, सम्पादकों से अस्वीकृति, कवि की मौलिकता, भाषा और उसके विद्रोही रूप पर तरह-तरह के आक्षेप, आर्थिक विपन्नता, एकाकीपन—सभी प्रत्यक्ष और साफ़ हैं। उनमें कहीं दुहरी अर्थ-व्यंजना नहीं है। इसी तरह शोषक द्विज-गण भी यहाँ 'कान्यकुब्ज कुल-कुलांगार' के रूप में प्रत्यक्ष विद्यमान हैं। कवि का आहत, अपराजित लेकिन अन्धकारग्रस्त रचना-जीवन भी वही है :

(1) देखता रहा मैं खड़ा अचल
वह शर-क्षेप, वह रण-कौशल
व्यक्त हो चुका चीत्कारोत्कल
क्रुद्ध-युद्ध का रुद्ध कण्ठ-फल।
तब भी मैं इसी तरह समस्त
कवि-जीवन में भी व्यर्थ व्यस्त
लिखता अबाध गति मुक्त छन्द
पर सम्पादक-गण निरानन्द
वापस कर देते पढ़ सत्वर
दे एक पंक्ति-दो में उत्तर
लौटी रचना लेकर उदास
ताकता हुआ मैं दिशाकाश
(2) वे कान्यकुब्ज-कुल कुलांगार
खाकर पत्तल में करें छेद
इनके कर कन्या, अर्थ खेद
इस विषय-बेलि में विष की फल
यह दग्ध मरुस्थल-नहीं सुजल।

अन्तर यही है कि जहाँ 'राम की शक्ति-पूजा' या 'तुलसीदास' में अपनी रचनात्मक ऊर्जा की विजय की उद्घोषणा निराला करते हैं, वहाँ 'सरोज-स्मृति' में दुःख-भार-जर्जर, निराश, आहत और टूटे हुए निराला के दर्शन होते हैं। यहाँ कविता के अन्त में उनकी गहरी सदा-उद्घोषित आस्था और अपराजेय स्वर की घोषणा हम नहीं पाते। न तो यहाँ वे 'पुरुषोत्तम नवीन' के रूप में अवतरित होते हैं, न ही 'प्राची में पुष्कल रवि-रेखा' का दर्शन करनेवाले 'अशेष छविधर कवि' के रूप में सामने आते हैं। यहाँ पर एक महा-निराशा की मरुभूमि में कविता का अन्त होता है :

दुःख ही जीवन की कथा रही
क्या कहूँ आज जो नहीं कहीं
हो इसी कर्म पर वज्रपात
यदि धर्म, रहे नत सदा माथ
इस पथ पर मेरे कार्य सकल
हों भ्रष्ट शीत के से शतदल।

अपनी रचनात्मकता के विनाश और तर्पण की इच्छा का यह जर्जर-आवेश निराला के मन की गहरी यातना का प्रतीक है। इस सम्पूर्ण कवि-कर्म से उन्हें क्या मिला? क्या कला और रचना के प्रति यह अनन्त आस्था, सम्पूर्ण आत्म-समर्पण सांसारिक स्तर पर एक प्रकार का निरन्तर चलनेवाल आत्महनन नहीं साबित हुआ, जिसका अन्त उनकी पुत्री की मृत्यु, आर्थिक विपन्नता और अन्ततः मानसिक विशृंखलता में हुआ। मेरा ख़याल है, इसी जर्जर मनोभूमि से निराला अर्द्ध-विक्षेप के नरक में उतर गये होंगे। उनका अपराजेय स्वर यहाँ नैराश्य की उत्कटता से पराभूत हो गया है। लेकिन यह अस्वाभाविक नहीं लगता। गलदश्रु भावावेश से पूर्ण भी नहीं लगता। यह दुःख-अन्धकार की सहज आत्म-स्वीकृति है। पीड़ा द्वारा आच्छन्न हो जाने का स्वाभाविक स्वीकार है।

□□

लम्बी कविताओं के स्वर की इसी एकतानता के भीतर ही, या उसे समझकर ही, 'सरोज स्मृति' की उचित व्याख्या की जा सकती है। दरअसल यह कविता अतीत, स्मृति, मृत्यु की असीम करुणा और भावावेगिलता सामाजिक अवमानना और साहित्यिक उपेक्षा की एकत्र संगमित अनुभूति की अभिव्यक्ति का अद्वितीय नमूना है। यह कविता के रूप में लिखा गया आत्म-चरित है। लेकिन इसमें भी निराला अपने व्यंग्यात्मक स्वर को भुला नहीं पाये हैं। आत्म-विक्षेप के स्तर तक उठनेवाली इस अनुभूति को बार-बार जगह-जगह से उन्होंने करारे व्यंग्य के बसूले से छील-छीलकर चिकना और सन्तुलित किया है। यह व्यंग्य अपने निजत्व के ऊपर भी है और सामाजिक विषमताओं, संकीर्णताओं और हास्यास्पदताओं को लेकर भी है।

जैसे दुःख की अतिशयता में, पुत्र या पुत्री की मृत्यु-वियोगावस्था में माएँ विलापते हुए कभी-कभी आत्म-विक्षेप की स्थिति में आकर हँसने लगती हैं–। निराला अपनी सन्तान के लिए मातृवत् ही थे। यह हँसना जैसे हँसाता नहीं, बल्कि भय पैदा करता है। उसी तरह निराला के ये व्यंग्य हँसाते उतना नहीं, जितना कविता की त्रसदी को नैराश्य के भयप्रद स्तर तक गहराते जाते हैं। निराला कविता में एक जगह अपनी पुत्री को 'मेरे स्वर की रागिनी-वह्नि' कहकर सम्बोधित करते हैं। इस अग्नि का तिरोभाव और सम्पूर्ण अन्धकार की प्रतिच्छाया, काव्यात्मकता की परिसमाप्ति का सघनतम नैराश्य ही इस कविता को एक अद्वितीय त्रासदी-कविता की भूमि पर प्रतिष्ठित करता है। आत्म-स्वीकृति और निरन्तर प्रवाहित दुःख-भाव की व्याकुल लहरियों के कारण ही इसकी विवरणात्मकता कहीं भी खटकती नहीं। यह त्रासदी और आत्म-स्वीकार की मनःस्थिति ग़ालिब की इस मनःस्थिति के निकट कभी-कभी ले जाती जान पड़ती है :

हो चुकीं ग़ालिब बलाएँ सब तमाम
एक मर्ग़े नागहानी और है।

□□

यहाँ निराला की इन लम्बी कथात्मक कविताओं के शिल्प और भाषा-बन्ध की कुछ विशेषताओं के सूत्र-संकेत दे देना आवश्यक जान पड़ता है। सूत्र-संकेत इसलिए कि इन कविताओं के शिल्प, भाषा, शब्द-बन्ध की खोज, उनकी विषयगत आवश्यकता, उनके संयोजन, गढ़न और महत्त्व के बारे में हम अलग-अलग कविताओं के सम्बन्ध में विचार करते हुए, किसी-न-किसी रूप में व्याख्यायित कर चुके हैं। समाहार के रूप में इन सभी कविताओं को एक ही तरह की रचना-प्रक्रिया की क्रियाशीलता की उपज मान कर इनकी विषयगत एकतानता को देखते हुए मुझे इन कविताओं में काफ़ी शिल्प-वैविध्य लगा।

मसलन 'पंचवटी-प्रसंग', 'शिवाजी का पत्र' और 'स्वामी प्रेमानन्द जी महाराज' मुक्त छन्द में लिखी गयी कविताएँ हैं। लेकिन छन्द-प्रयोग की नवीनता के बावजूद इनमें विषय का उतना सूक्ष्म प्रयोग और नये अर्थ की उतनी सूक्ष्म प्रतिष्ठा और गहराई नहीं मिलती, जितनी 'राम की शक्ति-पूजा' और 'तुलसीदास' में– यद्यपि ये दोनों कविताएँ छन्द-बद्ध हैं। यह भी द्रष्टव्य है कि इन कविताओं के लिए भी निराला ने परम्परागत छन्दों को तोड़कर दो नये छन्दों का निर्माण किया है।

'सरोज-स्मृति' और 'यमुना के प्रति' भी छन्द-बद्ध कविताएँ हैं। लेकिन इनके भी छन्द नव-निर्मित हैं। इनमें से सिर्फ़ 'यमुना के प्रति' का छन्द-विधान छायावादी कवियों-विशेषकर पन्त-की रचनाओं में पाया जाता है। शेष सारे छन्द निराला द्वारा निर्मित हैं और उनकी पुनरावृत्ति न तो निराला में मिलता है और न किसी दूसरे ने ही उसका उपयोग किया है। छन्द-विधान की तरह ही इन लम्बी कविताओं के शिल्प-बन्ध का वैविध्य भी द्रष्टव्य है। 'शिवाजी का पत्र' पत्र-शिल्प की ओजस्विता और वाग्मिता का अद्‌भुत उदाहरण है। इसकी शैली ओजस्वी भाषण-कला की शैली है। इसके ठीक विपरीत 'यमुना के प्रति' और 'सरोज स्मृति' स्मरण-शिल्प के नमूने हैं। दोनों के स्मरण में वैसे बहुत अन्तर है। एक में अतीत की गौरव-गाथा का स्मरण है तो दूसरे में मृत पुत्री के माध्यम से अपने सम्पूर्ण जीवन की त्रासदी का।

'स्वामी प्रेमानन्द जी महाराज' और 'पंचवटी-प्रसंग' में विवरणात्मकता प्रधान है। जब कि 'तुलसीदास' और 'राम की शक्ति-पूजा' बिम्बात्मक शिल्पबन्ध के अद्‌भुत नमूने हैं। लेकिन इस छन्द और शिल्प-वैविध्य के ठीक विपरीत-विषय की एकतानता की तरह इन कविताओं की भाषिक संरचना में एक अन्तर्गुम्फित एकतानता विद्यमान है। तत्समता, उठान, आवेश, आभिजात्य गढ़न और लयात्मक प्रवाह—इन सभी कविताओं की भाषिक संरचना की प्रमुख विशेषताएँ हैं। वस्तुगत अनुकूलता

या माँग और उपयोगिता के आधार पर यह उठान, संघटन और आभिजात्य गढ़न कहीं सघन, सघनतर, सघनतम और कहीं छिदरी-छिदरी और विरल होती गयी है। सघन बिम्बात्मक भाषा का सफलतम प्रयोग 'तुलसीदास' और फिर 'राम की शक्ति-पूजा' में हुआ है। अपनी गढ़न, उठान और सुघड़ता के बावजूद 'शिवाजी का पत्र' में बीच-बीच में इसकी सघनता छितरा गयी है। जब कि अपनी गहरी यातना के अन्तर्वर्ती एकतान प्रवाह के कारण 'सरोज-स्मृति' में बावजूद विवरणात्मकता के, भाषा का यह सघन संगठन विद्यमान है और कहीं टूटता नहीं। इसी तरह की सघनता और बिम्बात्मकता 'यमुना के प्रति' में भी है, लेकिन बावजूद अपनी तत्समता के 'पंचवटी-प्रसंग' और 'स्वामी प्रेमानन्द जी महाराज' में निराला का भाषा-बन्ध छितरा गया है। इसका भी कारण उसमें नये भावमय अर्थ की प्रतिष्ठा का अभाव ही है। इस तरह इन कविताओं के शिल्प-बन्ध, छन्द-विधान और भाषिक संरचना के सम्बन्ध में ये कुछेक निष्कर्ष-सूत्र निकाले जा सकते हैं।

□□

निष्कर्षतः यह कहा जा सकता है कि अपनी इन लम्बी कथात्मक कविताओं का भी विषय निराला स्वयं हैं। इस तरह की कविताएँ उनके गीतों या ऋतु-कविताओं की तरह ही गहरे आत्म-साक्षात्कार की कविताएँ हैं। इन कविताओं में निराला ने दुहरे स्तर पर अपने को छुआ है। उनकी पहली चिन्ता ऐतिहासिक और राष्ट्रीय उन्नयन की है, और दूसरी चिन्ता अपनी रचनात्मकता और प्रतिभा-तेजस्विता की छान-बीन, पुनर्पहचान तथा प्रतिष्ठा है। इन्हीं दोनों अर्थों का साक्षात्कार इन कविताओं के माध्यम से अत्यन्त सफलतापूर्वक निराला ने किया है। इसीलिए ये कविताएँ परम्परागत प्रबन्ध-रूपों के निकट न होकर निराला के निजत्व की समीपतम पहचान के कारण आधुनिक लम्बी कविताओं के शिल्प और स्थापत्य के अधिक निकट हैं और इन्हीं कारणों से निराला अपनी इन कविताओं को लेकर भी पुनरावृत्ति या पारम्परिकता के शिकार नहीं हैं, बल्कि उनकी आधुनिक मौलिक कवि की चिन्ता, रचनात्मकता और तेजस्विता ही इनके माध्यम से और अधिक स्पष्ट होती है।

•

राष्ट्रीय उद्‌बोधन

योग्य-जन जीता है
पश्चिम की उक्ति नहीं
गीता है गीता है,
स्मरण करो बार-बार
जागो फिर एक बार।

निराला के कविता-संसार में लगातार घूमते रहने पर अक्सर एक सवाल मन में बार-बार कौंधता है कि उनकी राष्ट्रीय और राजनीतिक विचारधारा क्या है! उनकी राष्ट्रीय उद्‌बोधन की शैली क्या है? शैली से मेरा मतलब उनकी इस तरह की कविताओं की शैली से नहीं है। मेरा मतलब है, राष्ट्र के सवाल को लेकर वे किस तरह की ज़मीन पर खड़े हैं। उनका विद्रोह, उनकी क्रान्ति की विचारधारा क्या है? राष्ट्र-मुक्ति के सवाल को वे किस नज़रिये से देखते हैं। उनकी कविताओं में भारत की परतन्त्रता से मुक्ति का जो आह्वान मिलता है, उसकी मुद्रा क्या है? अपने समय के प्रमुख विचारकों, राष्ट्रीय नेताओं तथा राजनीतिक विचारधाराओं के प्रति उनका रुख़ क्या है? क्या वे उनसे प्रभावित हुए हैं, उन्हें अपनाते हुए दिखायी पड़ते हैं या उनसे किसी भी स्तर पर संलग्न या जुड़े हुए हैं? ये सवाल इसलिए भी महत्त्वपूर्ण हैं कि कोई भी प्रतिभाशाली लेखक अपने समय की समस्याओं, जीवन्तताओं के भीतर से होकर ही शाश्वत और समयातीत कला-मूल्यों की उपलब्धि कर सकता है। अगर यह समसामायिक नहीं है तो उसके शाश्वत होने का सवाल ही नहीं उठता।

□□

इन सवालों से फिर कुछ और सवाल निकलते हैं। भारत की जो परिकल्पना उनके दिमाग़ में है वह क्या है? राष्ट्रीय उद्‌बोधन के सिलसिले में भी क्या वे अतीतजीवी हैं? क्या वे पुनरुत्थानवादी हैं? क्या परतन्त्रता से मुक्ति के बाद भारत की पुरानी धारणा की ओर वे लौटना चाहते हैं? क्या वे पुनर्जागरण मात्र को राष्ट्रीय उत्थान के लिए आवश्यक मानते हैं? जिस भारतीय संस्कृति की चर्चा वह बार-बार करते हैं, वह भारतीय संस्कृति उनकी नज़र में क्या है? क्या उनके दिमाग़ में किसी हिन्दू-भारत की परिकल्पना है? या इस तरह की काव्य-पंक्तियाँ और बिम्ब मात्र

प्रतीकार्थ में ही प्रयुक्त हुए हैं? जिस 'जाति-जीवन' की चर्चा अक्सर उनकी कविताओं में आयी है, उस 'जाति-जीवन' से उनका तात्पर्य क्या है? क्या वे जाति का अर्थ 'हिन्दू' से करते हैं, या वर्ण-व्यवस्था से या राष्ट्रीयता से? क्या उनके दिमाग़ में हिन्दू और मुसलमान अलग-अलग जातियाँ हैं या 'जाति' उनके दिमाग़ में प्रत्येक 'भारतीय' के लिए प्रयुक्त एक शब्द है? इन सवालों की रोशनी में ही निराला की राष्ट्रीय और राजनीतिक विचारधारा को समझा-परखा जा सकता है। ये सवाल ऊपर से उनकी कविता या रचनात्मकता को परखने के लिए मैंने नहीं उठाये हैं, बल्कि इनका उत्स निराला की कविताएँ ही हैं। उनकी रचना की मानसिक बनावट में से ही वे सवाल निकलते हैं और फैलते हुए हमें चारों ओर से समेटकर पुनः उनकी कविता और उनके व्यक्तित्व की समीक्षा तक ले आते हैं। तब लगता है कि उनके व्यक्तित्व के बाहर कुछ भी नहीं है, जिसे उनकी कविता को समझने और व्याख्यायित करने के लिए ज़रूरी माना जाय। इसी अर्थ में वे अपने दूसरे समकालीनों से भिन्न हैं।

□□

यहाँ पर भी हम अपने स्थापनावाले निबन्ध का वह नुक्ता दुहराना चाहेंगे कि निराला में रचनात्मकता के अनेक स्वर और स्तर एक ही साथ, हर समय क्रियाशील दिखायी देते हैं। राष्ट्रीय उद्बोधन की उनकी अपनी मौलिक शैली उनके रचना-जीवन में शुरू से ही विद्यमान है। भारत की ग़ुलामी और मुक्ति की समस्या के प्रति वे शुरू से ही सचेत हैं। उनकी इस राष्ट्रीय चेतना का महत्त्व इसी से समझा जा सकता है कि 'मातृभूमि' उनकी पहली कविता है। चाहे शिल्प, और शब्द-बन्ध के लिहाज़ से वह कितनी ही अपरिपक्व रचना क्यों न हो, उससे उनकी स्वाधीन चेतना की झलक तो मिलती ही है। ग़ुलामी से मुक्ति का जो आह्वान आगे चलकर 'शिवाजी का पत्र', 'जागो फिर एक बार', 'तुलसीदास' और 'राम की शक्ति-पूजा' में प्रतीकात्मक ढंग से व्यक्त हुआ है उस संवेदना-दृष्टि का प्रारम्भ उनकी शुरुआत की कुछ कविताओं में देखा जा सकता है :

चूम चरण मत चोरों के तू
गले लिपट मत गोरों के तू

अपने अनुभव-आक्रोश को यहाँ जिस तरह की अभिधात्मक शैली में निराला ने व्यक्त किया है, उसी को परिणति आगे चलकर उपर्युक्त कविताओं में सघन, ओजस्वी स्वर में हुई है। 'मातृभूमि' कविता में भारत माता की जो परिकल्पना निराला ने की है, उनका वही निश्छल, आत्म-समर्पणपूर्ण प्रार्थना-क्रम आगे चलकर, 'भारति, जय, विजय करे' और 'नर-जीवन के स्वार्थ सकल'-जैसी अनेक मातृ-प्रार्थनाओं में विकसित-पल्लवित हुआ है। इस सन्दर्भ में उनकी पहली प्रकाशित कविता 'मातृभूमि' की कुछ पंक्तियाँ द्रष्टव्य हैं :

बन्दूँ तव अमल-कमल
चिर-सेवित चरण-युगल।

मुकुट शुभ्र - हिमागार
हृदय बीच विमलहार
पंचसिन्धु ब्रह्मपुत्र रवितनया गंगा
विन्ध्य-विपिन राजे घन घेरि युगल जंघा
त्रिदश कोटि नर-समाज
मधुर-कण्ठ मुखर आज।
चपल-चरण-भंग नाच तारागण सूर्य-चन्द्र
चूम-चरण, ताल मार गरज जलधि मधुर-मन्द्र

इसी के समानान्तर मातृ-वन्दना की उनकी प्रसिद्ध कविता 'भारति, जय, विजय करे' की पंक्तियों को मिलाकर देखा जा सकता है। दोनों कविताएँ एक ही मानसिक बनावट, एक ही संवेदना-दृष्टि की उपज हैं, लेकिन दोनों में फिर भी काफ़ी-कुछ फ़र्क है। दूसरी कविता में शब्द-बन्ध सघन और संक्षिप्त होकर उसी अनुभव को और अधिक गहराई और तन्मयता से उद्‌घाटित करता है :

भारति, जय, विजय करे।
कनक - शस्य - कमल धरे।

लंका - पदतल शतदल
गर्जितोर्मि सागर - जल
धोता शुचि चरण - युगल
स्तव कर बहु - अर्थ - भरे।

तरु - तृण - वन - लता वसन
अंचल में खचित सुमन
गंगा ज्योतिर्जल - कण
धवल - धार हार गले।

मुकुट शुभ्र हिम - तुषार
प्राण - प्रणव ओंकार

ध्वनित दिशाएँ उदार
शतमुख - शतरव - मुखरे।

कविता की पंक्तियों और उसकी सम्पूर्ण बनावट में यह पहली कविता का पुनर्लेखन मात्र नहीं है। ऐसा नहीं है कि यह पहली कविता के अपरिपक्व शब्द-बन्ध में कुछ सुधार करके दूसरी कविता बना दी गयी है। दोनों की संवेदना-दृष्टि में एक झीनी और बाहरी एकरूपता होते हुए भी दूसरी कविता और भी कई अर्थों में गहरी और महत्त्वपूर्ण है। पहली कविता प्रार्थनापरक होते हुए भी भारत का एक भौगोलिक रेखांकन-भर प्रस्तुत करती है।

मेरा ख़याल है कि यह कविता लिखते वक्त निराला के दिमाग़ में रवीन्द्रनाथ की प्रसिद्ध कविता और आज का राष्ट्र-गान 'जन-गण-मन' है। रवीन्द्रनाथ की कविता भी एक प्रकार का भौगोलिक रेखांकन है। निराला की इस कविता से उनकी भारत की भौगोलिक धारणा ही अधिक स्पष्ट होती है। रवीन्द्रनाथ की कविता की तरह इसमें भी हिमालय से लेकर पंचनदियों, गंगा, विन्ध्याचल और समुद्र का वर्णन है। इसके अतिरिक्त जो इस कविता में है, वह निराला की मातृभूमि के प्रति उच्छल गर्व की अनुभूति है। वे उसे 'जगन्महारानी' कहकर उद्‌बोधित और गर्वित होते हैं, साथ ही यह स्वप्न-परिकल्पना भी करते हैं कि सारा संसार उसके भैरव-राग को सुनकर चकित है। यह गर्वोक्ति सच भले न हो, कवि की इस इच्छा का संकेतक तो है ही। इसे मात्र अपरिपक्व और भावुक अभिव्यक्ति मान लेना उचित न होगा।

बहरहाल, मैं जो कहना चाहता था, वह यह है कि इस कविता से जहाँ भारत की उनकी भौगोलिक परिकल्पना स्पष्ट होती है वहीं 'भारति, जय, विजय करे' से उनका यह भौगोलिक रेखांकन भारत के एक सांस्कृतिक रेखांकन में भी बदल जाता है। इसीलिए इन कविताओं के क्रम में यह 'प्रार्थना-गीत' या 'राष्ट्र-गीत' रवीन्द्रनाथ के तथाकथित 'राष्ट्र-गान' से ज़्यादा महत्त्वपूर्ण बन जाता है।

तथाकथित इसलिए कि अब शायद अधिकांश लोगों को यह मालूम हो गया है कि दरअसल यह कविता रवीन्द्रनाथ ने जॉर्ज पंचम की अगवानी के लिए लिखी थी। 1911 के दरबार में यह शायद पढ़ी जानेवाली थी या पढ़ी गयी थी। चाहे न भी पढ़ी गयी हो, लिखी यह जॉर्ज पंचम की प्रशस्ति में ही गयी थी। एक अधिनायक और साम्राज्यवादी शक्ति के प्रतीक-पुरुष सम्राट् के लिए लिखी गयी इस कविता को अब हमारा राष्ट्र-गीत बना दिया गया है। जिस अधिनायक के शुभ-नाम से सारा भौगोलिक भारत जागता है, जिसका वह आशीर्वाद माँगता है और जिसके प्रशस्ति-गान गाता है, वह अधिनायक जनता का हितैषी कैसे हो सकता है? यह तो सीधे-सीधे किसी तानाशाह के प्रति एक डरी हुई, कातर प्रार्थना का भाव है। इसी डरी हुई, कातर प्रार्थना को 'राष्ट्र-गीत' का दर्जा दे दिया गया है। दरअसल, सच पूछिये तो यह एक

निहायत शर्मनाक बात है लेकिन यहाँ की पढ़ी-लिखी और अपढ़, सारी जनता, जो भी उसे थमा दिया जाता है, आँख मूँदकर योगी-भाव से स्वीकार कर लेती है। क्योंकि अभी भी भारतीय जन-साधारण अपने घर के चरित्र को अपने से बाहर–राष्ट्र के चरित्र से नहीं जोड़ता। घर के चरित्र में वह कोई गड़बड़ नहीं आने देता। बाहर के चरित्र को वह गम्भीरतापूर्वक लेता ही नहीं। जॉर्ज पंचम के लिए लिखा गया–ठीक है, लिखा होगा। राष्ट्र-गीत बन गया-बन गया होगा। उसे घर के चरित्र से मतलब है, राष्ट्र-गीत जाय चूल्हे-भाड़ में।

अपनी इसी धारणा के द्वैत के कारण इस देश ने अक्सर मार खायी है, लेकिन वह द्वैत अभी भी पिटे हुए रूप में बरक़रार है। अगर ऐसा न होता तो क्या एक आदमी भी इसका विरोध न करता?

निराला इस तरह की मानसिक स्थिति को कभी नहीं सह सकते थे। उनके चरित्र के अन्तर्गत यह द्वैत कभी नहीं रहा। उन्होंने भी 'अष्टम एडवर्ड' पर एक कविता लिखी है, लेकिन वह अधिनायक की प्रार्थना नहीं है, अपने प्रेम के लिए सिंहासन त्यागनेवाले एक महान् मनुष्य के बारे में कविता है। दोनों कवियों का चरित्रगत और धारणागत अन्तर इसी से स्पष्ट हो जाता है। ...आज के एक संवेदनशील कवि को, अधिनायक के प्रति लिखी गयी इस कातर प्रार्थना को 'राष्ट्र-गीत' का रूप दे देने के भीतर आज का एक कटु यथार्थ भी नज़र आता है। उसे लगता है, कहीं प्रजातन्त्र की खोल में यह उसी अधिनायकत्व का लौटना तो नहीं है, जिसका डर निराला जनता पर जादू चला राजे के समाज का' कहकर व्यक्त करते हैं। अपने इसी संशय-भरे सवाल को उस नये हिन्दी-कवि ने अत्यन्त मार्मिक, व्यंग्यपूर्ण और उदास शब्दों में व्यंजित किया है :

राष्ट्रगीत में भला कौन वह
भारत- भाग्य-विधाता है
फटा सुथन्ना पहने जिसका
गुन हरचरना गाता है

मख़मल टमटम बल्लम तुरही
पगड़ी छत्र चँवर के साथ
तोप छुड़ाकर, ढोल बजाकर
जय-जय कौन कराता है

पूरब-पच्छिम से आते हैं
नंगे-बूचे नर-कंकाल

सिंहासन पर बैठा, उनके
तमग़े कौन लगाता है

कौन-कौन वह जन-गण-मन
अधिनायक वह महाबली
डरा हुआ मन बेमन जिसका
बाजा रोज़ बजाता है।

(अधिनायक : रघुवीर सहाय)

जिसने भी 26 जनवरी का जुलूस देखा है, कविता की मार्मिकता उसके मन पर गहरा असर छोड़ जायेगी। इसके सन्दर्भ और इसका कटु व्यंग्य तिलमिलाकर फिर उदास कर देते हैं। भारत के भौगोलिक रेखांकन और उसके द्वारा किसी अधिनायक की कातर प्रार्थना का विचार भी निराला के दिमाग़ में नहीं आ सकता था। ऐसे में वे भड़क उठते। इसीलिए उनकी प्रार्थना एक प्रकार से पवित्र और भक्तिमय आत्म-समर्पण है।

निराला के दिमाग़ में भारत की परिकल्पना केवल एक भौगोलिक सीमा के रूप में ही नहीं है। भारत उनके लिए मुख्यतः एक 'सांस्कृतिक इकाई' है। एक ऐसी सांस्कृतिक इकाई, जिसे मिटाया नहीं जा सकता; जिसकी समता और तुलना नहीं की जा सकती; जो बावजूद अनेक झंझावातों के भी अडिग और अमिट है। इसीलिए उनकी भारत की कल्पना अधिक महत्त्वपूर्ण है। वे इस देश को सिर्फ़ नदियों, पहाड़ों, समुद्रों और मैदानों की सीमा में ही नहीं बाँधते। यह तो एक प्रकार से किसी भी देश के नक्शे का एक प्रारम्भिक रेखा-चित्र होता है, जिसके आधार पर पूरे चित्र की परिकल्पना की जाती है। निराला इस इकहरे और अमूर्त रेखांकन में विश्वास नहीं करते, इसीलिए उन्होंने इससे आगे बढ़कर भारत की कल्पना एक सांस्कृतिक इकाई के रूप में की है। इस कविता में 'प्राण-प्रणव ओंकार' कहकर सारे प्रार्थनापरक भौगोलिक रेखांकन को कवि एक पूर्ण सांस्कृतिक चित्र के रूप में प्रतिमूर्त कर देता है। भारतीय राष्ट्र की इस सांस्कृतिक प्ररिकल्पना को ही आगे की अपनी कविताओं में उन्होंने बार-बार उठाया है और इस प्रयत्न में भौगोलिक रेखांकन धीरे-धीरे उनके लिए गौण होता गया है :

भारत ही जीवन-धन,
ज्योतिर्मय परम-रमण
सर-सरिता वन-उपवन।

तपः पुंज गिरि-कन्दर
निर्झर के स्वर-पुष्कर
दिक्-प्रान्तर मर्म-मुखर
मानव मानव-जीवन।

धौत-धवल ऋतु के पल
संचारण चरण-चपल
कारण-वारण वल्कल–
धारण, सुकृतोच्चारण।

नहीं कहीं जड़-जघन्य
नहीं कहीं अहम्मन्य
नहीं कहीं स्तन्य-वन्य
चिन्मय केवल चिन्तन।

यहाँ धीरे-धीरे वह भौगोलिक रेखांकन अमूर्त होता गया है और सांस्कृतिक विशेषताओं का चित्रण महत्त्व लेता गया है। वे सम्पूर्ण भारत का एक दूसरा ही चित्र प्रस्तुत करते हैं। जहाँ 'सुकृतोच्चारण' ही महत्त्वपूर्ण है; जहाँ कोई जड़-जघन्य नहीं है; 'स्तन्य-वन्य' जहाँ नहीं रह गये हैं; केवल 'चिन्मय चिन्तन' ही जिसकी एकमात्र विशेषता है—वही भारतवर्ष मेरा सब-कुछ है। वहाँ की गिरि-कन्दरा, निर्झर या ऋतुएँ भी मात्र अपने प्राकृतिक सौन्दर्य के कारण महत्त्वपूर्ण नहीं हैं, बल्कि 'ऋतु के पल' 'धौत-धवल' हैं, गिरि-कन्दराएँ 'तपः पुंज' हैं और झरनों के स्वर 'पुष्कर' हैं—पवित्र, अनामय, कल्मषरहित।

□□

इन्हीं सारी उपमाओं से निराला की सांस्कृतिक धारणाएँ भी धीरे-धीरे स्पष्ट होती दिखायी देती हैं। इसमें कोई शक नहीं कि उनकी इस तरह की कविताओं से जो सांस्कृतिक धारणा उभरकर सामने आती है, वह अतीतोन्मुख है। उनके इस तरह के उद्‌गारों से कहीं-कहीं उनके अतीतजीवी होने का भ्रम भी उपजता है। लेकिन वे अतीतजीवी हैं नहीं। दरअसल वे भारत के सांस्कृतिक अधःपतन का कोई विकल्प चाहते हैं। इस विकल्प की खोज में वे भारतीयता को सबसे पहले स्थान पर रखते हैं। इसीलिए वे बार-बार भारतीय संस्कृति की उन तमाम विशेषताओं को बिम्बात्मक शब्द-बन्ध में अपनी कविता में उतारते हैं। इस विकल्प की खोज में भारत के

गौरवमय अतीत में पैठना और वहाँ से छानकर सांस्कृतिक पुनरुत्थान के किसी विकल्प को निकालना उन्हें अधिक सुविधाजनक लगता है। सुविधाजनक भी क्यों कहें, दरअसल वे किसी दूसरे विकल्प की परिकल्पना नहीं कर पाते। इस रूप में वे पुनरुत्थानवादी और पुनर्जागरणवादी अधिक लगते हैं।

कहीं-न-कहीं निराला अपनी इन धारणाओं की वजह से अतीत की ओर लौटते हुए भी दिखायी देते हैं। इस धरातल पर आकर वे एक परम्परावादी भारतीय कवि सिद्ध होते हैं और हरिऔध तथा मैथिलीशरण गुप्त के अधिक निकट लगते हैं। संस्कृति की उनकी धारणा में मिश्रित-संस्कृति की वास्तविकता उनकी समझ में नहीं आती। वे अक्सर शुद्ध-संस्कृति के पोषक लगते हैं। उनकी समझ में शुद्ध आर्य-संस्कृति नामक कोई वस्तु है, जिसे पुनरुज्जीवित किया जा सकता है। उसी के अधःपतन के कारण 'भारतीयता' का विनाश हुआ है। 'शिवाजी का पत्र' में वे बार-बार इस सनातन धर्म तथा शुद्ध भारतीयता की चर्चा करते हैं। उनकी नज़र में इसे नापाक करनेवाले मुसलमान—यवन और म्लेच्छ हैं। इसके अतिरिक्त निराला धर्म, सभ्यता और संस्कृति में चाल-मेल करते हुए भी दिखायी देते हैं। उनकी रचनाओं में अक्सर इनका फ़र्क़ नहीं मिलेगा। इसी सन्दर्भ में उन्होंने बार-बार 'जाति-जीवन' का भी सवाल उठाया है :

(1) जाति-जीवन हो निरामय
वह सदाशयता प्रखर दो।

(2) जनता जातीय देश की हो।

(3) अपना-जीवन आया
गयी परायी छाया

मैंने बार-बार उनके इस 'जाति' शब्द को समझने की कोशिश की। 'जाति' से उनका मतलब क्या है?' क्या वह किसी भी 'भारतीय' के लिए प्रयुक्त है, जिस तरह कि लोग 'जातीय-संस्कृति' की चर्चा किया करते हैं? मुझे लगा कि वह 'भारतीय' मात्र के लिए प्रयुक्त शब्द नहीं है। जाति का प्रथम अर्थ तो उन्होंने 'हिन्दू' से लिया है—हिन्दू जाति। फिर वे वर्ण-व्यवस्था पर उतर आते हैं—ब्राह्मण, क्षत्रिय, वैश्य और शूद्र जातियाँ। इस तरह निराला ने 'जातियाँ' शब्द का प्रयोग एक सीमित अर्थ में किया है। अतः इन कविताओं का अर्थ भी उसी अनुपात में उतना ही सीमित हो जाता है। जिस 'जाति-जीवन' के 'निरामय' होने का वरदान निराला माँगते हैं वह कौन-सी जाति है, क्या वह सम्पूर्ण हिन्दू जाति है या उसमें भी द्विज वर्ण है? इसी

तरह निराला 'शिवाजी का पत्र' में एक 'हिन्दू भारत' की परिकल्पना भी प्रकारान्तर से करते हैं। शिवाजी जयसिंह को उद्‌बोधित करते हुए एक जगह अपने पत्र में कहते हैं :

फैले समवेदना
एक ओर हिन्दू एक ओर मुसलमान हों
व्यक्ति का खिंचाव यदि जातिगत हो जाय
देखो परिणाम फिर
स्थिर न रहेंगे पैर यवनों के
पस्त होगा हौसला
ध्वस्त होगा साम्राज्य।

अपने पिछले निबन्ध में भी इस सन्दर्भ पर मैंने लिखा है। इसे साम्राज्यवादियों के प्रतीकार्थ में प्रयुक्त मानकर टाला या सन्तोष नहीं किया जा सकता। इसके पक्ष में यह तर्क भी पूरा नहीं पड़ता कि शिवाजी के चरित्र और उस समय की ऐतिहासिक अनिवार्यताओं के अनुकूल यही विचारधारा उचित जान पड़ती है। यह तर्क इसलिए कम पड़ रहा है कि निराला उस हिन्दुस्तान में रह रहे हैं, जहाँ मुसलमान विदेशी नहीं है, जहाँ शुद्ध-संस्कृति की बात भी नहीं सोची जा सकती या ऐसा सोचना यथार्थ को झुठलाना है। और यह भी कि 'मुसलमान' एक ऐसा शब्द है, इतना सेन्सिटिव (sensitive) शब्द, कि उसे प्रतीकार्थ में चाहे जितना प्रयुक्त किया जाय, वह रहेगा 'मुसलमान' ही। 'यवन' या 'म्लेच्छ' तो अपनी अर्थवत्ता में मुलायम और अमूर्त हो चुके हैं। इसलिए उनमें तो यह प्रतीकात्मकता चल सकती है लेकिन 'मुसलमान' शब्द में नहीं चल सकती। इसीलिए मैं कहता हूँ कि शिवाजी के प्रसंग में हिन्दू-मुसलमान की यह जातिगत धारणा चाहे कितनी भी सच क्यों न हो, इसे इस रूप में कविता में लाना निहायत ख़तरनाक है। जिन्ना की तरह निराला भी गाँधी जी पर अपने एक इण्टरव्यू में यह आरोप लगाते हैं कि 'मैं समझता हूँ, नेता हिन्दुओं का नेता तो बन ही चुका था, मुसलमानों का भी बनना चाहता था।' यही आरोप निराला पर भी लगाया जा सकता है कि 'वह हिन्दुओं का कवि था।' यही नहीं, इस तरह के अन्य प्रसंग भी इस कविता में जगह-जगह आये हैं :

(1) **चाहते हो क्या तुम**
सनातन - धर्म - धारा - शुद्ध
भारत से बह जाय चिरकाल के लिए?

(2) **हिन्दुओं में बलवान्**
एक भी न रह जाय।

हिन्दुओं पर हरगिज तू
कर न सकता प्रहार।

(3) और भी कुछ दिनों तक
जारी रहा ऐसा यदि अत्याचार महाराज
निश्चय है हिन्दुओं की
कीर्ति उठ जायेगी-
चिह्न भी न हिन्दू-सभ्यता का रह जायगा।

(4) धन्य हूँगा देव-द्विज-देश को
सौंप सर्वस्व निज।

यदि यह सच है कि शिवाजी मिश्र-संस्कृति या हिन्दू-मुसलमान एकता की बात नहीं भी सोच सकते थे तो भी आज के सन्दर्भों में इस तरह के विषयों को उठाना कहाँ तक संगत है? और अगर अकबर सोच सकता था तो शिवाजी क्यों नहीं सोच सकते थे? इतिहास इस बात का साक्षी है कि शिवाजी ने भी सोचने की बहुत कोशिश की थी, लेकिन औरंगज़ेब की कट्टरपन्थी नीति के कारण तथा उसकी धूर्तताओं और राजनीतिक अभिसन्धियों से तंग आकर उन्होंने यह जीवन-समर ठान लिया था। इसके अतिरिक्त शिवाजी को जिस हिन्दू जनता और जिस हिन्दू-संस्कृति के संरक्षक के रूप में यहाँ पेश किया गया है—वह भी पूर्णतया इतिहास-सिद्ध नहीं है। यदुनाथ सरकार के अनुसार शिवाजी ने तीन बार पूना जीता और तीनों बार मराठों ने खुलकर पूरे शहरे में लूट-पाट की। इसके अतिरिक्त मराठा सरदारों और फौंजों को यह आदेश था कि वे अपने राज्य की सीमा के बाहर जाकर लूट-पाट करें और सेना का खर्च निकालें।

यह सवाल यहाँ बड़ी आसानी से पूछा जा सकता है कि क्या मराठा साम्राज्य के बाहर सिर्फ़ मुसलमान ही बसते थे? या पूना जितनी बार मुगलों के अधिकार में चला जाता था, क्या उतनी बार वहाँ सारी जनता मुसलमान हो जाती थी, जिसे खुलकर लूटा और तबाह किया जाता था? अतः इस नजरिये से भी, इतिहास की यथार्थताओं के आधार पर भी, शिवाजी का जो चरित्र इस कविता में पेश किया गया है, यह सच नहीं है। दरअसल यह वह चरित्र है, जो हिन्दुओं द्वारा गढ़ा गया है और यह इतिहाससम्मत उतना नहीं, जितना मिथिक़ल है। इसमें कूटनीतिक और गुरिल्ला जनरल शिवाजी के चरित्र में हिन्दू-त्राता का मिथ आरोपित कर दिया गया है। निराला ने इस मिथिकल शिवाजी को ही अपनी कविता में उतारा है।

इस कविता के पक्ष में सिर्फ़ यही तर्क दिया जा सकता है कि वस्तुतः यह जयसिंह को अपनी ओर फोड़ने के नुक्ते को नज़र में रखकर लिखी गयी है, इसीलिए उसमें हिन्दू और हिन्दू-संस्कृति की इतनी पुनरावृत्ति और पुनर्घोषणा है। इसकी वाग्मिता (eloquence) ही इसका मुख्य गुण है। लेकिन कोई भी रचनाकार इस तर्क के सहारे उन शब्दों, या विचारों से कैसे बच सकता है, जो उसने प्रकारान्तर से ही सही, कविता में व्यक्त किये हैं? और निराला भी इससे बच नहीं सकते।

शुद्ध-संस्कृति की यह उनकी धारणा बार-बार निराला की कविताओं में झंकृत होती है। इसीलिए वे अक्सर अतीत-स्मरण और उसकी ऐश्वर्य-चिन्ता में डूब जाते हैं। चाहे वह 'खँडहर से' कविता हो या 'दिल्ली' या 'भगवान् बुद्ध के प्रति' या 'सहस्राब्दि'—इन सभी कविताओं के माध्यम से वे अतीत की मोहग्रस्तता का ही चित्रण नहीं करते, बल्कि उससे एक मूल्य भी ग्रहण करते हैं, उसके पुनरावतरण या उसकी पुनर्प्रतिष्ठा के लिए वे चिन्तित भी दिखायी देते हैं। इस पुनर्प्रतिष्ठा की अभिव्यक्ति वे अत्यन्त ओजस्वी और गरिमामयी शब्दावली में करते हैं। उनकी ओजस्विता और वाग्मिता को इसी रूप में समझा जा सकता है। उनका द्विज-संस्कार और ठेठ देहाती किसान-हिन्दू, आभिजात्य के भीतर घिसकर इतना उदार नहीं हो पाया है कि वह स्थितियों को समझौते के ढंग से ग्रहण करे। 'जागो फिर एक बार' भी 'शिवाजी का पत्र' का एक अंश ही लगती है। शैली में वही ओजस्विता-गरिमा, भारतीयता में वही अखण्ड आत्मविश्वास, वही 'अमृतवय पुत्रः'वाला बिम्ब पूरी कविता में संगुम्फित है। साधारण भारतीय के लिए यह उद्बोधन निश्चय ही एक कोलाहलपूर्ण उत्तेजना तक ले जाता है।

अमृत-सन्तान!
शेरों की माँद में
आया है आज स्यार
पशु नहीं वीर तुम
समर - शूर क्रूर नहीं
काल चक्र में हो दबे
आज तुम राज-कुँवर!-समर-सरताज!
तुम हो महान्, तुम सदा हो महान्।

□□

इसका अर्थ क्या है? क्या यह निष्कर्ष निकाला जा सकता है कि निराला 'शिवाजी का पत्र' में जिस 'देव-द्विज-देश' के प्रति समर्पण की बात करते हैं, वे उसी के प्रतिष्ठाता और प्रकारान्तर से उसी के शिकार भी हैं? क्या यह माना जाय कि निराला अपने इस सारे अतीत-स्मरण और सांस्कृतिक पुनरुत्थान की चर्चा में उसी द्विज-संस्कृति

के उत्थान के पक्षधर हैं? क्या वे उसे विकल्प के रूप में प्रस्तुत करने के लिए उत्सुक हैं? मुझे बराबर लगता है कि अपने रचना-जीवन के कुछ वर्षों तक तो वे इस धारणा से ग्रस्त रहे हैं, लेकिन भारतीय समाज के वृहत्तर और गहरे अध्ययन के पश्चात् उन्होंने अपनी इस वैचारिक-भूल का बड़ी ही तेजी से परिमार्जन किया है। सहसा उनके विचारों की पूरी धुरी ही उलटी घूमती हुई दिखायी देती है। वे अपनी पूरी मेधा और शक्ति से सवर्ण-विरोधी रुख अपनाते हुए लगते हैं। यहाँ तक कि 'तुलसीदास' जैसी कविता में भी तुलसीदास की प्रमुख चिन्ता में शूद्रों के पतन और शोषण का वे बड़ा ही हृदय-विदारक चित्र खींचते हैं :

चलते - फिरते, पर निःसहाय,
वे दीन, क्षीण कंकालकाय;
आशा केवल जीवनोपाय उर-उर में,
रण के अश्वों से शस्य सकल
दलमल जाते ज्यों, दल-के-दल
शूद्रगण, क्षुद्र - जीवन - सम्बल - पुर - पुर में।
वे शेष-श्वास, पशु, मूक-भाष
पाते प्रहार अब हताश्वास;
सोचते कभी, आजन्म-ग्रास द्विज-गण के
होना ही उनका धर्म परम,
वे वर्णाधम, रे द्विज उत्तम,
वे चरण—चरण बस, वर्णाश्रम-रक्षण के!

'तुलसीदास' का उदाहरण मैंने इसलिए भी लिया कि तुलसी के नाम पर 'ढोल गँवार सूद्र पसु नारी' का ठप्पा लगा हुआ है। यह ठप्पा न भी हो, यह सन्दर्भ में उपयुक्त हो, तब भी यह तो सच है ही कि तुलसीदास अपनी सम्पूर्ण रचनात्मकता द्वारा द्विज-संस्कृति के ही पोषक थे। श्री विजय देव नारायण साही ने तो यह भी निष्कर्ष निकाला है कि इस सम्बन्ध में तुलसीदास और अकबर के बीच एक अनकिया, मूक समझौता भी मालूम पड़ता है—कि तुम ब्राह्मणों को मत छुओ, हमें शूद्रों से कुछ लेना-देना नहीं। यह समझौता न भी हो, तो भी ब्राह्मण और गाय तुलसीदास के सामने महत्त्व की पहली स्थितियाँ हैं।

तुलसीदास की इस मानसिक बनावट में निराला ने 'शूद्र-चिन्ता' को रखा है। यह निश्चय ही तुलसीदास के चरित्र की संहिति को थोड़ा-सा भंग करके उसमें नये अर्थ की प्रतिष्ठा है। यह 'शूद्र-चिन्ता' दरअसल निराला की असली चिन्ता है। शायद वे अपनी पिछले विचारों के परिमार्जन के लिए ही इतना बड़ा ख़तरा उठाते हैं कि उसे तुलसीदास की चिन्ता के रूप में प्रस्तुत करते हैं। यही नहीं, सवर्णों के विरुद्ध

उनका आक्रोश कई रूपों में लगातार ज़ाहिर होता है। कहीं उन्हें वे 'सूत बन्दीगण' कहते हैं, कहीं 'द्विज चाटुकार' कहकर अपनी नफ़रत ज़ाहिर करते हैं, कहीं 'कान्यकुब्ज-कुल कुलांगार' कहकर उन्हें विश्वासघाती क्षुद्र, अपढ़, गँवार और संस्कृतहीन बतलाते हैं और कहीं अपने को 'उपेक्षित' बताकर अपने ब्राह्मण होने का पश्चात्ताप करते हुए दिखायी देते हैं।

लगता है कि यह वर्ण-व्यवस्था और शूद्रों की अवमानना उन्हें कहीं-न-कहीं मथती रहती है। उन्हें ब्राह्मण-कुल में उत्पन्न होने की बात भी बेमानी लगती है। वर्ण-व्यवस्था पर सोचते हुए वे अन्ततः इस निष्कर्ष पर पहुँचते हैं कि भारतीय समाज में अब कोई ब्राह्मण-क्षत्रिय रह ही नहीं गया है। सभी शूद्रत्व को प्राप्त हो गये हैं। उन्हें वर्ण-व्यवस्था का वह पुराना संस्कार, उसकी रूप-रेखा पूर्णतया विघटित हो गयी दिखायी पड़ती है। 'न निवसेत् शूद्र राज्ये' का समर्थन करते हुए भी वे इस निष्कर्ष पर पहुँचते हैं कि जब सभी शूद्र हो गये हैं तो निवास न करने का सवाल ही नहीं उठता। इसीलिए वर्तमान हिन्दू-समाज का विश्लेषण करते हुए वह इस निष्कर्ष पर पहुँचते हैं कि जितनी बार ब्राह्मणों ने संस्कृति की पुनर्रचना के लिए सिर उठाया, उतनी ही बार उन्होंने जन-साधारण पर किसी-न-किसी बहाने से अत्याचार किया। सारी सवर्ण जातियाँ सदियों से पिस रहे इस जन-साधारण को कभी क़िले के रूप में, कभी फ़ौजों के रूप में अपनी सुरक्षा, सुविधा और लाभ के लिए इस्तेमाल करती रहीं। अपने तथाकथित उच्च स्पर्श से उन्हें गद्गद करतीं रहीं। अपने द्वारा, अपने लाभ और अपनी अस्तित्व-रक्षा के लिए निर्मित सभ्यता-संस्कृति का जादू चलाकर, धर्म का नशा चढ़ाकर उन्हें कितनी बार उनके निज के रक्त में स्नान करवाती रहीं। हर बार ब्राह्मण पोथियों में इस जनता को दबाये हुए आये और अपना मतलब निकाल ले गये।—लेकिन अब यह सब नहीं होने का।

इस सन्दर्भ में उनका भावुक, ईमानदार, आवेशपूर्ण विश्लेषण दर्शनीय है। 'शूद्र-शक्तियों से यथार्थ भारतीयता की किरणें फूटेंगी। वे ही भविष्य के ब्राह्मण, क्षत्रिय और वैश्य हैं, और ब्राह्मण, क्षत्रिय आदि दृप्त जातियाँ—शूद्र। खुदाई सज़ा ऐसी ही होती है। चिर काल तक लड़कर ब्राह्मण-क्षत्रिय पस्त हो गये हैं... उनका कार्य अब वे जातियाँ करेंगी जो अब तक सेवा करती आयी हैं। भारत तभी तक पराधीन है, जब तक वे नहीं जागतीं। उनका कर्म के क्षेत्र पर उतरना भारत का स्वाधीन होना है'—('वर्तमान हिन्दू समाज', 'प्रबन्ध-प्रतिमा' पृष्ठ 179)। अपनी इसी नूतन विचारधारा को उन्होंने 'नये पत्ते' और 'बेला' में अनेक रूपों में अभिव्यक्त किया है :

(1) जल्द-जल्द पैर बढ़ाओ, आओ-आओ।
आज अमीरों की हवेली
किसानों की होगी पाठशाला

धोबी, पासी, चमार, तेली
खोलेंगे अँधेरे का ताला।

(2) खुला भेद, विजयी कहाये हुए जो
लहू दूसरे का पिये जा रहे हैं।

यह द्रष्टव्य है कि उनकी जन-साधारण की सूची में कहीं भी कोई सवर्ण नहीं आता। वे ब्राह्मण या क्षत्रिय किसानों का ज़िक्र कहीं नहीं करते। उनकी निगाह पूर्णतः सदियों से मार खायी निम्न-वर्ग की अहसाय जनता पर है। इसीलिए जिस पावन, निरामय, उच्च, स्वतन्त्र, तत्पश्चर्यापूर्ण भारत का चित्र वे 'भारत ही जीवन-धन'-जैसी कविताओं में खींचते हैं, वह एक स्वप्न, एक अवास्तविकता साबित हो जाता है। इस तरह के चित्रें या परिकल्पनाओं से उनका लगाव टिक नहीं पाता। अपनी इसी मोह-भंग की मनःस्थिति में बड़ी तेज़ी से वे उपेक्षित के उन्नयन की भूमि पर उतरते हैं। राष्ट्रीय मुक्ति के आह्वान की उनकी सारी शैली एकदम से बदल जाती है। पहले जब वे 'स्मरण करो बार-बार' कहकर भारतीय जनता के जागने का आह्वान करते हैं तो उनका यह सम्बोधन सवर्णों के लिए है। गीता की उक्ति बताकर उसे अर्जुन के जागने में प्रतिष्ठित किया गया है। लेकिन राष्ट्रीय उद्बोधन की यह शैली कुछ समय बाद अपना रुख़ बदल देती है। उन्हें भारतीय गुलामी की मुक्ति तभी सम्भव दिखायी देती है, जब वह सम्पूर्णतः जन-मुक्ति से सम्पर्कित हो। इसलिए धीरे-धीरे उनका यह निम्नलिखित पावन स्वप्न भंग होता है :

देखता हूँ यहाँ काले - लाल - पीले - श्वेत - जन में
शान्ति की रेखा खिंची है, क्रान्ति कृष्णा हो गयी है।

यह लगभग उसी प्रकार का वर्ग-समन्वय है, जो गाँधी जी चाहते थे या दिग्भ्रमित होकर प्रेमचन्द ने जिसे अपने प्रारम्भिक उपन्यासों में निर्णय रूप में थोपने की कोशिश की है। लेकिन निराला इस तथाकथित पावन मनःस्थिति से बहुत जल्द छुटकारा पा जाते हैं। इसकी जगह ठोकरें खानेवालों के 'हज़ारों हाथों के उठते हुए समर' उन्हें दिखायी देने लगते हैं। हज़ारों वर्षों से सताये गये शोषित जन-सामान्य की पक्षधरता वे बड़ी तेज़ी से ग्रहण करते दिखायी देते हैं। इसी मनःस्थिति में जिस मध्यकालीन कवि को वे अपनी श्रद्धांजलि अर्पित करते हैं, वे सूर, कबीर, जायसी या तुलसीदास नहीं हैं—बल्कि वे सन्त कवि रैदास हैं :

छुआ पारस भी नहीं तुमने, रह
कर्म के अभ्यास में, अविरत बहे

ज्ञान - गंगा में, समुज्ज्वल चर्मकार
चरण छूकर, कर रहा मैं नमस्कार।

यह चरण-स्पर्श जैसे अपने सम्पूर्ण द्विज-भाव का त्याग है। इस सन्दर्भ में यह बात ध्यान में रखनी चाहिए कि शूद्रों की उनकी यह पक्षधरता महात्मा गाँधी के अछूतोद्धार की परिकल्पना के प्रभावस्वरूप उनकी रचनाओं में नहीं आयी है। शूद्रत्व की उनकी अपनी व्याख्या है और मात्र छूआछूत का बहिष्कार भरकर देने से इस जन-साधारण को इतिहास में वह स्थान नहीं मिल सकता, जो उसका अधिकार है। इसीलिए निराला की उपेक्षित के उन्नयन की परिकल्पना उनके अपने संस्कारों और जन-सामान्य के प्रति उनकी सहज निष्ठा का प्रतिफल है :

ठहरो, अरे मेरे हृदय में है अमृत, मैं सींच दूँगा
अभिमन्यु-जैसे हो सकोगे तुम; तुम्हारे दुःख में
अपने हृदय में खींच लूँगा।

□□

निराला के राजनीतिक विचार क्या हैं, इस पर आसानी से कोई निर्णय नहीं दिया जा सकता। सिर्फ़ एक बात कही जा सकती है कि वे किसी भी राजनीतिक विचारधारा से संलग्न या जुड़े हुए नहीं हैं। यह स्वाभाविक भी है। निराला के विराट् अहं और प्रतिभा की मौलिक तेजस्विता के आगे कोई भी विचार बौना साबित होता है। सारी विचार-सरणियाँ, सारा इतिहास, सारे बाह्य राजनीतिक सिद्धान्त और विचार-दर्शन उनके विराट् व्यक्तित्व में समा जाते हैं। फिर उनका कोई अलग चिह्न या प्रभाव उनकी रचनाओं पर दृष्टिगोचर नहीं होता।

निराला की रचनात्मक ऊर्जा का विकास जिन वर्षों में हुआ है वह मुख्यतः कांग्रेस और ब्रिटिश राज के बीच घोर संघर्ष का समय है। निराला शुरू में आज़ादी के विचार से भावनात्मक स्तर पर बहुत उद्वेलित दिखायी पड़ते हैं। इस उद्वेलन में कभी उनकी अनुभूतियाँ उच्छल मातृ-वन्दना का रूप लेती हैं तो कभी राम, तुलसी और शिवाजी के माध्यम से वे ग़ुलामी से मुक्ति का स्वप्न देखते हुए सम्पूर्ण भारतीय जन-मानस को जगाने और उठ खड़े होने के लिए ललकारते हैं। अपने इसी भावनात्मक उद्वेलन के क्षणों में स्वयं अपने मस्तिष्क में तथा जनता के सामने भी वे भारत के अतीत की प्रभावमयी तस्वीर रखते हैं। 'तपःपुंज गिरि-कन्दराओं' और 'चिन्मय चिन्तन' की याद दिलाते हैं। इसी भावनात्मक उद्वेलन में वे अपने जीवन का 'सकल श्रेय-श्रम-संचित फल' तथा अपना 'क्लेद-युक्त तन' देकर माँ भारती को मुक्त कराने की उच्छल प्रतिज्ञा करते हैं और भारतीय जन-मानस को फिर एक बार वही वार सहने के लिए उत्प्रेरित करते हैं। इन्हीं उद्वेलित भावना-क्षणों में वे स्वतन्त्रता के नये अमृत-मन्त्र का वरदान भी माँगते हैं :

(1) नर - जीवन के स्वार्थ सकल
बलि हों तेरे चरणों पर, माँ,
मेरे श्रम - संचित सब फल।
क्लेद - युक्त अपना तन दूँगा
मुक्त करूँगा तुझे अटल
तेरे चरणों पर देकर बलि
सकल - श्रेय - श्रम - संचित फल।

(2) नहीं यहाँ थे गुलाम
देश यह वही जहाँ
जीते गये क्रोध - काम।
भाव उठा लो वही
जीवन का वार एक
और सहो तो सही।

(3) प्रिय-स्वतन्त्र-रव, अमृत-मन्त्र नव
भारत में भर दे।

लेकिन धीरे-धीरे निराला की रचनाओं में ग़ुलामी से मुक्ति की यह ललकार, आत्म-बलिदान की यह उत्कट भावना मन्द पड़ती हुई दिखायी देती है। शायद निराला इन दिनों गहरे विचार-आलोड़न में फँसे हैं और जब वे इस प्रक्रिया से बाहर निकलते हैं तो उनका स्वर बदला हुआ दिखायी देता है। आज़ादी के लिए इस तरह की ललकार उनके लिए व्यर्थ मालूम देती है। उन्हें पूरी तरह विश्वास हो गया है कि आज़ादी के विचार को जनता की मुक्ति से अलग करके नहीं देखा जा सकता। और अगर कोई ऐसी आज़ादी मिल भी गयी, जिसका जन-मुक्ति से कोई सरोकार न हो तो उस आज़ादी का कोई मतलब नहीं है।

वे इतिहास के उस गहरे नुक्ते पर उँगली रखते हैं, जहाँ बार-बार आज़ादी, धर्म, सभ्यता और संस्कृति के नाम पर जन-मुक्ति को झुठलाया जाता रहा है। अपनी रचनाओं द्वारा इतिहास की इस पुनरावृत्ति को वे देखना नहीं चाहते, इसीलिए वे ललकार से जन-मुक्ति के मोर्चे पर आ खड़े होते हैं। उन्हें यह मुक्ति किसी समझौते में नहीं दिखायी देती, बल्कि 'हज़ारों हाथों के उठते हुए समर' में दिखायी देती है। उन्हें लगता है कि जब 'मसुरिया', 'बलई' जैसे चरित्र उठ खडे होंगे तो इतिहास को धोखे की तरह इस्तेमाल करनेवाले, जनता को क़िला बनानेवाले ये बड़े-बड़े छली भाग खड़े होंगे।

□□

निश्चय ही यह वर्ग-संघर्ष की भूमिका का आह्वान है। यहाँ वर्ग-समन्वय की वह चेष्टा नहीं है, जिसकी गाँधी जी लगातार वक़ालत करते रहे। प्रेमचन्द चाहे इससे

अपने रचना-वर्षों के शुरू में जितना भी दिग्भ्रमित क्यों न हो गये हों, निराला कहीं भी इस सम्भ्रम के शिकार नहीं हुए हैं। निराला की इतिहास-दृष्टि इसीलिए प्रेमचन्द से ज़्यादा सही और दूरदर्शी है। गाँधी जी के विचारों से उन्हें कोई भी वाकफ़ियत कहीं दिखायी नहीं देती। उन्हें लगता है कि उनके उत्तराधिकारियों या ख़ुद उन्हीं के इर्द-गिर्द जिन रियासदारों, सामन्तों, पूँजीपतियों और लेंड़ी-ज़मींदारों की सफ़ेदपोश जमात बैठी हुई है, ये फिर से उसी तरह जनता को ठगने और उसका शोषण करने के लिए घात लगाये बैठे हुए हैं। उनकी तीखी आँखें अपने शिकार पर लगी हैं। उनकी 'जनता-जनार्दन' की यह वाणी फिर से जनता पर अपना जादू चलाने के लिए है, जिससे वे उसकी नसें टोयें और उसे फिर एक बार रिक्त और जर्जर करके उसे अपने ही रक्त में डुबकियाँ लगाने के लिए छोड़ दें। वे इतिहास की उसी पुनरावृत्ति की अभिसन्धि में लगे हुए हैं, जिससे इस बार और अधिक मज़बूती से वे जनता को क़िले के रूप में इस्तेमाल कर सकें।

निराला इस बात को बहुत ही गहराई से समझते हैं, इसलिए उनकी रचनाओं में कहीं भी इस वर्ग-समझौते, अथवा वर्ग-समन्वय की चेष्टा नहीं है। वे गाँधी जी की तरह इस बात में क़तई यक़ीन नहीं करते कि साम्राज्यवादी शक्तियों से लड़ने के लिए सारी भारतीय जनता को अपना वर्ग-विरोध भूलकर एक-जुट हो जाना चाहिए। गाँधी जी इसीलिए अपनी छत्रच्छाया में घनश्यामदास बिड़ला से लेकर महगू चमार तक को खड़ा करन की चेष्टा करते हैं। निराला को महगू पर तो कोई शक नहीं है—सिर्फ़ उसके ठगे जाने का शक है, लेकिन घनश्यामदास बिड़ला पर शक ज़रूर है। यह सवाल उठना स्वाभाविक है कि घनश्यामदास बिड़ला को क्या पड़ी है? उन्हें कौन-सी स्वाधीन चेतना सता रही है? उन्हें ग़ुलाम रहने में कौन-सा नुक़सान है?

नुकसान सीधा तो नहीं, लेकिन है ज़रूर। यह कि अंग्रेज़ों के चले जाने के बाद अंग्रेज़ों द्वारा किये जा रहे जन-शोषण का उत्तराधिकारी और कौन होगा! उत्तराधिकार हड़पने की सारी सुविधाएँ तो उन्हीं के पास हैं। गाँधी जी द्वारा जन-साधारण के ट्रस्टी नियुक्त किये जाने के बाद ख़ूब खेलने की जो छूट होगी, उसे वे अच्छी तरह समझते हैं। इसीलिए निराला को गाँधी जी द्वारा प्रचारित इस वर्ग-समीकरण पर यक़ीन नहीं है। इन्हीं अर्थों में यह कहा जा सकता है कि गाँधी जी की दृष्टि जहाँ वर्तमान और निकट भविष्य पर है, वहाँ निराला की दृष्टि सुदूर भविष्य पर टिकी हुई है। हो सकता है गाँधी जी इस बात को समझते हों कि आगे चलकर वे घनश्यामदास बिड़ला का हृदय-परिवर्तन अपनी चमत्कारी मेधा से करा लेंगे, लेकिन इतना तो है ही कि उनकी इतिहास-दृष्टि भारतीय सन्दर्भों में धुँधली और सम्भ्रमपूर्ण है।

इसी को निराला शायद 'गाँधी जी का ज़हर' कहते हैं। अपने एक निबन्ध 'चरखा' में रवीन्द्रनाथ के सामाजिक विचारों और इतिहास-दृष्टि की संकीर्णता का मज़ाक उड़ाते हुए वे लिखते हैं—'मैं यह नहीं कहता कि गाँधी जी निर्दोष हैं और

रवीन्द्रनाथ सदोष। मेरी दृष्टि में ज़हर दोनों में है और अमृत भी दोनों में है। मुझे समय नहीं मिला कि समालोचना में गाँधी जी का ज़हर भी निकालकर जनता के सामने रखता' ('चरखा', प्रबन्ध-प्रतिमा, पृष्ठ 12)।

क्या गाँधी जी का ज़हर उनके द्वारा प्रवर्तित यही वर्ग-समन्वय की भावना नहीं है, जिससे आज आज़ादी के पच्चीस वर्षों बाद भी हम पीड़ित हैं? गाँधी जी के इस ज़हर से बेहोश और दिग्भ्रमित प्रेमचन्द को भी निराला नहीं छोड़ते। उन्हें लगता है कि गाँधी जी ने जो ज़हर फैलाया है, उसी का प्रतिफलन प्रेमचन्द अपने उपन्यासों-कहानियों के सटीक और सहज यथार्थ पर आदर्श का मुलम्मा चढ़ाकर करते हैं और इसीलिए वे एक मेधावी लेखक होते हुए भी भारतीय जनता की सही तस्वीर को धुँधला कर पेश करते हैं। यह द्रष्टव्य है कि जिस प्रेमचन्द की धुआँधार तारीफ़ आलोचकों ने इसीलिए की कि वे एक सफल गाँधीवादी लेखक हैं, वे भारतीय नैतिकता के पक्षधर, मनुष्य के चरित्र-परिवर्तन में विश्वास करनेवाले लेखक हैं, उनका यथार्थ आदर्शोन्मुखी है—उसी नुक्ते पर निराला ने उनकी आलोचना की और उन्हें दिग्भ्रमित ठहराया-–'दुनिया भर के पौराणिक खुराफ़ात लोग मानते हैं, पर जीवन के सत्य को नहीं मानेंगे। इसकी क्या दवा है? यह मानते हुए कि यह संस्कारजन्य एक कमज़ोरी है, प्रेमचन्द जी कहानियों में आदर्श की पुष्टि करते हैं। लिखते हुए आदर्श को बड़ा बतलाते हैं।. ..मैं समझता हूँ यदि उनकी अनमोल कृतियाँ वास्तव-सत्य (यद्यपि उनके आदर्श में यथार्थवाद ही प्रधान है।) को लेकर समाज के दुष्परिणाम के रूप में रँगकर चलतीं तो साहित्य तथा समाज को और बड़ी-बड़ी वस्तुएँ मिली होतीं। अब इस काम के लिए दूसरे बड़े लेखक की आवश्यकता है'........('सामाजिक पराधीनता'- प्रबन्ध-प्रतिमा, पृष्ठ 98-99)। इन्हीं सन्दर्भों में वे नेहरू के स्वर में 'बुर्ज़ूवाज़ी के सँवार' का भी मज़ाक उड़ाते हैं। उन्हें कहीं-न-कहीं इस बात का डर है कि नेहरू और गाँधी के इन प्रयत्नों से जो स्वराज्य आयेगा, वह उसी 'राजे' का दूसरा परिवर्द्धित, संशोधित समाज होगा। और निराला अपनी रचनाओं द्वारा उस समाज के भरपूर विरोध में लगे हुए दिखायी देते हैं।

निराला की यह साफ़ राजनीतिक दृष्टि और उनका यह गाँधी-विरोध उनके निपट व्यक्तिगत संस्कारों की उपज है। कुछ लोगों ने इसे निराला पर साम्यवाद का प्रभाव बतलाया है। यह बात सच नहीं मालूम पड़ती। निराला का विराट् अहं किसी भी विचार-दर्शन को तद्वत् स्वीकार कर लेनेवाला नहीं है। स्वाभाविक रूप में इसमें उन्हें अपनी तीव्र मेधा और प्रतिभा-ओजस्विता का अपमान लगता है। वैसे भी दुनिया की किसी भी भाषा का कोई मौलिक लेखक किसी विचार-दर्शन का उल्था अपनी रचनाओं में नहीं करता, न उससे प्रभावित होकर अपनी निजी वैचारिक निष्ठा को मोड़ देता है या उसे निगल जाने देता है। ऐसा हमेशा द्वितीय और तृतीय श्रेणी के लेखक किया करते हैं। मौलिक लेखक अपने समय की बाह्य विचारधाराओं के

आलोक में अपनी ही अनुभूति की सही दिशाओं में पुनर्पहचान करते हैं। मिडियाकर लेखकों की प्रभावित रचनाओं और मौलिक लेखकों की इस अपनी अनुभूति की पुनर्पहचान से उत्पन्न मौलिक रचनाओं में भेद करना किसी भी जागरूक पाठक के लिए कठिन नहीं है।

निराला के बारे में भी यही सच है। सम्भव है साम्यवाद के सिद्धान्तों के आलोक में उन्होंने अपनी ही जन-सामान्य के प्रति अपरम्पार निष्ठा की पुनर्पहचान की हो, उन्हें इतिहास के सही नुक्ते हो समझने में मदद मिली हो। इससे अधिक कोई भी प्रभाव साम्यवाद का उनके ऊपर बताना पूर्णतया अनुचित होगा। निराला की विराट् मेधा में ये सारे बाहरी विचार-सिद्धान्त समा जाते हैं और फिर वे रच-पचकर उनकी निजी गहरी निष्ठा को आलोकित करते हुए प्रकट होते हैं, उन्हें कहीं भी डुबाते नहीं। इसीलिए गाँधी जी के वर्ग-समन्वय का विरोध उनकी सहज चेतना सजगता का फल है। उनके अन्दर का ठेठ बैसवाड़े का किसान अपनी सहज पारदर्शी चेतना से यह समझ गया है कि इसमें भाई, कहीं-न-कहीं कुछ गड़बड़ ज़रूर है। क्योंकि निराला की यह जन-मुक्ति की चिन्ता उस समय से उनकी कविताओं का अंग रही है, जब हिन्दुस्तान में कम्युनिस्ट पार्टी की स्थापना भी नहीं हुई थी।

निराला की इस सांस्कारिक गहरी निष्ठा को किसी बाह्य विचार-दर्शन से जोड़कर देखना ग़लत होगा। डॉ. रामविलास शर्मा मानते हैं कि निराला अपने कलकत्ते के दिनों से ही राजनीति के सम्पर्क में आ गये थे। चाहे भारतीय कम्युनिस्ट पार्टी की स्थापना हुई हो या न हुई हो, 'प्रगतिशील-लेखक-संघ' की स्थापना हुई हो या न हुई हो, निराला बँगला पत्रों के माध्यम से रूसी जनक्रान्ति और मार्क्सवाद के विचारों से परिचित हो चुके थे—'सुर्जकुमार को सन्तोष न हुआ। ग़रीब प्रजा का ध्यान सताने लगा। जर्मनी में लड़ाई ख़त्म हो चुकी थी। कुछ क्रान्तिकारियों ने जर्मनी से हथियार मँगाकर भारत में सशक्त विद्रोह के लिए प्रयत्न किया था, पर वे सफल न हुए। जो नेता युद्ध में अंग्रेज़ों की सहायता करके बड़ी आस लगाये बैठे थे कि लड़ाई ख़त्म होने पर डोमिनियन स्टेटस मिल जायेगा, वे बड़े निराश हुए। अंग्रेज़ों ने स्वराज्य का जवाब रौलट एक्ट और जलियाँवाला बाग़ से दिया। देश के नौजवान क्रोध से तिलमिला उठे। आपस में वे बातें करते कि अंग्रेज़ी राज्य का ख़ात्मा किस उपाय से किया जाय। सुर्जकुमार बँगला के अख़बार पढ़ते, मित्रों से देश-विदेश की चर्चा करते। कुछ नौजवान लुक-छिपकर उन्हें क्रान्तिकारियों के बारे में वह साहित्य पढ़ने को देते, जिस पर सरकार ने प्रतिबन्ध लगा रखा था। सुर्जकुमार तेज़ी से राजनीति की तरफ़ खिंचने लगे। ....बँगला पत्रों में सुर्जकुमार रूसी क्रान्ति और वहाँ एक नये समाज की रचना का हाल पढ़ते। महिषादल के आस-पास के गाँवों में जाते, वहाँ किसानों, कोरियों, जुलाहों आदि का संगठन करते... ' ('निराला की साहित्य-साधना' पृष्ठ 38)।

डॉ. रामविलास शर्मा इस कथन से क्या सिद्ध करना चाहते हैं? मेरा ख़याल है कि वे भी यहाँ कवि की मानसिक बनावट के विभिन्न रेशों का संकेत दे रहे हैं। कोई भी व्यक्ति और उसकी दिमाग़ी चेतना आसमान से नहीं टपक पड़ती। उसके सम्पूर्ण व्यक्तित्व, स्वभाव और संस्कारों का निर्माण और संकलन उसके चारों ओर फैला-बिखरा समाज और उसके समय का इतिहास ही करता है। निराला के साथ भी यही है। बल्कि वे अपने समय और समाज के संघात की अद्वितीय उपज हैं। उनकी मानसिक बनावट में हिन्दुस्तान की समाजी ज़िन्दगी के गहरे धक्के सलवटों के रूप में तह-दर-तह बैठे हुए नज़र आते हैं। लेकिन किसी भी विशिष्ट विचारधारा से जुड़ना या उसका अंग दिखाना उन्हें क़तई गवारा नहीं था। उन्होंने स्वामी विवेकानन्द, दयानन्द सरस्वती, राजा राममोहन राय, चण्डीदास, विद्यापति, तुलसीदास, रवीन्द्रनाथ, शंकराचार्य की तो चर्चा अवश्य की है, लेकिन अजय घोष, लेनिन, एम.एन. राय या पट्टाभि सीतारमैय्या की चर्चा कहीं नहीं की है।

अगर निराला क्रान्तिकारियों और साम्यवाद के विचारों के प्रभाव में आये भी तो वे मन्मथनाथ गुप्त, यशपाल, अज्ञेय या शिवदान सिंह चौहान नहीं हो गये। जबकि वे होना ही चाहते तो अधिक सुविधा और प्रभावकारी तरीक़े से हो सकते थे। दरअसल कोई भी राजनीतिक सिद्धान्त उनकी पहली प्रतिबद्धता नहीं बन सकता था। वे मात्र साहित्य के प्रति ही सबसे पहले प्रतिबद्ध थे। चाहे उनका झगड़ा गाँधी जी से हो या जवाहरलाल से या पुरुषोत्तम दास टण्डन या पं. रामचन्द्र शुक्ल या पं. इलाचन्द्र जोशी या पन्त से-झगड़े का मुद्‌दा साहित्य और हिन्दी भाषा थी। इसी मुद्‌दे को लेकर वे गाँधी जी से उलझ पड़े। भाषा के मामले को लेकर ही ट्रेन में जवाहरलाल से उनकी विनम्र झड़प हो गयी।

इसी साहित्य के पीछे और उसमें राजनीतिज्ञों की घुसपैठ से चिढ़कर उन्होंने फ़ैजाबाद साहित्य सम्मेलन में टण्डन जी की लिहाड़ी ली।–'मैं राजनीति की बातें नहीं जानता, साहित्य की बातें करता हूँ राजनीति प्रभावित है पश्चिम से, साहित्य मौलिकता से पनपा है।' मैंने पण्डित जी को देखते हुए कहा, 'लेकिन क्या हिन्दुस्तान की दशा वैसी ही (रूस की तरह) समझते हैं? संस्कृति, हिन्दू-मुस्लिम मनोवृत्तियाँ क्या वैसे ही वर्ग-युद्ध से दुरुस्त होंगी।' ('प्रबन्ध-प्रतिमा', 'नेहरू जी से दो बातें, पृष्ठ 30-31) ...'सम्मेलन की दुर्दशा, हिन्दी की इस हेठी, साहित्यिकों के ऐसे अपमान और प्रभावित अपरिणामदर्शी राजनीतिकों के प्राधान्य के कारण मैं सम्मेलन में शरीक नहीं हुआ। ...आप समझ सकते हैं, राजनीतिक (यहाँ नरेन्द्रदेव की ओर संकेत है) किस दृष्टि से साहित्यिक को देखता है। बहिर्दृष्टि से सम्मेलन बिलकुल सफल रहा। लेकिन मेरी निगाह में वह एक प्रहसन था। उसे सभापतियों ने, राजनीतिक सभापतियों ने प्रहसन बनाया। राजनीति में प्रोपेगण्डा करनेवाले एक-दूसरे के ख़िलाफ़ इतर-शब्दों का प्रयोग करते हैं, लेकिन साहित्य के मंच पर टण्डन जी जैसे

प्रान्त के समादृत व्यक्ति का भाषण के रूप में प्रलाप या अपलाप किसी भी तरह मार्जनीय नहीं कहा जा सकता। टण्डन जी पूर्ण रूप से राजनीतिज्ञों को प्राधान्य देकर चले जैसे सरस्वती राजनीति की दासी हो। हिन्दी के कवि राजनीतिज्ञों से आगे हैं... ('प्रबन्ध-प्रतिमा', फ़ैज़ाबाद साहित्य सम्मेलन, पृष्ठ 186, 87, 88, 89)। 'मैं हैरान होकर हिन्दी साहित्य सम्मेलन के उस सभापति (यहाँ गाँधी जी से तात्पर्य है।) को देखता रहा, जो राजनीतिक रूप से देश के नेताओं को रास्ता बतलाता है, बेमतलब पहरों तकली चलाता है, प्रार्थना में मुर्दे गाने सुनता है, हिन्दी साहित्य सम्मेलन का सभापति है, लेकिन हिन्दी के कवि को आधा घण्टा वक्त नहीं देता है—अपरिणामदर्शी की तरह जो जी में आता है खुली सभा में कह जाता है, सामने बग़लें झाँकता है' ('प्रबन्ध प्रतिमा', 'गाँधी जी से बातचीत', पृष्ठ 25-26)।

इन सारे प्रसंगों में दर्द केवल राजनीतिज्ञों द्वारा साहित्य और भाषा के क्षेत्र में बेमतलब टाँग अड़ाये जाने का है। चाहे टण्डन ही हों, गाँधी जी, जवाहरलाल या नरेन्द्र देव-निराला किसी की भी दख़लन्दाज़ी साहित्य के क्षेत्र में बर्दाश्त नहीं कर सकते। टण्डन जी और नरेन्द्र देव से वे इसलिए लड़े कि उन्होंने साहित्यिक मंच से साहित्य और साहित्यकार का अपमान किया। गाँधी जी से इसलिए कि उन्होंने हिन्दी की जगह हिन्दुस्तानी की वक़ालत की और भरी सभा में यह कह दिया कि हिन्दी में रवीन्द्रनाथ कौन है। जवाहरलाल से इसलिए कि वे अपनी मातृभाषा नहीं जानते। सुभाष बोस की तरह उनके मन में अपनी भाषा के लेखकों के प्रति कोई लगाव नहीं है। दूसरे उन्होंने काशी की साहित्यिकों की एक सभा में, जिसमें प्रेमचन्द, प्रसाद और शुक्ल जी भी बैठे हुए थे, यह कह दिया था कि हिन्दी में दरबारी ढंग की कविता प्रचलित है। चाहे लड़ाई जिससे भी हो, हम देखते हैं कि वह राजनीति को लेकर नहीं है, भाषा और साहित्य को लेकर है। रचनाकार के निरादर और अपमान को लेकर है, हिन्दी की हेठी को लेकर है। इस सम्बन्ध में निराला ने किसी को भी नहीं बख़्शा। लेकिन इन प्रसंगों में कहीं भी कोई राजनीति की चर्चा या बहस-मुबाहिसा भी नहीं है। निराला राजनीति के या राष्ट्र-मुक्ति के सवाल को लेकर कभी किसी राजनीतिक से नहीं उलझे हैं। उससे तो वे अपनी कविताओं में ही उलझते रहे हैं। इसीलिए मैं कहता हूँ कि किसी भी राजनीतिक मतवाद से निराला को जोड़ना उनकी सम्पूर्ण मेधा, रचनात्मक प्रतिभा और वाग्मिता का अपमान करना है।

□□

दरअसल निश्छल और पवित्र मानवीयता ही उनका जीवन-दर्शन है, उनकी कविताओं की राजनीतिक चेतना मनुष्य है। दुःख-दर्द और अवमानना में फँसा हुआ मनुष्य। अन्याय और असत्य के विरुद्ध वे बेखटके हर जगह आवाज़ बुलन्द करते हैं। उनकी तीखी राष्ट्रीय चेतना और जन-मुक्ति के भीतर यही मानवीय नैतिकता का भाव है।

ग़लती चाहे गाँधी जी की हों या दयानन्द सरस्वती की या साम्यवादी रूस की-जो भी फ्राड रचता है, अभिसन्धि करता है, उस पर बेलाग वे झपट पड़ते हैं। अगर वे कम्युनिस्ट पार्टी के या मार्क्स के सिद्धान्तों में विश्वास करते होते तो उतने ही बेलाग तरीक़े से 'कुकुरमुत्ता' में कैपिटल और लेनिनग्राड यानी मार्क्सवाद और रूसी क्रान्ति के सम्बन्धों को लेकर इतना भंयकर व्यंग्य नहीं करते :

सरसता में फ्राड
कैपिटल में जैसे लेनिनग्राड।

कोई भी पक्का साम्यवादी इस तरह की उक्तियाँ बोलना तो क्या, सोच भी नहीं सकता। दूसरे ही दिन उसे पार्टीवाले बुर्जूवा, प्रतिक्रियावादी और न जाने क्या-क्या ठहरा देंगे। इसीलिए मेरा यह निश्चित मत है कि निराला की किसी भी राजनीतिक सिद्धान्त के घेरे में नहीं अँटाया जा सकता। उनके चरित्र और रचना-कर्म के बीच कोई द्वैत नहीं है। साहित्य और रचना को लेकर वे भीतर-बाहर समान हैं, इसीलिए बेलाग हैं। उनके चरित्र का सच ही उनकी रचना का सच है। इसीलिए उनकी कविता इतनी मार्मिक और प्रभावशाली बन पड़ी है।

उन्होंने अपने समय के भारतीय समाज और इतिहास के निरन्तर होनेवाले संघातों के बीच से ही अपनी काव्य-दृष्टि का निर्माण किया है, उसके लिए वे कहीं बाहर की ओर नहीं देखते हैं। उनकी वाणी की ओजस्विता, मार्मिकता और प्रतिभा का निखार भारतीय जीवन की सच्चाई में गहरे पैठकर हुआ है। उन्होंने अपने निजी जीवन और रचनात्मक व्यक्तित्व के बीच कभी कोई द्वैत नहीं रखा। ऐसा नहीं कि एक जगह तो वे समझौता करते चलें, सुविधापरस्ती की तलाश में दाँत निपोरते फिरें और दूसरी जगह क्रान्ति का डंका बजायें। इसलिए उनकी कविता और रचना में आयी हुई वैचारिक दृष्टि शुद्ध, पवित्र और उच्छल है। उसमें कहीं भी किसी भी तरह का एडल्टरेशन नहीं है। उनका राजनीतिक और राष्ट्रीय दर्शन उनका यही व्यक्तित्व-दर्शन है। उनकी निजता ही उनकी कविता को समझने, व्याख्यायित-विश्लेषित करने का मूल मन्त्र है। उससे बाहर किसी भी रूप में जाना निराला के साथ अन्याय करना होगा।

●

काव्य-आभिजात्य से मुक्ति का प्रयास

जल्द-जल्द पैर बढ़ाओ, आओ-आओ।
आज अमीरों की हवेली
किसानों की होगी पाठशाला
धोबी, पासी, चमार, तेली
खोलेंगे अँधेरे का ताला।

निराला के सम्पूर्ण काव्य में उपेक्षित-दलित के उन्नयन और जन-साधारण की प्रतिष्ठा के प्रति गहरी आस्था के दर्शन होते हैं। उपेक्षित या जन-साधारण उनके लिए कोई अमूर्त विचार नहीं है। उनकी तेजस्वी मेधा ने भारतीय समाज में उस वर्ग को पहचानने और उसकी दुःख-गाथा को अभिव्यक्ति देने में कभी कोई भूल नहीं की। ऐसा नहीं है कि निराला ने किसी समय-विशेष में, अनुभव और रचना की किसी विशेष दिशा में ही जन-साधारण को पहचाना हो। जन-साधारण की यह गहरी और वास्तविक पहचान निराला के व्यक्तित्व की सांस्कारिक निष्ठा से उद्भूत हुई है। जन-सामान्य की उपेक्षा, उसके शोषण, उसके अपमान, उसकी निराशा, सहनशीलता और घोर विपत्तियों में भी जीवन के प्रति उसकी भोली-भाली बेलाग निष्ठा तथा सहज विनम्रता-भरा आत्मविश्वास—भारतीय जन-साधारण के चरित्र की इस सच्चाई को निराला ने बड़ी गहराई से और सम्पूर्णतः पहचाना है।

वास्तव में निराला जन-साधारण की इस चरित्रगत सच्चाई से स्वयं ही भरे-पूरे थे। रवीन्द्रनाथ की तरह 'पथवासी गृहहारा' के दर्शन उन्होंने खिड़की से नहीं किये थे, या पन्त की तरह किसी विचार-दर्शन की अनुप्रेरणा से उन्होंने एकाएक इस सामान्य जन की ओर अपनी कविता की निगाह नही उठायी थी। निराला स्वयं उस उपेक्षित, अपमानित, शोषित जन-सामान्य के प्रतीक-पुरुष हैं। उनका स्वभाव और उनका व्यक्तित्व अपनी समस्त ऊर्जा के साथ अपनी आन्तरिक-भीतरी तहों में उसी विराट् और निश्छल भारतीय साधारणता से रचा हुआ है। इसीलिए उसकी पीड़ा, उसके नैराश्य, उसकी भोली-भाली उत्कट आस्था और समय आने पर उसके विराट् जागरण को उन्होंने इतनी गहराई से वाणी दी है। एक कवि के नाते वे सिर्फ़ इस वर्ग को अपनी सहानुभूति, करुणा और पक्षधरता ही नहीं देते, उसके बीच उसी में शामिल भी हैं। रचना और विश्वास के बीच किसी भी तरह की दूरी का यह अभाव

ही निराला को रवीन्द्रनाथ और पन्त से अलग करता है। जहाँ रवीन्द्रनाथ या पन्त की कविताएँ पढ़कर आप उस जगह पर आसानी से उँगली रख सकते हैं, जो उनकी रचना और जन-साधारण के बीच में छूटी हुई है, वहाँ निराला की कविता पढ़कर यदि इस तरह छूटी हुई जगह की तलाश आप करना चाहेंगे तो आपकी ऊँगली निराला की देह से ही कहीं छूती हुई लगेगी। आस्था और रचना की यह एकमेकता उनकी कविता में एकतान है। रचनात्मक चरित्र में द्वैत के इस अभाव के कारण ही उनकी प्रतिभा की तेजस्विता कहीं भी धूमिल नहीं पड़ती।

□□

इस दलित-उपेक्षित जन-साधारण की पहचान रचना में इतनी आसान नहीं है। पिछले दो हज़ार वर्षों के सम्पूर्ण भारतीय वाङ्मय में इस वर्ग की पहचान की कोशिश लगभग नहीं के बराबर हुई है। साहित्य और दूसरी सभी कलाओं की अभिव्यक्ति और अभिरुचि का माध्यम हमेशा से सुविधाजीवी वर्ग रहा है। सारा भारतीय साहित्य और सारी कलाएँ उनके बारे में और उन्हीं के लिए रची गयी हैं। उनका विषय और उनको सराहनेवाला, दोनों, यही अभिजात, सुविधाजीवी और ऐश्वर्य-सम्पन्न वर्ग रहा है। सभ्यता और संस्कृति के अधिकांश अनुशासन और नियम इसी वर्ग ने अपने मनोरंजनार्थ अथवा अपने अस्तित्व को सुरक्षित रखने के लिए निर्मित किये हैं। भारतीय वर्ण-व्यवस्था, एकतन्त्रीय राजशाही और विशाल, सिद्धहस्त फ़ौज़—ये वे बाहरी साधन हैं, जिनकी मदद से इस ऐश्वर्य-सम्पन्न अल्पमत ने अपने को सदा सुरक्षित रखा है।

जब भी किसी महान् व्यक्ति ने इस सुरक्षा-व्यवस्था को तोड़कर जन-साधारण को अपने नये जीवन-दर्शन से प्रतिष्ठित करने का प्रयास किया-इस अल्पमत ने बड़ी चालाकी से उसे अपने स्वार्थों तथा सुविधाओं के लिए इस्तेमाल कर लिया; फिर उपेक्षित, प्रताड़ित दलित यह विशाल मानव-समूह वहीं-का-वहीं या थोड़ा आगे खिसककर, खड़ा रह गया। सभ्यता ने हर बार दगा दिया। तरह-तरह के प्रलोभन, आप्तवाक्य, भँवरजाल जनता के सामने फेंके गये—कभी संस्कृति के नाम पर; कभी कला, राष्ट्र-प्रेम, कभी स्वामिभक्ति के नाम पर; कभी ईश्वर, धर्म, नैतिकता और महान् परम्परा के नाम पर। अपनी भोली-भाली आस्था में जनता हर बार ठगी गयी—धीरे-धीरे मृत्यु-गर्भ में घिसटती हुई, झुकती, मुरझाती, जर्जर होती—अँधेरे में खड़ी :

> चेहरा पीला पड़ा।
> रीढ़ झुकी। हाथ जोड़े।
> आँख का अँधेरा बढ़ा।
> सैकड़ों सदियाँ गुज़रीं।

बड़े-बड़े ऋषि आये, मुनि आये, कवि आये
तरह-तरह की वाणी जनता को दे गये—
किसी ने कहा कि एक तीन हैं
किसी ने कहा कि तीन तीन हैं।
किसी ने नसें टोयीं, किसी ने कमल देखे
किसी ने विहार किया, किसी ने अँगूठे चूमे
लोगों ने कहा कि धन्य हो गये।
मगर खँजड़ी न गयी।
दग़ा की इस सभ्यता ने
दग़ा की।

ये ऋषि-मुनि भी उसी अभिजात-वर्ग के पोषक थे। अधिकांश कवि भी अपनी रचना का स्रोत इसी वर्ग को बनाये हुए दीखते हैं। उनकी सारी परिभाषाएँ, उनके विचार, आप्तवचन, चमत्कारपूर्ण वाणियों का भ्रमजाल सिर्फ़ उस अल्पमत की सुरक्षा के निमित्त रचा गया मालूम पड़ता है। सभी ने इस विशाल जन-साधारण का इस्तेमाल किया, उसका शोषण किया, उसके अनन्त रस-स्रोत को दुहते रहे। उसकी तारीफ़ भी की, उसे जनार्दन भी कहा, उसकी पूजा का ढोंग भी किया तो सिर्फ़ अपने स्वार्थों के लिए। जनता ऐसे संस्कृति के रक्षकों पर श्रद्धा-गद्गद, विनत, लुटती गयी। वही खँजड़ी-की-खँजड़ी बजाती हुई ।

निराला इतिहास के इसी मर्म पर उँगली रखते हैं। इसी ऐतिहासिक पहचान की पृष्ठभूमि में वे जन-साधारण की प्रतिष्ठा का बीड़ा अपनी कविता के माध्यम से उठाते हैं। उपर्युक्त कविता वह वैचारिक ज़मीन है, समझ और संवेदना का वह आत्म-निर्णय है, जहाँ से निराला कविता और कला की मुक्ति का आवाहन करते हैं। इतनी साफ़ और संशय-रहित ऐतिहासिक दृष्टि हज़ारों साल बाद किसी भारतीय कवि के अन्दर दिखायी देती हैं। इसी वैचारिक ठोस ज़मीन से उन्होंने उपेक्षित के उन्नयन का सवाल अपनी रचनाओं में उठाया है। क्योंकि उन्हें विश्वास है कि सभ्यता, संस्कृति की रचना और सुरक्षा का सवाल सिर्फ़ एक वर्ग-विशेष की निजी अस्तित्व-रक्षा का षड्यन्त्र है। जनता हज़ारों वर्षों इस भुलावे में रही। अब उसे नहीं रहना चाहिए। इतिहास की लहर अब ज़रूर पलटा खायेगी। सारी ब्राह्मण-संस्कृति, ज्ञान-दर्शन, वेदान्त, कवित्व और इतिहास—सभी उसी 'राजे' की अपनी सुरक्षा के लिए तैनात फ़ौजे हैं—क़िले हैं। जनता ख़ूब ठगी गयी—अपने भोले-भाले विश्वास के कारण। जब भी ठगी गयी, जब भी जनता की आँख खुली—उसने पांया कि संस्कृति, कला, ईश्वर, राष्ट्र-प्रेम, स्वामिभक्ति और नैतिकता की सुरक्षा के नाम पर वही 'राजे', वही

अल्पमत—अपने क़िले में सुरक्षित मुस्करा रहा था। दग़ा की, सभ्यता ने हर बार दग़ा की :

राजे ने अपनी रखवाली की,
क़िला बनाकर रहा,
बड़ी-बड़ी फ़ौजे रखीं।

चापलूस कितने सामन्त आये
मतलब की लकड़ी पकड़े हुए।
कितने ब्राह्मण आये
पोथियों में जनता को बाँधे हुए।

कवियों ने उसकी बहादुरी के गीत गाये
लेखकों ने लेख लिखे
ऐतिहासिकों ने इतिहासों के पन्ने भरे
कितने नाट्य-कलाकारों ने नाटक रचे
रंगमंच पर खेले।
जनता पर जादू चला—राजे के समाज का।
लोक नारियों के लिए रानियाँ आदर्श हुईं
धर्म का बढ़ावा रहा धोख़े से भरा हुआ
लोहा बजा धर्म पर, सभ्यता के नाम पर।
ख़ून की नदी बही।
आँख-कान मूँदकर जनता ने डुबकियाँ लीं।
आँख खुली, राजे ने अपनी रखवाली की।

भारतीय इतिहास, राजतन्त्र और समाज-व्यवस्था की अपनी इसी समझ की ज़मीन पर निराला जन-साधारण की प्रतिष्ठा का सवाल उठाते हैं। जाति, बर्ण-व्यवस्था और ब्राह्मण-संस्कृति द्वारा निचले वर्ग के लोगों को लगातार सदियों तक दबा-दबाकर उन्हें जर्जर बना देना तथा अन्ततः भारतीय मेधा का भी अपने स्वार्थों के लिए बड़ी चालाकी से इस्तेमाल कर लेना-और आज के भारतीय समाज में भी उसी की पुनरावृत्ति-पर-पुनरावृत्ति—इसे निराला अच्छी तरह समझते हैं और इसके ख़तरे से वह पूरी तरह आगाह हैं। इस सम्पूर्ण सामाजिक बनावट पर ही प्रहार उनका लक्ष्य है।

यह प्रहार उसी तरह की अभिजात काव्य-रचना के माध्यम से सम्भव नहीं है, जो कालिदास से लेकर रवीन्द्रनाथ तक होती रही है। इस तरह की रचना 'राजे' के क़िले को और अधिक मज़बूत बनायेगी। इसीलिए निराला सम्पूर्ण रचनात्मक निष्ठा

के साथ कविता और कला को आभिजात्य की इस परम्परा से तोड़कर उसे लोक-भूमि पर नियोजित करना चाहते हैं। अब तक का सम्पूर्ण भारतीय साहित्य उसी द्विज-संस्कृति की देन है। उसे विस्तृत लोक-भूमि पर लाने का थोड़ा प्रयास या तो कबीर ने किया या राम के माध्यम से तुलसीदास ने। सिवा कुछ सन्तों, भक्तों और सन्यासियों के, सारी भारतीय मेधा उसी सुविधा-सम्पन्न वर्ग की सुरक्षा में लगी हुई जान पड़ती है। बल्कि यदि उसका सम्बन्ध भी इस उपेक्षित जन-साधारण से रहा है तो उसने धीरे से खिसककर अपनी जगह उसी अल्पमत में बना ली है। वैसे भी यह एक प्रकार की ग़द्दारी है, एक अजब-सी दर्दनाक बात है, जो हमारी सम्पूर्ण सांस्कृतिक परम्परा में बार-बार घटित होती रही है। तुलसीदास, (जो निराला को इतने प्रिय हैं) का भीतरी मन्तव्य भी 'रामचरित मानस' के माध्यम से उस सवर्ण-संस्कृति की सुरक्षा और उसका पोषण ही लगता है।

इन दो-चार उदाहरणों को छोड़कर सम्पूर्ण मध्यकालीन हिन्दी-साहित्य की वैचारिक पृष्ठभूमि क्या है? या तो वह प्रपत्ति-भाव का साहित्य है या अपने आश्रयदाताओं के मनोरंजन और विलास का अथवा उनकी कल्पित वीरता के सम्बन्ध में प्रशस्ति और ललकार का। हिन्दी-साहित्य की यही तीन आन्तरिक अनुप्रेरणाएँ हैं। यहाँ मेरा मक़सद हिन्दी के मध्यकालीन या पूर्ववर्ती साहित्य को नीचा दिखाना या उसकी व्यर्थता साबित करना नहीं है। कोई भी रचना और मेधा अपने समय की ऐतिहासिक, सामाजिक और सांस्कृतिक मनोभूमि से बाहर जाकर जीवित नहीं रह सकती। मेरा उद्देश्य तुलसीदास या कालिदास या शंकराचार्य को मार्क्सवादी नपने से नापना नहीं है।

जब हम अपने दो हज़ार साल के इतिहास में, उसकी सामाजिक रचना में बार-बार जन-साधारण को टटोलते हैं तब यह सवाल उठता है। वह कहाँ है? उसका पक्षधर कौन है? उसे कैसा व्यवहार मिला है? वह किधर दबा हुआ चुपचाप पड़ा है? तब थोड़ी सहम पैदा होती है, गुस्सा लगता है, तकलीफ़ होती है और फिर छान-बीन शुरू होती है। इस छान-बीन में सचमुच एक विचित्र प्रकार की निराशा हाथ लगती है। क्योंकि चाहे निराला हों या मैं ख़ुद-हम सभी उसी द्विज़-संस्कृति की उपज हैं। अपने को उससे अलग करके एक नयी राह निकालना कितना कठिन, तकलीफ़देह और असम्भव के निकट लगता है। ऐसे में यदि निराला ने भारतीय इतिहास को इस नुक्ते पर पकड़ लिया और अपने लिये एक नयी, ख़तरा-भरी राह ढूँढ़ निकालने की कोशिश की, यदि ऐसा निर्णय उनकी रचनाओं में झलकता है, तो यह भारतीय मेधा में एक नयी मौलिक शक्ति का प्रथम बीजारोपण है। अगर इस नज़रिये से देखा जाय तो निराला द्वारा काव्य की मुक्ति का आह्वान और निर्णय निश्चय ही एक महत्त्वपूर्ण कार्य लगता है। क्योंकि इसके ख़तरे बहुत साफ़ हैं।

जो अल्पतमत, जो 'राजे' आज तक अपनी रखवाली करता रहा, वह इतिहास से ग़ायब थोड़े हो गया है। उसकी नज़र ऐसे ख़तरनाक लोगों पर ज़रूर होगी। इसका

अर्थ यह हुआ कि इस तरह का निर्णय लेना अपनी सुरक्षा को ख़तरे में डालना है। जिसके पास फ़ौजें हैं, सुदृढ़ क़िले हैं, ऐश्वर्य हैं, भेदिये हैं, चाटुकार, मतलब की लकड़ी पकड़े हुए दरबारी हैं, पोथियों में जनता को दबाये हुए विद्वद्वर्ग है, उसके आश्रय को छोड़कर निहत्थे, असहाय, विराट् जन-समुदाय के साथ अपने को जोड़ना, अपने-आपको सुरक्षा-पंक्ति के उस ओर खड़ा करना, चाहे हज़ारों वर्षों के इतिहास में भारतीय मेधा के लिए कितना भी बड़ा नैतिक निर्णय क्यों न हो, एक व्यक्तिगत ख़तरा तो पैदा करता ही है। यह दरअसल परम्परा और संस्कृति से एक प्रकार का दो-तरफ़ा देश-निकाला है। इस ख़तरे को कितने लोग उठा सकते हैं? और अगर निराला ने यह ख़तरा उठाया तो उनको क्या सज़ा मिलेगी? यह सवाल निराला के सामने भी है।

अपने प्रथम काव्य-संग्रह 'अनामिका' की एक कविता में अपने मन के इसी सवाल को निराला उठाते हैं। अगर अपने दुःखी भाई को देखकर तेरे हृदय में दुःख की छाया पड़ती है और इसे मैं अपनी संवेदना का अंग मान बैठता हूँ और उससे एक प्रतिपक्ष का साहित्य रचता हूँ तो इसका नतीजा क्या होगा? मुझे कहाँ ठौर मिलेगा? काव्य-जगत् में, सम्पूर्ण सांस्कृतिक परम्परा में मेरी स्थिति, मेरी जगह कहाँ होगी? इस तरह, हज़ारों साल बाद एक प्रतिपक्ष की घोषणा क्या रंग लायेगी? इन्हीं सवालों को निराला ने अपनी इस प्रारम्भिक कविता 'अधिवास' में उठाया है। इन उपर्युक्त सवालों को उठाकर निराला अपना निर्णय भी सुना देते हैं—यह सच है कि इससे मुझे बिरादरी-बाहर कर दिया जायेगा, किन्तु मुझे कोई डर नहीं है। अब मेरी और कोई नियति नहीं हो सकती। मृत्यु के बाद ही मैं अपने इस निर्णय को बदल सकता हूँ। मुझे अपने उस दुःखी भाई को गले लगाने और उसका दुःख महसूस करने और उसे रचने का दण्ड भुगतना ही पड़ेगा। यहाँ आकर अपने निर्णय के प्रति निराला के मन में कोई द्वन्द्व, कोई दुविधा नहीं है :

कहाँ? ...मेरा अधिवास कहाँ?
क्या कहाँ?...रुकती है गति जहाँ?
भला इस गति का शेष
सम्भव है क्या,
करुण स्वर का जब तक मुझमें रहता है आवेश?

मैंने - 'मैं' - शैली अपनायी
देखा दुःखी एक निज भाई
दुःख की छाया पड़ी हृदय में मेरे
झट उमड़ वेदना आयी

उसके निकट गया मैं धाय
लगाया उसे गले से हाथ!
फँसा माया में हूँ निरुपाय
कहो फिर कैसे गति रुक जाय?

उसकी अश्रु-भरी आँखों पर मेरे करुणांचल का स्पर्श
करता मेरी प्रगति अनन्त, किन्तु तो भी मैं नहीं विमर्श

छूटता है यद्यपि अधिवास
किन्तु फिर भी न मुझे कुछ त्रास।

वह अधिवास, वह सुरक्षा तभी मिलेगी, जब कवि यह नया प्रतिपक्ष बनाना छोड़ दे। निराला साफ़ कहते हैं कि यह कदापि सम्भव नहीं है। यह मेरा अपना ठाट है। मेरे हृदय में दुःख की जो छाया पड़ी, वह किसी पराये की नहीं, अपने ही दुःखी भाई की है; यह वही भाई है, जो हज़ारों साल तक उपेक्षित, अपमानित और प्रताड़ित होता रहा है। जिसकी कभी नसें टोई जाती रही हैं और कभी 'जनार्दन' सम्बोधन मिलता रहा है। जो अपने ही रक्त में, भूल से, सदियों तक स्नान करता रहा है। उसकी पक्षधरता मेरी विवशता है। इसी एकान्त, निःसंशय निर्णय से निराला काव्य की मुक्ति का जेहाद शुरू करते हैं। उन्हें पता है इसकी सज़ा क्या मिलेगी? वे उसे भुगतने के लिए निर्भय तैयार हैं।

यह निर्णय कवि ने अपने रचना-जीवन के प्रारम्भ में ही लिया है। वह अपनी रचनात्मक मनोभूमि के बारे में स्पष्ट है। अभी उसने इस दुःखी भाई का साहित्य नहीं रचा है। अभी वह रचना के प्रतिपक्ष में इसकी पक्षधरता को लेकर खड़ा नहीं हुआ है। अभी यह सिर्फ़ निःसंशय निर्णय है। कवि अपनी नियति को टटोलता है और निर्णय को स्थगित नहीं रखता, उसे अपनी इस शुरू की रचना में ही प्रकाशित कर देता है। मैंने निराला के अध्ययन के सम्बन्ध में जो स्थापना रखी है, वह वहाँ भी सच साबित होती है। संसार के सारे महान् कवियों की तरह उनके भीतर भी रचना-प्रक्रिया के कई-कई स्तर एक साथ क्रियाशील हैं। काव्य का उसके अभिजात संस्कारों से मुक्ति का सवाल भी निराला अपने रचना-जीवन के प्रारम्भ से ही उठाते हुए दिखायी देते हैं। 'अनामिका' की इस कविता में लिया हुआ निर्णय निराला ने आगे के अपने रचना-जीवन में सच कर दिखाया है।

अगर इस सन्दर्भ में हम निराला के विराट् काव्य-व्यक्तित्व की समीक्षा करें तो उपेक्षित के उन्नयन, उसके प्रति गहरी करुणा और सामान्य की प्रतिष्ठा की अभिव्यक्ति देनेवाली कविताएँ निराला के अधिकांश संग्रहों में समान रूप से मिल

जायेंगी। 'परिमल' की 'विधवा', 'भिक्षुक', 'सन्ध्या-सुन्दरी', 'दीन', 'अनामिका' की 'मित्र के प्रति', 'दान', 'प्रगल्भ प्रेम', 'तोड़ती पत्थर', 'वे किसान की नयी बहू की आँखें', 'और और छवि' तथा 'कुकुरमुत्ता' कविता और 'अणिमा' की 'यह है बाज़ार', 'मेरे घर के पश्चिम', 'सड़क के किनारे', 'चूँकि यहाँ दाना है', 'बेला' के बहुत सारे गीत और ग़ज़लें, पूरे 'नये पत्ते' संग्रह की कविताएँ तथा 'आराधना' के 'ऊँट-बैल', 'मानव जहाँ बैल घोड़ा है', 'खेत जोतकर घर आये हैं' 'महकी साड़ी', 'धान कूटता है', और 'खिरनी के पेड़ तले' जैसे गीत; 'अर्चना' की 'आशा आशा मरे'; 'गीत गुंज' की कविता 'बापू तुम यदि मुर्गी खाते' तथा 'सान्ध्य काकली' की 'गहरी विभावरी शीत की' इत्यादि कविताएँ निराला की रचना-प्रक्रिया के इसी रूप की सतत क्रियाशीलता का प्रमाण हैं।

अतः प्रथम संग्रह 'अनामिका' की 'अधिवास' कविता के माध्यम से लिये गये निर्णय के अनुसार निराला अपनी रचनाशीलता में सतत जागरुक हैं। इसके लिए उनको कितना और क्या-कुछ नहीं सहना पड़ा। लेकिन इसकी चेतना निराला को पहले से ही थी और एक सत्य-द्रष्टा होने के नाते उन्होंने कभी भी अपना निर्णय, अपना पक्ष बदला नहीं। उन्होंने अपने रचनात्मक चरित्र में द्वैत नहीं आने दिया। कविता के अभिजात, ऐश्वर्य-सम्पन्न जगत् से अपने निष्कासन की तीखी चेतना भी उनके अन्दर बरक़रार है, फिर भी वे उस सुरक्षा, सम्मान और सुविधा के आरामदेह गृह में नहीं जाना चाहते। वहाँ उन्हें अपनी मृत्यु ही दिखायी देती है :

मैं रहूँगा न गृह के भीतर
जीवन में रे मृत्यु के विवर।

इन पंक्तियों को न जाने कितने आत्म-साक्षात्कारों में समझा जा सकता है। जैसे वे बार-बार स्वयं को ही अपने उस निर्णय के प्रति आगाह करते रहते हैं; उसकी याद दिलाते रहते हैं :

साथ न होना। गाँठ खुलेगी। छूटेगा उर का सोना।
पाना ही होगा खोना। साथ न होना।
हाथ बचा जा, कटने से माथ बचा जा
अपने को सदा लचा जा,
सोच न कर, मिला अगर कोना।
साथ न होना।

यह उसी निर्णय के प्रति अपने-आप को, सम्पूर्ण जन-समुदाय को, अपनी इस नयी काव्य-रचनाशीलता को चेतनावनी है—लीक न पीटना। फिर मुड़कर वहीं मत जाना। फिर उसी अल्पमत में अपनी जगह बनाने की कोशिश न कना। अपने लोगों के बीच ही रहना, वरना तुम्हारी गाँठ का सोना वे लुटेरे लूट लेंगे। तुम्हारी प्रतिभा,

वर्चस्विता, तेजस्विता का इस्तेमाल उपयोग करके तुम्हें रिक्त कर देंगे। जिसे तुम अपनी उपलब्धि समझोगे, जिस सुविधा, सुरक्षा, ऐश्वर्य और स्थापना को तुम 'पाना' समझोगे, दरअसल वही तुम्हारा सबसे बड़ा 'खोना' होगा। तुम अपना निजत्व अपना 'मैं' सदा के लिए हार जाओगे। अतः किसी भी प्रलोभन में पड़कर उस 'राजे' के समाज के जादू में मत फँसना। वरना अपने ही रक्त में स्नान करोगे। इसके बाद निराला अपनी स्ट्रेटजी कविता में प्रकट करते हैं। ...उनसे बचा रह, अपना कलम बचाये रख। अपना दिमाग़ बचाये रख। इसकी चिन्ता मत कर कि 'अधिवास' की जगह तुम्हें इस सम्पूर्ण परम्परा में यश का एक छोटा-सा कोना ही क्यों मिला। वही बहुत है। सबसे बड़ी नैतिकता यही है कि अपने दुःखी भाई के हृदय में पड़ी हुई छाया को मत भुला।

निष्कासन की इसी तीखी चेतना को निराला 'जनता के हृदय जिया, जीवन-विष-विषम लिया' से अभिव्यक्त करते हैं। बाहर निकाल दिये जाने की यह चेतना उन्हें बार-बार आन्दोलित करती है और एक तीखे एकाकीपन से भर देती है। फिर भी वे सन्तुष्ट हैं। ऊपर जितनी ही बर्फ़ गिरेगी, नीचे सृजन की अन्तःसलिला उतनी ही स्रोतस्विनी बनेगी :

बाहर मैं कर दिया गया हूँ
भीतर पर, भर दिया गया हूँ।

ऊपर वह बर्फ़ गली है
नीचे यह नदी चली है
सख़्त तने के ऊपर नर्म कली है।
इसी तरह हर दिया गया हूँ
बाहर मैं कर दिया गया हूँ।

निराला के भीतर जन-सामान्य की पुनर्प्रतिष्ठा और उपेक्षित के उन्नयन की जो यह सांस्कारिक निष्ठा है, अपने रचना-जीवन के प्रारम्भ में ही उस निष्ठा को साकार करने के लिए जो लिया गया निर्णय है—वही उन्हें जन-साधारण की समस्याओं की ओर आकर्षित करता है। इस तरह काव्य की विषय-वस्तु के स्तर पर यह बदलाव, या उनकी रचनाशीलता का यह नया आयाम, एक नये ढंग की रचना-प्रक्रिया की सतत क्रियाशीलता, अत्यन्त सशक्तता से उनकी उन कविताओं में उद्‌घाटित हुई है, जिसकी लगभग सम्पूर्ण सूची हम पिछले पन्नों में दे चुके हैं। आश्चर्य यह है कि निराला इतिहास की इस समझ और कविता की इस सर्वथा नयी ज़मीन को मुक्त कविता का रूप नहीं मानते। बल्कि विषय के स्तर पर इस सुखद और मौलिक बदलाव की अपेक्षा वे छन्द-मुक्ति को ही कविता की मुक्ति में प्रधानता देते हैं।

ऐसा शायद इसलिए हुआ होगा कि सम्पूर्ण हिन्दी कविता पिछले हज़ार वर्षों से छन्दों के बन्धन से जिस तरह जकड़ी हुई थी, उस स्थिति में छन्द से मुक्ति का आह्वान निराला को सबसे अधिक महत्त्वपूर्ण लगा होगा। इसीलिए निराला जब भी कविता की मुक्ति की बात करते हैं, वे छन्द मुक्ति का ही प्रश्न उठाते हैं। अपने संग्रह 'परिमल' की कविताओं का विभाजन भी उन्होंने छन्द-बद्धता और छन्द-मुक्ति के आधार पर ही किया है। फिर इस छन्द-मुक्ति को कविता की मुक्ति का रूप मानकर उसकी भूमिका में वे छन्द-विधान के प्रश्न पर काफ़ी बहस करते हुए दिखायी देते हैं और मुक्त छन्द का हिन्दी में प्रादुर्भाव, उसका विकास, उसकी स्थिति, उसकी विशेषताओं और उसकी उपलब्धि तथा महत्त्व पर काफ़ी विस्तार से विचार करते हुए दिखायी देते हैं। उनका यह दृढ़ विश्वास है कि छन्द से मुक्ति ही कविता की मुक्ति है। इसकी चर्चा वे अपनी दो-तीन कविताओं में भी करते हैं। इसके साथ विचार के स्तर पर सम्पूर्ण कविता का उसके परम्परागत, आभिजात्य संस्कारों से विषय-वस्तु की मुक्ति का प्रश्न वे कहीं भी उठाते हुए नहीं दिखायी देते। इस भूमिका में, और आगे चलकर अपने एक निबन्ध 'मेरे गीत और कला' में भी वे छन्द-मुक्ति पर ही ज़्यादा बल देते हैं। और 'बादल-राग' तथा 'जुही की कली' इत्यादि कविताओं का विवेचन करते हुए वे 'बादल-राग' को मुक्त गीतों की संज्ञा देते हैं।

सम्भवतः विषय-वस्तु के स्तर पर कविता की मुक्ति को वे स्वयंचालित मान लेते हैं, कि ऐसा तो होगा ही। वैसे यह भी निश्चयपूर्वक कहना थोड़ा कठिन है। क्योंकि उनकी बहुत-सी कविताएँ जो मुक्त छन्द में लिखी गयी हैं, अपने विषयगत और प्रभावगत संस्कारों के स्तर पर नितान्त पारम्परिक हैं। इस तरह सिर्फ़ छन्द-मुक्ति ही कविता की मुक्ति कैसे मानी जा सकती है? छन्द-मुक्ति को कविता की मुक्ति मानकर वे अपने पक्ष में गायत्री मन्त्र और वैदिक मन्त्रों को उद्धृत करते हैं और प्रवाह तथा पाठ-प्रक्रिया को छन्द का अनिवार्य गुण बतलाते हैं—तुक और मात्रा या वर्णों की समता को नहीं।

इस सम्बन्ध में उनके विचार उनके अपने ही शब्दों में द्रष्टव्य हैं—"इसके ('परिमल') मैंने तीन खण्ड किये हैं। प्रथम खण्ड में सममात्रिक सान्त्यानुप्रास कविताएँ हैं, जिनके लिए हिन्दी के लक्षण-ग्रन्थों के द्वारपालों को 'प्रवेश-निषेध' या 'भीतर आने की सख़्त मुमानियत है', कहने की ज़रूरत शायद न होगी। दूसरे खण्ड में विषमात्रिक सान्त्यानुप्रास कविताएँ हैं।...ह्रस्व-दीर्घ मात्रिक संगीत का मुक्त रूप ऐसा ही होगा। जहाँ स्वर के उत्थान-पतन पर ही ध्यान रहता है, और भावना प्रसारित होती चलती है। तीसरे खण्ड में स्वच्छन्द छन्द हैं, जिसके सम्बन्ध में मुझे विशेष रूप से कहने की ज़रूरत है। कारण, इसे ही हिन्दी में सर्वाधिक कलंक का भाग मिला है।...मनुष्य की मुक्ति की तरह ही कविता की मुक्ति भी होती है। मनुष्य की मुक्ति

कर्मों के बन्धन से छुटकारा पाना है और कविता की मुक्ति छन्दों के शासन से अलग हो जाना है। मुक्त काव्य कभी साहित्य के लिए अनर्थकारी नहीं होता, प्रत्युत उससे साहित्य में एक स्वाधीन चेतना फैलती है...। वेदों में काव्य-मुक्ति के ऐसे हज़ारों उदाहरण हैं। उस पर किसी ने आज तक आपत्ति नहीं की। शायद यह सोचकर कि उसे साक्षात् परमात्मा आकर लिख गये हैं। अजी, परमात्मा स्वयं अगर यह रबड़ छन्द और केंचुआ छन्द लिख सकते हैं तो मैंने कौन-सा कसूर कर डाला? आख़िर आपके परमात्मा का ही तो अनुसरण किया है। आप लोग कृपा करके मुझे क्षमा क्यों नहीं कर देते। ...साहित्य की मुक्ति से जाति के मुक्ति-प्रयास का पता चलता है। धीरे-धीरे चित्र-प्रियता छूटने लगती है। मुक्त छन्द तो वह है जो छन्द की भूमि में रहकर भी मुक्त है। ...उसका समर्थक उसका प्रवाह ही है। वही उसे छन्द-सिद्ध करता है और उसका नियम-राहित्य उसकी मुक्ति। ...इस छन्द में art of reading का आनन्द मिलता है। ('परिमल' की भूमिका।)। हिन्दी काव्य की मुक्ति के मुझे दो उपाय मालूम दिये, एक वर्णवृत्त में, दूसरा मात्रावृत्त में। 'जुही की कली' की वर्णवृत्तवाली ज़मीन है। इसमें अन्त्यानुप्रास नहीं। यह गायी नहीं जा सकती। इससे पढ़ने की कला व्यक्त होती है। इसके छन्द को मैं मुक्त छन्द कहता हूँ। दूसरी मात्रावृत्तवाली रचनाएँ 'परिमल' के दूसरे खण्ड में हैं। इनमें लड़ियाँ असमान हैं पर अन्त्यानुप्रास हैं। आधार मात्रिक होने के कारण ये गायी जा सकती हैं। पर संगीत अंग्रेज़ी ढंग का है। इस गति को मैं मुक्त गीत कहता हूँ।' ('प्रबन्ध-प्रतिमा' : मेरे गीत और कला, पृष्ठ 221)।''

□□

अगर इस वक्तव्यों का अध्ययन करें तो पता चलता है कि निराला ने विषय-वस्तु और संवेदना के स्तर पर कविता की मुक्ति की बात कहीं भी नहीं उठायी है। छन्द क अनुशासन से अलग हो जाने को ही वे कविता की मुक्ति मानते हैं। फिर इसके उद्‌देश्य पर विचार करते हुए वे कहते हैं कि 'मुक्त-काव्य साहित्य के लिए अनर्थकारी नहीं होता, प्रत्युत उससे साहित्य में एक स्वाधीन चेतना फैलती है।' इसका संकेत यह है कि छन्द के अनुशासन में बँधा काव्य साहित्य के लिए अनर्थकारी साबित हो सकता है और साहित्य की स्वाधीन चेतना उससे बाधित होती है। इस अनर्थ और परतन्त्रता से बचने के लिए ही उन्होंने मुक्त छन्द को अपनाया और उसे श्रेयस्कर मानकर अपने आलोचकों द्वारा लगाये गये इल्जामों की चिन्ता छोड़ दी। इसके लिए वे मज़ाक में अपने पाठकों से क्षमा भी माँगते हैं। छन्द-मुक्ति की इसी प्रणाली को स्थापित करने के लिए उन्होंने 'परिमल' की कविताओं का प्रकाशन तीन खण्डों में नियोजित किया है।

मेरी यह धारणा है कि निराला का यह दृष्टिकोण एक अर्द्ध-सत्य से अधिक कुछ नहीं है। छन्द से मुक्त हो जाने पर कविता अपनी छन्दानुशासन की परम्परा

से मुक्त हो सकती है, लेकिन मात्र इसी से उसमें संवेदनागत मुक्तता कैसे आ जायेगी? स्वयं निराला ने छन्द-प्रयोगों के अनुसार 'परिमल' की कविताओं का जो विभाजन किया है, वह संवेदनागत वैविध्य से भरा हुआ है। 'जुही की कली', जो स्वच्छन्द छन्द में लिखी गयी है, प्रेम, रोमांस और विलास की अद्‌भुत छवियोंवाली कविता है और सभी लिहाज़ से वह छायावादी ऐश्वर्य-सम्पन्नता का उदाहरण है। वही कहीं भी भारतीय कविता की दो हज़ार वर्षों की अभिजात परम्परा से अलग की कविता नहीं है। इसी तरह 'शेफालिका', 'जागृति में सुप्ति थी' इत्यादि कविताएँ भी उदाहरणस्वरूप प्रस्तुत की जा सकती हैं। 'सुन्दर सुकुमार देह सारी झकझोर डाली, मसल दिये गोरे कपोल गोल' या 'बन्द कंचुकी के सब खोल दिये प्यार से, यौवन उभार ने'-जैसी पंक्तियाँ नितान्त रीत्यात्मक हैं। मैथिलीशरण गुप्त की 'सखि, वे मुझसे कहकर जाते' के सामने ये पंक्तियाँ भले नयी लगें—बिहारी, देव और घनानन्द की रचनाओं के आगे इनकी कोई अलग से विशिष्टता नहीं बतायी जा सकती। अतः काव्य की आभिजात्य परम्परा से मुक्ति का उदाहरण ये कविताएँ नहीं हैं।

इसी तरह 'परिमल' के दूसरे खण्ड में भी जहाँ 'दीन', 'विधवा' या 'भिक्षुक'-जैसी संवेदनागत मुक्ति से किंचित् संलग्न, छन्दानुशासन से मुक्त कविताएँ हैं, वहीं इसी छन्दानुशासन से मुक्त ऐसी कविताएँ भी हैं, जिनकी सम्पूर्ण भाषिक-संयोजना और संवेदना, ऐश्वर्य-सम्पन्न, अभिजात रंगों से पूर्ण हैं। या तो उनमें रस-प्लावित रोमांस का वर्णन मिलता है, अथवा वेदान्त दर्शन का कवित्वमय आख्यान। 'कण', 'सिर्फ़ एक उन्माद', 'विस्मृत भोर', 'विफल वासना', 'बहू', 'स्वप्न-स्मृति' आदि ऐसी ही कविताएँ हैं। स्वयं 'जुही की कली' या 'सन्ध्या-सुन्दरी' की भाषिक संरचना छायावादी है और वे किसी ख़ास संवेदनागत नवीनता की कविताएँ नहीं हैं। 'धीरे-धीरे उतर क्षितिज से आ वसन्त-रजनी' और 'सन्ध्या-सुन्दरी' की 'सखी नीरवता के कन्धे पर डाले बाह' की रूपात्मकता में कोई विशेष फ़र्क़ नहीं है। सखी का प्रसंग ही रीतिकालीन है।

इस तरह निराला कविता की मुक्ति पर विचार करते समय छन्द-मुक्ति पर इतने अधिक केन्द्रित हो जाते हैं कि वे संवेदना और भाषिक संरचना की अभिजातता और पारम्परिकता से उसकी मुक्ति की बात भूल जाते हैं। 'जुही की कली' या 'सन्ध्या-सुन्दरी की प्रशंसा वस्तु-पक्ष को लेकर ही उस जमाने में ज़्यादा हुई क्योंकि उसके वस्तु-पक्ष की परम्परा से पाठक-वर्ग परिचित था। उसका उसे अभ्यास था। बिहारी या घनानन्द की नायिका की हलकी-सी झलक पाते ही वह फड़क उठा। लेकिन इनकी जो निन्दा हुई, वह छन्द-पक्ष को लेकर ही हुई। सम्भवतः इसीलिए निराला का सारा ध्यान एक हठ के रूप में छन्द पर ही केन्द्रित हो उठा। उसी के लिए उनकी खिल्ली उड़ायी गयी और चुनौती महसूस करके उसी जगह वह तनकर खड़े हो गये। इसीलिए मेरे विचार से उपर्युक्त कविताओं में से अधिकांश काव्य-आभिजात्य

से मुक्ति के प्रयास में लिखी गयी कविताएँ नहीं हैं। इस प्रयास का उदाहरण वे कविताएँ हैं, जो विषय-वस्तु संवेदना, भाषिक संरचना, शिल्प-तन्त्र और छन्द- कविता के इन सभी पारम्परिक, ऐश्वर्य-सम्पन्न, आभिजात्य-संस्कारों से पूर्ण मुक्ति के सम्मिलित प्रयास से समन्वित है और जिनकी सूची इसी निबन्ध में एक जगह मैं दे चुका हूँ।

□□

दरअसल यह विचारणीय है कि जिस ऐतिहासिक पहचान और समझ को निराला ने 'नये पत्ते' की उक्त कविताओं में वाणी दी, जिस तरह की नयी काव्य-रचना में लगातार वे संलग्न रहे और जो कविताएँ काव्य-आभिजात्य से मुक्ति का अद्वितीय उदाहरण मानी जा सकती हैं, उनकी संवेदनागत विशिष्टत तथा भाषिक संरचना के बारे में निराला ने कहीं कोई संकेत क्यों नहीं दिया और 'परिमल' की छन्द-मुक्त कविताओं को (जो अधिकांशतः पारम्परिक और सांस्कारिक हैं) ही मुक्त कविता का उदाहरण क्यों मानते रहे? ऐसा क्यों हुआ? कवि के मानस की यह छान-बीन शायद बहुत उपयोगी नहीं साबित होगी। लगता है कि इस तरह की कविताएँ अधिसंख्यतः जिस काल में रची गयीं (38-46 तक), तब तक निराला को अपने बचाव में कुछ कहने की ज़रूरत नहीं रह गयी थी। वे अपने हठ और तेजस्विता और अक्खड़पन से अपनी धाक जमा चुके थे।

शायद इसीलिए 'कुकुरमुत्ता' के पहले संस्करण में 'जियाफ़त' शीर्षक से दी गयी छोटी-सी भूमिका में वे कहते हैं कि 'इसमें वही शामिल होंगे, जिन्हें बुलाया नहीं गया।' अर्थात् इस कविता को निपट-भोले, सीधे-सादे, परम्परागत काव्य-संस्कारों से रहित जन-साधारण ही सराहेंगे। इसमें शमिल होंगे। लेकिन जिस विद्वद्वर्ग को बुलाया गया है, वे इसे तिरस्कृत करेंगे। इसीलिए इस भूमिका में निराला अकड़े हुए हैं, जब कि इसी कविता के दूसरे संस्करण में उन्होंने पहले संस्करण की यह भूमिका निकाल दी है और पाठकों तथा विद्वानों द्वारा समादृत होने के कारण वे दूसरी भूमिका में काफ़ी विनम्र दिखायी देते हैं तथा भविष्य में ऐसी और रचनाएँ 'लाने' का वादा करते हैं। सम्भवतः उपेक्षित के उन्नयन या सामान्य की प्रतिष्ठा की जो सांस्कारिक, स्वभावगत निष्ठा उनके भीतर वर्तमान थी, उन्होंने उसे सहज ही मान लिया था।

'बेला' या 'नये पत्ते' की प्रस्तावनाओं में भी उन्होंने विशेष कुछ नहीं कहा है, जब कि वे दोनों कृतियाँ 'परिमल' से भी अधिक महत्त्वपूर्ण भूमिकाओं की अपेक्षा रखती हैं। लेकिन लगता है, निराला अपनी रचनात्मक और साहित्यिक विजय को पहचानते हैं और अपने बचाव-पक्ष में कुछ भी कहने की ज़रूरत महसूस नहीं करते। जब कि वे 'परिमल' में अपने विरीधियों को बड़े ऊँचे, अध्ययनशील, वैचारिक स्तर से जवाब देते हैं। 'बेला' के 'आवेदन' में सिर्फ़ वे पाठकों को हिन्दी मार्जित करने

और उनको फायदा पहुँचाने की बात करते हैं, तथा ब्रजभाषा में तुतलाते हुए लोगों को उसी के समकक्ष खड़ीबोली के गीतों की चुनौती फेंकते हैं। 'नये पत्ते' की प्रस्तावना में 'हास्य की प्रचुरता' और भाषा के बोल-चाल के रूप की ओर ज़रूर संकेत करते हैं, लेकिन साहित्य-रचना में गली-मुहल्ले की भाषा की यह पैठ क्यों और कितनी सार्थक है, इस सम्बन्ध में कुछ भी नहीं कहते हैं।

जैसा कि मैंने कहा, सम्भवतः निराला को इन रचनाओं तक आते-आते यह विश्वास हो गया है या उनका आत्म-विश्वास इतना सुदृढ़ और निःसंशय हो गया है कि वे समझ चुके हैं कि वे जो कुछ भी कर रहे हैं, ठीक कर रहे हैं और उनका विरोध अब किसी के बस की बात नहीं रह गयी है। इसीलिए वे बड़ी ऊँचाई से पाठकों की हिन्दी परिमार्जित करन की बात करते हैं और ब्रजभाषा में तुतलानेवालों के समक्ष अपने गीतों की चुनौती फेंक देते हैं। वे सम्भवतः अपने को सर्व-स्वीकृत मान चुके हैं और कविता के आभिजात्य प्रसंगों से अपने ही द्वारा सम्पूर्णतः मुक्त कराये जाने के इस सफल प्रयास के बारे में कुछ भी कहना ज़रूरी नहीं समझते।

□□

इस सम्बन्ध में निराला के ऊपर मार्क्सवादी प्रभाव और तत्कालीन प्रगतिशील आन्दोलन के प्रभाव की चर्चा बार-बार की जाती है। प्रगतिशील आन्दोलन के आलोचकों का यह निःसंशय मत है कि निराला को (पन्त की तरह ही) इस तरह की नयी संवेदना की कविताएँ लिखने की प्रेरणा प्रगतिशील आन्दोलन से ही मिली और 'कुकुरमुत्ता' तथा 'नये पत्ते' संग्रह की रचनाएँ इसी प्रगतिशील आन्दोलन का प्रतिफलन है। कुछ वर्षों पहले 'कुकुरमुत्ता' के नये संस्करण की भूमिका लिखते हुए मैंने कविता के माध्यम से इसकी छान-बीन की तो मुझे इस कथन में सच्चाई कम और भावुकता अधिक लगी।

उन दिनों प्रगतिशील आलोचकों ने निराला, पन्त, बच्चन, अंचल, गिरिजाकुमार से लेकर तुलसीदास और कबीर तक को अपने प्रगतिशील आन्दोलन से जोड़ लिया था। जैसा कि मैंने कहा, निराला के भीतर उपेक्षित के उन्नयन और सामान्य की प्रतिष्ठा का भाव स्वभावगत है। वह उनके पूरे व्यक्तित्व में रचा हुआ है। उसे मैं निराला के व्यक्तित्व की सांस्कारिक निष्ठा कहता हूँ। इस काव्य-संवेदना की अधिकांश कविताएँ उनके व्यक्तित्व की इसी सांस्कारिक निष्ठा का प्रतिफलन है। इसीलिए 'कुकुरमुत्ता' की भूमिका में मैंने लिखा कि निराला की कविताओं और 'कुकुरमुत्ता' की इससे अधिक भ्रामक व्याख्या और कुछ भी नहीं हो सकती कि वह मार्क्सवादी चिन्तन का प्रतिफलन है। निराला की इस सर्वथा नवीन काव्य-संवेदना के अब और अधिक गहरे अध्ययन के पश्चात् मुझे लगता है कि इतिहास की इस गहरी समझ और भारतीय जन-साधारण की यथार्थ स्थिति के इतने सूक्ष्म निरीक्षण

में मार्क्सवादी चिन्तन का कुछ-न-कुछ प्रभाव निराला पर अवश्य है। इस विचारधारा के आलोक में उपेक्षित की पक्षधरता की उनकी व्यक्तित्वगत निष्ठा और मज़बूत हुई है।

इसके आलोक में अपने ही अन्दर बसी हुई इस रचनात्मक मानसिकता की पुनर्पहचान निराला ने की है। वे इसके प्रभाव में बह नहीं गये हैं, बल्कि उनको अपनी रचना-प्रक्रिया के इस क्रियाशील रूप को परखने में मदद मिली है। इसीलिए इस संवेदना की कविताएँ मात्र नारेबाज़ी नहीं लगतीं। वे सर्वान्त एक गहरी आन्तरिक अनुभूति से अनुप्राणित दीखती हैं। इसीलिए 'कुकुरमुत्ता' या 'नये पत्ते' संग्रह की रचनाओं को मार्क्सवादी प्रभाव का प्रतिफलन न मानकर उस चिन्तन के आलोक में अपनी ही काव्य-संवेदना की पुनर्पहचान और आत्म-विश्वास के साथ उसकी अभिव्यक्ति का प्रतिफलन मानना अधिक उचित लगता है। वर्ग-विरोध और ऐतिहासिक सन्दर्भों में वर्ग-चेतना की इतनी तीखी अनुभूति और उसमें दलित-शोषित वर्ग की पक्षधरता—इन कविताओं में अभिव्यक्त ये तत्त्व मार्क्सवादी चिन्तन के आलोक में ही पहचाने गये हैं। सम्पूर्ण भारतीय इतिहास में 'राजे' की पहचान और जन-साधारण का लगातार इस 'राजे' के क़िले की रक्षा में इस्तेमाल होते जाना-इस नुक्ते की गज़ब की पकड़ तथा निराला के व्यक्तित्व की आन्तरिक संगति, एकतानता और मार्क्सवादी चिन्तन के आलोक में सफलता से उसे समझ लेना ही, उनकी इस भाव-धारा की कविताओं को इतना सशक्त और प्राणवन्त बनाता है। इस सम्बन्ध में आगे हम उनकी इस भावधारा की कविताओं पर विचार करते हुए और अधिक विस्तार से लिखेंगे।

ऐतिहासिक नुक्ते की इस सही पहचान और उसकी अभिव्यक्ति का प्रतिफलन निराला की जो कविताएँ हैं, वे सभी एक की तरह की नहीं हैं। उनमें संवेदनागत एकतानता तो सर्वत्र है लेकिन भाषिक संरचना और छन्दानुशासन या छन्द-मुक्ति की दृष्टि से उनमें काफ़ी भिन्नता और वैविध्य झलकता है। लेकिन वे सब मिलाकर निराला द्वारा हिन्दी कविता को, सभी स्तरों पर उसके आभिजात्य, उसकी संवेदनागत और शिल्पगत पारम्परिकता तथा उसके ऐश्वर्यवादी, उच्चकुलोद्भव वैशिष्ट्य-भाव से मुक्ति दिलाने के सफल प्रयास के फलस्वरूप उद्भूत हैं। जैसा कि ऊपर मैं विचारकर चुका हूँ, निराला की, कविता की मुक्ति सम्बन्धी विचारधारा को मैंने अपर्याप्त और अपूर्ण माना है। सिर्फ़ छन्द-मुक्ति से कविता की मुक्ति सम्भव नहीं है। बल्कि अभिजात संस्कारों से उसकी मुक्ति तभी सम्भव है, जब वह संवेदना के स्तर पर पहले मुक्त हो। उसके बाद वह अपने छन्दानुशासन से अवश्य मुक्त कर लेगी। अगर नहीं भी करती तो भी कुछ हद तक वह काव्य-आभिजात्य से मुक्ति के उदाहरणस्वरूप उद्धृत की जा सकती है। ऐसा निराला के साथ भी हुआ है। लेकिन जहाँ संवेदनागत मुक्ति नहीं है, उस कविता को आभिजात्य से मुक्ति के उदाहरण के रूप में हम पेश नहीं कर सकते।

जैसा कि हम विचार कर चुके हैं, 'जुही की कली' या उस तरह की बहुत सारी कविताएँ अपनी छन्द-मुक्ति के बावजूद काव्य-मुक्ति के उदाहरणस्वरूप नहीं रखी जा सकतीं। वे अपने सम्पूर्ण संस्कार में रीत्यात्मक, पारम्परिक कविताएँ ही हैं और हज़ारों वर्ष की भारतीय कविता की आभिजातता का ही एक उदाहरण हैं। ऐसी स्थिति में निराला द्वारा रचित इस भाव-संवेदना की उन्हीं कविताओं को मैंने काव्य-आभिजात्य से मुक्ति के प्रयास के उदाहरण रूप में अपने अध्ययन का विषय बनाया है, जो ऐतिहासिक पहचान के इस नये नुक़्ते पर अपनी संवेदना के स्तर पर सबसे पहले मुक्त हैं—चाहे वे छन्दानुशासन से मुक्त हों या न हों। इसीलिए मैंने कहा कि संवेदनागत मुक्ति के बावजूद भाषिक संरचना, छन्द और विचारगत भिन्नता के कारण निराला की इन कविताओं में काफ़ी वैविध्य है। अध्ययन और विश्लेषण की सुविधा के लिए इस वैविध्य को हम तीन धरातलों पर रेखांकित कर सकते हैं :

(1) वे कविताएँ, जो विषय-वस्तु, संवेदना और छन्दानुशासन से मुक्त है, लेकिन जिनकी भाषिक संरचना में छायावादी शिल्प और ऐश्वर्यवादी अभिजात शब्द-बन्ध बार-बार घुसपैठ करते हुए दिखायी देते हैं। सम्पूर्ण कविता की संरचना में यह द्वैत तथा शब्द-बन्ध की घुसपैठ संवेदना के धरातल पर भी आभिजात्य का हलका-सा आभास कहीं-कहीं देती है। लेकिन यह आभास इतना क्षीण है कि आसानी से पकड़ में नहीं आता।

परिमल' की 'विधवा', 'दीन', 'सन्ध्या-सुन्दरी', 'अनामिका' की 'मित्र के प्रति', 'दान', 'प्रगल्भ प्रेम', 'तोड़ती पत्थर', और 'वे किसान की नयी बहू की आँखें' इस श्रेणी की कविताओं के उदाहरण हैं। इसका अर्थ यह हुआ कि काव्य-आभिजात्य से मुक्ति के प्रारम्भिक प्रयास में भाषिक संरचना का यह द्वैत निराला की इस भावधारा की कविताओं में निरन्तर विद्यमान है और कभी-कभी और कहीं-कहीं यह संवेदनागत मुक्ति में दरार भी डालता है। 'भिक्षुक' कविता इस प्रारम्भिक प्रयत्न में एक अपवाद है। 'मित्र के प्रति' या 'दान' भी छन्दयुक्त कविताएँ ही हैं।

(2) ये कविताएँ, जिनमें संवेदनागत, विषयगत और भाषिक संरचना-सम्बन्धी पूर्ण मुक्ति विद्यमान है, लेकिन छन्द-मुक्ति की जगह छन्दानुशासन उनमें फिर लौट आया है। आश्चर्य यह होता है कि कविता की जिस मुक्ति के लिए निराला छन्द-मुक्ति को इतना आवश्यक, बल्कि लाज़मी मानते हैं, वह छन्द-मुक्ति यहाँ, इन कविताओं में नहीं है। बल्कि एक मँजा हुआ छन्दानुशासन है। फिर भी विषयगत, संवेदनागत और भाषिक संरचना के स्तर पर पूर्ण मुक्त होने के कारण यह छन्दानुशासन इनकी विशिष्टता में कोई बाधा बनता-सा नहीं लगता है। इसीलिए मैंने संवेदनागत मुक्ति को ही काव्य की मुक्ति की पहली शर्त माना है।

'अणिमा' की 'यह है बाज़ार', 'मेरे घर के पश्चिम', 'सड़क के किनारे', 'चूँकि यहाँ दाना है'-जैसी रचनाएँ 'कुकुरमुत्ता' नामक लम्बी कविता, 'बेला' संग्रह की

बहुत- सारी ग़ज़लें, 'साथ न होता', 'आरे गंगा के किनारे', 'काले-काले बादल आये', 'बन्दी-गृह वरण किया', 'वेश सूखे अधर रूखे', 'भीख माँगता है', 'मुसीबत में कटे हैं दिन', 'जिन्होंने ठोकरें खायीं', 'जल्द-जल्द पैर बढ़ाओ', 'गली-गली हाथ पसारे' और 'कैसी यह हवा चली'-जैसी कविताएँ, 'नये पत्ते' की 'खजोहरा', 'प्रेम-संगीत', 'गर्म पकौड़ी', 'आराधना' की 'ऊँट-बैल', 'मानव जहाँ', 'खेत जोतकर', 'महकी साड़ी', 'जैसे जोबन', 'धान कूटता है' और 'खिरनी के पेड़ तले', 'अर्चना' की 'आशा-आशा मरे', तथा 'सान्ध्य काकली' की 'गहरी विभावरी शीत की' इत्यादि कविताएँ इस वर्ग में रखी जा सकती हैं। इसका अर्थ यह हुआ कि बाद में अचेतन रूप से ही सही, निराला ने संवेदनागत और भाषिक संरचना की मुक्तता को काव्य की मुक्ति के सन्दर्भ में अधिक महत्त्व दिया और छन्द-मुक्ति से फिर वे छन्दानुशासन पर लौट आये। अथवा कविता की मुक्ति के सन्दर्भ में उसे उन्होंने तीसरे स्थान पर रखा।

(3) वे कविताएँ, जो विषय-वस्तु, भाषिक संरचना, संवेदना और छन्द-सभी प्रकार की प्राचीन पारम्परिक, रीत्यात्मक रूढ़ियों से मुक्त है। अर्थात् यही कविताएँ काव्य-आभिजात्य से मुक्ति के प्रयास में लिखी गयी निराला की सफल रचनाएँ कही जा सकती हैं। इन्हीं कविताओं में आकर निराला की वर्गगत भावना स्पष्ट हो उठी है और वे सर्वहारा की सम्पूर्ण पक्षधरता में उठ खड़े होते दिखायी देते हैं। इनकी भाषिक संरचना में गद्यात्मक प्रवाह का पूर्ण समावेश तथा व्यंग्य, विनोद और प्रत्यक्ष अर्थ की करारी मार दर्शनीय है। 'नये पत्ते' संग्रह की अधिकांश कविताएँ इसका उदाहरण हैं। इस उपर्युक्त वर्गीकरण और पृथक्-पृथक् रेखांकन को बहुत संकीर्ण मन से नहीं ग्रहण करना चाहिए। यह सिर्फ़ विश्लेषण और विचार की सुविधा के लिए किया गया है और इसमें लचीलापन सम्भव है। हो सकता है, इधर की दो-एक कविताएँ कोई पाठक उधर रखना चाहें। इसमें मुझे कोई आपत्ति नहीं होगी।

'अनामिका' और 'परिमल' :

'मित्र के प्रति' या 'प्रगल्भ प्रेम' अथवा 'और और छवि' एक तरह से अपने विरोधियों के उत्तर में लिखी गयी कविताएँ हैं। इनमें उपेक्षित के उन्नयन का भाव व्यक्त नहीं है, बल्कि अपने द्वारा आविष्कृत छन्द-मुक्ति और नये काव्य के बचाव-पक्ष में दलील पेश करने की मुद्रा है। 'मित्र के प्रति' पुरानी काव्य-परम्परा पर व्यंग्यपूर्वक प्रहार है और अपने तथाकथित 'नीरस, छन्दरहित, भावरहित अर्र-बर्र' को ही नये मोतियों की माला के रूप में सरस्वती के गले में पहनाने का ज़िक्र है। काव्य के जलते हुए मरुस्थल में इसे, कवि ने अपने द्वारा बनाये गये नख़लिस्तान की संज्ञा दी है। अन्त में अपने निःसंशय, निडर निर्णय का स्वीकार भी है। 'नहीं त्रस अतः बन्धु नहीं रक्ष-रक्ष'। कोई डर नहीं, इसलिए सुरक्षा की कोई माँग भी नहीं है। 'प्रगल्भ

प्रेम' में आवाहन है—'प्रिये छोड़कर बन्धनमय छन्दों की छोटी राह अर्ध-विकच इस हृदय-कमल में आ तू।' फिर प्रेमिका के इस रूपक का कविता के अन्त तक निर्वाह है। 'दान' में ब्राह्मण श्रेष्ठ द्वारा भूखे मनुष्य की जगह राम-भक्त हनूमानों को मालपुआ खिलाने का ज़िक्र है। यह कविता भी व्यंग्य और करुणा की मिली-जुली अद्भुत अभिव्यक्ति है।

लेकिन संवेदनागत और विषय-वस्तु की मुक्तता के बावजूद इनकी पूरी भाषिक संरचना छायावादी है। 'प्रगल्भ प्रेम' का पूरा रूपक ही आभिजात्य से भरपूर है। इसमें छायावादी शब्द-बन्ध घुसपैठ ही नहीं करते, बल्कि पूरी कविता पर हावी हैं। यही हाल 'मित्र के प्रति' और 'दान' कविताओं का भी है। 'तोड़ती पत्थर', 'वे किसान की नयी बहू की आँखें', अथवा 'दीन', 'विधवा', 'सन्ध्या-सुन्दरी' और कुछ हद तक 'भिक्षुक' भी इस संस्कारशील शब्द-गरिमा से पूर्णतया मुक्त नहीं हैं। अन्तर यह है कि जहाँ 'प्रगल्भ प्रेम' का सारा शब्द-बन्ध छायावादी है और उसकी रूपकात्मकता उसी आभिजात्य परम्परा से ग्रहीत है, वहाँ इन कविताओं में संवेदना, विषय और छन्दगत मुक्ति पूरी तरह विद्यमान है और सिर्फ़ भाषिक-स्तर पर उनमें पंक्तियों के बीच जगह-जगह अभिजात शब्द-बन्ध घुसपैठ करते हुए दिखायी देते हैं।

यहाँ शब्द-प्रयोग से लेकर उनकी ध्वनि, लयात्मकता और कुछ दूर तक कथन-भंगिमा—सभी-कुछ में छायावादी अभिजात संस्कार उभरकर सामने आ जाता है। जहाँ कहीं भी संवेदनागत्र नवीनता के अनुकूल शब्द-बन्ध को ढालने की चेष्टा की गयी है, वहीं एकाएक पंक्तियों के बीच से भाषा का आभिजात्य एक खिड़की खोलकर झाँकने लगता है। जैसे 'कोई न छायादार पेड़' एक नया शब्द-बन्ध है। लेकिन इसके बाद ही 'श्याम तन भर बँधा यौवन, नत-नयन प्रिय-कर्म-रत मन' यह पूरा बन्द छायावादी संस्कारों की उपज है। यह तत्समता से अलग, वह गली-मुहल्ले और उस सड़क की भाषा नहीं है, जहाँ वह औरत भरी दुपहरी में बैठी हुई गिट्टे तोड़ रही है। इस शब्द-बन्ध से पत्थर तोड़नेवाली के अभिजात-से लगनेवाले सौन्दर्य की सृष्टि होती है, उसका काला-कलूटा, धूप-तपा रंग, और पत्थर तोड़ती हुई मुद्रा अधिक प्रकट नहीं होती। इसीलिए मैंने कहा कि भाषिक संरचना का यह द्वैत संवेदनागत मुक्ति में भी कहीं-कहीं दरार डालता है। इसी प्रकार आगे इस कविता में हथौड़े के साथ 'गुरु' ('भारी' की जगह) विशेषण का प्रयोग, या 'तरुमालिका अट्टालिका प्राकार' या 'लीन होते कर्म में'—ये सारे शब्द-बन्ध छायावादी हैं और 'गाढ़े के कुर्ते में चमकते हुए रेशमी पैबन्द'—से लगते हैं, जो सौन्दर्य को बढ़ाते नहीं, उसका खुरदुरापन भंग करते हैं।

भाषिक संरचना का यह रूप कविता को एक पारम्परिक आभिजात्य का रंग अधिक देता है। उसे सामान्य बनाने में ख़लल पैदा करता है। 'विधवा' या 'दीन'

या 'सन्ध्या-सुन्दरी' भी भाषा के इस द्वैत का शिकार है और इसीलिए उनकी संवेदनागत एकतानता कभी-कभी खण्डित होती हुई लगती है। उनके नयेपन के सारे मिज़ाज पर, उनके खुलेपन पर गरिमा और गम्भीरता की एक सभ्य परत पड़ जाती है। उनका मिज़ाज पूर्णतः उस तरह का नया या बिलकुल अलग नहीं लगता, जिस तरह 'कुकुरमुत्ता' या 'नये पत्ते' संग्रह की कविताओं का लगता है।

'विधवा', 'भिक्षुक' या 'तोड़ती पत्थर' की करुणा भी वह उफनती हुई करुणा है, जो छायावादी या पारम्परिक कविता की अपनी विशेषता है। इन कविताओं को निराला जैसे अपनी छाती से चिपकाये हुए हैं। एक विशाल अश्वत्थ की तरह निराला का सम्पूर्ण व्यक्तित्व इन पर छाया हुआ है। साथ ही अपनी संवेदनागत और विषयगत मुक्ति के बावजूद 'विधवा', 'दीन' या 'तोड़ती पत्थर' के पात्रों में सहने की एक उच्चाशयता है। जैसे वे अपनी सहनशीलता में दुःखी नहीं, बल्कि गरिमा-मण्डित हों :

(1) वह इष्टदेव के मन्दिर की पूजा-सी
वह दीपशिखा-सी शान्त भाव में लीन
वह क्रूर काल-ताण्डव की स्मृति-रेखा-सी

(2) सह जाते हो उत्पीड़न की
क्रीड़ा सदा निरंकुश नग्न
और जगत् की ओर ताककर
दुःख हृदय का क्षोभ त्यागकर
सह जाते हो

(3) ठहरो अरे, मेरे हृदय में है अमृत, मैं सींच दूँगा।
अभिमन्यु जैसे हो सकोगे तुम, तुम्हारे दुःख मैं
अपने हृदय में खींच लूँगा।

(4) देखा मुझे उस दृष्टि से
जो मार खा रोयह नहीं।
सजा सहज सितार।

यह सहने की उच्चाशयता, गरिमा या उफनती करुणा का यह अपार-प्रसार, सारी संवेदनागत और विषयगत नवीनता के बावजूद इन कविताओं में हर जगह मिलता है। ये कविताएँ करुणाभिभूत अधिक कराती हैं। कुछ इस तरह कि उनका नग्न यथार्थ (जो सम्भवतः कवि का अभिप्रेत है।) इस करुणा में ऊभ-चूभ होता हुआ

दिखायी देता है। नग्न यथार्थ की यही ठोस, व्यंग्यपूर्ण परिणति आगे चलकर 'कुकुरमुत्ता' और 'नये पत्ते' संग्रह की कविताओं में परिलक्षित होती है। वहाँ उपेक्षित जन-सामान्य द्वारा न तो सहने की गरिमा के दर्शन होते हैं, न ही निराला उन्हें अपनी छाती से चिपकाये हुए नज़र आते हैं।

लेकिन इन कविताओं में यह त्रुटि सिर्फ़ काव्य-आभिजात्य से मुक्ति के सन्दर्भ में ही है। उनके विश्लेषण का एक दूसरा आधार भी हो सकता है और उस आधार पर वे निराला की अत्यन्त उत्कृष्ट कोटि की कविताएँ साबित होती हैं। 'भिक्षुक' कविता का दृश्य-बिम्ब किसी एक शब्द-बन्ध में नियोजित नहीं है, बल्कि पूरा विवरण ही एक चित्र-बिम्ब की सृष्टि करता है। यहाँ पर भी निराला इस बिक्षुब्ध स्थिति को अपनी व्यक्तिगत से जोड़ देते हैं। 'दो टूक कलेजे के करता' में शायद अपने कलेजे के दो टूक करने की अभिव्यक्ति उतनी नहीं है, जितनी दर्शक, भावक और संवेदनशील कवि के कलेजे के टुकड़े होने की :

पेट-पीठ मिलकर दोनों हैं एक
चल रहा लकुटिया टेक
मुट्ठी भर दाने को,
भूख मिटाने को
मुँह-फटी पुरानी झोली का फैलाता
पछताता पथ पर आता।

साथ दो बच्चे भी हैं सदा हाथ फैलाये
बायें से वे मलते हुए पेट को चलते
और दाहिना दया-दृष्टि पाने की ओर बढ़ाये।

चाट रहे जूठे पत्तल वे कभी सड़क पर खड़े हुए
और झपट लेने को उनसे कुत्ते भी हैं अड़े हुए।

इस पूरे विवरण की हर पंक्ति में ऐसे करुण और भयावह बिम्बों की सृष्टि कवि ने की है कि वे पाठक के सामने इस सामाजिक पतन का एक सजीव चित्र उपस्थित कर देते हैं। शायद इसके पूर्व किसी कवि ने भी इस स्थिति को कविता के योग्य नहीं समझा। इसमें पहले कभी भी जैसे कवित्व नहीं दिखायी दिया। इस सामाजिक विडम्बना का अनुभव आज के भारतीय कवि को न हो, ऐसी बात नहीं है, लेकिन अपनी संवेदना का अंग बनाने और उसे इस तरह सीधे-सादे ढंग से एक मार्मिक

अभिव्यक्ति में तब्दील करने की बात इसके पहले किसी भी कवि ने नहीं सोची। कला और संस्कृति और इतिहास के इस विडम्बनापूर्ण नुक्ते पर इस व्यक्ति और उसके परिवार की पहचान, पहली बार निराला ने की है। लेकिन फिर भी यहाँ उसके दैन्य और उसकी विवशता का चित्र ही अधिक है। उसके पेट सहलाते हुए या दया की भीख माँगते हुए हाथों को निराला, यहाँ अपने एक परवर्ती बिम्ब की तरह नहीं ढालते :

जिन्होंने ठोकरें खायी गरीबी में पड़े, उनके
हज़ारों-हा-हज़ारों हाथ के उठते समर देखे।

अभी उन्हें उन असहाय हाथों से उठते हुए समर दिखायी नहीं देते। लेकिन इस स्थिति के कारुणिक, भयावह दैन्य का निराला को ख़ूब अहसास है। वे सिर्फ़ उसकी असहायता का चित्रण करके एक नैराश्य की स्थिति में नहीं छोड़ देते। वे इस स्थिति के निदान के लिए समाज-सेवियों, नेताओं या मसीहाओं का इन्तज़ार नहीं करते। वे स्वयं अपने जीवन-अमृत को लेकर सामने आते हैं और उसके दुःख-रूपी ज़हर को अपने अन्दर खींचकर नीलकण्ठ बनने की घोषणा करते हैं। जिससे ये दैन्य, असहायता और विवशता की मुद्रा में फैले हुए हाथ अभिमन्यु बनकर बड़े-बड़े महारथियों से लोहा ले सकें और अन्याय तथा शोषण के इस चक्रव्यूह में घुसकर उसे नष्ट कर सकें। इसीलिए निराला उसे आश्वासन देते हैं, उसे अकेला नहीं छोड़ते। स्वयं कवि इस स्थिति के ख़िलाफ़ व्यक्तिगत रूप में प्रतिपक्ष में आ खड़ा होता है।

भावना की उत्कट सच्चाई और आत्म-निर्णय की इसी महानता के कारण यह हिन्दी-साहित्य की एक अद्वितीय कविता है और यही कारण है कि इसके प्रकाशित होते ही बड़े-बड़े धुरन्धर पुराणपन्थी भी इसे बिना सराहे नहीं रह सके। इस कविता में अभी व्यंग्य की कटु मार नहीं आ पायी है, जो 'बेला' या 'नये पत्ते' की कविताओं में विकसित हुई है। यहाँ निख़ालिस और उत्कट भावनात्मकता का अजस्र प्रवाह है। इसीलिए मैंने कहा कि इन कविताओं को निराला अपनी छाती से चिपकाये हुए घूमते हैं।

दृष्टिकोण, सच्चाई, आत्म-निर्णय और नैतिक मूल्यों का यही अन्तर निराला को पन्त से बहुत ऊँचे दर्जे का कवि साबिज करता है। ऐसे ही जर्जर व्यक्ति के बारे में पन्त की प्रतिक्रियाएँ देखने लायक़ हैं। जहाँ निराला अपने जीवन के अमृत से उस जन-सामान्य को सींचकर अभिमन्यु बनाने की घोषणा करते हैं, वहाँ पन्त उस आदमी के सलाम करने पर, जिस धरती पर वह बैठा है, उससे पाँव उठा लेने की बात सोचते हैं और जाते-जाते जैसे कवि पन्त के सम्पूर्ण अन्तर में वह अपनी 'काली नारकीय छाया' छोड़ जाता है :

बैठ, टेक धरती पर माथा,
वह सलाम करता है झुककर
उस धरती से पाँव उठा लेने को
जी करता है क्षण भर।
भूखा है, पैसे पा, कुछ गुनमुना
खड़ा हो, जाता है वह घर
पिछले पैरों के बल उठ
जैसे कोई चल रहा जानवर।
काली नारकीय छाया निज
छोड़ गया वह मेरे भीतर।

दृष्टि और विचारों का यह अन्तर दो समकालीन कवियों में द्रष्टव्य है। पन्त अपने सारे सोच में एक बुर्जूआ लगते हैं। उनकी करुणा, दया और घृणा ऊपर से चन्द पैसों के साथ फेंकी गयी है। वे उस धरती को भी अछूत समझ लेते हैं, जिस पर माथा टेककर वह सलाम करता है। वह मनुष्य नहीं, उनकी नज़रों में एक जानवर है। वे उसकी लम्बी-चौड़ी पुरानी काठी से थोड़ा-सा मनोरंजन के स्तर पर आकर्षित होते हैं लेकिन वह उनके अन्दर करुणा और मनुष्यत्व की गहरी पीड़ा का संचार नहीं करता, बल्कि अपनी 'काली नारकीय छाया' छोड़ जाता है। उनकी करुणा और दया में नफ़रत का ज़हर साफ़ मिला हुआ दिखायी देता है। पन्त उसे रोकते नहीं, उसके दुःख-ज़हर को अपने अन्दर खींचने की बात भी नहीं सोचते। वे उसमें शामिल नहीं होते। बल्कि उस आदमी का अस्तित्व उन्हें अपनी सुविधा में एक बाधा-सा प्रतीत होता है और वे चाहते हैं कि जल्द-से-जल्द वह उनके सामने से दफ़ा हो जाय।

जन-साधारण के प्रति पन्त का यह अमानवीय दृष्टिकोण दरअंसल आश्चर्य में डाल देता है। इस कविता में न तो व्यंग्य का कोई धरातल है, न निश्छल मानवीय करुणा का। इसकी जगह नफ़रत का ज़हर पूरी कविता में व्याप्त है। इसी सामाजिक अधःपतन के प्रसंग को जब निराला ने फिर 'बेला' की एक कविता में उठाया है तो वहाँ पर कटु-करारे व्यंग्य की तीखी अभिव्यक्ति दर्शनीय है। वहाँ निराला व्यक्तिगत रूप से अपने को भिखारी की पक्षधरता से हटा लेते हैं। वहाँ भी वह उतना ही असहाय है। लेकिन उसकी निष्कवच असहायता ही सबके लिए जैसे एक चुनौती बन गयी है। वह स्वयं एक ऐसा सशक्त प्रतिपक्ष बन गया है कि समाज के सभी वर्ग अपनी समृद्धि, अपनी कला, अपने सौन्दर्य को उसी की तुलना में देखने के आदी हो गये हैं। कलाकार उसके जर्जर ढाँचे में पहाड़ का दर्शन करता है, कारीगर उसे घड़ी समझकर भगाने की बात करता है, कोई उसे जनता-जनार्दन का रूप मानकर स्तुति का ढोंग करता है। स्त्रियाँ उसकी कुरूपता की तुलना में अपने सौन्दर्य का

अर्थ समझती हैं। और 'मुट्ठी-भर हड्डी का यह नर' राह पर पड़ा-पड़ा निष्कवच उन्हीं लोगों से भीख माँगता है।

यहाँ एक भयंकर और क्रूर व्यंग्य निराला ने पूरी कविता में विकसित किया है। यानी कि जो सड़क के किनारे भीख माँग रहा है, वह लोगों की अपनी समृद्धि, कला, नफ़रत और सौन्दर्य को नापने-जोखने का बटखरा बन गया है। यानी कि आदमी, आदमी की नज़र में एक बटखरा हो जाय, किसी भी समाज का इससे भयानक अधःपतन और क्या हो सकता है :

भीख माँगता है अब राह पर
मुट्ठी-भर हड्डी का यह नर।

एक आँख शिक्षा की हेठी से
देखने लगी उसे अमेठी से
कहा, खुलकर छोटा भूधर।

एक आँख तरुणी की जो अड़ी
कहा, यहाँ नहीं कामना सड़ी,
इससे मैं हूँ कितनी सुन्दरी।

इसी तरह 'तोड़ती पत्थर' में भी निराला ने जन-सामान्य का प्रतिपक्ष—वह आभिजात्य वातावरण प्रस्तुत किया है :

गुरु हथौड़ा हाथ,
करती बार-बार प्रहार
सामने तरुमालिका, अट्टालिका प्राकार

यह 'सामने तरुमालिका, अट्टालिका प्राकार' भी उसी परम्परागत आभिजात्य का दिग्दर्शन कराने के लिए लाया गया जान पड़ता है। शायद शब्द-बन्ध की यह पारम्परिकता, जिससे हम सहमत हो चुके हैं, और जिसे आभिजात्य की घुसपैठ कहा है, वह भी उस विरोधी पक्ष को चित्रित करने के लिए निराला ले आये हैं। एक सम्भावना यह हो सकती है कि उन्होंने अर्थ, स्थिति और चित्र को और अधिक गहरा बनाने के लिए विरोधी रंगों का इस्तेमाल किया हो। सड़क पर लू, तड़प, गर्द-गुबार और सामने उस ओर हरे-भरे शाद्वल वृक्षों से युक्त अट्टालिका । लेकिन संघर्ष के इस पक्ष को आगे न खींचकर निराला उसे एक विवश दैन्य में ले जाकर छोड़ देते हैं। यहाँ पर किधन से भी वह आकर शामिल नहीं होते। उसमें एक अश्रुत

स्वर-झंकार और अद्वितीय संगीत की सृष्टि वे पाते हैं और मात्र एक मूक दर्शक की तरह परिस्थिति की इस विडम्बना को कविता के अन्त में सहज ढंग से स्वीकार लेते हैं :

लीन होते कर्म में ज्यों कहा
मैं तोड़ती पत्थर।

कवि शायद इस सहज स्वीकार से यह भी संकेतित करना चाहता है कि तुम जी मेरे श्याम तन और बँधे हुए यौवन में अपरूप सौन्दर्य और अद्वितीय संगीत को देख-सुन रहे हो, इसकी गुंजाइश यहाँ नहीं है। यह तुम्हारी कपोल-कल्पना है। मेरी नियति तो इस लू-भरी दोपहरी में पत्थर तोड़ना भर है। इस तरह इन कविताओं की भाषिक संरचना में जो आभिजात्य शब्दावली की घुसपैठ दिखायी पड़ती है या इनमें सहने की जो उच्चाशयता और गरिमा अभिव्यक्त हुई है, वह कविता की मुक्ति के आवाहन को थोड़ा क्षीण भले करती हो, एक-दूसरे अर्थ में शायद कविता के अर्थ और महत्त्व को अधिक सघन बनाती है।

'अणिमा', 'बेला', 'आराधना', 'अर्चना' और 'सान्ध्य काकली' :

'अनामिका' में संगृहीत इन नये ढंग की कविताओं के बाद अगले संग्रहों में छन्द-मुक्ति के प्रति निराला का हठ कम हो गया है। लेकिन भाषिक संरचना और संवेदना के स्तर पर कविताएँ बिलकुल नयी लगती हैं। शायद तब तक निराला के ऊपर 'रबड़ छन्द' और 'केंचुआ छन्द' के इल्ज़ाम पुराने पड़ चुके थे और निराला ने अपनी बात सफलतापूर्वक मनवा ली थी। इसके बाद वे शान्त हो गये लगते हैं और उनका सारा ध्यान इस भावधारा की कविताओं में संवेदनागत और भाषागत मुक्ति पर केन्द्रित हो गया है। अब वे समझने लगे हैं कि उस जन-साधारण की कविता रचने के लिए भाषा को भी आम सड़क पर, भरे-चौराहों पर उतारकर खड़ा करना होगा।

यह एक बहुत बड़ी चुनौती है। ख़ासकर उस कवि के लिए तो और भी, जो भाषा की बिम्बात्मक कोमल संरचना में बेजोड़ हो। जिसने ध्वनि, स्वरारोह और शब्द-गीत के अद्भुत प्रयोग किये हों और अभी भी लगातार करता जा रहा हो। लेकिन निराला अपनी इस भाषा की अभिजात समृद्धि के छलावे में नहीं आते। चौराहे और सड़क और खेतों के आदमी के बारे में लिखते हुए, वे भाषा को भी उसी स्तर पर उतार लाने में सफल हुए है। ऐसा करते हुए उन्होंने भदेस और अकाव्यात्मक हो जाने का ख़तरा सहज ही उठाया है और अन्ततः पुराने काव्य-मानों को ध्वस्त करके, वे शब्द में उसकी अकांव्यतात्मकता के बीच से एक नयी काव्यात्मकता का सन्धान करते हुए दिखायी देते हैं, जो सर्वथा अछूती है।

छन्दानुशासन में रहने के बावजूद कविता के पारम्परिक आभिजात्य से इन कविताओं की मुक्ति दर्शनीय है। अपने हज़ारों साल के साहित्येतिहास में पहली बार इस तरह से उपेक्षित, जन-साधारण को कविता में प्रतिष्ठित किया गया है। इसीलिए मेरा यह दृढ़ विचार है कि कविता की मुक्ति के लिए सबसे पहली शर्त ऐतिहासिक परिदृश्य में जन-साधारण की ठोस पहचान के द्वारा संवेदनागत मुक्ति या बदलाव है, और अपनी स्वाभाविक, सांस्कारिक निष्ठा के कारण निराला के अन्तर में यह संवेदनागत मुक्तता अनायास ही विद्यमान है :

उन्हें न देखूँगा जीवन में
तुम्हीं मिले, भरा रहे मन में।

गली - गली हाथ पसारे
फिरते हैं जो मारे-मारे
भिन्न-भिन्न भाव के किनारे
तुम्हारे न हुए कभी धन में।

यह 'उन्हें' कौन हैं, जिन्हें कवि न देखने की प्रतिज्ञा करता है। ये वही सुरक्षित, सम्पन्न, सुविधाजीवी लोग हैं। कवि जैसे बार-बार अपनी पक्षधरता का ऐलान करता है, जिससे उसके नैतिक निर्णयों के बारे में कोई ग़लतफ़हमी न पैदा हो। 'अनामिका' और 'परिमल' की इस रंग की कविताओं से इन अगले संग्रहों में एक और सुखद विकास मिलता है। यहाँ करुणा के साथ निराला ने व्यंग्य और हास्य का जगह-जगह समावेश किया है। इन कविताओं में गली-मुहल्ले, बाज़ार, खेतों में रसे-बसे लोग हैं। वे लोग, जो इस धरती को बनाते हैं। वे लोग, जो लगातार सदियों से अपने ही ख़ून की नदी में नहाते रहे हैं। अब वे लोग उठेंगे और अपने हज़ार-हज़ार हाथों से समर छेड़ देंगे। अब भारतीय मेधा उन्हीं को रचेगी, उन्हीं को सँवारेगी।

इसके अलावा इन संग्रहों की कविताओं में करुणा, दैन्य और असहायता के भी चित्र निराला ने उतने ही गहरे रंगों में खींचे हैं। भूखे और नंगे खड़े-खड़े शरमा रहे हैं, लेकिन वीर जवाहरलाल का कहीं पता नहीं। चारों ओर अकाल है, भुखमरी है, निराशा है। लोग जैसे बिलों में छिपे हुए सहमे पड़े हैं, लेकिन वीर जवाहरलाल अभी तक नहीं आये। वे वीर जवाहरलाल उसी 'राजे' की पुनरावृत्ति हैं। वे आज भी अपने क़िले में सुरक्षित मज़े कर रहे होंगे। लोग कैसे बचें? वे अभी भी किसी राजकुमार, किसी मसीहा का इन्तज़ार कर रहे हैं। अभी उनकी यह आदत नहीं बदली :

महँगाई की बाढ़ बढ़ आयी, गाँठ की छूटी गाढ़ी कमायी
भूखे नंगे खड़े शरमाये, न आये वीर जवाहरलाल।

कैसे हम बच पायें निहत्थे, बहते गये हमारे जत्थे,
राह देखते हैं भरमाये, न आये वीर जवाहरलाल।

लेकिन इस निहत्थेपन का भी अन्त है। निराला इतिहास के इस मोड़ पर निहत्थी जनता का भविष्य भी देखते हैं। इन्हीं हज़ारों हाथों से समर छिड़ेगा। लोग बहुत दिनों तक अब किसी मसीहा, किसी 'राजे', किसी जवाहरलाल का इन्तज़ार नहीं करेंगे। उन्हें बहुत दिनों तक अब भुलावे में नहीं रखा जा सकता। इसीलिए निराला कहते हैं :

राह पर बैठे, उन्हें आबाद तू जब तक न कर
चैन मत ले ग़ैर को बरबाद तू जब तक न कर
बदल शिक्षा-क्रम, बना इतिहास सच्चा, दम न ले
सज्जनों को प्रगति-पद प्रह्लाद तू जब तक न कर।
उलट तख़्ता उपज की ताक़त बढ़ाने के लिए
डाल मत, खेतों में, अपनी खाद तू जब तक न कर।

यह ललकार-भरा आह्वान इन्तज़ार की असहायता से दो क़दम आगे हैं। इस तरह का विषयगत विकास निराला की इस भावधारा की कविताओं में क्रमशः होता गया है। यहाँ 'भिक्षुक' या 'तोड़ती पत्थर' का विवश दैन्य नहीं है। यहाँ भूखे-नंगे लोगों के खड़े-खड़े शरमाने या दिग्भ्रमित हो जाने का सवाल भी नहीं है। अब सीधा-सादा निर्णय है। जो सदियों से रास्ते पर इस तरह खड़े हैं, उन्हें उनका हक़ दिलाना है और यह हक़ तभी मिलेगा, जब हक़ छीननेवालों को समूल नष्ट कर दिया जाय। यह सीधे-सीधे क्रान्ति का आह्वान है। शिक्षा, इतिहास सभी-कुछ बदलकर ही चैन लेना है। भूखे-नंगे खड़े-खड़े शरमाने से तो खाद बन जाना बेहतर है। निराला इस नये आह्वान को और ठोस और मूर्त ढंग से एक दूसरी कविता में चित्रित करते हैं :

जल्द-जल्द पैर बढ़ाओ, आओ आओ।
आज अमीरों की हवेली
किसानों की होगी पाठशाला
धोबी पासी चमार तेली
खोलेंगे अँधेरे का ताला
एक पाठ पढ़ेंगे टाट बिछाओ।
यहाँ, जहाँ सेठ जी बैठे थे
बनिये की आँख दिखाते हुए
उनके ऐंठाये ऐंठे थे

धोखे पर धोखा खाते हुए—
बैंक किसानों का खुलाओ।

यहाँ यह नया प्रतिपक्ष अत्यन्त ठोस और मूर्त हो गया है। अब वह सम्बोधन अनाम, अमूर्त जन-साधारण की भीड़ के प्रति नहीं रह गया है, बल्कि उनकी रेखाएँ, रंग, उनके नाम स्पष्ट हैं। वर्ग-विरोध की स्थितियाँ यहाँ साफ़ हैं। निराला जानते हैं कि इतिहास की कुंजी आज किसके हाथों में है। उनकी आत्मीय पुकार और निष्ठा यहाँ स्पष्ट है। निराला अपनी भविष्यदर्शी दृष्टि को और भी आगे बढ़ाते हैं। उन्हें विश्वास है कि 'वेश सूखे अधर रूखे' जन-सामान्य का यह 'हीन जीवन' ऐसे ही नहीं रहेगा। समस्त भारतीय ऊर्जा का अजस्र स्रोत यही जन-साधारण है। जिस दिन वह उठ खड़ा होगा, बड़े-बड़े शोषक, दुर्दम अत्याचारी, बली भाग खड़े होंगे। निराला उस ऊर्जा के अजस्र स्रोत से परिचित हैं। वे इतिहास के इस नये मोड़ पर उनके नामों तक से परिचित हैं। वह उनके सामने एकदम ठोस है। वह उनकी भुजाओं की मछलियाँ पहचानते हैं और साथ ही वे हवा के इस नये रुख के प्रति आश्वस्त भी हैं :

कैसी यह हवा चली। तरु-तरु की खिली कली।

लगने को कानों में, जगे लोग धामों में,
ग्रामों-ग्रामों में चल पड़े बड़े-बड़े बली।

जान गये जान गयी, खुली जो लगी क़लई
उठे मसुरिया, बलई, भगे बड़े-बड़े छली।

अपना जीवन आया, गयी परायी छाया
फूटी काया-काया, गुंज उठी गली-गली।

निराला मसुरिया, बलई की इस ताक़त को पहचानते हैं और उनके भविष्य के प्रति आश्वस्त हैं। उन्हें पता है कि इतिहास के जिस मोड़ पर आज भारतीय समाज और जन-साधारण खड़ा है, वह बहुत दिनों तक श्रद्धा-गद्गद भाव से इन्तज़ार नहीं करेगा। वह बहुत दिनों तक अपने भोलेपन में, अपने ही रक्त में व्यर्थ-स्नान नहीं करेगा। वह अपनी ऊर्जा और शक्ति के अनन्त स्रोत को पहचान लेगा। फिर उन सारे अत्याचारियों की क़लई खुल जायेगी और वे इन भोले-भाले शक्तिमन्त नौजवानों के उठ खड़े होते ही भाग खड़े होंगे। ग़ैरों की, परायों की छाया, उनके द्वारा किया जा रहा शोषण, उनके द्वारा सदियों से किये जानेवाले अत्याचारों का अन्त अब समीप है।

इस निःसंशय निर्णय और ऐतिहासिक चेतना के बाद इसी जन-साधारण की अपरम्पार शक्ति और भोले सौन्दर्य को वे अपनी इस नयी रचनात्मकता द्वारा अभिव्यक्ति देते हैं—इसीलिए अपने 'यौवन-उभार के कारण कंचुकी के सब बन्द खोलकर पल्लव-पर्यंक पर सोती अथवा शिथिल पत्रांक में सोती हुई 'अमल-कोमल तनु-तरुणी' की जगह 'खिरनी के पेड़ के तले' ढोर चराती लड़की का सौन्दर्य उन्हें ज़्यादा पसन्द आता है। इसलिए वृषभ-स्कन्ध राम या 'वीर सरदारों के सरदार' की जगह मसुरिया और बलई का शक्ति-स्रोत उन्हें वास्तविक लगने लगा है। इसीलिए खेत जोतकर घर आनेवाले किसान के सम्पूर्ण पविार का दैनन्दिन जीवन या मुँगरी लेकर सुखपूर्वक बान कूटनेवाले की कर्मरतता उन्हें सच्ची और सौन्दर्यपूर्ण दिखायी देती है :

(1) खिरनी के पेड़ के तले
बैठी थीं तुम भले-भले।
आँखों से चिड़ियाँ उड़ती थीं।
उससे कुछ पिड़ियाँ जुड़ती थीं।
धीरे-धीरे चल दीं
सारी दुनिया छल दीं,
पीछे भाई के, हरहों के डगले।

(2) बान कूटता है।
मुँगरी लेकर सुख का
राज लूटता है।
मूँज के फाले-छाले
अच्छे बाधोंवालें
ऐसे बैठे ठाले
काज टूटता है।

(3) खेत जोतकर घर आये हैं।
बैलों के कन्धों पर माची
माची पर उलटा हल रक्खा
बद्धी हाथ, अधेड़ पिता जी
माता जी, सिर गट्ठल पक्का
पुए लगाकर बड़ी बहू ने
मन्नी से पर पकवाये हैं।

यह है निराला द्वारा पहचानी हुई उस नयी दुनिया का चित्रण। वह कहीं पर भी असुन्दर या भदेस नहीं है। वह अपनी परम्परा के स्रोत से टूटकर भी कलात्मकता से रहित नहीं है। बल्कि एक नये ढंग की कलात्मक पहचान यहाँ पहली बार हिन्दी कविता में व्यक्त हुई है। इन रचनाओं की भाषिक संरचना द्रष्टव्य है। सड़क और खेत के आदमी की कविता उसी सड़क और खेत की भाषा में रची गयी है। जो शब्द कल तक निरे गद्यात्मक माने जाते थे और कविता में जिनका सहज ही प्रवेश-निषेध था, वे अपनी जगह पर आकर अर्थ और कला की रोशनी से जैसे चमचमा उठे हैं। उनकी ताज़गी और उनके भीतर का नया, अनास्वादित रस अद्‌भुत है :

अम्मा है, बप्पा है,
झापड़ है और गोलगप्पा है,
नौजवान मामा है और बुड्‌ढा नाना है
चूँकि यहाँ दाना है।

यहाँ इस कविता के बन्द में व्यंग्य को उभारने के लिए जिन शब्दों का चुनाव कवि ने किया है, वे पंक्ति से हटा देने पर सपाट लगेंगे और कोई पूर्ववर्ती कवि यह सोच भी नहीं सकता था कि इन शब्दों से कोई सार्थक और महत्त्वपूर्ण कविता बन सकेगी। इस तरह भाषिक संरचना और संवेदनागत यह मुक्ति निराला द्वारा कविता को उसके आभिजात्य से पूर्णतया मुक्त करके एक सर्वथा नये ढंग की और नये युग की कविता रचने में काफ़ी सफलतापूर्वक उद्‌घाटित हुई है। और संवेदनागत इसी मुक्ति के कारण निराला नये आनेवाले हिन्दी कवियों के लिए कवि-गुरु का दर्जा ग्रहण करते हैं। भाषिक संरचना में व्यंग्य-हास्य और भावनात्मकता का मिश्रण, निश्छल और सर्वथा अप्रयुक्त शब्दों का प्रयोग, नये तरह का छन्द-विधान, जन-जीवन की छोटी-छोटी नितान्त अकाव्यात्मक स्थितियों से कविता का एक नवीन ढाँचा खड़ाकर देना और इतिहास के मोड़ पर जन-साधारण की ऊर्जा, उसकी शक्ति और उसके भविष्य की पहचान तथा कविता में नये सिरे से उसकी प्रतिष्ठा—ये उपलब्धियाँ निराला को भारतीय कवियों के बीच उच्चतम स्थान दिलाने के लिए काफ़ी हैं। और तब इस सन्दर्भ में उनका यह कथन व्यर्थ साबित हो जाता है :

सोच न कर मिला
अगर कोना।

'कुकुरमुत्ता' :

'कुकुरमुत्ता' की ठीक-ठीक रचना-तिथि 3-4-41 दी हुई है। इसका सामान्य अर्थ यही हो सकता है कि उक्त तिथि को निराला ने 'कुकुरमुत्ता' कविता को अन्तिम रूप दिया होगा। कविता का पूर्वार्द्ध अगले महीने 'हंस' (मई, 41) में छपा। अब तक

'कुकुरमुत्ता' के कुल चार संस्करण हो चुके हैं। पहला संस्करण 'युग मन्दिर' उन्नाव से, दूसरा 'श्री राष्ट्रभाषा विद्यालय', काशी से, तीसरा 'किताब महल', इलाहाबाद से और चौथा 'लोक भारती प्रकाशन' इलाहाबाद से। इसका सम्पादन और भूमिका-लेखन मैंने किया है।

'युग मन्दिर', उन्नाववाले संस्करण में भूमिका के नीचे निराला के हस्ताक्षर के साथ 4-6-42 प्रकाशन-तिथि पड़ी हुई है। उपर्युक्त रचना-तिथि 3-4-41 भी इसी संस्करण में कविता के नीचे दी हुई है। इस तरह लिखे जाने के लगभग एक वर्ष बाद कविता पुरस्तकाकार प्रकाशित हुई थी। 'कुकुरमुत्ता' के इस पहले संस्करण में 'कुकुरमुत्ता' कविता के अलावा 7 दूसरी कविताएँ भी शामिल हैं।-(1) 'गर्म पकौड़ी', (2) 'प्रेम-संगीत', (3) 'रानी और कानी', (4) 'खजोहरा' (5) 'मास्को डायलाग्स', (6) 'स्फटिक-शिला' और (7) खेल। इनमें केवल 'खजोहरा' को छोड़कर शेष सभी कविताओं के नीचे रचना-तिथि दी हुई है। इससे यह विदित होता है कि ये सभी कविताएँ, 39 से 42 के बीच की लिखी हुई हैं। इस प्रकार 'कुकुरमुत्ता' का यह पहला संस्करण एक 'कविता-संग्रह' है, न कि एक 'लम्बी कविता-पुस्तक'।

बाद में निराला ने इस संस्करण की उपर्युक्त सातों कविताएँ अपने एक अगले काव्य-संग्रह 'नये पत्ते' (प्रकाशन-वर्ष, 46) में शामिल कर लीं और उसके बाद 'कुकुरमुत्ता' कविता का स्वतन्त्र, 'संशोधित' दूसरा संस्करण 'श्री राष्ट्रभाषा विद्यालय', काशी से जुलाई, 48 में प्रकाशित हुआ। इस दूसरे संस्करण में भूमिका भी अलग से दी गयी है और पहले संस्करण की भूमिका (जिसका शीर्षक 'जियाफत' दिया गया था) को निराला ने इसमें देने की ज़रूरत नहीं समझी है। इन दोनों भूमिकाओं के बारे में हम आगे विचार करेंगे। इस दूसरे संस्करण में 'कुकुरमुत्ता' एक लम्बी कविता की पुस्तक है, काव्य-संग्रह नहीं। 'किताब-महल', इलाहाबाद से प्रकाशित तीसरा संस्करण (प्रकाशन-वर्ष, 52) इसी दूसरे संस्करण की अनुवृत्ति है।

विषय-वस्तु, शिल्प, संवेदनागत एकतानता और बदलाव, भाषिक संरचना और अभिव्यक्ति की सर्वथा नयी एकान्विति के कारण 'कुकुरमुत्ता' के पहले संस्करण की कविताओं का चयन अद्भुत रूप से महत्त्वपूर्ण है। इन आठों कविताओं का मिज़ाज बिलकुल एक-सा है। उनकी ताज़गी, उनमें शब्द-बन्ध के नये प्रयोग, उनकी गद्यात्मकता और सपाट अकाव्यात्मकता में से रिसनेवाला नये ढंग का कवित्व, भाषा का छिदरा-खुला संघटन, अन्दर तक चीरता हुआ व्यंग्य, उन्मुक्त हास्य और कठोरता के कवच में छिपी अगाध, अप्रत्यक्ष करुणा तथा उपेक्षित के उन्नयन के प्रति गहरी आस्था—निराला की रचना-सक्षमता और काव्य-दृष्टि के इस नये आवाम को अपने सफलतम रूप में हमारे सामने उद्घाटित करती है। सामान्य के संस्पर्श से अभिषिक्त सच्ची कविताओं का इतना लघु किन्तु सर्वांग-सम्पूर्ण संग्रह उस युग में, और उसके

बाद भी, दूसरा नहीं प्रकाशित हुआ। इस संग्रह की कविताएँ जैसे हिन्दी कविता की भाव-सम्पदा की सम्पूर्ण परम्परा, कल्पना की उच्छलता और कथाकथित अनुभव-समृद्धि के छलावे पर सामूहिक रूप से प्रहार करती हैं। लेकिन यह प्रहार निराला की अपनी ही या अपने दूसरे समकालीन कवियों की स्थापित, मान्यता-प्राप्त, लोकप्रिय और समर्थ काव्य-वृत्ति को तोड़ने के लिए नहीं, बल्कि अपनी इस नयी शक्तिमत्ता, सार्थकता और इतिहास की इस नयी पहचान को उतनी ही मूल्यवत्ता और महत्ता से स्वीकृत कराने के एक आस्थाशील हठ के रूप में भी है।

जैसा कि हम शुरू में ही देख चुके हैं, इन कविताओं का रचना-काल, '39 से '42 के वे वर्ष हैं, जिनमें हिन्दी कविता और अन्य विधाओं में भी प्रगतिशील आन्दोलन का दौरदौरा था। इस तथ्य को ध्यान में रखते हुए अक्सर यह बात कही गयी है कि निराला की 'कुकुरमुत्ता' की कविताएँ इसी प्रगतिशील विचारधारा और आन्दोलन की उपज हैं। इसमें कुछ सच्चाई अवश्य है, लेकिन इसी को पूर्ण सत्य मान लेने से एक भ्रामक व्याख्या के पनपने की सम्भावना अधिक हो जायेगी। यह विचार प्रगतिवादी ख़ेमे के आलोचकों को अतिवाद की इस सीमा तक ले गया है कि निराला अपनी उन दिनों की रचनाओं में मार्क्सवाद से पूर्णतया प्रभावित थे।

यह निराला के विराट् व्यक्तित्व में अन्तर्निहित उपेक्षित और भारतीय जन-साधारण के प्रति उनकी स्वभावगत सांस्कारिक निष्ठा को झुठलाना और उसका उपहास करना है, जिसकी व्याख्या हम पिछले पन्नों में कर चुके हैं? अगर ऐसा ही है तो 'भिक्षुक' या 'दीन'-जैसी कविताएँ क्यों लिखी गईं। क्योंकि तब तो हिन्दी में किसी प्रगतिशील आन्दोलन की आहट भी नहीं मिली थी। दरअसल निराला ने उपेक्षित के उन्नयन की अपनी स्वभावगत और रचनात्मक संवेदना को मार्क्सवाद की विचार-सरणियों की रोशनी में और भी सशक्त और साफ़ ढंग से पहचान लिया। इससे ज़्यादा प्रगतिशील आन्दोलन का उन पर कोई प्रभाव बताना सीधी-सीधी ज्यादती है।

□□

'कुकुरमुत्ता' के इस पहले संस्करण की कविताओं में 'कुकुरमुत्ता' के अतिरिक्त जो सात कविताएँ शामिल की गयी हैं, वे काव्य-आभिजात्य से मुक्ति के प्रयास के सफलतम प्रतिफलन हैं। 'विधवा', 'तोड़ती पत्थर', 'भिक्षुक', 'दीन' इत्यादि कविताओं से 'कुकुरमुत्ता' की कविताएँ संवेदना और भाषागत विकास की दृष्टि से काफ़ी आगे की कविताएँ हैं। निख़ालिस और उफनती हुई करुणा, गहन-गम्भीर दुःख और निराशा से आगे चलकर इन कविताओं में व्यंग्य और हास्य का अद्‌भुत सम्मिश्रण मिलता है। उनका यह व्यंग्य कई स्तरों पर प्रतिफलित होता है। प्रेम के प्रसंग में निराला 'प्रिय यामिनी जागी' की भूमिका से उठकर पनिहारिनें के 'प्रेम-संगीत' का वर्णन करते हैं। इसी तरह ब्राह्मण की पकायी घी की कचौड़ी छोड़कर, वे तेल में छनी

हुई प्याज की कुरकुरी पकौड़ी पर उतर आते हैं। ये दोनों कविताएँ भी अपने ढंग से गहरे प्रतीकात्मक स्तर पर आभिजात्य का भयंकर उपहास करती हैं— चाहे वह प्रेम-प्रसंगों का आभिजात्य हो या हज़ारों साल से चली आती द्विज-संस्कृति की श्रेष्ठता और उसके दबाव का। कवि अत्यन्त निश्छल हास्य के द्वारा आभिजात्य के इन प्रसंगों से अपनी मुक्ति की घोषणा करता है :

गर्म पकौड़ी
ऐ गर्म पकौड़ी!

तेल की भुनी, नमक-मिर्च मिली
ऐ गर्म पकौड़ी!

मेरी जीभ जल गयी
सिसकियाँ निकल रहीं
लार की बूँदें कितनी टपकीं
पर दाढ़ तले तुझे दबा ही रक्खा मैंने
कंजूस ने ज्यों कौड़ी।

पहले तूने मुझको खींचा
दिल लेकर फिर कपड़े सा फींचा
अरी, तेरे लिये छोड़ी
बम्हन की पकायी
मैंने घी की कचौड़ी।

कितने साधारण-से प्रसंग से कवि ने कितनी मार्मिक बात कह दी है। यह वही 'जीवन-विष-विषम लिया, जनता के हृदय जिया'वाला प्रसंग है। यह वही 'बाहर कर दिये जाने' की गहरी अनुभूति है। यह वही ऐतिहासिक पहचान के फलस्वरूप परम्परा की पंक्ति से निष्कासन का अहसास है। यह वही आभिजात्य के प्रसंगों से अलग हटकर एक नया प्रतिपक्ष रचने के परिणाम का संकेत है। यह वही जन-साधारण की पहचान और उसमें अपनी निष्ठा से मिलनेवाले सन्ताप और एकाकीपन की अनुभूति है। लेकिन यहाँ दैन्य-जनित करुणा या भावनात्मकता का उफान नहीं है। सारी स्थिति का एक सहज तटस्थ स्वीकार है। उसमें मज़ाक भी है और मज़ाक-मज़ाक में बड़ी बात भी है।

बम्हन की पकायी घी की कचौड़ी तो छोड़ दी, लेकिन इस गर्म पकौड़ी ने भी जीभ जलाने के अलावा कोई स्वाद नहीं दिया। फिर भी मैंने उसे अपनी दाढ़ में दबा ही रखा। मैंने अपनी इस पहचान को भुलाया नहीं, मैंने उपेक्षित के उन्नयन में अपनी

निष्ठा छोड़ी नहीं। लेकिन इस मार्मिकता को एक तरह के सहज मज़ाक के रूप में रखा गया है कि अक्सर उसकी गहराई पर लोगों की नज़र नहीं जाती। इसी तरह 'प्रेम-संगीत' के प्रसंग को भी पाठक हलकी-फुलकी कविता मान बैठता है। जब तक कि निराला की रचना-प्रक्रिया के इन सारे सन्दर्भों को ध्यान में नहीं रखा जायगा, इन कविताओं का मर्म ठीक-ठीक समझना कठिन होगा। 'अमल-कोमल तनु-तरुणी' के सन्दर्भ में ही 'पनिहारिन' के बड़के मटके को समझा जा सकता है :

बम्हन का लड़का
मैं, प्यार उसे करता हूँ।

जात की कहारिन वह
मेरे घर की पनिहारिन वह
आती है होते तड़का
उसके पीछे मैं मरता हूँ।

कोयल-सी काली, अरे
चाल नहीं उसकी मतवाली
ब्याह नहीं हुआ, तभी भीड़का
दिल मेरा, मैं आहें भरता हूँ।

रोज़ आकर जगाती है सबको
मैं ही समझता हूँ इस ढब को
ले जाती है मटका बड़का
मैं देख देख धीरज धरता हूँ।

इतने ठेठ, देसी लहज़े में प्रेम का चित्रण शायद किसी कवि ने पहले नहीं किया। इसमें उस सारी लफ़ंगी शब्दावली का प्रयोग निराला ने किया है, जिसका प्रयोग सभ्य-समाज में वर्जित है। यह नौकरों के क्वार्टर में जाकर रखैलें बनाने की जगह उससे बराबरी के स्तर पर प्रेम करने की बात है। न तो वह कोमल है, न उसकी चाल में लचक है। वह कोयल-सी काली-कलूटी बैंगन लूटी है—यानी कि कविता की नायिका बनने योग्य उसमें कोई गुण नहीं है। उसे निराला अपनी इस कविता में उतारते हैं। यह प्रसंगगत परिवर्तन और कविता में उसकी बेलाग प्रतिष्ठा दर्शनीय है।

इसी तरह छद्म भारतीय कम्युनिस्टों या फ़ैशन के बहाव में आकर शौकिया 'मास्को डायलाग्स' हाथ में लेकर चलनेवाले दुहरे चरित्रवाले, मूर्ख और हिपोक्रेट श्रीयुत् गिडवानी का बड़ा ही भयंकर मज़ाक निराला ने 'मास्को डायलाग्स' कविता में उड़ाया है। ऐसे डींग हाँकनेवाले मूर्खों और स्वार्थी लोगों की कमी नहीं है, जो हर

चीज़ का इस्तेमाल करने में माहिर हैं। हाथ में 'मास्को डायलाग्स' लेकर घूमनेवाले ऐसे लोग सारे समाज को सिर्फ़ धेले के आधार पर ही पहचानते हैं। अगर वह धेला नहीं देता तो वह सिर्फ़ 'साला' सम्बोधन पायेगा। वे साहित्य-रचना से लेकर अध्ययन तक, सभी-कुछ आर्थिक लाभ के लिए करते हैं। ऐसे 'श्रीयुत् गिडवानी' आज भी हमारे समाज में कम नहीं, बहुत-से भरे पड़े हैं।

इसी तरह 'खजोहरा' अपनी ठेठ शब्द-योजना, ग्रामीण प्रसंगों, अपनी हास्य तथा व्यंग्य-क्षमता के कारण अनुभव का एक सर्वथा नया आयाम उद्घाटित करती है। इस कविता की बुआ की उपमा एक जगह मज़ाक में निराला ने रवीन्द्रनाथ की 'विजयिनी' से दी है। कहाँ 'विजयिनी' का प्रातः-स्नान और सौन्दर्य का अद्भुत, लास्यपूर्ण कोमल रूप और कहाँ हथिनी की तरह पानी को हिलकोरती हुई बुआ—कुछ इस तरह से कि लहरें उनके डर से किनारे के ऊपर चढ़कर भागने की चेष्टा करने लगीं। लेकिन निराला ने यह उपमा सिर्फ़ हँसी में ही नहीं दी है। उसका एक निश्चित मतलब है। वे 'खजोहरा' की बुआ को रवीन्द्रनाथ की 'विजयिनी' के समकक्ष रखकर उसी काव्य-आभिजात्य के सम्मुख अपना प्रतिपक्ष रखना चाहते हैं।

इसी तरह नयी भंगिमा, सर्वथा नयी भाषा-संरचना, काव्य-आभिजात्य से पृथक्, सामान्य रूप में रहने देकर उसके अन्दर से नग्न और भयावह यथार्थ को उजागर करने तथा तराशनेवाले व्यंग्य के उदाहरण रूप में 'कुकुरमुत्ता' के पहले संस्करण की कविता 'रानी और कानी' अद्वितीय है :

माँ उसको कहती है रानी
आदर से, जैसा है नाम,
लेकिन उसका उलटा रूप
चेचक के दाग़, काली, नक-चिप्टी,

गंजा सर, एक आँख कानी।
-रानी अब हो गयी सयानी।

बीनती है, काँड़ती है, कूटती है, पीसती है
डलियों के सीले अपने रूखे हाथों मीसती है
घर बुहारती है, करकट फेंकती है,
और घड़ों भरती है पानी।

सुनकर कानी का दिल हिल गया
दायीं आँख से आँसू भी बह चले माँ के दुःख से
लेकिन वह बायीं आँख कानी
ज्यों-की-त्यों रह गयी रखती निगरानी।

मैंने पूरी कविता नहीं उद्धृत की है। ऊपरवाले दो खण्डों में भाषिक संरचना का अद्‌भुत और सर्वथा नया रूप दृष्टिगत होता है। बल्कि पुराने काव्यशास्त्र या आलोचना-मानों के अनुसार कविता में प्रयुक्त अधिकांश शब्द 'वर्जित', 'भदेस', 'काव्य-गुण-विपन्न', 'देशज' और न जाने क्या-क्या कहलायेंगे। लेकिन यहाँ पूरी कविता में जैसे उन्हीं के प्रयोग का आग्रह एक चुनौती के रूप में झलकता है। बल्कि शब्द यहाँ अभिव्यक्त न करके, अभिप्रेत मन्तव्य का साकार चित्र खड़ाकर देते हैं। उनकी क्षमता यहाँ दर्शनीय है। 'नक-चिप्टी', 'काँड़ती है', 'बीनती है', 'कूटती है', 'पीसती है' से लेकर 'गंजा सर' और 'एक आँख कानी' के साथ माँ के द्वारा 'रानी' सम्बोधन एक तीखे व्यंग्य और कठोर करुणा की सृष्टि करता है।

'काली, नक-चिप्टी' के साथ 'और घड़ों भरती है पानी'वाली श्रमशीलता और 'श्याम तन, भर बँधा यौवन, नत-नयन, प्रिय-कर्म-रत मन' की श्रमशीलता की अभिव्यक्ति में कितना बड़ा गुणात्मक अन्तर है, यह आसानी से लक्ष्य किया जा सकता है। एक नग्न यथार्थ की कटु अभिव्यक्ति है, तो दूसरी ('तोड़ती पत्थर') यथार्थ को काव्य-आभिजात्य देने का प्रयास। इसके अलावा 'तोड़ती पत्थर' में व्यंग्य न होकर एक मृत विवशता ('मैं तोड़ती पत्थर') और वही सहने की उच्चाशयता है, वहाँ पर 'रानी और कानी' में अपना ब्याह न हो सकने की बात सुनकर 'दायीं आँख' से माँ के दुःख से रोने और 'बायीं आँख' (कानी) से इस करुणा पर जैसे निगरानी रखते हुए चुप रहने में व्यंग्य की भयानक, तीखी, नंगी और कटु मार अभिव्यक्त हुई है। अपना ब्याह न होने की विवशता का दुःख कानी को उतना नहीं है, जितना इस चिन्ता से माँ के दुःख और परेशान होने का। कानी अपने लिये नहीं रोती, बल्कि माँ के लिए अपनी साबुत आँख से रोती है और कानी आँख से चुप रहती है।

इतनी अनुपम, भिन्नार्थक, डाइनामिक और साथ ही इतनी छोटी कविता, इतनी अर्थ-गर्भित मुझे हिन्दी के समग्र आधुनिक काव्य में दूसरी नहीं मिली। इस तरह की अर्थ-गर्भिता और अभिव्यक्ति का डाइनामिज़्म तथा नयी भाषिक संरचना के उदाहरणस्वरूप 'कुकुरमुत्ता' के पहले संस्करण की सारी कविताएँ उद्धृत की जा सकती हैं। निराला के काव्य-व्यक्तित्व के जिस रचना-स्तर का आरम्भ 'विधवा', 'दीन', 'तोड़ती पत्थर' या 'भिक्षुक' में हुआ, उसका चरम विकास 'कुकुरमुत्ता' में मिलता है। 'नये पत्ते' एक तरह से अनुभव के इस नये आयाम को और अधिक प्रतिष्ठित करने के लिए प्रकाशित किया गया है। बाद की कविताओं में निराला का यह स्वर फिर कुछ-कुछ क्षीण-सा हो गया है और उन पर उनका गीतकार और प्रार्थनापरक रूप तथा दैन्य, करुणा, व्यथा और अन्त की अगाध विवशता हावी हो गयी है। इस तरह 'कुकुरमुत्ता' का यह प्रथम संस्करण भाव, अभिव्यक्ति, भाषा, व्यंग्य

और कटु यथार्थ के कारण निश्चय ही हिन्दी में एक नये काव्य-मान, एक नयी शैली और एक सर्वथा मौलिक काव्य-सम्पन्नता और स्वीकार की शुरुआत करता है।

□□

'कुकुरमुत्ता' का दूसरा संस्करण, जैसा कि हम शुरू में ही सूचित कर चुके हैं, सिर्फ़ एक लम्बी कविता-पुस्तक है, काव्य-संग्रह नहीं। सम्भवतः सन् '42 से '48 तक आते-आते 'कुकुरमुत्ता' की अर्थवत्ता को उतनी स्वीकृति मिल चुकी थी, जितनी कि उसके स्वतन्त्र रूप में पुस्तकाकार प्रकाशन के लिए आवश्यक थी। दूसरी ओर इसी भाव-भूमि पर लिखी गयी 'नये पत्ते' की कविताओं को और समग्र, सार्थक और महत्त्वपूर्ण बनाने के लिए निराला ने इस प्रथम संग्रह की शेष सातों कविताएँ इसमें डाल दीं। 'कुकुरमुत्ता' की प्रसिद्धि और स्वीकृति का आभास इस दूसरे संस्करण की भूमिका से भी लगता है।

इस संस्करण में दी गयी भूमिका में 'कुकुरमुत्ता' को 'संशोधित' कहा गया है। कविता की महत्ता की स्वीकृति का यह संकेत दोनों संस्करणों की भूमिकाओं के 'टोन' से साफ़ झलक आता है। पहले संस्करण में निराला लिखते हैं—'इसमें वही शरीक होंगे, जिन्हें न्योता नहीं भेजा गया।' इसमें दिया गया संकेत साफ़ प्रकट है। अर्थात वे सामान्य-जन, जो इतने नाम-रूप-हीन और अविशेष और 'समूह' हैं कि उन्हें आमन्त्रित नहीं किया जा सकता। भूमिका में आगे चलकर निराला की अकड़ और उनका अहं देखने लायक़ है। लेकिन उस संक्षिप्त-सी भूमिका के अन्दर से यह बात साफ़ झलकती है कि 'विशेष' से सम्भवतः इस नयी काव्य-सम्पदा और भाषिक संरचना को स्वीकृति नहीं मिलेगी और वे निमन्त्रित होकर भी इसकी उपेक्षा ही करेंगे। इन 'विशेष' लोगों के काव्य-संस्कार को एक ठोकर लगाने और उनकी परवाह न करने की मुद्रा में, और सम्भवतः उन्हें थोड़ा और चिढ़ाने की गरज़ से निराला ने अपनी संक्षिप्त-सी भूमिका का शीर्षक तक 'जियाफ़त' दिया है।

लेकिन दूसरे संस्करण में यह हठ एक आत्म-विश्वास में परिणत हो गया है। पहले संस्करण की भूमिका भी इसमें शामिल नहीं की गयी है; असहमत होनेवालों को 'ग़लत राह पर' जानेवाला बताया गया है। साथ ही जनमत की प्रशंसा का भी उल्लेख है और इसका आश्वासन भी कि इस तरह की और रचनाएँ भविष्य में सामने लायी जायेंगी। दूसरी ओर अति की सीमा तक जाकर उर्दू-फ़ारसी शब्दों के प्रयोग-बाहुल्य पर एक रोक भी है।

□□

चूँकि इस दूसरे संस्करण की भूमिका में 'कुकुरमुत्ता' को 'संशोधित संस्करण कहा गया है, इसलिए उत्सुकतावश मैंने प्रथम संस्करण से इसे मिलाकर देखना शुरू किया। कविता के इस दूसरे संस्करण में निराला ने सौ से ऊपर परिवर्तन किये

हैं। यह परिवर्तन अपने-आपमें अत्यन्त रोचक अध्ययन का विषय है—ख़ास कर एक-दूसरे परवर्ती लेखक के लिए...। वे संशोधन-परिवर्तन कहीं भाषा के मुहावरे को उचित रूप देने के लिए, कहीं भाषा को और अधिक रवाँ बनाने के लिए, कहीं लय के उचित और अनुरूप सन्धान के लिए, कहीं अर्थ-व्यंजना को गहराई देने के लिए और कहीं-कहीं अर्थ-परिवर्तन के लिए किये गये हैं।

लेकिन जिस कारण से मैंने इस परिवर्तन और संशोधन पर विद्वान पाठकों और समालोचकों का ध्यान आकर्षित करने के लिए इस सन्दर्भ में कुछ लिखना आवश्यक समझा, वह इन परिवर्तनों और संशोधनों में से लगभग आधे के प्रति मेरा आश्चर्य और एक सीमा तक मेरी विनम्र असहमति है। जहाँ तक उपर्युक्त कारणों से परिवर्तन या संशोधन किये गये हैं, वहाँ तक तो ठीक है। लेकिन जगह-जगह इन परिवर्तनों से लय-भंग हो गयी है, या सही मुहावरा ग़लत हो गया है या भाषा की रवानी की जगह एक सपाट विवरणात्मकता ने ले ली है। जगह-जगह इन परिवर्तनों से एक सुघड़ अभिव्यक्ति स्थिर, जड़ और प्रवाहहीन हो गयी है। उचित या अनुचित (मेरी दृष्टि में) दोनों प्रकार के संशोधन-परिवर्तन कभी शब्दों की जगह बदलकर, एकाध नया शब्द घटा-बढ़ाकर, क्रिया-पद, पूर्वकालिक क्रिया बढ़ाकर, शब्दों की वर्तनी में परिवर्तन करके, पर्यायवाचियों के द्वारा या उपसर्ग-परसर्ग बदलकर किये गये हैं। कहीं-कहीं ये परिवर्तन उर्दू के लहज़े या उसकी अप्रचलित मुहावरेदानी को हटाने के लिए भी किये गये हैं।

मैंने इन परिवर्तनों पर बहुत-कुछ सोचा। अपने को तर्क से राहत देने की कोशिश की। मैं उनके पीछे के मनोवैज्ञानिक कारणों या उद्देश्यों की तह में जाने की कोशिश करता रहा। मैंने निराला की विक्षिप्तता की बात भी सोची। लेकिन इस सम्बन्ध में मेरे लिये कोई भी निर्णय दे सकना कठिन है। कविता का अपने नये-नये रूप या नयी-से-नयी और यहाँ तक कि सर्वथा अछूती भाषिक संरचना और यथार्थ के कटुतम रूपों में भी—'कविता' होना निराला अपना पहला कर्त्तव्य मानते हैं। कविता में परिवर्तन और संशोधन भी उसे पूर्ण बनाने के उद्देश्य से ही किये जाते हैं। स्वयं इसी कविता में निराला ने इस तरह के सुखद और गहरे और अत्यन्त सूक्ष्म परिवर्तन किये हैं। वैसे हिन्दी छपायी में प्रेस और प्रूफ़रीडर अक्सर अपना घटिया रोल अदा करने के लिए मशहूर हैं। लेकिन इतने सारे अ-सुखद परिवर्तनों को प्रेस या प्रूफ़ की ग़लती मानकर सन्तोष नहीं किया जा सकता। इस तरह के कुछ आश्चर्यजनक और अनुचित परिवर्तनों के उदाहरण विद्वान पाठकों और जागरूक समालोचकों के सामने रखे जाते हैं :

प्रथम संस्करण	द्वितीय संस्करण
(1) गले लग-लग हवा चलती मन्द-मन्द।	(1) गले लगकर हवा चलती मन्द-मन्द।
(2) पेट में डण्ड पेलते चूहे, ज़बाँ पर लफ़्ज़ प्यारा।	(2) पेट में डण्ड पेले हों चूहे, जबाँ पर लफ्ज़ प्यारा।
(3) सिटपिटायी देखकर ज्यों अड़गड़े में मर्द को, राह पर ज्यों बाबू उठती ग़र्द को।	(3) सिटपिटायी, जैसे अड़गड़े में देखा मर्द को, बाबू ने देखा हो उठती ग़र्द को।
(4) पैर सिर पर रख व पीछे को भगा।	(4) पैर सर रखकर व पीछे को भगा।
(5) लेकिन कुछेक घूँट लार के।	(5) लेकिन यह कुछ एक घूँट लार के।
(6) गुस्से में आ काँपने लगे नव्वाब।	(6) गुस्सा आया, काँपने लगे नव्वाब।
(7) कुकुरमुत्ता उगाये नहीं उगता।	(7) कुकुरमुत्ता अब उगाया नहीं उगता।

ये कुछ उदाहरण हैं। पहले उदाहरण में 'गले लग-लग' और 'गले लगकर' की अभिव्यंजना में आकाश-पाताल का अन्तर है। एक फूल अथवा एक कली से फिर दूसरी कली के गले लग-लग, फिर हवा के आगे बढ़ जाने में विलास का एक मनोहारी चित्र खींचा गया है। यह नव्वाब के बाग़ का वर्णन है। दूसरी ओर गले लगकर चलना सम्पूर्ण अभिव्यक्ति को लगभग रिक्त कर देता है। गले लगकर सोने का मुहावरा होता है, मन्द-मन्द चलने का नहीं। दूसरे उदाहरण में 'पेलते' व्याकरण से बिलकुल ठीक है, जब कि 'पेले हों' का कोई अर्थ या अर्थ-विस्तार या सूक्ष्म व्यंजना समझ में नहीं आती। तीसरा उदाहरण लय-सौन्दर्य (प्रथम संस्करण) और लय-भंग (द्वितीय संस्करण) का है। इस तरह से लय को तोड़कर निराला का उद्देश्य क्या है, यह कहना लगभग असम्भव है। चौथे उदाहरण में पहले संस्करण में मुहावरा ठीक है, दूसरे में व्यर्थ हो गया है। पाँचवें में 'यह' निरर्थक है और लिंग-दोष प्रकट करता है। छठे में 'गुस्से में आ, काँपने लगे' मुहावरा, या भाषिक संरचना सही है, 'गुस्सा आया काँपने लगे' अप्रचलित प्रयोग है। सातवें में 'कुकुरमुत्ता उगाये नहीं उगता' एकदम ठीक है। 'उगाया नहीं उगता' ('बात बनाये न बने-ग़ालिब) नहीं है। इसके अलावा 'अब' शब्द अर्थ-गरिमा को घटाता है और सत्य को सामयिक मात्र बना देता है। इस तरह के लगभग पचासेक संशोधन तो होंगे ही, जहाँ कविता सपाट हो गयी है या अर्थ-भंग हो गया है।

ऊपर के उदाहरण मैंने इसलिए यहाँ रखे हैं कि मैं पूर्वाग्रही नहीं हूँ, न ही मैंने कुछ-का-कुछ साबित कर देने के लिए अपने तर्क-कौशल का सहारा लिया है। अक्सर मेरे दिमाग़ में एक बात आती है कि इस तरह की सपाटता से निराला क्या कहना चाहते हैं? मेरे पास इसका कोई जवाब नहीं है। क्योंकि अगर मैं इसके पक्ष में अपने तर्क-कौशल का उपयोग कर भी डालूँ तो उन शेष परिवर्तनों-संशोधनों का क्या होगा, जहाँ एक सूक्ष्म अर्थ के प्रसार, लय की एकान्विति, भाषा के निखार अथवा एक पंक्ति के सम्पूर्ण भाव-कौशल को 'डाइनामिक' बनाने के लिए पूर्णतः उपयुक्त परिवर्तन निराला ने किये हैं। और दोनों को किसी एक ही तर्क से सही साबित करने का दुस्साहस मेरे अन्दर नहीं है। निराला की प्रखर और अद्वितीय प्रतिभा में अटूट विश्वास रखते हुए भी मैं इस तरह की अन्ध-भक्ति का क़ायल नहीं हूँ। यह सारा प्रसंग 'कुकुरमुत्ता' कविता के ऐतिहासिक, अर्थगत, भावगत, भाषिक और शिल्प सम्बन्धी सूक्ष्म परिवर्तन को साहित्य के विद्वान पाठकों, निराला के अध्येताओं और पूर्वाग्रहरहित ईमानदार आलोचकों तक पहुँचाने के लिए रखा गया है। क्योंकि इसके बिना 'कुकुरमुत्ता' का अध्ययन कभी भी पूर्ण नहीं हो सकता।

□□

'कुकुरमुत्ता' के सन्दर्भ में निराला की प्रगतिशीलता की खोज और छानबीन बार-बार की गयी है। अक्सर उनकी कविताओं को लेकर उन्हें इस ख़ेमे या उस ख़ेमे में डालने के हास्यास्पद प्रयत्न हुए हैं और अति की सीमा तक उनकी निन्दा या प्रशंसा हुई है। इससे और कुछ हुआ हो या नहीं, निराला के सम्पूर्ण काव्य-व्यक्तित्व की सही समझ में बहुत बाधा पहुँची है। लगभग पिछले तीस वर्षों तक इस तरह के धुँधले और कुरूप प्रयत्नों के बाद अब हिन्दी के पाठक, ईमानदार आलोचक और सही समझ के काव्य-मर्मज्ञों ने इस बात को महसूस किया है कि निराला की सम्पूर्ण काव्य-रचना को उनके व्यक्तित्व और उनकी अनुभव-सम्पन्नता के सन्दर्भों में ही समझा जाना चाहिए।

जिसे प्रगतिशील आन्दोलन की पारिभाषिक शब्दावली में 'प्रगतिशील' कहा जाता है, उसे निराला के सन्दर्भ में 'सामान्य की प्रतिष्ठा' अथवा 'उपेक्षित का उन्नयन' कहना मैंने ज़्यादा उपयुक्त समझा है। 'प्रगतिशील' शब्द में एक भ्रामक व्याख्या के पनपने की आशंका हर क्षण बनी रहती है। 'सामान्य की प्रतिष्ठा' की उत्कट लालसा निराला के सम्पूर्ण काव्य और चरित्र में विद्यमान है। इस चरित्र-निष्ठता का आधार एक ओर तो 'सत्य' है—यथार्थ—सामान्य का कोई भावुक-सा सन्दर्भ नहीं, जिसकी चर्चा काव्य और काव्यालोचन में प्रगतिशील आन्दोलन के दौरान बहुत अधिक मिलती है। दूसरी ओर उस यथार्थ की काव्यात्मक परिणति है। निश्चय ही काव्यात्मक परिणति की यह शर्त छायावादी काव्य के अभिजात संस्कारों से भिन्न

और सर्वथा नयी है। इस तरह 'सामान्य की प्रतिष्ठा' की इस उत्कट लालसा और प्रतिज्ञाबद्धता से निराला एक सर्वथा नयी काव्य-शैली, नये काव्य-मान और एक अभूतपूर्व कविता का उद्घाटन हिन्दी में करते हुए दिखायी देते हैं।

सतही और पक्षधर वाद-विवादों में निराला के इस 'युग-पुरुष' रूप के इतिहास को जिस तरह लगातार दबाया गया और ग़लत व्याख्याओं और निर्णयों के आधार पर जिस तरह इसका श्रेय दूसरे प्रचारवादी और गौण कवियों को दिया गया, वह दुःखद है। वैसे इस तरह का ग़लत इतिहास बहुत दिनों तक नहीं चलता और आगे आनेवाली पीढ़ियाँ उसे समूल उखाड़ फेंकती हैं।

तो फिर 'कुकुरमुत्ता' का सम्पूर्ण अध्ययन उनके काव्य-व्यक्तित्व की विराटता के सन्दर्भ में ही किया जाना उचित है। इसका संकेत इस भूमिका के शुरूवाले हिस्से में भी हम कर चुके हैं। निराला की एक कविता की प्रथम-पंक्ति है :

बन्दी-गृह वरण किया
जनता के हृदय जिया।

यह पंक्ति सम्पूर्ण रूप से उनके व्यक्तित्व की उस निष्ठा और आत्मश्लाघा तथा अहं से रहित पवित्रता और विवशता को व्यक्त करती है, जिसके फलस्वरूप निराला अपनी कविता में बार-बार 'उपेक्षित' के प्रश्न से टकराते हैं। अपने चारों ओर के सन्दर्भ, परिस्थिति, घटनाओं, इतिहास और वातावरण को निराला ने 'बन्दी-गृह' नाम दिया है। यह 'शान्त-सत्य' अपने-आपमें अत्यन्त कठोर और भयावह है। वहाँ मुक्ति नहीं है। निरपराध होते हुए भी अपराधी की स्थिति में दण्ड का भागीदार होना है। और तभी, बल्कि इसी तरह 'जनता के हृदय जिया' जा सकता है। 'सामान्य' को अपनी करुणा तभी दी जा सकती है। उसे तभी पाया जा सकता है, जब इस देश को एक 'बन्दी-गृह' की तरह कवि अपना ले, उसका वरण कर ले। इसे निराला ने 'जीवन-विष-विषम लिया' से और अधिक स्पष्ट किया है। इतिहास की सारी धूल, सारी ग़लाज़त और टूटे हुए देश का सारा विष—यथार्थ की सम्पूर्ण भयावहता का यह स्रोत निराला के आन्तरिक और संघटित व्यक्तित्व से ही छनकर आता है। उसे कहीं बाहर जाकर या किन्हीं सिद्धान्तों की आड़ लेकर ढूँढ़ना अथवा व्याख्यायित करना, ग़लत इतिहास में एक पन्ना और जोड़ने के समान होगा। क्या इतिहास की उस ग़लाज़त को आज का नया कवि भी उसी तरह भुगत रहा है? निरला के उस 'बन्दी-गृह वरण करने' की प्रतिध्वनि और उसकी सत्यता आज भी एक कवि प्रमाणित करता है। यह 'सामान्य की कोई नयी प्रतिष्ठा' नहीं, निराला द्वारा उद्घाटित उस काव्य-सत्य की ही लौटती हुई अनुगूँज है :

घृणा में डूबा हुआ
सारा का सारा देश

पहले की तरह, आज भी
मेरा कारागार है

(धूमिल)

वैसे 'कुकुरमुत्ता' की बाह्य संरचना से इस बात का भ्रम उत्पन्न हो सकता है कि वह तथाकथित 'प्रगतिशील' सिद्धान्तों से प्रभावित होकर रचा गया काव्य है। लेकिन सिर्फ़ बाह्य-संरचना से ही। क्योंकि उसे गुलाब के प्रतिपक्ष में रखकर देखा गया है। दूसरी ओर नव्वाब की लड़की और मालिन की लड़की—बहार और गोली—को एक-दूसरे के आमने-सामने रखा गया है। बाह्य संरचना की यह परिकल्पना सीधे पूँजीपति बनाम सर्वहारा के उस वर्ग-सिद्धान्त की याद दिलाती है, जो सारे प्रगतिशील काव्य-सिद्धान्त का आधार है। लेकिन इतने से ही 'कुकुरमुत्ता' को इन बने-बनाये साँचों में डालकर उसके अध्ययन से मुक्त हो जाना एक बहुत बड़ी ग़ैरईमानदारी है। क्योंकि इस तरह का प्रतिपक्ष तो निराला अपनी पहले की कविताओं में भी रखते रहे हैं :

करती बार-बार प्रहार
सामने तरुमालिका, अट्टालिका, प्राकार

यहाँ पत्थरों पर हथौड़े की चोट के तुरन्त बाद दूसरी पंक्ति में 'सामने की तरुमालिका (पेड़ या झाड़-झंखाड़ नहीं), अट्टालिका और प्राकार' की ओर पाठक का ध्यान आकर्षित किया गया है। अतः सिर्फ़ बाह्य संरचना या दो विरोधी संस्कारों और स्थितियों की वस्तुओं या आदमियों को आमने-सामने रख देने से ही 'कुकुरमुत्ता' के ऊपर मार्क्सवादी काव्य की नाम-पट्टी चिपका देना अनुचित होगा।

निश्चय ही स्थितियों का यह तुलनात्मक अध्ययन कवि की 'सामान्य की उसी प्रतिष्ठा' या 'उपेक्षित के उसी उन्नयन' को रूप और आकार देने की सुविधा के लिए किया गया है। ध्यान देने योग्य है कि कविता के पहले खण्ड में कुकुरमुत्ते के जवाब में गुलाब कुछ भी नहीं कहता। यह अत्यन्त स्वाभाविक है। यह ठण्डा व्यवहार, यह व्यक्तित्व और आभिजात्य का दुर्गम अहं और यह अनुत्तेजना। उसकी जगह कुकुरमुत्ते की ठेठ, देसी अकड़ और बड़बोली देखने लायक़ है। यह बड़बोली उसकी निश्छलता, अकृत्रिमता और आत्म-विश्वास का प्रतीक है। एक टूटती हुई भारतीय पतनशील व्यवस्था के साथ ही, जो वास्तव में कृत्रिम और आरोपित है, क्योंकि भारतीय समाज-व्यवस्था कभी भी आभिजात्य-प्रेरित न होकर 'सामान्य-प्रेरित' रही है—निराला 'सामान्य' के महत्त्व, उसके यथार्थ और उसकी उपयोगिता को ही प्रतिष्ठापित करना चाहते हैं।

मेरा कुल कहना यह है कि सामान्य की इस प्रतिष्ठा में सिद्धान्त का उतना योग नहीं, जितना निराला के व्यक्तित्व की सांस्कारिक निष्ठा का योग है। केवल कुछ पंक्तियों—

ख़ून चूसा खाद का तूने अशिष्ट
डाल पर इतरा रहा कैपिटलिस्ट

के आधार पर सिद्धान्तारोपण ख़तरनाक है। यहाँ पर 'कैपिटलिस्ट' के प्रयोग में शब्द-व्यवहार पर मज़ाक की ध्वनि अधिक है, गुस्से या विनाश या घृणा की ध्वनि कम। इसी तरह ख़ून चूसनेवाले को भी मात्र 'अशिष्ट' सम्बोधन दिया गया है। कुकुरमुत्ते की तरफ़ से इतना शालीन सम्बोधन ही इस पंक्ति के सिद्धान्तीकरण का जैसे विरोध करता है। सिद्धान्त के अनुसार और व्यवहारतः मनोवैज्ञानिक रूप में भी अपना ख़ून पीनेवाले को मात्र 'अशिष्ट' कहकर 'डाल पर इतराने' के लिए कोई नहीं छोड़ देगा। यहाँ पर फिर कुकुरमुत्ते के मुँह से भारतीय 'पैसिव' समाज-व्यवस्था के अन्दर सदियों से पलापुसा वही व्यक्ति बोलता है, जो प्रतिशोध लेने में विश्वास नहीं रखता। जो अपनी 'पैसिविटी' में अपने ऊपर किये गये सारे अत्याचार और सारी क्रूरता को पानी की लहर की तरह अपने ऊपर से गुज़र जाने देता है और फिर स्वयं धुलकर निखर आता है।

क्योंकि भारतीय समाज-व्यवस्था में आभिजात्य का हल्ला सिर्फ़ हल्ले की तरह ही आता है और चला जाता है। भारतीय समाज-व्यवस्था का निर्माण सामान्य या साधारण की अन्तरमुखता और संकोच से हुआ है। वह साधारण कभी-कभी अपने ठेठ, खुरदरे, बड़बोलेपन के बावजूद, निश्चित रूप से प्रतिशोधहीन, उपयोगी, पैसिव और संकोचशील है। इसीलिए भारतीय समाज-व्यवस्था बुनियादी तौर पर क्रान्तदर्शी नहीं है। क्रान्ति यहाँ के आदमी की घुट्टी में नहीं है। यहाँ का आदमी बहुत ही ठस, व्यवस्था-कामी और अन्तरमुख है। ये गुण (अथवा अवगुण?) एक अनपढ़ और निरे देहाती, गबदू, गँवार क़िस्म के आदमी के व्यवहार से लेकर, बड़े-बड़े विद्वानों, राजनीतिज्ञों और बुद्धिजीवियों तक में समाज रूप से लक्ष्य किये जा सकते हैं। सिर्फ़ व्यवहार में प्रकट करने का तरीक़ा अलग-अलग हो सकता है।

इस तरह 'कुकुरमुत्ता' में जो वर्ग-समाज का ऊपरी और भ्रम में डालनेवाला आधार मिलता है, उसकी तह में जाकर देखें, तो 'कुकुरमुत्ता' की बनावट और संरचना का आधार घृणा नहीं है, सिर्फ़ एक पैसिव व्यंग्य है। 'कुकुरमुत्ता' की सारी बड़बोली में कहीं भी क्रान्ति की गन्ध नहीं है। बल्कि अपनी परम्परागत महत्ता, मूल्यवत्ता और निरन्तरता सिद्ध करने में है। नाम बदरूप हो जाने के बावजूद अपनी उपयोगिता और सच्चाई का ज्ञान है। 'कुकुरमुत्ता' के दूसरे खण्ड में भी 'बहार' और 'गोली' को आमने-सामने रखकर देखने में किसी भी घृणा का प्रतिपादन नहीं है, बल्कि एक स्नेह-भरा अपनाव है और उनके माध्यम से कुकुरमुत्ते की उपयोगिता का प्रतिपादन भी है। पूरी कविता के व्यंग्य में कहीं भी घृणा की आवेश-जर्जरता या उसका उफान नहीं है, बल्कि अपनी सार्थकता के प्रति घोर आत्म-विश्वास का प्रकाशन है।

और अन्त में—कविता के अन्त में—भारतीय जन-समाज के बारे में उस सांस्कारिक, परम्परागत सच्चाई का प्रतिपादन भी है। नव्वाब द्वारा कुकुरमुत्ते की माँग किये जाने पर माली का यह कहना कि 'कुकुरमुत्ता उगाये नहीं उगता' उस सच्चाई को प्रमाणित करता है। साधारण या सामान्य को पैदा नहीं किया जा सकता। वह अपने अस्तित्व की सार्थकता और ऊपरी नगण्यता में भी स्वतन्त्र है, स्वयंभू है। इस तरह निराला 'कुकुरमुत्ता' में (या अपने सारे काव्य में कहीं भी) एक क्रान्तदर्शी या तथाकथित 'प्रगतिशील' कवि नहीं हैं, एक सत्य-द्रष्टा कवि हैं।

यह सत्य-द्रष्टा होना ही 'कुकुरमुत्ता' में एक निरा प्रचारवादी अथवा आरोपित सिद्धान्तों का पुनर्निरूपण करनेवाले अर्थात् कविता की जगह कविता का मिथ्याभास पैदा करनेवाले कवि के रूप में उपस्थित होने से निराला को बचाता है। यहीं से निराला एक सार्थक और सजग और यथार्थ अनुभूति-सम्पन्न, स्वतन्त्रचेता कवि के रूप में हमारे सामने प्रकट होते हैं। अपनी इस सार्थक, सजग एवं यथार्थ की अनुभव-सम्पन्नता में से 'कुकुरमुत्ता' की रचना करके निराला हमारे सामने कौन-सा सत्य कविता के रूप में रखना चाहते हैं? यह प्रश्न निश्चय ही मेरे विचार-प्रतिपादन के दौरान सजग पाठक अनुभव करेगा। इसका उत्तर भी वही पैसिव, अन्तरमुख एवं ठस समाज-व्यवस्था है जिसका निर्माणकर्त्ता, जिसकी सिद्धि और जिसका साध्य—वही साधारण भारतीय मनुष्य है। निराला उसी का प्रतिपादन करना चाहते हैं, उसी को सिद्ध करना चाहते हैं और उसी की मूल्यवत्ता को खोजना चाहते हैं। इस तरह 'कुकुरमुत्ता' का प्रतिपाद्य भी वही उपेक्षित किन्तु एकमात्र मूल्यवान्, भारतीय जन-साधारण है। वह बदरूप हो सकता है लेकिन फिर भी वह 'गन्दे में बुत्ता देता हुआ' एक सिंहासन-छत्र की तरह अपनी आन्तरिक निर्मलता (श्वेतता) से सम्पन्न और निश्चिन्त है।

□□

'सामान्य की प्रतिष्ठा' को स्थापित करने के लिए निराला 'कुकुरमुत्ता' में आकर सारी काव्य-प्रणाली, शिल्प-संगठन और भाषिक संरचना की नये सिरे से छानबीन करते हैं। यह छानबीन और खोज, और नया संघटन लगभग पुराने के सम्पूर्ण अस्वीकार या उसके परित्याग से उपजा है। निराला ने यह समझ लिया है कि 'सामान्य की इस प्रतिष्ठा' में अभिजात भाषा, शिल्प-सौन्दर्य, अन्तःगठन, और गहन गीतात्मकता काम नहीं देगी। इसीलिए कविता के लगभग सभी अभिजात अवशेषों से यहाँ छुटकारा पाने की अद्भुत कोशिश दिखायी देती है।

लम्बी कविताएँ निराला ने और भी लिखी हैं—'राम की शक्ति-पूजा', 'यमुना के प्रति', 'शिवाजी का पत्र' और 'तुलसीदास'। लेकिन कहीं भी, इनमें से किसी भी कविता में निराला ने अपनी स्व-अर्जित शब्द-शक्ति और निजी भाषिक संरचना को

आमूल बदलने के बारे में नहीं सोचा। बल्कि उलटे उन्होंने शब्द के अभिजात संस्कार को अपने गहन अध्ययन और अद्भुत कल्पना-शक्ति से और अधिक समृद्ध किया है। 'राम की शक्ति-पूजा', शब्द-वैभव, चित्रत्मक सर्जना और राम के अर्द्ध-ऐतिहासिक मिथ को अपने निजत्व के सन्दर्भ में नियोजित किया गया एक अद्भुत, सम्पन्न काव्य है। 'यमुना के प्रति' का सम्पूर्ण शब्द-बन्ध और कल्पना-विलास छायावादी शब्द-गरिमा का श्रेष्ठतम उदाहरण है। 'शिवाजी का पत्र' छन्द तोड़ने के बावजूद अपने संस्कारों और समादरता में तथा शब्द-संयोजन के लिहाज़ से सम्पूर्णतः एक सांस्कारिक और अभिजात गौरव-गाथा की कविता है और बहुत अर्थों में 'तुलसीदास' भी।

लेकिन 'कुकुरमुत्ता' अपने सम्पूर्ण बन्ध में इन सबसे पृथक् है। 'कुकुरमुत्ता' का गठन और उसकी वर्णनात्मकता में किसी कथा का आग्रह नहीं है। आरम्भ के कुछ छन्दों के बाद पहले खण्ड में भी कहानी नामक कोई चीज़ नहीं है। यही हाल दूसरे खण्ड का भी है। बल्कि यों कहें कि कथा यहाँ अभिप्रेत नहीं है। दोनों खण्डों के दो प्रतीक एक ही अर्थ को सिद्ध करने के लिए लाये गये हैं। पहले खण्ड में संवाद का नाम भर है। पूरी शैली एकालाप की शैली है। वहाँ विरोध या उत्तर या तर्क की काट नहीं है। 'कुकुरमुत्ता' स्वच्छन्द है—किसी भी सीमा तक जाने को। वह कविता, संस्कृति, समाज, इतिहास, भूगोल—सब-कुछ अपने में समेटता चलता है। उसकी सार्थकता, अतीत, वर्तमान और यहाँ तक कि भविष्य की मूल्यवत्ता में भी निहित है। दूसरे खण्ड में अपेक्षाकृत वर्णनात्मकता अधिक है। इस प्रकार सम्पूर्ण कविता कुकुरमुत्ते को केन्द्र में रखकर लिखी गयी है। शेष सारे पात्र और सारी स्थितियाँ उसके प्रभा-मण्डल के इर्द-गिर्द घूमती हैं और उसके अस्तित्व की सार्थकता को सिद्ध करती हैं। यहाँ तक कि नव्वाब भी, या गुलाब का फूल भी, या बहार अथवा गोली, या चढ़ी-आँख कानी भी।

□□

यह निश्चित है कि सारी कविता की परिकल्पना व्यंग्य के धरातल पर हुई है और कई दृष्टियों से 'कुकुरमुत्ता' एक सफलतम व्यंग्य-काव्य है। किन्तु मात्र इतना ही नहीं है। व्यंग्य के साथ ही विनोद और हास्य का भी अच्छा-ख़ासा पुट जगह-जगह मिलता है। और यह व्यंग्य भी कहीं एक जगह, या एक स्थिति, पात्र, घटना या कारण की ओर सन्धानित नहीं है, जैसा कि निराला के कई अधकचरे आलोचकों ने कहा है, इस व्यंग्य का निशाना सिर्फ़ गुलाब ही नहीं है, न ही सिर्फ़ नव्वाब या उनकी लड़की बहार। आभिजात्य पर 'कुकुरमुत्ता' का व्यंग्य सिर्फ़ पूरी कविता के विराट् व्यंग्य का एक अंश मात्र है। यह सच है कि 'टारगेट' (target) यह आभिजात्य ही है। लेकिन अपनी सार्थकता-सिद्धि के दौरान 'कुकुरमुत्ता' किसी को भी नहीं छोड़ता।

और जिनको भी यह नहीं छोड़ता, उन पर भी किया गया व्यंग्य कम महत्त्वपूर्ण नहीं है। कुकुरमुत्ते के छत्र और डण्ठल के आकार को लेकर निराला ने उपमाओं की जो अप्रत्यक्ष झड़ी लगा दी है, उसमें जगह-जगह से सर्वथा अप्रत्याशित व्यंग्य उभरता है। यह कविता के अन्तिम उद्‌देश्य (अभिजात पर व्यंग्य और साधारण की सार्थकता) से पृथक् पंक्तियों के बीच से कई-कई स्वतन्त्र व्यंग्यों की सृष्टि करता है :

चीन में मेरी नक़ल छाता बना
छत्र भारत का वही कैसा तना!
सब जगह तू देख ले
आज का फिर रूप पैराशूट ले
उलट दे मैं ही जसोदा की मथानी
और भी लम्बी कहानी—
सामने ला मुझे कर बेंड़ा
देख कैंड़ा
तीर से खींचा धनुष मैं राम का
काम का
पड़ा कन्धे पर हूँ हल बलराम का।

मैं ही हाँड़ी से लगा पल्ला।
सारी दुनियाँ तोलती ग़ल्ला।

सरसता में फ्राड
'कैपिटल' में जैसे लेनिनग्राड
सच समझ जैसे रक़ीब
लेखकों में लण्ठ जैसे ख़ुशनसीब

इनमें से हर छन्द अपने-आपमें एक स्वतन्त्र व्यंग्य की सृष्टि करता है और उस व्यंग्य का सीधा संक्रमण कविता के मूल व्यंग्य में सहसा नहीं होता दीखता। 'डाँड़ी से लगा पल्ला' होना उस व्यंग्य को सहारा देता है, जो 'सारी दुनिया तोलती ग़ल्ला' से प्रस्फुटित होता है। 'सरसता में फ्राड' कहकर लेखक अगली पंक्ति का भयंकर व्यंग्य सार्थक करना चाहता है। ऐसी ही व्यंग्य की मार 'लेखकों में लण्ठ के ख़ुशनसीब' होने में भी है।

यह पंक्ति-पंक्ति के बीच से झाँकता हुआ अलग और स्वतन्त्र व्यंग्य कविता की पूर्ण परिकल्पना में अलग से भी महत्त्वपूर्ण है। कहीं शब्दों के तान-पल्टे से, कहीं पंक्तियों को तोड़कर, कहीं वाद्यों या नृत्य-भेदों की सूची इकट्ठी कर, कहीं 'सूदखोर

के ब्याज डुचने' को लेकर, कहीं सिर्फ़ तुकों की ठेठ भिड़न्त से, कहीं नव्वाब के बाग़ के वर्णन से, कहीं अंग्रेज़ी, या उर्दू-फ़ारसी के शब्दों को डालकर और कहीं लम्बी-चौड़ी हाँकते हुए कुछ अशिष्टता की सीमा को छू कर-यह व्यंग्य उत्पन्न किया गया है।

हास्य और विनोद उत्पन्न करने के लिए निराला ने यहाँ एक सर्वथा मौलिक और लगभग चौंका देनेवाली पद्धति अपनायी है। कुकुरमुत्ते की डींग में चलते-चलते निराला कहीं एक पूरा बन्द या एक शब्द या एक उपमा ऐसी रख देते हैं, जो एक तरह की निरर्थकता का आभास देती है और साथ ही विचित्र रूप से हास्योत्पादक साबित होती है। कभी-कभी ऐसा सिर्फ़ शब्दों की खड़खड़ाती अकाव्यात्मक ध्वनि उत्पन्न करके भी किया गया है। कभी एक निरर्थक-सी चामत्कारिक उपमा देकर, कभी 'टेरियर' के 'चढ़ी-आँख कानी' के पीछे-पीछे चलने का चित्र खड़ा करके :

मुझसे मूँछें मुझसे कल्ला
मेरे लल्लू, मेरे लल्ला।

कास्मोपालिटन मेट्रोपालिन
जैसे फ्रायड और लीटन।

काम मुझसे ही सधा है
शेर भी मुझसे गधा है।

कारनेट, क्लेरीअनेट, ड्रम, फ्लूट, गीटर
बजानेवाले हसनखाँ, बुद्धू, पीटर।

मैं सभी को फाँसनेवाला हूँ ट्रैप
टर्की टोपी, दुपलिया या किश्ती कैप।
सिटपिटायी अड़गड़े में देखकर ज्यों मर्द को

से सारी पंक्तियाँ (हर दो पंक्ति और अन्तिम एक पंक्ति) अलग-अलग स्थलों से ली गयी है। कहीं 'कल्ला और लल्ला' के तुक से, कहीं अंग्रेज़ी शब्दों और फ्रायड तथा लीटन के सन्दर्भ से, कहीं शेर को गधा बनाने की डींग से, कहीं संगीत-वादक 'बुद्धू' की नाम-ध्वनि से, कहीं ट्रैप और किश्ती कैप की चित्र-सर्जना से और कहीं हाजत के वक्त एकाएक मर्द क दिख जाने से देहाती गँवार औरतों के सिटपिटा जाने से-यह उन्मुक्त हास्य उत्पन्न किया गया है।

□□

'कुकुरमुत्ता' की भाषिक संरचना भी सर्वथा नये प्रकार की है। लगभग सारी छायावादी शब्दावली का यहाँ निषेध है। संस्कृत की तत्सम शब्दावली, उसके माधुर्य, ओज, और

सौन्दर्य की जगह ठेठ, बीहड़ और पुराने मानदण्ड के अनुसार देशज, वर्जित और अकाव्यात्मक शब्दों में पूरी कविता लिखी गयी है। यह स्वयं ग्रहण की हुई एक चुनौती है, जिसका निर्वाह निराला ने सफलतापूर्वक किया है। यह चुनौती या शब्द-संसार से यह संघर्ष और विजय अप्रतिम है। क्योंकि यह संघर्ष दूसरों की अपेक्षा अपने ही द्वारा अर्जित, आविष्कृत और सफलतम रूप में प्रयुक्त शब्द-बन्ध के विरुद्ध है। शब्द की गेयता, उसका ध्वनि-सौन्दर्य, उसकी अर्थगर्भिता और लयात्मकता की जगह ठेठ, सपाट और सर्वथा अनुपयुक्त-से शब्दों का अनुपम काव्यात्मक प्रयोग यहाँ देखने को मिलता है। इस रूप में 'कुकुरमुत्ता' अपनी भाषिक संरचना के लिहाज़ से सर्वथा एक नयी भाषा और नये शब्द-कोश का निर्माण करता है। काव्य को उसके अभिजात संस्कारों से मुक्त कराने के अपने इस सफलतम आरम्भ के कारण निराला हमारे सामने निश्चय ही एक विद्रोही और आधुनिक कवि के रूप में सामने आते हैं।

भाषा को यहाँ जनता की बोली के निकटतम रखने की सफलत कोशिश झलकती है। शब्द अपने ठेठ प्रयोग में भी कितना अर्थवान होता है, इसके दर्शन यहाँ हर पंक्ति में होते हैं। कुछ शब्दों की सूची मात्र हमारे इस कथन को सिद्ध कर देगी; बाड़ी, चमन, ख़ुशनुमा, बुलबुल, टहनियाँ, राहें, सरो, आरामगाह, बड़प्पन, मौसम, रोबोदाब, बुत्ता, ख़ुशबू, खाद, केपीटलिस्ट, ग़ुलाम, जाड़ा-धाम, औरत, जानिब, तबेले, टट्टू, हस्ती, पोच, हरामी, खानदानी, डण्ड पेलते, बालिश्त, नक़ली, बकरा, ज़नख़ा, पैराशूट, मथानी, बेंड़ा, कैंड़ा, कलजुगी, तला, पाल, रफ़ा, फ़लसफ़ा, फ़ैलसी, कास्मोपालिटन, मेट्रोपालिटन, लण्ठ, ख़ुशनसीब, डबल, डुचता, क्लाइमेक्स, आठोगाँठ, चेला, ज़ेवर, टार्च, पिद्दी, किश्ती-कैप, झोंपड़ी, मोरियों, लन्तरानी, ख़ादिम, हमजोली, सिटपिटायी, अड़गड़े, लजीज़ चढ़ी-आँख, दुम्बा, टेरियर, डिक्टेटर, पोयेट, चपाती, क़लिया, क़बाब, चूल्हा, अर्ज़, मंजूर आदि। यहाँ ध्यान देने योग्य शब्दों की ध्वनि और उनका रूप और उनकी विविधता है। तत्सम क्या, लगभग तद्भव शब्द भी नहीं के बराबर हैं। उसकी जगह उर्दू शब्दों ने और तथाकथित गँवार (किन्तु रस और अभिव्यक्ति और अर्थ-गर्भिता से पूर्ण) शब्दों ने ले ली है। इसी तरह छन्द और लय को भी गद्यात्मक मुहावरे में ढालने की कोशिश हर जगह लक्ष्य की जा सकती है। इस तरह भाषा की जिस सर्जनात्मक, किन्तु उपेक्षित क्षमता का प्रयोग निराला ने 'कुकुरमुत्ता' में किया है। वह सर्वथा आधुनिक और अनुपमेय है। उसकी चित्रण-क्षमता और काव्यात्मक नवीन अर्थवत्ता निराली है :

> **जगह गन्दी, रुका सढ़ता हुआ पानी**
> **मोरियों में, ज़िन्दगी की लन्तरानी**
> **बिलबिलतो कीड़े, बिखरी हड्डियाँ**

सेल्हरों की, परों की थीं गड्डियाँ
कहीं मुर्ग़ी कहीं अण्डे
धूप खाते हुए कण्डे
रहते थे नव्वाब के ख़ादिम
अफ्रिका के आदमी आदिम।

दरअसल 'कुकुरमुत्ता' विषय-वस्तु, शिल्प-संघटन, भाषिक संरचना, व्यंग्य और हास्य-इन सभी दृष्टियों से एक सर्वथा विद्रोही, आधुनिक और महत्त्वपूर्ण कृति तो है ही, लेकिन उसका उससे भी बड़ा महत्त्व एक और कारण से है। 'कुकुरमुत्ता' हर क्षेत्र में 'काव्य-आभिजात्य' से मुक्ति का संदेश देनेवाला पहला काव्य है। यही इस कविता की उपलब्धि है, और यही इस कविता में निराला का अभिप्रेत भी है। यह मुक्ति 'कुकुरमुत्ता' के हर पहलू में है। उसके विषयगत चुनाव में, उसकी भाषिक संरचना में, उसके शब्द-प्रयोग में, उसके व्यंग्य-विनोद और हलके-फुलकेपन में और उसमें प्रतिठापित साधारण की सार्थकता में। काव्य-आभिजात्य की इसी मुक्ति के संदेश को लेकर निराला एक महान, विद्रोही और विराट् सामर्थ्यवाले आधुनिक कवि की भूमिका में हमारे सामने उपस्थित होते हैं।

'नये पत्ते' :

'नये पत्ते' की बहुत-सारी कविताओं की संवेदना और भाषिक संरचना की नवीन विशेषताओं के बारे में इस निबन्ध में प्रकारान्तर से हम पहले ही विचार कर चुके हैं। वैसे संवेदनागत, और भाषा की एकतानता के लिहाज़ से 'नये पत्ते' निराला के संग्रहों में सर्वश्रेष्ठ है। यहाँ हर लिहाज़ से एक रंग और एक ज़मीन की कविताएँ सबसे ज़्यादा मिल जायेंगी। यहाँ आकर निराला की इतिहास की समझ और भारतीय जन-साधारण के बीच की वर्गगत भावना का खुलासा मिलता है। प्रेमचन्द की तरह वे अपनी इन् कविताओं में वर्ग-समन्वय की चेष्टा कभी भी करते हुए दिखायी नहीं देते। बल्कि वे किसान-मज़दूर और पिसती हुई निम्न मध्यवर्ग की जनता की पक्षधरता निःसंशय रूप से ग्रहण करते हैं। वे तत्कालीन गाँधीवादी राजनीति और कांग्रेस के विचार-दर्शन से भी क़तई प्रभावित नहीं दिखायी देते, बल्कि उसकी त्रुटियों और कमज़ोरियों को बख़ूबी समझते हैं। उन्हें ब्रिटिश-राज, जिसमें कुछ लोगों के अनुसार, शेर और बकरी एक घाट पर पानी पीते थे, और गाँधी जी के 'राम-राज्य' में कोई विशेष फ़र्क़ नहीं दिखायी देता। वे अच्छी तरह समझते हैं कि सदियों से पिसते हुए जन-साधारण और भारतीय सर्वहारा वर्ग को उस 'राम-राज्य' में भी कुछ नहीं मिलने का।

द्विज-संस्कृति द्वारा किये जानेवाले शोषण तथा कुछ थोड़े-से मुट्ठी भर लोगों द्वारा अपने फायदों और अपनी सुरक्षा के लिए भारतीय जन-मानस की अजस्र ऊर्जा

का शोषण और इस्तेमाल उनकी समझ में ख़ूब आता है। इसीलिए वे अपनी संवेदनागत सच्चाई में इन सारी विगर्हणाओं से कविता को मुक्त करके, उसके अन्दर पिसते हुए भारतीय जन-साधारण के दुःख-दर्द को अभिव्यक्ति देने के लिए तत्पर दिखायी देते हैं।

यही संवेदनागत बदलाव और सच्चाई की एकतानता 'नये पत्ते' संग्रह की कविताओं की विशेषता है। सम्भवतः इसी एकतानता को ध्यान में रखते हुए निराला ने 'कुकुरमुत्ता' के प्रथम संस्करण की सात कविताएँ भी इसमें शामिल कर लीं। लेकिन इस संवेदनागत बदलाव के अलावा नयी भाषिक संरचना और छन्द-मुक्ति के प्रयास में भी यहाँ आकर निराला बिलकुल सफल हैं। 'खजोहरा' या 'ख़ून से होली जो खेली' या 'रामकृष्ण परमहंस' और 'देवी सरस्वती' आदि कविताओं में यदि छन्दानुशासन है भी, तो वह खटकता नहीं। क्योंकि भाषिक संरचना इतनी नयी और ताज़ी हो जाती है, और उसका संवेदनागत बदलाव इतना भारी पड़ता है कि छन्दानुशासन तिरोहित-सा हो जाता है। वैसे भी ऐसी कविताएँ पूरे संग्रह में बहुत कम हैं।

शेष कविताएँ काव्य-आभिजात्य से मुक्ति के सफलतम प्रयास का उदाहरण कही जा सकती हैं। 'स्फटिक-शिला' एक नये ढंग का यात्रा-वर्णन है। इसकी सपाटता में भी एक व्यंग्य है। प्राचीन कथा और पौराणिक सन्दर्भ के समकक्ष तत्कालीन स्थितियों को रखकर कवि ने यहाँ बड़े गहरे व्यंग्य की सृष्टि की है। भाषा-योजना के मामले में भी इस कविता का नया शब्द-बन्ध दर्शनीय है। लेकिन यहाँ भी निराला की मुख्य चिन्ता वही भारतीय जन-साधारण है, जिसे सदियों से कुछ नहीं मिला :

काली एक नारी गाली देती, खाती ढिकली
देखकर चबूतरा ...मैंने देखा बड़ा मैला
मन उसका समाज से
चोट खायी हुई वह राम जी के राज से
शूद्रों को मिला नहीं, जिनसे कुछ भी कहीं
ढाढ़स बँधाया मैंने मीठे शब्द कह-कहकर
देखती रही वह आँसुओं की आँखों रह-रहकर।

□□

समाज से जिनका मन अत्यन्त मैला है, उन्हीं का चित्रण 'नये पत्ते' में बहुतायत से हुआ है। ज़मींदारों, राजाओं, विदेशी साम्राज्यवादियों के कारकुनों द्वारा साधारण जनता का भयंकर शोषण और उत्पात की अनेक मार्मिक कविताएँ इसमें संगृहीत हैं। उनकी शक्ति, उनकी असहायता, उनकी समझ का भोलापन अभी भी वैसे-का-वैसे बरक़रार

है। नयी पनपती हुई पूँजीवादी व्यवस्था किस तरह ग्रामीण समाज को धीरे-धीरे खोखला कर रही है, इसके सजीव चित्र इन कविताओं में पाये जाते हैं। लेकिन इन चित्रें के तथ्यात्मक कथन से कविता नहीं बनायी गयी है, बल्कि इसकी जगह निराला ने छोटी-छोटी दैनन्दिन घटनाओं से निहायत नगण्य-से दिखनेवाले क़िस्से उठाये हैं और उनके माध्यम से समूची समाज-व्यवस्था पर गहरा आघात किया है—ज़मींदार का सिपाही अपना लोहबन्द गाड़कर हर जगह खड़ा है; दरवाजे पर उसके गूले से गढ़ा हो जाता है; किसानों के सिर ढाल की तरह अपने बचाव में नीचे झुके हैं; कोई साथ नहीं देने आता; वीर जवाहरलाल कभी नहीं आते; वे सिर्फ़ वादा कर गये हैं और जनता मुँह बाये खड़ी है :

> **आदमी जैसे कमान**
> **बन जाता है किसान**
> **सामाजिक और राजनीतिक सहारे कुल**
> **छुटकर भाग जाते हैं।**

साथ देने की जगह कभी डिप्टी साहब आते हैं और उनका गोड़इत बीस सेर दूध भरवाकर ले जाता है; कभी थानेदार आकर चन्दा लगा जाता है; कभी यदि गाँधीवादी खद्दरधारी आकर कुछ समझा जाते हैं तो बाद में ज़मींदार का गोड़इत दोनाली से उन्हें भून देता है। चारों तरफ़ के इस शोषण और अनाचार के बीच कमान बनकर किसान ज़िन्दा है। वह घड़े में दूध भी भरता है, चन्दा भी देता है, अपना दुःख-दर्द कहकर बेकार भी कर देता है और गालियाँ तथा गोलियाँ भी सहज ढंग से खाता रहता है। और तो और, गोड़इत भी जैसे अपने ज्ञान का रोब उस पर गाँठता है :

> **'अहिर के मूसर! ये दई के दूसर हैं**
> **इनसे एक घाट में भेड़ और भेड़िये**
> **बिना वैर-भाव के पानी पी रहे हैं।**
> **इनके साथ अफ़सरान हैं—**
> **जैसे दारोग़ा जी,**
> **बीस सेर दूध दोनों घड़ों में जल्द भर।'**

□□

ऐसे में प्रतापगढ़ के गाँवों में किसानों के बीच दौरा करनेवाले, उनकी समस्याओं को समझने और इस अत्याचार और शोषण के ख़िलाफ़ एक जनमत तैयार करने के लिए पं. जवाहरलाल नेहरू जिस तरह आते हैं उसका बड़े ही कटु व्यंग्य के साथ निराला ने चित्रण किया है। यद्यपि कविता में कहीं प्रतापगढ़ नहीं है। वह हिन्दुस्तान के किसी भी गाँव में नेहरू के जाने का चित्र हो सकता है। इन परिस्थितियों में जनता

क्या करे? क्या अभी भी किसी मसीहा का इन्तज़ार करना चाहिए। क्या पट्टाभि के इतिहास में चित्रित जवाहरलाल सचमुच जनता की नज़र में मसीहा हैं। जनता की वास्तविक आन्तरिक मनःस्थिति क्या है? हज़ारों साल से धोखा खाती हुई, वह अब हर चीज़ को शक की निगाह से देखने लगी है। उन सारे लोगों पर यक़ीन करना अब उसके लिए मुश्किल हो गया है, जो उसे आकर झूठा दिलासा दे चले जाते हैं; जो अपनी अस्तित्व-रक्षा में उसे इस्तेमाल कर लेते हैं; जो उसे क़िले और फ़ौजों में बदलकर ख़ुश कर लेते हैं; जो अपनी आवाज़, अपने शब्दों की जादूगरी में सम्मोहित करके उसे अपने ही रक्त में ख़ुशी-ख़ुशी डुबकियाँ लगाने के लिए राजी कर लेते हैं।

शायद जैसे डिप्टी साहब आते हैं, ज़मींदार का कारिन्दा आता है, गोड़इत, कारकुन, दारोगा आते हैं, पं. जवाहरलाल नेहरू भी उसी तरह तो नहीं आते? उनके आजू-बाजू में वह कौन है? कोई सेठ, कोई विदेशी पत्रकार, कोई राजा, रियासतदार, कोई ज़मींदार? ये लोग कौन हैं? जिन लोगों को अपने आजू-बाजू लेकर पण्डित जी बैठे हैं, वे लोग अपनी सारी ख़ूँख़ारियत, अपने द्वारा किये जानेवाले सारे अत्याचार और शोषण छोड़कर क्या सचमुच जनता के सेवक बन गये हैं? आख़िर यह माज़रा क्या है? इसे महगू भी सोचता है और लुंकुआ भी :

आजकल पण्डित जी देश में बिराजते हैं।

कुइरीपुर गाँव में व्याख्यान देने को
आये हैं मोटर पर
लन्दन के ग्रेजुएट, एम. ए., बैरिस्टर
बड़े बाप के बेटे

बीसियों भी पर्तों के अन्दर, खुले हुए।
एक-एक पर्त बड़े-बड़े विलायती लोग
देश की बड़ी-बड़ी थातियाँ लिये हुए।
राजों के बाजू पकड़, बाप की वकालत से,
कुर्सी रखनेवाले अनुल्लंघ्य विद्या से
देसी जनों के बीच,
लेंड़ी ज़मींदारों की आँखों तले रखे हुए
मिलों के मुनाफे खानेवालों के अभिन्न मित्र,
देश के किसानों और मज़दूरों के भी अपने सगे
विलायती राष्ट्र से समझौते के लिए

गले का चढ़ाव बोर्झुआज़ी का नहीं गया।
आँख पर वही पानी
स्वर पर वही सँवार।

यह है गाँधी जी के उत्तराधिकारी जवाहरलाल का वास्तविक रूप और आभ्यन्तर चरित्र। बीसियों पर्तों के अन्दर भी खुले हुए। ज़मींदारों, महाजनों, अंग्रेज़ों, राजाओं, मिल-मालिकों के साथ ही अपने को किसानों और मज़दूरों का भी अभिन्न मित्र कहनेवाले महात्मा गाँधी के उत्तराधिकारी जवाहरलाल नेहरू का चित्र। यही महात्मा गाँधी द्वारा समर्थित वह वर्ग-समन्वय है, जहाँ घनश्याम दास बिड़ला और लुकुआ तथा महगू एक ही झण्डे के नीचे एकत्र होते हैं। प्रेमचन्द भी अपने रचना-काल के अन्तिम दिनों में समझ गये थे कि गाँधी जी द्वारा समर्थित इस वर्ग-समन्वय का भारतीय सामाजिक ढाँचे में कोई आधार नहीं हैं। कोई भी राजनीतिक या सामाजिक विचार आकाशबेलि की तरह नहीं फैलता। उसके लिए जनता का उर्वरक चाहिए। इसीलिए प्रेमचन्द की सामाजिक दृष्टि गाँधी जी की अपेक्षा अधिक दूरदर्शी है। इसी तरह निराला भी गाँधी जी के इस चमकते हुए उत्तराधिकारी के सँवारे हुए स्वर में विश्वास नहीं करते।

कुइरीपुर गाँव, धोबी, तेली, बढ़ई, चमार, पासी, बेहना, डोम, कुम्हार, **महाब्राह्मण**—ग़रज़ कि सदियों से दबाया-सताया गया वह वास्तविक भारतीय समाज-ऊर्जा और शक्ति का अनन्त स्रोत—और पण्डित जी भाषण देने आये हैं इन देसी लोगों के बीच मोटर पर। देसी कुछ भी नहीं—न डिग्री, न समझ, न विचार, न खान-पान, न रहन-सहन, न दिल, न स्वर, न भाषा, न व्यवहार—गले में वही बूर्जुआपन्थी अकड़, व्यवहार में वही दूरी-ऐसे नेता, ऐसे मसीहा पर महगू और लुकुआ कैसे विश्वास करें! उनका शक़ सच्चा है। और चाहे वे जितने भी भोले, अनपढ़, गँवार क्यों न हों, उनकी निश्छल पारदर्शी नज़र असलियत को पकडने में कभी नहीं चूकती। इसमें लुकुआ-जैसे भी लोग हैं जो इस हिपोक्रेसी से भयाक्रान्त हो अचानक पूछने लगते हैं कि 'हम कहाँ जायँ'?

ज़मींदार, गोड़इत, दारोग़ा, सेठ, पठान, अंग्रेज़, इनके सर पर जब पण्डित जी का भी हाथ है तो फिर यह सवाल उठना लाज़मी है। जनता मन्त्र-मुग्ध तो हुई भाषण सुनकर, लेकिन आजू-बाजू बैठे लोगों को देखकर सकते और शक़ में आ गयी। क्या यह वही 'राजे के समाज का जादू' तो नहीं है? क्या यह उसी 'राजे' की और ज़रा लक़दक रूप में पुनरावृत्ति नहीं है? है तो इसलिए यहाँ धोखा है, इस्तेमाल की प्रवृत्ति है। लेकिन लुकुआ भले डर जाय और अपनी नियति का सवाल उठाये, इसी समाज में महगू जैसे लोग भी हैं, जो अपनी ऊर्जा और अपनी शक्ति से परिचित हो चुके हैं। वे पण्डित-फण्डित जी के झाँसे में नहीं आने के। वे अपनी क़ीमत बख़ूबी समझ चुके हैं :

मैं महगू हूँ—
पैरों की धरती आकाश को भी चली जाय
मैं कभी न बदलूँगा, इतना महँगा हूँगा।

इतिहास की इसी गहरी समझ और जन-साधारण में अपनी अनन्त आस्था के कारण निराला इस सम्पूर्ण सामाजिक सत्य को किसी असमाप्त नैराश्य में ले जाकर नहीं छोड़ते। जन-साधारण में उनका यह आत्म-विश्वास मार्क्सवाद के सिद्धान्तों का उल्था नहीं लगता, बल्कि भारतीय परिस्थितियों के यथार्थ के निकटतम लगता है। वे सामान्य की इस सार्वजनिक कलात्मक प्रतिष्ठा में पूरे मन से विश्वास करते हैं, नारेबाज़ी के स्तर पर नहीं। इसीलिए वे 'वेश रूखे, अधर सूखे, दीन जीवन हीन-चितवन' में नहीं छोड़ देते। वे उसे 'राज चेतना' की राह में ले जाकर खड़ा कर देते हैं। वे मसुरिया और बलई का उठना बख़ूबी जानते हैं। वे जानते हैं कि जनता बलतोड़ की तरह दुःख रही है। अब चाहे उसे कितनी भी परतों के अन्दर क्यों न ढाँको, वह बलतोड़ दुःखता रहेगा, बढ़ता रहेगा। उसे दबाना अब किसी भी तरह सम्भव नहीं है :

राज चेतना की राह रोककर
लोग खड़े हुए, क़ामयाब हुए।
दुश्मनों के पैर न जमने दिये।
बालों के नीचे जनता बलतोड़ हुई।

□□

इतिहास और समाज की इसी पहचान के बीच से निराला कविता को सर्वथा मुक्त करते हैं। उनका शब्द-बन्ध यहाँ बिलकुल नया है और कहीं भी भाषिक संरचना सम्बन्धी उस तरह की घुसपैठ नहीं झलकती, जिसका ज़िक्र हम 'तोड़ती पत्थर' के सन्दर्भ में कर चुके हैं। दरअसल 'नये पत्ते' और 'कुकुरमुत्ता' की कविताओं द्वारा निराला ने हिन्दी कविता के लिए सर्वथा एक नये शब्द-भण्डार की रचना की है। वकले, भुचुम्बी, तुम्बी, हिलगी, परदेस, टिन्ना, जमाल, अबरु, गबरु, ख़मदार, गड़ही, झोंझे, लेवारा, गिरदान, पिलौधा, बहलिया, गिरह, बलतोड़, शकरपाला, जमूरा, छड़, कड़ा, पकरिये, खारुओं, झारे-बहारे, बम्हन, तड़का, भड़का, मटका, बड़का, गरिथार, तिन, कौड़ा, गिरेगले, हवाबाज़, मूसर, दूसर, दई, किरिया, चपड़ा, ग्रेजुएट, बैरिस्टर, आदि हज़ारों ठेठ शब्दों का एक नया शब्द-कोश निराला ने तैयार किया है। इस शब्द-संग्रह से भी अधिक महत्त्वपूर्ण उन शब्दों का प्रयोग है।

ये शब्द जबर्दस्ती या चमत्कार-प्रदर्शन के लिए नहीं लाये गये हैं। बल्कि इस नये शब्द-भण्डार को पुराने अभिजात शब्द-भण्डार के समक्ष एक चुनौती के रूप में

रखा गया है। उनसे कलात्मकता के नये और सर्वथा अछूते आयाम का उद्घाटन निराला ने किया है। हज़ारों सालों से गुदड़ी में छिपे हुए शब्द जब अपनी सारी शक्ति और अपरूप, अनूठी सुन्दरता के साथ कविता में आते हैं तो उनकी चकमक चमक देखते ही बनती है। यहाँ आकर निराला यह समझ चुके हैं कि सिर्फ़ छन्द-मुक्ति से ही कविता की मुक्ति सम्भव नहीं है, बल्कि उसके लिए सदियों से जन-साधारण की अदृश्य खानों में पड़े उन शब्द-रत्नों को खोदकर, साफ़ करके उन्हें इस्तेमाल करना होगा। सदियों से वर्जित जन-साधारण के उन्नयन और कला में उसे प्रतिष्ठित करने के लिए उसी के आत्मीय शब्द-बन्ध को काव्य में पिरोना होगा। उसी की सपाट गद्यात्मकता के सौन्दर्य को उतारना होगा। 'नये पत्ते' की कविताओं द्वारा निराला ने यही किया है। इसीलिए ये कविताएँ भाषा, संवेदना और अर्थ—सभी स्तरों पर हिन्दी की भविष्य-कविता की सूचना देती हैं।

□□

काव्य-आभिजात्य की इस मुक्ति के प्रयास में सर्वथा जिस नूतन काव्य की सृष्टि निराला ने की है, उसे आगे चलकर उन्होंने क्यों त्याग दिया, यह एक महत्त्वपूर्ण सवाल है। यद्यपि आगे 'आराधना', 'अर्चना', 'गीत गुंज' और 'सान्ध्य काकली' में भी कहीं-कहीं इसकी गूँज सुनायी पड़ती है, लेकिन उनका यह स्वर क्षीण हो गया है। इन काव्य-रचनाओं द्वारा निराला अपने अन्तःसंगीत की गहरी एकान्तिकता और संश्लिष्टता से अर्थ के बाह्य प्रसार की ओर बढ़ते हुए दिखायी देते हैं। अर्थात् वह अपने एकान्तिक मौन संगीत की गहरी गूँज से व्यापक जन-भूमिका पर उतरते हैं और कविता को सर्वथा एक नये अर्थ और नये रचनात्मक सौन्दर्य से अभिसिंचित करते हैं।

लेकिन आगे चलकर धीरे-धीरे इस मुक्ति से भी वे मुक्त हो गये हैं और अपनी निजी प्रार्थना-भूमि पर लौट आये हैं। सम्भवतः जन-साधारण का जो ऊर्जायुक्त, आस्थाशील प्रसंग निराला ने उठाया था, भारतीय मनुष्य के भविष्य का जो सपना उन्होंने 'मसुरिया', 'बलई' और 'महगू' के माध्यम से देखा था, वह आज़ादी के बाद उन्हें पूरा होता नज़र नहीं आया। पं. जवाहरलाल नेहरू के चरित्र का जो द्वैत उन्होंने देखा था, वह सच निकला। उनके आजू-बाजू बैठे हुए जनता के परम्परागत शोषक और अत्याचारी फिर भेस बदलकर आ बैठे। 'राजे' के समाज का जादू फिर से एक बार चल गया और निराला की भविष्योन्मुखी आस्था, शायद, एक बार फिर ग़लत साबित हुई। इसी ऐतिहासिक और राजनीतिक मोह-भंग के कारण निराला इस लोक-भूमि से उठकर फिर अपने अन्दर के दरवाजे की ओर जाते हुए दिखायी देते हैं। इसीलिए अपने अन्तिम संग्रह 'सान्ध्य काकली' में जब फिर उस जन-साधारण की याद उन्हें आयी तो उन्होंने उसके नैराश्य और दैन्य का बड़ा ही

हृदय-विदारक चित्र उपस्थित किया-उसे पहले की तरह फिर उन्होंने समर के लिए ललकारा नहीं :

गहरी विभावरी शीत की
काँपी पाले से अरहर की
डाली गुनागरी। (शीत की)

मटर-चने कुछ काम न आये
जौ-गेहूँ लड़ते अरगाये
माचे पर किसान का कूकर
कुँकहाया, सिहरी। (शीत की)

प्रातः पात-गात झुलसायी
खड़ी रहीं जैसे परछाईं
नीली रेखा मुख पर छायी।
सुध सारी बिसरी। (शीत की)

सूख गया किसान एकाकी
रोया, रही न लेखा बाक़ी
कर्म-धर्म को करके साखी
दुहरी डगर भरी। (शीत की)

नैराश्य का यह चित्र निराला के मोह-भंग का बड़ा ही गहरा प्रभाव छोड़ता है। इस सम्बन्ध में, सम्भव है, जो कारण मैंने बताये हैं, वे सही न हों, लेकिन इतना तो सच है ही कि उनका यह स्वर, इतना सशक्त योगदान, कविता और इतिहास की यह नयी और अनूठी समझ, धीरे-धीरे तिरोहित होती गयी है और वे भक्ति के नूतन-पुरातन प्रसंगों पर फिर उतर आये हैं। इस तरह निराला अपने अन्तः संगीत से अर्थ के अपार प्रसार और लोकभूमि से होते हुए फिर उसी सनातन मौन में प्रवेश करते हुए दिखायी देते हैं।

●

ऋतु-प्रार्थनाएँ

झर-झर-झर निर्झर-गिरि-सर में
घर, मरु, तरु-मर्मर, सागर में,
सरित-तड़ित्-गति-चकित पवन में
मन में विजय गहन-कानन में
आनन-आनन में रव-घोर-कठोर—
राम अमर! अम्बर में भर निज रोर!

निराला ने अपने सम्पूर्ण कवि-जीवन को ऋतुओं के बिम्ब में बाँधने का अथक प्रयत्न किया है। ऋतुओं के लौटने के साथ ही बार-बार कवि का जीवन-बिम्ब भी लौटता है। फिर इसके प्रतिकूल भी स्थिति दिखायी देती है। कवि की रचनात्मक समृद्धि के बार-बार आलोकित और तिरोहित होने के साथ ऋतुएँ भी आलोकित या तिरोहित होती हैं। अपने समकालीनों में निराला में ऋतुओं का आकर्षण सर्वाधिक है। ऋतु-बिम्बों से होकर कवि बार-बार रचना में वापस आता है। अपने छीजते हुए जीवन और रुकी हुई काव्य-समृद्धि को पाने और प्रवाह देने के लिए ऋतुओं का प्रसंग जिस तरह निराला ने उठाया है—वह अद्भुत है। अपने जीवन-बिम्ब को ऋतु-बिम्बों में समाहित देखेन के फलस्वरूप ही निराला के लिए ऋतु-वर्णन कविता का तटस्थ विषय मात्र नहीं है—जैसे कालिदास के लिए या पन्त के लिए है। इसीलिए उनके ऋतु-वर्णन में इतिवृत्त कथन न्यूनतम है। ऋतुओं के वर्णन से कालिदास की तरह किसी घटना या इतिवृत्त तक नहीं पहुँचते, बल्कि आत्म-कथन और अनुभव के ध्वन्यात्मक प्रसंगों की गहराई से अपने को जोड़ने का प्रयत्न करते हैं। कालिदास का ऋतु-वर्णन हर जगह अपने समाहार में एक घटना के घटित होने तक ले जाता है—चाहे वह स्त्रियों के सम्भोग तक हो या बन्दरों के गुफाओं में छिपने तक या चन्दन का शीतल लेप करने या वस्त्रें और शृंगार के परिवर्तन तक। निराला का ऋतु-वर्णन इसके सर्वथा विपरीत दिशा में जाता है। वह अनुभव और संवेग को उसके अन्तिम झीनेपन तक तानकर छोड़ देता है—कुछ इस तरह कि संवेगात्मकता तार-तार दिखायी देने लगती हैं। यही विशेषता उन्हें सारे भारतीय कवियों से अलग करती है।

अलंकरण या तटस्थ विवरण या चमत्कार-प्रदर्शन अथवा नये-नये कलात्मक ललित उपमानों और चित्रें की खोज उनके ऋतु-वर्णन का उद्‌देश्य क़तई नहीं है। इससे भी आगे मात्र फूलों, रंगों, ऋतुओं के बदलते प्रभावों का सूक्ष्म अनुवीक्षण और यथातथ्य आकलन भी (कालिदास की तरह) निराला के ऋतु-वर्णन का उद्‌देश्य नहीं है। इससे अलग, ऋतुओं के प्रसंग को अपने जीवन के व्यापक अनुभवों के भीतर से गुज़रते हुए उन्होंने व्यापक जन-जीवन के संवेगात्मक प्रसंगों, स्थितियों से जोड़ने का प्रयत्न किया है।

इस तरह सिर्फ़ वर्णन और इतिवृत्त की व्यापकता से ऋतु-प्रसंग को निराला अनुभूति के संवेगात्मक क्षणों के प्रसार तक खींच ले आते हैं। चाहे सुख, समृद्धि, उल्लास या उत्तेजना के विस्फोटक क्षण हों, या अवसाद, खिन्नता, उदासी, अवसान या तिरोहित होने के छीजते हुए शान्त क्षण, निराला उन्हें पारम्परिकता और गतानुगतिकता से अलग सर्वथा निजी रूप में ऋतुओं के माध्यम से जीते हैं। इसीलिए उनके ऋतु-वर्णन को आलम्बन या उद्‌दीपन जैसे काव्यशास्त्रीय ढाँचे में बाँधना नामुमकिन है। वह या तो जीने को फिर से पाना है या अवसान का बार-बार अनुभव करना है। इस पाने और अनुभव करने के बीच से जब हम उनकी ऋतु-कविताओं का अध्ययन करने बैठते हैं तो वे हमें साधारण कविताओं से अधिक ऋतु-प्रार्थनाएँ लगती हैं। सुख, उल्लास या अवसान—सभी संवेगात्मक स्थितियों में पवित्र और निश्छल मन से की गयी प्रार्थनाएँ! शायद इन्हीं संवेगात्मक क्षणों का अगला विकास शरणागति की कविताओं में होता है। उपर्युक्त सन्दर्भों को ध्यान में रखकर ही निराला की ऋतु-कविताओं का अध्ययन सही दिशा में किया जा सकता है।

□□

ऋतु-कविताओं की दृष्टि से निराला का सर्वाधिक आकर्षण वर्षा ऋतु के प्रति दिखायी देता है। सबसे अधिक कविताएँ निराला ने वर्षा ऋतु पर ही लिखी है। 'अनामिका' से लेकर 'सान्ध्य काकली' तक, उनके सभी संग्रहों में वर्षा-ऋतु की कविताएँ सर्वत्र बिखरी पड़ी हैं। अनेक सन्दर्भों और भाव-भूमियों, अनेक कलात्मक शब्द-बन्धों में विविध ढंगों से उन्होंने वर्षा ऋतु को अपने निजी संवेगात्मक क्षणों में पहचानने, जीने और पूजने का प्रयास किया है। उनका वैविध्य दर्शनीय और चकित कर देनेवाला है और जैसा कि इस निबन्ध के शुरू में मैंने कहा, उनमें पारम्परिकता कमतम है। वर्षा ऋतु से सम्बन्धित उनकी कविताओं की कुल संख्या लगभग 52-53 के आसपास ठहरती है, जिनमें शायद चार-छः कविताएँ ही ऐसी होंगी, जिनमें वर्षा के पारम्परिक वर्णन का रूप या स्थापत्य हमें मिलता है। शेष सारी कविताएँ कवि के अन्दर से प्रवाहित उल्लास के खलखलाते स्रोत हैं, या शान्त प्रवाहित अवसाद की अनुभूतियों की पवित्र धाराएँ।

वर्षा ऋतु सम्बन्धी इन कविताओं की संख्या उत्तरोत्तर बढ़ती गयी है। सबसे अधिक कविताएँ इस दृष्टि से 'गीत गुंज' में हैं, जिनकी संख्या 14 है। ये सारी कविताएँ फिर उनके अन्तिम संग्रह 'सान्ध्य काकली' में भी संगृहीत है। 'सान्ध्य काकली' की शेष कविताओं में से 7 फिर वर्षा ऋतु से सम्बन्धित हैं। इस दृष्टि से देखें तो उनके इस अन्तिम काव्य-संग्रह में वर्षा-कविताओं की संख्या 21 ठहरती है। इसके अलावा इस अन्तिम संग्रह में 2 कविताएँ शिशिर पर भी हैं। अन्य कविताओं की भी बिम्ब-योजना और भाषिक संरचना में ऋतु-सम्बन्धी शब्दों, ध्वनियों, रंगों और गतियों का बाहुल्य है। इस दृष्टि से 'सान्ध्य काकली' का नाम 'ऋतु काकली' या 'वर्षा काकली' ज़्यादा उपयुक्त लगता है। अर्थ-प्रसार से सनातन मौन की तरफ़ बढ़ते हुए निराला ऋतुओं में अधिकाधिक डूबते गये हैं और जहाँ वे अर्थरहित ध्वनियों से खेलना शुरू करते हैं वहाँ भी उन्होंने वर्षा का ही आश्रय अधिक ग्रहण किया है। 'वारि वन वनवारि' या 'धिक् मनस्सब मान गरजे बदरवा'-जैसी कविताओं को इस सम्बन्ध में देखा जा सकता है। इस तरह निराला के कवि का कभी न आनेवाला अन्त जिस ध्वनि के खेल द्वारा कविता की अमूर्ततम लय को पहचानने के प्रयत्न तक पहुँचता है, वहाँ भी वह अमूर्ततम लय, वर्षा के माध्यम से ही अभिव्यक्त होती है। वर्षा ऋतु के सम्बन्ध में हम आगे विचार करेंगे।

वर्षा के बाद निराला की दूसरी प्रिय ऋतु वसन्त है। वसन्त की छवि के वर्णन भी बार-बार उनकी कविता में और उनके कवि-जीवन में लौट-लौट आते हैं। 'अनामिका' के गीत 'वसन्त की परी' से प्रारम्भ करने 'गीतिका' की : 'रूखी री यह डाल' की आकांक्षा (रूखी री यह डाल, वसन वासन्ती लेगी) से गुज़रते हुए वे 'गीत गुंज' की 'कूची तुम्हारी फिरी-आँगन में' के रंग-सौन्दर्य और आशीष उपलब्ध करने की पवित्र और शान्त भूमि तक वसन्त ऋतु के माध्यम से पहुँचते हैं। वसन्त ऋतु सम्बन्धी उनकी कविताओं की कुल संख्या लगभग 18 के आसपास ठहरती है। सबसे अधिक वसन्त की कविताएँ 'अर्चना' में हैं, जिनकी संख्या 7 है। उल्लास, सुख और पूजा का पवित्र भाव यहाँ दर्शनीय है। यह बात ध्यान देने योग्य है कि उनके अन्तिम संग्रह में 'वसन्त' की कोई कविता नहीं है। वसन्त ऋतु की इन कविताओं पर भी हम इस अध्ययन में आगे चलकर विस्तार से विचार करेंगे।

□□

ग्रीष्म ऋतु :

निराला ने ग्रीष्म पर कोई कविता नहीं लिखी है। रवीन्द्रनाथ की कविता 'बैशाख' का अनुवाद उन्होंने अवश्य किया है, जो 'अनामिका' में संगृहीत है। इसके अतिरिक्त एक-दो कविताओं में ग्रीष्म का बिम्ब अवश्य आया है। 'तोड़ती पत्थर' में ग्रीष्म के

एक खण्ड-चित्र को प्रस्तुत करके उसकी पृष्ठभूमि में पत्थर तोड़ती हुई स्त्री के श्रम, काठिन्य और तकलीफ़ को आँका गया है :

चढ़ रही थी धूप,
गर्मियों के दिन;
दिवा का तमतमाता रूप,
उठी झुलसाती हुई लू
रुई ज्यों जलती हुई भू
गर्द-चिनगीं छा गईं
प्रायः हुई दुपहर—
वह तोड़ती पत्थर।

यह चित्र न जाने क्यों मुझे बार-बार प्रेमचन्द के उपन्यास 'गोदान' के अन्तिम दृश्य की याद दिलाता है, जहाँ पत्थर तोड़ते हुए 'होरी' को लू लग जाती है और वह मर जाता है। धीरे-धीरे धूप के चढ़ने और तमतमाते जाने, फिर झुलसाती हुई लू के बवण्डरों में रुई की तरह जलती हुई पृथ्वी, अन्धड़ और धूल की चिनगियों से आच्छादित दुपहर—शायद इतने कम शब्दों में ग्रीष्म की भयावहता का चित्रण बहुत कम कवियों ने किया है। लेकिन यह सिर्फ़ ग्रीष्म के आवेग को उठानेवाला शब्द-चित्र ही नहीं है। कवि तो उसकी पृष्ठभूमि में पत्थर तोड़ती हुई स्त्री की अनवरत, विश्रामहीन श्रमशीलता को उजागर करना चाहता है। यह कालिदास के उस ग्रीष्म का चित्र नहीं है, जहाँ कामिनियाँ अपने नितम्बों और स्तनों पर चन्दन का शीतल लेप करती हैं और रेशमी वस्त्र धारण करके विलास की तैयारियाँ करती हैं। यह भवभूति का 'कूजन्ति क्लान्त कपोत, कुक्कुट कुलाः कूले कूलाय द्रुमाः'वाला वन के स्तब्ध ग्रीष्म का चित्र भी नहीं है। यह रवीन्द्रनाथ का

ज्वलितेछे सम्मुखे तोमार
लोलुप चिताग्नि शिखा लेहि लेहि विराट् अम्बर—
निखिलेर परित्यक्त मृतस्तूप वत्सर
करि भस्मसार
चिता ज्वले सम्मुखे तोमार—

वाले ग्रीष्म के 'रुद्र', 'भैरव', 'दीप्तचक्षु शीर्ण संन्यासी' 'वैरागी' ग्रीष्म का दार्शनिक वर्णन भी नहीं है।

शायद बंगालवासी रवीन्द्रनाथ को ग्रीष्म की प्रचण्डता का अनुभव उतना नहीं रहा होगा, जितना उत्तर-प्रदेश-वासी निराला को। इसीलिए शब्दों की प्रचण्डता और

ताण्डव-सदृश अतिशयोक्तिपूर्ण सर्जना रवीन्द्रनाथ करते हैं और फिर उसे 'शीर्ण संन्यासी', 'दीप्त-चक्षु', आदि उपमाओं से विभूषित भी करते हैं। जैसा कि मैंने शुरू में ही कहा, यहाँ ग्रीष्म-चित्रण में रवीन्द्रनाथ का कुल उद्‌देश्य उसके वर्णनात्मक घटाटोप में से एक कविता खींच निकालना है—एक विशिष्ट, सोचे हुए जीवन-दर्शन की कविता। ग्रीष्म को अपनी (कवि की) अनुभूतियों से तद्वत् जोड़े देने या उसकी विनाश-लीला या उसके द्वारा संघर्ष को अधिक तीखा बनाने, उसे धार देने और उसके द्वारा फेंकी गयी चुनौती को सहज, मूक भाव से स्वीकारने और झेलने का भाव नहीं है—जैसा कि निराला की उपर्युक्त पंक्तियों में है। इस तरह, जहाँ 'बैशाख' रवीन्द्रनाथ के लिए कविता खींच निकालने का एक माध्यम है, वहाँ निराला के लिए वह 'तोड़ती पत्थर' में एक सहज चुनौती है। रवीन्द्रनाथ की इस कविता का सौन्दर्य 'शब्द-ताण्डव' का सौन्दर्य है। इस 'शब्द-ताण्डव' के माध्यम से ही वे पूरी कविता को दार्शनिकता के घटाटोप में खींच ले जाते हैं। इससे भी आगे बढ़कर यह 'शब्द-ताण्डव' ही प्रधान हो जाता है और पाठक उसके प्रखर नृत्य में चकाचौंध हो जाता है।

लेकिन निराला की शब्द-योजना में उस प्रकार की प्रखरता नहीं है। उससे ग्रीष्म की एक झीनी मार (मर्द-चिनगी छा गयी) प्रकट होती है—आन्तरिक, मूक, और अनवरत मार।

धूलाय धूसर रुक्ष उड्डीन पिंगल जटाजाल
तपः क्लिष्ट तप्त-तनु मुखे तुलि विषाण भयाल
कारो दिये डाक-
हे भैरव, हे रुद्र बैशाख!

जैसी तपपूत काया में क्रोध का समावेश निराला नहीं कराते। रवीन्द्रनाथ एक सजग, निहायत सजग और सचेत कवि हैं। वे 'रुद्र वैशाख' की भूमिका से कविता को पूर्व चिन्तित किस निष्कर्ष पर ले जाना चाहते हैं, उन्हें अच्छी तरह मालूम है। वे एक महान् 'कवि' हो सकते हैं, लेकिन मानवीय-संवेदना की सहज, असीखी, विवश अनुभूति के प्रवक्ता नहीं। जब कि निराला ग्रीष्म के इस सारे क्रोध को सिर्फ़ एक शब्द—तमतमाता—से व्यक्त करते हैं। 'तमतमाता' में जो धीरे-धीरे क्रोध के आवेग से चिनकती हुई, बढ़ती जाती चेहरे की लालिमा की अभिव्यक्ति हुई है, वह रवीन्द्रनाथ के शब्द-चित्रों का एक लम्बा बुना हुआ जाल भी नहीं व्यक्त कर पाता। रवीन्द्रनाथ विशेषण-पर-विशेषण जड़ते चले जाते हैं और अन्ततः वह विशेषण ही उनकी सारी कविता का साध्य और अभिप्रेत बन जाता है। जब कि अपनी कविता की एक पंक्ति के दुहराव वह 'तोड़ती पत्थर' से ही निराला ग्रीष्म की चुनौती के सहज स्वीकार को व्यक्त कर देते हैं। मुझे लगता है रवीन्द्रनाथ के सामने जहाँ ग्रीष्म पर

लिखते वक्त अनेक कवियों की रचनाएँ रही होंगी, वहीं निराला के सामने एक तात्कालिक मानवीय समस्या का सन्दर्भ। यह एक प्रकार से गुणात्मक अन्तर है। रवीन्द्रनाथ जहाँ कालिदास, भवभूति के समानान्तर अपनी कविता को स्थापित करने की सोचते रहे होंगे—निराला इस गतानुगतिकता से मुक्त, सर्वथा एक-दूसरे, नितान्त मौलिक और अछूते धरातल पर अपनी कविता में ग्रीष्म के सन्दर्भ को उठाते हैं। और यहीं निराला रवीन्द्रनाथ से आगे के कवि सिद्ध होते हैं।

ग्रीष्म के इसी सन्दर्भ में निराला की दूसरी कविता 'उक्ति' ली जा सकती है। वस्तुतः यह कविता भी ग्रीष्म ऋतु पर सीधे-सीधे लिखी गयी कविता नहीं है। लेकिन ग्रीष्म के बिम्ब में निराला ने अपने जीवन-बिम्ब को देखने की कोशिश यहाँ अवश्य की है। यहाँ निराला ग्रीष्म के पूरे बिम्ब और अपने दुःखान्त जीवन-बिम्ब को एकमेक कर देते हैं। इस अत्यन्त संक्षिप्त कविता का सफल काव्य-सौन्दर्य और शब्द-संयोजन दर्शनीय है। शब्दों की दुहरी व्यंजना और उससे निकलनेवाले लाक्षणिक अर्थ का सम्भार अपने-आपमें पूर्ण है। 'ग्रीष्म' की सारी उक्ति 'जीवन-ग्रीष्म' की व्यंजना में बदल जाती है :

जला है जीवन यह
आतप में दीर्घकाल
सूखी भूमि, सूखे तरु,
सूखे सिक्त आलवाल।
बन्द हुआ गुंज, धूलि-धूसर
हो गये कुंज
किन्तु बड़ी व्योम उर
बन्धु, नील-मेघ-माल।

निराला रवीन्द्रनाथ पर 'कालिदासो-विलासः' का जो आरोप लगाते हैं और उसी परम्परा में सुमित्रानन्दन पन्त को जब रखते हैं और अपने को इन तीनों कवियों के विपरीत तथा हिन्दी की प्रकृति के निकट बताते हैं, उसके उदाहरणस्वरूप भी यह कविता उद्धृत की जा सकती है। इसमें दन्त्य 'स' का सौन्दर्य और प्रयोग देखने लायक़ है। पूरी कविता में कहीं भी 'श' 'ण' का प्रयोग नहीं दिखायी देता—ऐसे शब्द, जिनके लिए निराला 'शपाशप' कहकर रवीन्द्रनाथ का मज़ाक उड़ाया करते थे। दूसरी ओर 'शब्द-ताण्डव' ग्रीष्म के चित्रण में यहाँ भी निराला द्वारा प्रयुक्त नहीं है। अवसान और समाप्त होने का भाव अत्यन्त गहराई से जैसे चुपचाप प्रेषित कर दिया गया है। इसके ठीक विपरीत रवीन्द्रनाथ जब :

आवर्तिया तृणपर्ण, घूर्णछन्दे शून्ये आलोड़िया
चूर्ण रेणुराश
मत्तश्रमे श्वसिछे हुताश

कहते हैं तो यह आसानी से लक्षित किया जा सकता है कि वे ग्रीष्म की प्रचण्डता को व्यक्त करने के लिए किस तरह शब्दों की प्रचण्डता की खोज में लगे हुए हैं।

इसकी जगह निराला की कविता एक सहज-सीधी 'उक्ति' है। प्रचण्ड धूप में बहुत दिनों तक यदि पृथ्वी जले तो उसकी दशा क्या होगी? आगे इसका सहज सपाट वर्णन है। लेकिन पृथ्वी की तरह जीवन को जलना कहकर निराला पृथ्वी के उन सारे उपमानों में जीवन के उपमानों को संकेतित कर देते हैं। भूमि—विशाल जीवन पट; तरु—मन का अनन्त हरा-भरा उल्लास; आलवाल—सहज संवेदना के स्रोत गुंज—गायन, आनन्द की मुक्त-मुखर अभिव्यक्ति; कुंज—क्रीड़ा के स्थल, प्रेरणा के स्रोत—सबका समग्र अवसान। लेकिन कवि को कहीं आशा है—इन सारी आत्महन्ता स्थितियों में भी। इसका भी एक प्रतिफल है। इस सम्पूर्ण, आजीवन संघर्ष का भी अन्ततः एक विशाल आस्था में परिशमन होता है। विशाल, नीले, अनन्त आकाश में—विष पचानेवाले जीवन के हृदय पर—श्यामल मेघों की मालाएँ दिखीं—संघर्ष व्यर्थ नहीं गया। रचना प्रतिफलित हुई। अन्ततः इस कविता का पर्यवसान भी निराला वर्षा ऋतु की पूर्व सूचना में करते हैं। लेकिन यह आस्था, यह अनन्त विश्वास आरोपित या सोचा हुआ नहीं लगता, बल्कि सारे संघर्ष की एक सहज स्वाभाविक परिणति लगता है।

इन दो चित्रों के अतिरिक्त निराला के सारे संग्रहों में अन्य कोई भी पूरी कविता ग्रीष्म पर नहीं है। कहीं-कहीं दो-चार पंक्तियाँ किसी-किसी कविता में अवश्य मिल जाती हैं। जैसे 'नये पत्ते' में 'खेल' शीर्षक कविता की दो पंक्तियाँ। पूरी कविता निराला ने मनोरंजन के मूड में लिखी है। जेठ की दुपहर में एक लड़का पाकड़ के पेड़ पर चढ़ता-उतरता है और अन्त में नाक से आवाज़ निकालता हुआ भूतों, जमदूतों को भगाने लगता है। पूरी कविता में एक सरल-सीधे, गँवई लड़के के एकान्त खेल और मनोरंजन की सहज, हास्यपूर्ण अभिव्यक्ति है। ग्रीष्म ऋतु की एकान्त निर्जनता में छायादार पाकड़ का पेड़ और भूत भगाने का खेल। एक सहज निश्छलता की उतनी ही सहज निश्छल अभिव्यंजना। ग्रीष्म ऋतु वहाँ भी प्रधान नहीं है। ग्रीष्म के प्रखर ताप से व्याकुल कालिदास की रमणियों की सहवास-क्रीड़ा का प्रकारान्तर से पूरी कविता मज़ाक बनाती है। मैं नहीं जानता कि निराला ने किस मनःस्थिति में यह कविता लिखी। लेकिन अगर उस लड़के के सरल खेल को कालिदास की युवति-क्रीड़ा के समानान्तर रखकर देखा जाय तो एक अच्छा-ख़ासा विसंगतिपूर्ण व्यंग्य उभरता है। ऋतु-कविताओं के सन्दर्भ में भी निराला ने अपनी कुछ कविताओं में ऋतु-वर्णन को

भी उसके पारम्परिक आभिजात्य से मुक्त करने का सफल प्रयास किया है। प्रस्तुत कविता इसी तरह का उदाहरण है।

इसी तरह ग्रीष्म के सन्दर्भ का चित्र 'नये पत्ते' की एक दूसरी कविता 'देवी सरस्वती' में मिलता है। यही एक कविता है, जिसमें देवी सरस्वती को कवि ने षट्-ऋतु-वर्णन के रूपक में बाँधा है। वैसे यह कविता कुल मिलाकर प्रार्थनापरक है और कई अर्थों में राष्ट्रीय उद्बोधन सम्बन्धी कविताओं के अन्तर्गत ली जा सकती है। इसमें फिर कवि ने भारती-प्रार्थना-क्रम की अपनी ही कविताओं की रचनात्मक समृद्धि को ध्वस्त करके एक नये ढंग की सामाजिक प्रार्थना, जन-जन के कल्याण और सुख की प्रार्थना की कल्पना की है। इसमें ग्रीष्म का जो चित्र निराला ने प्रस्तुत किया है, वह प्रचण्ड या विनाशकारी नहीं है, बल्कि समृद्धि, सुख और उल्लास के परिणामों से पूर्ण है :

ग्रीष्म तापमय लू की लपटों की दोपहरी
झुलसाती किरणों की वर्षों की आ ठहरी।
तुम हो शीतल कूप-सलिल, जामुन छाया-तल
लदे आम के बाग़ों से जीवन का सम्बल।
गेहूँ-चने, मटर मड़कर घर आये अतिशय।

□□

दरअसल 'ग्रीष्म ऋतु' निराला के कवि-स्वभाव के निकट कभी नहीं रही। ग्रीष्म की प्रचण्डता ने उन्हें विशेष रूप से कभी आकर्षित नहीं किया। अपनी आन्तरिक और बाह्य विडम्बनाओं की दृष्टि से उनका जीवन-बिम्ब वर्षा के ही सबसे अधिक निकट ठहरता है। इसीलिए ग्रीष्म पर लिखी एकमात्र बिम्ब-प्रधान कविता 'उक्ति' का पर्यवसान भी वर्षा के पूर्व-संकेत में ही होता है। यद्यपि उनका समग्र अन्तरतम अनेक दुःखान्तों की लहरों से उद्वेलित होता रहा है, फिर भी उसमें मरु-प्रदेश कम हैं, हरी-भरी बेतरतीब घाटियाँ ही अधिक हैं। हरियाली और श्यामल मेघ उनके सबसे पहले आकर्षण हैं। इसी तरह अपनी दो-एक कविताओं में उन्होंने पतझर का बिम्ब भी लिया है। जिस तरह ग्रीष्म-कविताओं का पर्यवसान वर्षा में होता है, उसी तरह पतझर की कविताओं का पर्यवसान वसन्त की पूर्व-सूचना में होता है :

वन वन के झरे पात
नग्न हुई विजन-गात।

जैसे छाया के क्षण
हँसा किसी को अपनवन

अब कर-पुट विज्ञापन
क्षमापन, प्रपन्न प्रात।

करुणा के दान-मान
फूटे नव पत्र-गान
उपवन-उपवन समान
नवल-स्वर्ग-रश्मि-जात।

पतझर का वह स्वरूप किसी दुःख और उदासी में अवसित नहीं होता। यह एक क्षमा-विनम्रता से पूर्ण अनुभूति-चित्र है। यह क्षरित होते जाने के अनुभव के बिना, किसी अवसान के गुज़रकर फिर से नयी प्रार्थना, नये गान और नये विनम्र उल्लास तथा प्रकाश तक पहुँचने का क्रम है। निराला की अधिकांश ऋतु-कविताओं की मुख्य भाव-भूमि यही है। पर्यवसान में भी उगते हुए एक पवित्र और निश्छल सुख की अनुभूति। लेकिन कुछ कविताओं की अभिव्यक्ति इसके विपरीत भी दिखायी देती है। करुणा, वहाँ अति विवशता और दैन्य की भूमि तक पहुँच गयी है। लेकिन कवित्व की प्रगाढ़ता और संवेदना का सघनपन उतना ही अधिक बढ़ गया है। क्योंकि यह दैन्य भी सहज और अतिशय मानवीय तथा पवित्रतम मन की अनुभूति से जन्म लेता है। कहीं कोई बनावट नहीं, आवरण नहीं, छिपाव-दुराव नहीं। निश्छलता और पवित्रता तथा सहजता का चरम आकर्षण ही इन कविताओं को अमर और अविस्मरणीय बना देता है। आत्म-कथन और आत्म-साक्षात्कार का यह सहज रूप उन्हें भक्तों की निवेदनात्मक भूमिका की ओर अक्सर ले जाता है—नैराश्य और अवसाद की यह निश्छलता अन्तर को चीर देनेवाला प्रभाव छोड़ती है, जहाँ वसन्त की हवा और कोयल की काकली भी बीतते जाने की कारुणिक व्यथा को दुगुना कर देती है :

दुःखता रहता है अब जीवन
पतझर का जैसा वन-उपवन।

झर झरकर जितने पत्र-नवल
कर गये रिक्त तनु का तरु-दल
हैं चिह्न शेष केवल सम्बल
जिनसे लहराया था कानन।

डालियाँ बहुत-सी सूख गयीं
उनकी न पत्रता हुई नयी

आधे से ज़्यादा घटा विटप
बीज को चला है ज्यों क्षण-क्षण।

यह वायु वसन्ती आयी है
कोयल कुछ क्षण कुछ गायी है
स्वर में क्या भरी बुढ़ाई है!
दोनों ढलते जाते उन्मन।

यह गीत उनके एक पूर्ववर्ती गीत की याद एक-दूसरे स्तर पर दिलाता है :

दिये हैं मैंने जगत् को फूल-फल
किया है अपनी प्रभा से चकित-चल
पर अनश्वर था सकल पल्लवित-पल
ठाट जीवन का वही
जो ढह गया है।

कवि की अपनी रचना-समृद्धि, अपनी निर्भ्रान्त मौलिक सर्जना में अनन्त आत्म-विश्वास है। वह अपने आत्मदान की गरिमा और महत्ता को पहचानता है। यह निरा अहंकार-प्रदर्शन नहीं है, बल्कि अपने आत्मदान की सजगता का प्रमाण है। वह अपने 'पल्लवित-पल' की अनश्वरता से पूरी तरह परिचित है। इसीलिए इस आत्मदान के पश्चात् छीजते जाने और ढहते जाने, विनष्ट होते जाने के प्रति भी वह सन्तुष्ट है। वह अवसादग्रस्त नहीं है, बल्कि अपने अमर योगदान की गरिमा से मण्डित, आलोकित और शान्त है। जीवन-रस रहित हो जाने, निरी रेते हो जाने, कोयल की कूक से रहित, निरर्थक शब्द-पंक्ति की भाँति फैली सूखी डाल और जले हुए जीवन का पर्यवसान भी क्षमा, सन्तोष और आत्मदान के सरल ज्ञान में यहाँ होता है। लेकिन उपर्युक्त गीत में आत्मदान की यह गरिमा, अनश्वरता का यह सन्तोष तिरोहित हो गया है। वहाँ सिर्फ़ दुःखता हुआ जीवन है। डालियाँ अपत्र हो गयी हैं और नये पत्तों के निकलने की आशा समाप्त हो गयी है। शरीर-वृक्ष अपने मूल की ओर धँसता जा रहा है। वसन्त की वायु से सहसा चकमकायी हुई कोयल का स्वर भी बूढ़ा लगता है। जीवन-वसन्त का अवसान निकट है। कोई शिकायत नहीं, यह केवल एक सहज, मानवीय आत्म-साक्षात्कार की भूमिका है। फिर यहाँ निराला ने जीवन-बिम्ब और ऋतु-बिम्ब को बड़ी ही सहज एकान्विति में सँजो दिया है। और सम्भवतः दूसरे तरह के शब्द-विधान के सहारे वे 'ठूँठ' की उसी प्रणत मनोभूमि पर इस कविता द्वारा भी पहुँचते दिखायी देते हैं :

ठूँठ है यह आज।
गयी इसकी कला
गया है सकल साज।

अब यह वसन्त से होता नहीं अधीर
पल्लवित झुकता नहीं अब यह धनुष-सा
कुसुम के काम के चलते नहीं हैं तीर
छाँह में बैठते नहीं पथिक आह भर

झरते नहीं यहाँ दो
प्रणयियों के नयन-नीर,
केवल वृद्ध विहग एक बैठता
कुछ कर याद।

दोनों कविताओं की रचना में 15 वर्षों का अन्तर है, लेकिन भाव-भूमि की यह एकान्विति प्रथम अध्याय में उपस्थित की हुई मेरी स्थापना का प्रमाण प्रस्तुत करती है। यही कि निराला में रचना-प्रक्रिया के कई-कई स्तर साथ-साथ क्रियाशील रहते हैं। जिस भाव-भूमि पर सितम्बर, 1937 में उन्होंने 'ठूँठ' लिखी, फिर 15 वर्षों बाद वे उस पर लौटते हैं। ऐसा नहीं है कि '37 से सन् 52 तक लगातार वे दैन्य, करुणा और अवसान की इसी मनःस्थिति में रहे। 'स्नेह-निर्झर' रचना-वर्ष के लिहाज़ से इन दोनों के बीच की कविता है, जिसमें वे आत्मदान की गरिमा और महत्ता से अपने छीजते हुए जीवन-वृक्ष और सूखते हुए जीवन-निर्झर से भी सन्तुष्ट नज़र आते हैं।

जीवन-वृक्ष का यह बिम्ब बार-बार उनकी कविता में आता है। वृक्ष की हहराती हरियाली को निराला ने अपने जीवन-बिम्ब के रूप में चुना—यह चुनाव ही कवि के अनन्त प्रकृति-प्रेम का साक्षी है। 'जो 'ठूँठ' वसन्त से अधीर नहीं होता था, वही धीरे-धीरे पृथ्वी में अब धँसता जा रहा है। अवसान का यह बिम्ब निराला की काव्य-वर्चस्विता का अनुपम रूप प्रस्तुत करता है। यहाँ अतीत की स्मृतियों का वृद्ध विहग बैठा हुआ है तो यहाँ बूढ़ी कोयल है, जो वसन्त की हवा से अधकचाकर अपनी बूढ़ी आवाज़ में कुछ गाने लगती है। लेकिन रचना-लहरियों का यह पुनरावर्तन पुनरावृत्ति का आभास कहीं नहीं दिलाता। इसकी वजह शायद कवि का अपनी अनुभूतियों को उतनी ही गहराई और गरिमा से बार-बार जीना ही है।

वसन्त में पर्यवसान की एक और कविता 'गीतका' में है, जिसमें एक पौराणिक बिम्ब को बड़ी ख़ूबसूरती से पिरोया गया है। वहाँ पर भी उसी सूखी डाल का ज़िक्र है। लेकिन 'सूखी' की जगह निराला ने यहाँ 'रूखी' शब्द का प्रयोग किया है। वह आम का उस सूखी, अर्थहीन पंक्ति की तरह आकाश की पृष्ठभूमि में फैली डाल से अलग है। वह उस 'तनु-तरु' से भी अलग है, जो अपने मूल की ओर धँसता चला जा रहा है, क्योंकि यहाँ कवि को उसकी 'पत्रता' के पुनः प्राप्त करने में अनन्त विश्वास है। वह चाहे 'अपर्ण-अशना' क्यों न हो, उसके 'पल्लव-वसना' होने में कोई सन्देह नहीं है। इसीलिए निराला उसके लिए 'सूखी' शब्द का इस्तेमाल न करके 'रूखी' कहते हैं—तपी हुई, कोमलता से कुछ-कुछ रहित, तपःक्षाम। फिर इस 'रूखी डाल' में निराला तपस्या-रत पार्वती और आशुतोष शंकर के पौराणिक बिम्ब की प्रतिष्ठा करते हैं। तपःक्षमा इस पार्वती-रूपी डाल को जब वसन्त पत्रों-पुष्पों (वरदान) से लाद देगा तब सम्पूर्ण सुशोभित, सौन्दर्यशालिनी यह स्मर-हर (शंकर, वसन्त) के साथ परिणीता होगी। 'अपर्ण-अशना', 'समीर-माला', 'सुकृत-कूलों' तथा 'आशुतोष-फल'—ये शब्द-बन्ध किस तरह दुहरे अर्थों की व्यंजना में सफल हैं और इस तरह एक पूरी पौराणिक कथा को वसन्त के बिम्ब में कितने संश्लिष्ट और संक्षिप्त रूप में सँजोया गया है—यह दर्शनीय है। उत्कृष्टतम गीति-तत्त्वों के साथ शब्द-विधान और बिम्ब-योजना की कला में निराला अपने समकालीनों में बेजोड़ हैं। उनकी इसी संश्लिष्टता को कुछ आलोचकों और पाठकों ने काठिन्य समझ लिया है। दरअसल यह संश्लिष्टता एक संघटित गीति-क्षमता और शिल्प-संक्षिप्ति का प्रतिफलन है। उसका रस और सौन्दर्य उसके भीतर पैठने में है :

रूखी री यह डाल, वसन-वासन्ती लेगी।

देख खड़ी करती तप अपलक
हीरक-सी समीर-मालाल जप
शैल-सुता, अपर्ण-अशना
पल्लव-वसना बनेगी—
वसन-वासन्ती लेगी।

हार गले पहना फूलों का
ऋतुपति सकल सुकृत-कूलों का
स्नेह-सरस भर देगा उर-सर
स्मरहर को वरेगी—
वसन-वासन्ती लेगी।

वर्षा और वसन्त ऋतु की कविताओं के विस्तृत अध्ययन पर आने के पहले शरद्, हेमन्त और शिशिर ऋतुओं से सम्बन्धित कविताओं पर भी यहाँ विचार कर लेना आवश्यक है। दरअसल निराला की अपनी ऋतु वर्षा ही है। फिर जिस दूसरी ऋतु के प्रति उनका आकर्षण दिखायी देता है वह है वसन्त। ऊपर के विवेचन में हमने देखा कि ग्रीष्म न तो उन्हें आकर्षित करता है, न आतंकित। जो चन्द पंक्तियाँ इस सन्दर्भ की हैं, उनको भी निराला वर्षा ऋतु में ही समाहित करके देखते हैं। इसी तरह पतझर-सम्बन्धी कविताओं का अन्त वसन्त के 'पल्लव वसन' और 'आशुतोष-फल' में होता है। पतझर वैसे भी भारतीय ऋतुओं के हिसाब से कोई ऋतु नहीं है। 'वसन्त' का आरम्भ वहाँ पेड़ों के अपत्र होने के साथ ही होता है। इस दृष्टि से निराला की पतझर की कविताओं का भाव-विकास देखने योग्य है। 'रूखी डाल' पल्लव-वसन पहनकर अन्ततः 'आशुतोष-फल' की अधिकारिणी और प्रेरणा-दात्री बनती है। इसी प्रकार ग्रीष्म द्वारा तपाये जीवनाकाश मे नील मेघों की मालाएँ पड़ती हैं। सच यह है कि निराला ने इन दोनों ऋतुओं का वर्णन वर्षा और वसन्त की पूरक ऋतुओं के रूप में किया है। भारतवर्ष में ऋतुओं के आगमन की दृष्टि से उनका इस प्रकार का चित्रण अत्यन्त वैज्ञानिक लगता है।

शरद् ऋतु :

ग्रीष्म की तरह ही शरद् का चित्रण भी निराला ने एक पूरक ऋतु के रूप में ही किया है। शरद् ऋतु भी उन्हें विशेष आकर्षित करती नहीं दीखती। इस ऋतु से सम्बद्ध कुल 5-6 कविताएँ उनके सारे संग्रहों में ढूँढ़ने पर मिल जाती हैं। उनके प्रारम्भिक संग्रहों में शरद् ऋतु पर कोई कविता नहीं मिलती। इस शीर्षक की पहली कविता 'नये पत्ते' में 'कैलाश में शरत्' है। दरअसल यह भी शरद् ऋतु की कविता नहीं है। यह कविता निराला के अर्द्ध-विक्षिप्त, कल्पना-संकुल, स्वप्नशायी मानस की उपज लगती है। इसमें निराला, स्वामी विवेकानन्द, माँ शारदा और अन्य शिष्यों के साथ अपनी कैलाश-यात्रा का वर्णन करते हैं। कविता नितान्त इतिवृत्तात्मक है और कैलाश पहुँचने पर जहाँ शरद् ऋतु का ज़िक्र आया है, वहाँ सिर्फ़ निराला को ऋतु का विरोधाभास दिखायी देता है। शरद् ऋतु आने पर कमल खिल जाते हैं; लेकिन यहाँ कमल मुँद गये हैं। इसके अलावा शरद् ऋतु का कोई संश्लिष्ट, सघन, प्रभावोत्पादक चित्र पूरी कविता में नहीं आया है।

शरद् ऋतु की दूसरी कविता 'आराधना' में है। जैसा कि मैंने कहा, शरद् का वर्णन भी वर्षा की एक पूरक ऋतु के रूप में ही निराला ने किया है। बादलों का कट-छँट जाना; ओस का गिरना; हरसिंगार, जुही, मालती और चमेली के सुफेद फूलों का खिलना; ठण्डी हवा की शुरुआत नदियों का अपनी स्वाभाविक सीमा में लौट आना और कीचड़-दलदल का समाप्त हो जाना-यहाँ तक तो निराला शरद के इस वर्णन

में कुछ-कुछ पारम्परिक लगते हैं, लेकिन अन्तिम पंक्ति में वे अपने इस ऋतु-चित्रण को 'फैली हल-चलवायी' कहकर एक सर्वथा नवीन धरातल पर उतार देते हैं। 'आराधना' के बाद तीन कविताएँ शरद् ऋतु से सम्बन्धित 'गीत गुंज' में मिलती हैं। ये तीनों कविताएँ उनके अगले और अन्तिम संग्रह 'सान्ध्य काकली' में भी समाविष्ट हैं। इनमें पहली कविता 'रूपक के रथ रूप तुम्हारा' तो नारी-शरीर के अन्दर ऋतु को मूर्त करने का प्रयास है। इसके द्वारा स्त्री के अनुपम, निश्छल और शान्त सौन्दर्य की सर्जना निराला ने की है :

खिली चमेली देह-गन्ध मृदु
अन्धकार शुचि केश कुटिल-ऋतु
सहन-शीत-सित-यौवन अविचल
मानव के मन की चिर-कारा।

दूसरी कविता भी वर्षा के छँटने के बाद के शान्त, उज्ज्वल प्रकृति-सौन्दर्य और धान्य-सम्पन्नता का एक सुन्दर-सा चित्र है। शीर्ण हो चली नदियों और झरनों के साथ ही साठी के खेतों के कटने का वर्णन है। तीसरी कविता 'शरद् की शुभ्र गन्ध फैली' भी विषय के लिहाज़ से इसी तरह की कविता है। 'सान्ध्य-काकली' में इस कविता का जो पाठान्तर प्रकाशित है, उसमें कुछ संशोधन-परिवर्तन भी किया गया है। यह संशोधन-परिवर्तन अत्यन्त महत्त्वपूर्ण है और इससे कवि की रचना-प्रक्रिया, शब्द-योजना और अपनी भाषिक संरचना के प्रति उसकी गहरी चिन्ता झलकती है :

'गीत गुंज'	**'सान्ध्य काकली'**
शरत की शुभ्र-गन्ध फैली	**शुभ्र-गन्ध शारद की फैली**
खुली ज्योत्सना की सित शैली।	**ज्योत्स्ना की हँस दी सित शैली।**
काले बादल धीरे-धीरे	**काले बादल धीरे-धीरे**
मिटे गगन को चीरे-चीरे	**मिटे गगन से, हिम-सरसी रे**
पीर गयी उर आये पी रे	**फैली समुद्वेल जल धीरे**
बदली द्युति मैली।	**बदली-द्युति पहली जो मैली।**
शीतावास खगों ने पकड़े	**शीतावास खगों ने पकड़े,**
चहचह से पेड़ों को जकड़े,	**चहचह से पेड़ों को जकड़े,**
यौवन से वन-उपवन अकड़े	**यौवन से वन-उपवन अकड़े**
ज्वारों की लटकी है थैली	**ज्वारों की लटकी है थैलीं।**
(29-11-56)	**(29-11-56)**

कविता के दोनों भाषान्तरों के नीचे रचना-तिथि एक ही दी हुई है। जो भी संशोधन-परिवर्तन कवि ने किया है, वह पहली पंक्ति और पहले बन्द में ही किया है। निश्चय ही पहली पंक्ति का परिवर्तित रूप, जो 'सान्ध्य काकली' में छपा है, लयात्मकता और ध्वनि-सौन्दर्य की दृष्टि से अत्यन्त सुन्दर बन पड़ा है। 'गीत गुंज' की पंक्ति 'शरत् की शुभ्र-गन्ध फैली' में एक सपाट गद्यात्मकता है, जो शब्द-संयोजन के ज़रा-से बदलाव और मात्र-वृद्धि से गहरे गीति-सौन्दर्य में बदल गयी है। लेकिन दूसरी पंक्ति के संशोधन-परिवर्तन से सहमत होना मुश्किल है। 'गीत गुंज' की पंक्ति 'खुली ज्योत्स्ना की सित शैली' अधिक प्रवहमान, गतिशील और गीतात्मक ध्वन्यात्मकता से युक्त है। जब कि 'सान्ध्य काकली' की पंक्ति में गद्यात्मकता अधिक आ गयी है। 'गीत गुंज' की पहली पंक्ति 15 मात्राओं की है और दूसरी में 16 मात्राएँ हैं। 'सान्ध्य काकली' की पहली पंक्ति में 16 मात्राएँ हैं और दूसरी में 17 मात्राएँ। इस तरह गीत्यात्मकता और लय की दृष्टि से जहाँ 'गीत गुंज' की पहली पंक्ति गेय-सौन्दर्य को खण्डित करती है, वहाँ 'सान्ध्य काकली' में दूसरी पंक्ति इस कमज़ोरी का शिकार है। अब अगर 'सान्ध्य काकली' की पहली पंक्ति और 'गीत गुंज' की दूसरी पंक्ति को कविता में रखकर देखें तो ध्वनि, लय और अर्थ का अत्यन्त भावमय कलात्मक सौन्दर्य निखर आता है। इसकी एक वज़ह यह भी हो सकती है कि इस स्थिति में दोनों पंक्तियों में मात्रओं की भी समानता आ जाती है :

शुभ्र गन्ध शारद की फैली *('सान्ध्य काकली')*
खुली ज्योत्स्ना की सित शैली। *('गीत गुंज')*

'ज्योत्स्ना की सित शैली' के खुलने में जो सौन्दर्य और अर्थ ध्वनित है, वह उसके हँसने में नहीं। 'हँसने' में सिर्फ़ एक आनन्द-भाव की व्यंजना है। 'खुलने' में सर्वान्तिक-सम्पूर्ण विकास की। वैसे इस सम्बन्ध में मतभेद की गुंजाइश हो सकती है। मैंने सिर्फ़ अपना विचार ही व्यक्त किया है। अब अगले बन्द को लें। मेरी समझ में 'सान्ध्य काकली' में इस बन्द का जो भाषान्तर छपा है, उसमें भाव और गीति-सौन्दर्य के साथ ही चित्रात्मकता और बिम्ब-गरिमा भी कम हो गयी है—बल्कि नष्ट हो गयी है, कहें तो ज़्यादा उचित होगा। आकाश को कई फाँकों में विभाजित करते हुए (चीरे-चीरे) काले बादलों का धीरे-धीरे घुल जाना एक अत्यन्त सूक्ष्म और सुन्दर दृश्य-बिम्ब की सृष्टि करता है। फिर उसकी अगली पंक्ति—'पीर गयी उर आये पी रे'—में ऋतु-सौन्दर्य के मानसिक प्रभाव का वर्णन है। चौमासा बीता और प्रिय लौट आये। मन की व्यथा दूर हुई। आँसुओं का अवतन झरना (वर्षा) बन्द हुआ। मेरी वह चमकती हुई देह-द्युति, जो विरह-दुःख के घटाटोप में मैली पड़ गयी थी, इस शरद् की शुभ्र-गन्ध के साथ ही, प्रिय के लौटने के साथ ही, लौट आयी। यह कथन सम्पूर्ण ऋतु-प्रवाह को मन के अन्दर ढालता है। जब कि 'सान्ध्य काकली' में यह

बन्द सिर्फ़ एक प्रकृति-चित्रण का रूप ग्रहण कर लेता है; शब्दों की दुहरी-तिहरी व्यंजनाएँ मात्र अभिधात्मक अर्थ तक सीमित हो जाती हैं। 'चीरे-चीरे' में जो चित्रात्मक सौन्दर्य है, वह 'हिम-सरसी रे' में आकर एक तथ्य-कथन में बदल जाता है। इसके अलावा उसका अर्थ करने के लिए अन्वय तथा 'और' संयोजक-अव्यय का सहारा लेना पड़ता है—'काले बादल (और) हिम-सरसी धीरे-धीरे गगन से मिटे।' साथ ही 'रे' का सम्बोधन व्यर्थ पड़ जाता है और वह सिर्फ़ तुक के लिए लाया गया जान पड़ता है। आगे चलकर 'फैली समुद्वेल जल चीरे' प्रयोग व्याकरण की दृष्टि से ठीक नहीं लगता। 'जल को चीरती हुई' या 'जल को चीरकर'? यदि 'जल को चीरती हुई' अर्थ लें तो चीरती हुई में जो एक गति और वर्तमाऩता का भाव है, वह 'चीरे' से नहीं व्यक्त होता—'धीरे-धीरे से अभिव्यक्त होता है। और यदि इसका अर्थ 'चीर कर' पूर्वकालिक क्रिया लें तो यह ग़लत प्रयोग ठहरता है।

इसी तरह इस बन्द की अन्तिम पंक्ति में 'सान्ध्य काकली' के भाषान्तर में 'पहली जो' यह वाक्य-खण्ड बढ़ाया गया है, वह सिर्फ़ समझाने का प्रयत्न लगता है। उससे पंक्ति फैलती है और गद्यात्मक हो जाती है। जब कि शरद् के पहले वर्षा का आभास बादलों के मिटने में दिया जा चुका है। इससे स्पष्ट है कि वर्षा-काल (दुःख के समय) में चमकता हुआ, उज्ज्वल देह-मन-सौन्दर्य धुँधला गया होगा। अतः 'पहली जो' कहकर उसकी ओर संकेत करना अनावश्यक लगता है।

इस तरह के संशोधन-परिवर्तन और भाषान्तर निराला ने अपनी कुछ और कविताओं में भी किये हैं। अपनी लम्बी कविता 'कुकुरमुत्ता' के दूसरे संस्करण में इसी तरह के सैकड़ों परिवर्तन उन्होंने किये हैं, जिनसे सहमत होना कठिन है। पिछले अध्याय में यथा-स्थान हम इसका विवेचन कर चुके हैं। इसके अतिरिक्त कुछ और कविताएँ भी हैं, जिसके भाषान्तर उपलब्ध हैं। शोध-विद्यार्थियों के लिए यह अच्छा-ख़ासा शोध-विषय हो सकता है। इससे निराला की अपनी भाषिक संरचना के प्रति गहरी प्रतिबद्धता झलकती है। वे अपने काव्य-स्थापत्य के प्रति अत्यन्त सजग हैं और यह सजगता निरन्तर उनके अन्तिम काव्य-संग्रह तक बनी हुई है।

हेमन्त ऋतु :

हेमन्त पर भी निराला ने कोई स्वतन्त्र कविता नहीं लिखी। शायद ग्रीष्म की तरह हेमन्त ऋतु भी निराला को आकर्षित नहीं करती। 'नये पत्ते' की 'देवी सरस्वती' शीर्षक कविता में, जो षट्-ऋतु-वर्णन का रूपक कवि ने बाँधा है, एक हेमन्त-चित्र भी प्रस्तुत किया गया है। यह चित्र भी धान्य-सम्पन्नता का है। उगी हुई फसलों, सरसों और तीसी के पीले-नीले फूलों से भरी प्रकृति-श्री जैसे देवी सरस्वती का ही एक झलक मारता रूप है :

सरसों के पीले फूलों की साड़ी पहने
अलसी के नीले फूलों की रेखा जिसमें
स्निग्ध पवन में शस्य-शीर्ष से उठी हुई तुम

शिशिर ऋतु :

शिशिर ऋतु की कुल 4 कविताएँ निराला ने लिखी हैं। इन चारों कविताओं की भाव-भूमि अलग-अलग है। पहली कविता 'गीतिका' में संगृहीत है। इस गीत में विरह-दुःख और करुणा का चित्र निराला ने उपस्थित किया है। वर्णन बहुत-कुछ परम्परागत है, लेकिन कविता का गीति-सौन्दर्य अनिर्वचनीय है। पहले बन्द में 'नील-कमल-कलिकाओं' के थर-थर काँपने का चित्र है। दूसरे बन्द में वन-देवी के हृदय-हार से हरसिंगार की कलियों के झरने का चित्र है और तीसरे बन्द में 'विरह-परी' सी खड़ी स्त्री का चित्र है। ये तीनों चित्र प्रकारान्तर से स्त्रियों के ही हैं। संश्लिष्ट भाषा-बन्ध का अद्भुत सौन्दर्य इस कविता में निराला ने खड़ा किया है। दूसरी शिशिर ऋतु-सम्बन्धी कविता 'नये पत्ते' में है। यद्यपि इसका शीर्षक ऋतु से सम्बन्धित नहीं है। यह शिशिर का सर्वथा एक नये ढंग से चित्रण है। यहाँ निराला ने शिशिर ऋतु को भारतीय किसान की दहला देनेवाली निर्धनता, विवशता, शोषण और असहायता के बीच रखकर देखा है :

आज ठण्डक अधिक है।
बाहर ओले पड़ चुके हैं
एक हफ्ते पहले पाला पड़ा था
अरहर कुल की कुल मर चुकी
हवा हाड़ तक वेध जाती है
गेहूँ के पेड़ ऐंठे खड़े हैं
खेतिहरों में जान नहीं
मन मारे दरवाज़े कौड़े ताप रहे हैं
एक-दूसरे से गिरे-गले बातें करते हुए–
कुहरा छाया हुआ।

यह चित्र सारे देश के किसान का है। इस चित्र के समानान्तर यदि हम कालिदास के शिशिर-वर्णन का एक चित्र रख दें तो यह स्पष्ट हो जायेगा कि निराला ने कविता को या शिशिर-वर्णन को आभिजात्य के संस्कारों से मुक्त करके कितने व्यापक सामाजिक स्तर पर रख दिया है :

निरुद्ध वातायन मन्दिरोदरं
हुताशनो भानुमतो गभस्तयः
गुरुणि वासांसि अबलाः सयौवनाः
प्रयान्ति कालेऽत्र जनस्य सेव्यताम्।

निराला की कविता में लोग दरवाज़े के बाहर कौड़ा ताप रहे हैं। 'खिड़कियाँ बन्द करके, मोटे ऊनी वस्त्र पहने, जवान स्त्रियों को लिपटाये हुए' शिशिर ऋतु नहीं बिता रहे हैं। बल्कि हवा उनके हाड़ तक वेध रही है; अन्दर-बाहर कुहरा छाया हुआ है और गिरे-गले से बातें कर रहे हैं—ऐसी आवाज़ से, जिससे लगता है, लोगों में जान नहीं है। कारण, अरहर पाले से मर चुकी है और गेहूँ के पेड़ ऐंठ गये हैं; सिपाही का लट्ठ है और चन्दे की वसूली है। ऐसी विवश स्थिति की प्रतिक्रिया सिर्फ़ कुत्ते पर होती है, जो अचानक भौंकने लगता है। इस कविता में सिर्फ़ कथ्य के स्तर पर ही नहीं, सम्पूर्ण भाषिक संरचना और प्रखर संवेदनीयता के स्तर पर भी निराला ने काव्य के सम्पूर्ण परम्परागत आभिजात्य को ध्वस्त कर दिया है। यह एक 'सुन्दर' और तथाकथित 'रसीली' कविता भले न हो, नये काव्य-धरातल की पूर्व-सूचना तो है ही। चाहे निराला अपनी रचना-प्रक्रिया के इस क्रियाशील स्तर को भले ही आगे चलकर त्याग चुके हों, कहीं-न-कहीं कविता के परम्परागत रूप के विषय में उनकी शंका का संकेत तो इन कविताओं के माध्यम से अवश्य मिलता है और यह विश्वास कि कविता अन्ततः जन-मानस के अन्दर से ही अपना स्वस्थ-स्वाभाविक रूप बनाये रख सकती है और इसी में उसका भविष्य निहित है।

शिशिर ऋतु की अगली दो कविताएँ निराला के अन्तिम संग्रह 'सान्ध्य काकली' में मिलती हैं। दोनों कविताओं की पहली पंक्ति समान है। इनमें से एक कविता निराला की हस्तलिपि में संग्रह के प्रारम्भ में छपी है और फिर अन्दर भी दी गयी है। पहली पंक्ति में दोनों कविताओं में शब्द-क्रम में ज़रा-सा परिवर्तन किया गया है। लेकिन दोनों कविताओं की भाव-भूमि में ज़मीन-आसमान का अन्तर है। पहली कविता जहाँ 'नये पत्ते' की कविता की तरह ही 'एकाकी किसान' का चित्र प्रस्तुत करती है, वहाँ दूसरी कविता में उल्लास, सुख और आनन्द का वर्णन है। प्रेम और सहवास का चित्रण ही दूसरी कविता का उद्देश्य है।

लेकिन इसमें भी एक व्यंग्य निहित है। दोनों कविताओं को एक ही पंक्ति से शुरू करके सम्भवतः निराला व्यंग्य के सहारे शहरी और ग्राम-जीवन के इसी विरोधाभास को उभारना चाहते हैं। पहली कविता में फिर वही 'किसान का कूकर' आया है। अरहर पाले से काँप रही है और किसान एकाकी खड़ा सूख गया है। चित्र लगभग वही है, जो 'नये पत्ते' की कविता का है। लेकिन यहाँ चित्र में एक सघनता

है और 'नये पत्ते' की कविता की अपेक्षा यह कविता मन पर किसान के दुःख-दैन्य का अधिक गहरा प्रभाव अंकित करती है। यहाँ किसान कौड़ा नहीं ताप रहा है, बल्कि एकाकी खड़ा सूख गया है। और कुत्ता भी उसके शोषणकर्त्ता पर मुँह उठाकर भूँकता नहीं, बल्कि मचान के नीचे धीरे-धीरे कुँकहा रहा है। शब्दों के भीतरी संगीत और उनकी अर्थ-ध्वनि सम्पन्नता की यह चकित कर देनेवाली पहचान निराला में जगह-जगह मिलती है 'कुँकहाया' शब्द का प्रयोग ठण्ड से काँपते हड्डहे-खौरहे कुत्ते के सन्दर्भ में अप्रतिम अर्थ और ध्वनि के एकत्र संयोग को व्यक्त करता है। लेकिन दूसरी कविता में सारी विषय-वस्तु इसके ठीक उलट है। जैसे निराला पहली पंक्ति समान रखकर पाठक का ध्यान देहात के इस दुःख-दैन्य से बेख़बर, शहरी-जीवन की ओर ले आते हैं—कि ज़रा इधर भी मुलाहिज़ा फरमायें :

काँपे तन तरुणी-तरुणों के,
प्रातः खुले अधर अरुणों के,
पुष्ट प्राण पलते ढक-ढककर
कृष्ण-नगर-नगरी। —*शीत की.*

सायं शोभन क्रीड़ोपरान्त,
सभ्य सकल बँगलों के उपान्त
ताप रहे विद्युत्-कण्डी, छड़,
बैठीं परी-परी। —*शीत की.*

मुझे लगता है इन दोनों कविताओं के माध्यम से दो विरोधी चित्र उपस्थित करना और उसके द्वारा एक व्यंग्य की सृष्टि करना ही निराला का उद्देश्य है। सहवास की इच्छा से काँपते हुए युवक-युवतियों के तन और एक-दूसरे के होंठों को होंठों में दबाये हुए उनके होंठ सारी रात के विलास के बाद सुबह को ही खुलते हैं। उसके बाद भरी-भरी सन्तुष्ट, गदरायी हुई जवान स्त्रियों को सुबह-सुबह देखकर कवि कहता है—'पुष्ट प्राण पलते ढक-ढककर'—ये गदरायी हुईं स्त्रियाँ अत्यन्त सुरक्षा में (ढक-ढककर) पली हुई हैं। लिहाफ़ के अन्दर के सहवास से उनका यौवन और पुष्ट होता चलता है, जिसे गली की भाषा में 'निश्चिन्त खा-खाकर मुटाना' कहते हैं। अगली पंक्ति में निराला जैसे अपना निर्णय देते हैं—'कृष्ण-नगर-नगरी-शीत की।' यह एक काला नगर है। यहाँ सारा गदराया यौवन किन्हीं काले कारनामों की आड़ में सुरक्षित है। फिर सुबह के बाद शाम का चित्र है। बँगलों के अन्दर 'टेनिस' और 'बैडमिण्टन' खेलने का ज़िक्र है। सभ्य और सजे हुए बँगले हैं और परियों की तरह

बैठी स्त्रियाँ विद्युत्-कण्डी ताप रही हैं। 'विद्युत्-कण्डी' शब्द का प्रयोग ही जैसे व्यंग्य के लिए किया गया है।

दरअसल निराला ने यहाँ कालिदास के चित्र को ही उलट दिया है। कालिदास का चित्र, जैसा कि मैंने इस लेख के शुरू में ही कहा है, सिर्फ़ एक घटना के घटित होने तक ले जाता है। निराला ने उसे व्यंग्य के माध्यम से उलटकर उस चित्र से अलग, उसके दूरवर्ती संकेतों को व्यंजित किया है। पहली कविता में किसान का 'माचा' है तो यहाँ 'सजे हुए बँगले' हैं। वहाँ 'कुँकहाता कूकर' और 'सूखता किसान' है तो यहाँ 'सुरक्षा में पलते हृष्ट-पुष्ट पुरुष और गदरायी हुई परियों-जैसी स्त्रियाँ' हैं। वहाँ 'धुआँता कौड़ा' है तो यहाँ 'विद्युत्-कण्डी' है। इस तरह निराला ने यद्यपि शिशिर ऋतु पर कुल चार ही कविताएँ लिखी हैं, उनका अर्थ-प्रसार, उनकी परिधि, उनका ध्वनि-सौन्दर्य और उनकी गीत्यात्मकता तथा भाषिक संरचना की विविधता और सन्देश की सोद्देश्यता—उनके इस ऋतु-वर्णन को उनकी ऋतु-कविताओं में अत्यन्त महत्त्वपूर्ण स्थान दिलाने में समर्थ है।

वसन्त ऋतु :

वसन्त निराला के लिए सुख, उल्लास, समृद्धि सौन्दर्य की रंगारंग ऋतु है। वर्षा के बाद वसन्त का ही सबसे अधिक चित्रण उन्होंने किया है। उनके सारे संग्रहों में ढूँढ़ने पर वसन्त से सम्बन्धित लगभग 18 कविताएँ प्राप्त होती हैं। इन कविताओं के अतिरिक्त अपने कई दूसरे गीतों और कविताओं में भी निराला ने वसन्त ऋतु से अनेक बिम्ब लिये हैं। ऋतु-सम्बन्धी दूसरी कविताओं की तरह ही वसन्त की कविताएँ भी उनके पहले संग्रह से लेकर 'गीत गुंज' तक में बिखरी पड़ी है। 'सान्ध्य काकली' में आकर वसन्त तिरोहित हो गया है, सिर्फ़ वर्षा और शिशिर ऋतुएँ रह गयी हैं। वसन्त ऋतु निराला की रचनात्मक क्षमता के निर्बाध प्रवाह की इच्छा की अभिव्यक्ति से शुरू होती है। 'अनामिका' के एक गीत 'वसन्त की परी के प्रति' में वसन्त के माध्यम से इसी रचनात्मकता का आवाहन कवि ने किया है। उसे अपनी 'जुही की कली', 'बेला' और 'परिमल' की रचनाएँ याद आती हैं। इसी तरह का आवाहन 'परिमल' की कविता, 'वसन्त-समीर' और 'वासन्ती' में भी अभिव्यक्त हुआ है। सुख, सौन्दर्य और विकास की आकांक्षा से कवि अभिभूत है और वसन्त की प्रथम अनुभूति उसे एक विचित्र प्रकार की तन्मयता से भर देती है। निराला के मन को निरन्तर पीड़ित करनेवाला अवसाद, उनके अन्दर की खिन्नता, निराशा और गहरी उदासी, मृत्यु की करुण अनुभूति, वसन्त के निर्बाध उल्लास में तिरोहित हो जाते हैं। लेकिन फिर भी उनकी वसन्त की श्रेष्ठतम कविता 'अन्त' की इस प्रखर अनुभूति से ही आरम्भ होती है :

अभी न होगा मेरा अन्त।
अभी-कभी ही तो आया है
मेरे वन में मृदुल वसन्त–
अभी न होगा मेरा अन्त।

हरे-हरे ये पात,
डालियाँ, कलियाँ कोमल गात।
मैं ही अपना स्वप्न-मृदुल कर
फेरूँगा निद्रित कलियों पर
जगा एक प्रत्यूष मनोहर।

पुष्प-पुष्प से तन्द्रालस लालसा खींच लूँगा मैं
अपने नव-जीवन का अमृत, सहर्ष सींच दूँगा मैं।

मेरे जीवन का जब है यह प्रथम चरण
इसमें कहाँ मृत्यु
है जीवन ही जीवन।

अभी पड़ा है आगे सारा यौवन
स्वर्ण-किरण-कल्लोलों पर बहता रे यह बालक मन।

मेरे ही अविकसित राग से
विकसित होगा बन्धु दिगन्त!
अभी न होगा मेरा अन्त।

'अन्त' की सर्वग्रासी छाया को कवि ने यहाँ ललकारा है। वह छाया कहीं-न-कहीं बहुत गहरे निराला में वर्तमान है और उन्हें लगातार मथती रहती है। कहीं पीछे हम इस बात का विस्तार से अध्ययन कर चुके हैं कि किस प्रकार मृत्यु का सर्वग्रासी आतंक हर महान् कवि की रचनात्मक प्रेरणा के मूल में निहित होता है–चाहे वे ग़ालिब हों, रवीन्द्रनाथ या निराला। यहाँ भी निराला अपने उल्लास की विजयिनी

अनुभूति को 'अन्त' की छाया की अस्वीकृति से शुरू करते हैं। चाहे अस्वीकृति ही क्यों न हो, अगर वह 'अन्त' है, तभी तो उसकी अस्वीकृति भी है।

फिर आगे चलकर निराला अपने जीवन और व्यक्तित्व के उसी प्रिय बिम्ब को कविता में अवतरित करते हैं—वृक्ष और वन के बिम्ब को। 'जुही की कली' का वही चिर-परिचित बिम्ब फिर उभरकर सामने आता है, जब कवि 'निद्रित कलियों पर अपना स्वप्न-मृदु कर फेरने' की बात कहता है। फूलों की अलसायी हुई जीवनेच्छा को जहाँ एक ओर खींचने और उससे अपने जीवन को समृद्ध करने का प्रसंग आया है, वहीं निराला की यह आकांक्षा एकतरफ़ा स्वार्थपूर्ति का उदाहरण बनकर ही नहीं रह जाती। बल्कि अपने जीवन के अमृततत्त्व से सींचने का भी प्रसंग आया है। यह दुहरा प्रतिदान निराला के काव्य-मूल्य की विशेषता है। अगर वह लेते हैं, अगर वह फूलों-जैसी लालसा के आकांक्षी हैं तो अपने जीवन के अमृत-रस से उन्हें सींचने के लिए भी तैयार है। जीवन के प्रथम चरण में अन्त कैसा? अभी तो मेरे उल्लास, मेरे समृद्ध जीवन, मेरी रंगारंग रचनाओं का प्रारम्भ है; अभी तो मेरे मन का अनन्त संगीत अविकसित है; वह धीरे-धीरे खुलेगा; और फिर सारी दिशाएँ उस संगीत की अनुगूँज से भर जायेंगी। मेरे अमृत-रस से सिंचित होकर सारा वन-प्रदेश लहलहा उठेगा। यहाँ भी, जैसा कि मैंने शुरू में ही कहा था, निराला वसन्त का कोई विवरणात्मक चित्र नहीं प्रस्तुत करते। यहाँ भी ऋतु उनके बाहर कहीं नहीं है। वसन्त उनके भीतर ही है—उनका समग्र जगमगाता हुआ उल्लास, उनका फूटता और लहलहाता रचना-यौवन। वसन्त की सारी बिम्ब-मालाएँ उनके भीतर से होकर ही बाहर आती हैं और फिर उनके लहलहाते जीवन-वन में समा जाती हैं। 'अन्त' की यह करुण अनुभूति उनके एक-दूसरे वसन्त-गीत में भी अभिव्यक्त है। लेकिन यहाँ वसन्त के आगमन का चित्र नहीं है, वसन्त के जाने का है। और बावजूद इसके कि वसन्त आया था, फूलों से, उल्लास से, रंगमयता से रिक्त रह जाने का चित्र है :

सुमन भर न लिये सखि,
वसन्त गया
हर्ष-हरण-हृदय
नहीं निर्दय क्या?

वैसे यह पूरी-की-पूरी कविता परम्परागत शैली में है। इसकी जो विशेषता इसे परम्परा से अलग करती है, वह वसन्त के जाने पर रिक्तता की अनुभूति ही है।

□□

लेकिन इन दो-एक गीतों के अतिरिक्त वसन्त की सारी कविताएँ उल्लास, समृद्धि और सुख की आकांक्षा से भरपूर हैं। प्रकृति एक आदिम समृद्धि के स्रोत के रूप में

चित्रित हुई है। कवि उसकी भाव-सम्पदा पर निछावर है, लुटा हुआ-सा है। कहीं वह वसन्त को परी, कहीं नवयौवना स्त्री, कहीं प्रेमिका और कहीं ऋतु-शृंगार को धारण कर आनेवाली सम्पूर्ण शोभा के रूप में चित्रित करता है। सौन्दर्य के इस अंकन में शब्द-गीति का अद्भुत संयोग और बिम्बों की नयी कल्पनाओं का भरपूर प्रसार देखने को मिलता है।

बही हृदय-हर प्रणय-समीरण
छोर-छोर नभ-ओर उड़ा मन
रूप-राशि जागी जगती-तन,
खुले नयन, भाये।

यहाँ भी हवा, साधारण वसन्त की हवा नहीं है, बल्कि प्रणय की हवा है। उससे पत्तियाँ या धूल या गन्ध ही नहीं उड़ती, अनेकविध आकांक्षाओं को समेटे मन ही सारे आकाश में उड़कर सुगन्धि के रूप में छितरा गया है। धरती रूपी नव-यौवना का सारा सौन्दर्य निखर उठा है। इस सम्बन्ध में निराला ने अपने एक वसन्त-गीत की कुछ पंक्तियों की व्याख्या स्वयं 'प्रबन्ध-प्रतिमा' के लेख, 'मेरे गीत और कला' में किया है। वे पंक्तियाँ निम्नलिखित हैं :

आवृत सरसी-उर-सरसिज उठे
केसर के केश कली के छुटे
स्वर्ण-शस्य-अंचल
पृथ्वी का लहराया।

इन पंक्तियों का सौन्दर्य निराला के शब्दों में द्रष्टव्य है—'बसन्त की प्रकृति खींची गयी है—"सरसी के हृदय में ढके हुए कमल उठ आये, कली के केसर के केश छुट गये, पृथ्वी का स्वर्णशस्यांचल लहराने लगा, सखि, वसन्त आ गया।" सरसी, कली और पृथ्वी 'पर्सनीफाइड' (स्त्री-रूप में निर्वाचित) है। पहले तीनों का अलग-अलग सौन्दर्य देखिये। सरसी के हृदय में ढके हुए कमल उठ आये। (अश्लीलता-वर्जित, इंगित स्पष्ट है—सरसी नवयौवना हो गयी।) कली-कली के केसर के केश छूट गये (स्पष्ट है कली खुल गयी।) यह यौवन का स्पष्टीकरण है, पुनः कली के रेणु-मिश्रित बाल देख पड़ते हैं, उसका मुँह मधु की ओर है, संसार की ओर वह पीठ किये हुए है, (यह उसकी पवित्रता की छवि है।) पृथ्वी का सोने-सा चमकता शस्यांचल लहराने लगा। इन तीनों मूर्तियों के सौन्दर्योपकरण अलग-अलग हैं। अब सरसी, कली और पृथ्वी को निकालकर इन्हीं उपकरणों से बनी एक वसन्त-प्रकृति-स्त्री को देखिये-पूरा रूप बन जायेगा—एक जगह कमल-कुच हैं, दूसरी ओर केसर-केश और शस्य-अंचल

लहराता हुआ। पुनः दर्शनीय यह है कि कुचों का जिस तरह केशों से नीचे उत्पत्ति-स्थान है—यहाँ भी वैसा ही प्रदर्शित वह है—कमल सरसी में हैं, कली के केसर-केश ऊपर, स्थल पर। और नीची से नीची होती हुई क्षेत्र-भूमि में शस्यांचल लहरा रहा है।—यह कला है...'

द्रष्टव्य यह है कि निराला ने इतनी व्याख्या के बाद इसे उच्च कोटि की कला नहीं माना है। इस गहन संश्लिष्टता से पन्त के 'कनक छाया में जब सुविशाल' को भाषा की सहज संरचना के लिहाज़ से वे ज़्यादा सशक्त रचना मानते हैं। लेकिन निराला की यह सारी व्याख्या तो गीत-खण्ड की भाषिक संरचना की संश्लिष्टता और उसकी बिम्ब-प्रक्रिया को समझाने की ओर है। गीत सिर्फ़ उतना ही नहीं है। संश्लिष्ट भाषिक संरचना से अलग उसके कथ्य की विशिष्टता और कवि की प्रगाढ़ संलग्नता ही वे तत्त्व हैं, जो निराला के इस वसन्त-गीत को साहित्य के सर्वोत्तम गीतों में स्थान दिलाने में समर्थ हैं :

लता-मुकुल-हार-गन्ध-भार भर
बही पवन बन्द, मन्द-मन्दतर
जागी नयनों में वन-
यौवन की माया।
सखि, वसन्त आया

वन-यौवन का समग्र आकर्षण ही वसन्त का प्रमुख आकर्षण है। और यह वन-यौवन कौन है? कवि-हृदय, कवि-मानस और कवि का सम्पूर्ण व्यक्तित्व या कोई वन-प्रदेश? ज़ाहिर है कि बाहरी वन-प्रदेश यहाँ कहीं नहीं है। वह अन्दर ही है। निविड़, विशाल, ऊबड़-खाबड़, लेकिन हरीतिमा और फूलों से लहराता हुआ—निराला का कवि-व्यक्तित्व!

□□

वसन्त के सबसे अधिक गीत कवि के एक अगले संग्रह—'अर्चना' में हैं। आगे चलकर भी निराला वसन्त के माध्यम से हमेशा सुख, उल्लास और इसी रंगमयता को ही चित्रित करते हैं। अपने भीतरी अवसाद का रंग उन्होंने वसन्त पर कभी नहीं चढ़ने दिया। अपने जीवन और काव्य-रचना के उत्तरार्द्ध में धीरे-धीरे वे वसन्त के तटस्थ सौन्दर्य की ओर आकर्षित होते गये हैं। उत्तरार्द्ध से बाद की कविताओं में चित्रमयता, रंगारंगता का चित्रण बढ़ता गया है। कवि का चाकचक्य भाव वसन्त के प्रति अधिक अभिव्यक्त हुआ है। साथ ही लोक-धुनों की ओर उसका झुकाव अधिकाधिक बढ़ता गया है। एक और प्रवृत्ति परिलक्षित होती है। संश्लिष्ट भाषिक संरचना की जगह, सीधी-सादी, सरल शब्दावली ने ले ली है। छन्द-प्रयोग और बिम्बों

के प्रयोग की दृष्टि से एकरूपता बढ़ती गयी है। 'अर्चना', 'आराधना' और 'गीत गुंज' के अधिकांश वसन्त-गीतों में कवि ने चौपाई छन्द का प्रकारान्तर से प्रयोग किया है।

(1) जावक-जय चरणों पर छायी
पलक-पलाश डाल कलिआई

पावक-पाश दिगन्त बँधा है
अग-जग जैसे अडग सधा है
सुषमा में सुख-रूप बँधा है
नभ में नयन-मुक्ति मँडलायी।

(2) केशर की कलि की पिचकारी
पात-पात की गात सँवारी।

राग-पराग कपोल किये हैं
लाल गुलाल अमोल लिये हैं
तरु-तरु के तन खोल दिये हैं
आरती-जोत उदोत उतारी
गन्ध-पवन की धूप-धवारी।

(3) बोरे आम कि भौरे बोले।
प्रात कि गात पात के तोले।

सरसाई समीर मधुबन की,
आँखों छवि आयी आनन की
आलस दूर हुआ मन भाया,
चिड़ियों ने सुख के मुख खोले।

जैसा कि मैंने क़हा, इन गीतों के कथ्य में एक सहज एकरूपता है। प्रकृति के पवित्र, अनिन्ध सौन्दर्य का अत्यन्त शान्त और सहज वर्णन है। कहीं सारा संसार इस सौन्दर्य से विजड़ित 'अडग' हो गया है, तो कहीं पूरा आकाश आँखों की मुक्ति

का प्रतीक है। कहीं वृक्ष-वृक्ष का तन खुल गया है, लहलहा गया है, पत्तों-पत्तों पर लालिमा और हरीतिमा रच गयी है, चिड़ियों ने आनन्द से चहचहाना शुरू कर दिया है। मन का आलस्य, खिन्नता और उदासी दूर हो गयी है। आँखों में वह मुख-श्री चमक-चमक उठती है...। इस समृद्धि, सुख, उल्लास और सौन्दर्य की अपारता में कवि-मन उसके नानाविध रंगों, छवियों, प्रकाश-रेखाओं पर मुग्ध और चकित है :

अट नहीं रही है
आभा फागुन की, तन
सट नहीं रही है।

कहीं साँस लेते हो
घर-घर भर देते हो
उड़ने को नभ में तुम
पर-पर कर देते हो
आँख हटाता हूँ तो
हट नहीं रही है।

पत्तों से लदी डाल
कहीं हरी कहीं लाल,
कहीं पड़ी है उर में
मन्द-गन्ध पुष्प-माल,
पाट-पाट शोभा-श्री
पट नहीं रही है।

वसन्त ऋतु के सौन्दर्य के प्रति गहरी तन्मयता के लिहाज से यह गीत सर्वोत्तम है। भाषा में एक अद्भुत सहजता, निखार और शान्ति है। 'मन्द-गन्ध पुष्प-माल' के अतिरिक्त पूरे गीत में कहीं भी कोई सामासिक, संश्लिष्ट पद-योजना नहीं है। पूरा चित्र जैसे वसन्त-देवता का चित्र है। इतना अपार सौन्दर्य, जिसे आत्मसात् करना कठिन है। जिसे अंगों में रचाया नहीं जा सकता। चाहे जितना रचाओ, कम नहीं होता। ज़रा-सी साँस भर लेने की देर है, बस, सारे घर उस शोभा-श्री से भर जाते हैं। तन-मन में पंख-ही-पंख लग जाते हैं और सुख, समृद्धि तथा उल्लास का मुक्त, नीला आकाश सामने खुला होता है। यहाँ आकर कवि इस सारे सौन्दर्य और उल्लास के प्रभाव को स्वयं से फिर जोड़ता है—'आँख हटाता हूँ तो हट नहीं रही है'—जड़भूत

मुग्धत्व की अप्रतिम अभिव्यक्ति यहाँ हुई है। जैसे कवि उस वसन्त के रंगारंग जादू में बँध गया है। उसकी टकटकी बँधी-की-बँधी रह गयी है। फिर दूसरे बन्द में निराला तथ्य-कथन पर उतर आते हैं। दूसरे बन्द का अगर कोई काव्य-सौन्दर्य ढूँढ़ा जा सकता है तो वह उसकी सहजता ही है।

इसी तरह निराला ने अपने कुछ वसन्त-गीतों में लोक-प्रभावों को भी ग्रहण किया है। कुछ गीत लोक-प्रभाव और परम्परागत काव्य-परिपाटियों, काव्य-उपमानों के मले से तैयार किये गये हैं। जैसे निम्नलिखित गीत लोक-प्रभावों को लेकर लिखा गया एक अनुपम गीत है :

फूटे हैं आमों में बौर
भौंर वन-वन टूटे हैं।
होली मची है ठौर-ठौर
सभी बन्धन छूटे हैं।
माथे अबीर से लाल
गाल सेंदुर-से देखे
आँखें हुई हैं गुलाल
गेरू के ढेले कूटे हैं।

इसमें पहली दो पंक्तियाँ नितान्त पारम्परिक हैं। लेकिन उसके बाद लोक-प्रभाव स्पष्ट परिलक्षित किया जा सकता है। आँखें ऐसी लाल हुई जा रही हैं, जैसे गेरू के ढेले कूट दिये गये हों। यह अभिव्यक्ति अत्यन्त सुन्दर और सुघड़ बन पड़ी है। इसी तरह अनेक गीतों में निराला ने लोक-धुनों का असर ग्रहण किया है। कहीं-कहीं फिर उनकी रूपकात्मक योजना की आहट सुनायी पड़ती है, जैसे 'वरद हुईं शारदा जी हमारी' वाले 'गीत गुंज' के पहले ही गीत में। लेकिन यह प्रवृत्ति धीरे-धीरे कम-से-कमतर होती गयी है। जो चीज़ कम नहीं हुई है, वह है उल्लास की अनुभूति। जैसे बार-बार कवि वसन्त के प्रभाव से फड़क-फड़क उठता है और उतनी ही बार उसे शब्दों में, ध्वनि के आरोहों में, बाँधने और रूपायित करने का प्रयत्न करता है। आवाहन से आश्चर्य, और ललक से प्रगाढ़ तन्मयता तक की यही यात्रा कवि की वसन्त-यात्रा कही जा सकती है। इस यात्रा का अवसान वसन्त-देवता द्वारा अपनी कूची से सारे विश्व को रंग देने में होता है। जिस तरह निराला अपनी काव्य-यात्रा में अर्थ-सौन्दर्य से धीरे-धीरे ध्वनि के अरूप क्रीड़ात्मक सौन्दर्य की ओर अग्रसर होते गये हैं, उसी तरह वसन्त-वर्णन में वे प्रकृति-सौन्दर्य की स्थूलता से रंग-सौन्दर्य की अरूपता तक धीरे-धीरे पहुँचते हुए दिखायी देते हैं :

कूची तुम्हारी फिरी कानन में
फूलों के आनन-आनन में
फूटे रंग बसन्ती, गुलाबी
लाल-पलास लिये सुख-स्वाबी,
नील, श्वेत शतदल सर के जल,
चमके हैं केसर पंचानन में।

वर्षा ऋतु :

जैसा कि मैंने इस निबन्ध के प्रारम्भ में ही बार-बार संकेत किया है, वर्षा ऋतु के लिए निराला के मन में सर्वाधिक आकर्षण है। वर्षा-वर्णन में आकर वे इतने तन्मय, स्थिर-चित्त, शान्त और चुप होते दिखायी देने लगते हैं कि ऋतु-प्रार्थनावाली बात सच होने लगती है। उनके अन्तर की निश्छलता और संवेगात्मक झीनापन और कलात्मक गरिमा यहाँ अपने उत्कृष्टतम रूप में दिखायी देती है। जैसे कि मैंने शुरू में ही कहा, वर्षा ऋतु को अनेक सन्दर्भों, भाव-भूमियों और शब्द-लास्यों के माध्यम से जीने, पहचानने और पूजने का प्रयास ही निराला ने किया है और अन्ततः सारे सुख, उल्लास अथवा समस्त अवसाद के रीत जाने पर वर्षा ऋतु के भीतर से उनके अन्दर सिर्फ़ पूजा, पवित्रता और एक संन्यस्त अनुभूति ही शेष रह जाती है। अनुभूति के इस झीनेपन तक पहुँचकर वे एक शिशु की तरह वर्षा की ध्वन्यात्मक अमूर्तता से खेलने लगते हैं। वर्षा की शब्द-ध्वनि को अभिव्यक्त करने का प्रयास कालिदास से लेकर विद्यापति, चण्डीदास, रवीन्द्रनाथ और पन्त—सभी ने किया है, लेकिन उसे अमूर्तता के उस चरम बिन्दु तक इनमें से कोई नहीं ले गया है, जहाँ निराला उसे ले जाकर छोड़ देते हैं। 'पय-पीयूष-पूर्ण-पानी से, भरा प्रीति का प्याला है' जैसी विवरणात्मकता से चलकर वर्षा-कविताओं का अन्त 'वारि वन वनवारि' अथवा 'धिक् मनस्सब मान गरजे बदरवा'-जैसे सूक्ष्म ध्वनि-खेलों में जाकर होता है। इस लिहाज़ से भी निराला अर्थ-प्रसार से अर्थ-संकोच और फिर अर्थ-मौन की यात्रा इन कविताओं में तय करते हुए दिखायी देते हैं। उनकी वर्षा-कविताओं के इस ध्वनि-लास्य की तुलना उस्ताद बड़े ग़ुलाम अली खाँ के गायन में उठते-गिरते स्वरारोहों से की जा सकती है—एक उल्लास-युक्त चीख की तरह उठता हुआ, अवसाद के मन्द्र में तिरोहित होता हुआ स्वर-संगम।

□□

लेकिन वर्षा के इस धारासार बिम्ब में निराला ने उसे एक विनाश-तत्त्व के रूप में कम ही देखा है। शायद नहीं के बराबर। वर्षा की अप्रतिहत विनाश-लीला के प्रति तो वे शायद कभी भी आकर्षित नहीं हुए। वर्षा-कविताओं के माध्यम से उनका प्रमुख

जीवन-बिम्ब सुख-समृद्धि, विकास, प्रेम, उल्लास, उत्फुल्लता और गहन आनन्द को प्राप्त करने के रूप में ही व्यक्त हुआ है। विराट् मानव-समुदाय के सुख, उसकी समृद्धि और आनन्द की आकांक्षा ही निराला के वर्षा-गीतों का प्रमुख स्वर है।

वर्षा का 'जलंद' या जीवनदायी रूप ही उन्हें अधिक पसन्द है। वे उसे अनन्त जीवनदायी शक्ति-स्रोत के रूप में चित्रित करते हैं। यह चित्रण कहीं सिर्फ़ आकांक्षित है, कहीं आशीर्वाद के रूप में व्यक्त हुआ है, कहीं उल्लास और आनन्द की चरम अनुभूति के रूप में, कहीं असीम तन्मयता और आत्मतोष के रूप में। कहीं वे बादल को अपने गम्भीर घोष से सम्पूर्ण वन-प्रदेश को उद्घोषित कर देने का आवाहन करते हैं तो कहीं रास्ते पर पड़े अपने जीवन को भर देने की आकांक्षा व्यक्त करते हैं। कहीं वे कवि की तरह ही हृदय में बिजलियों का वज्र छिपाकर गर्जन और ताप-हरण की नूतन कविता रचने की आकांक्षा व्यक्त करते हैं। इन सारी कविताओं में बादल के श्याम-रूप और मन्द्र-गर्जन से निराला अपनी काव्य-रचना को, अपने कवि-व्यक्तित्व को एकमेक देखते चलते हैं। वर्षा और उनके अन्दर बैठा अनन्त स्रोतोंवाला कवि अलग-अलग नहीं हैं। एक सार्वभौम, जीवनदायी, शक्तिमन्त, कल्याणकारी काव्य-रचना के अनन्त स्रोत की खलबलाती अभिव्यक्तियाँ ही इन वर्षा-कविताओं के माध्यम से चित्रित और मूर्त हुई है। :

बादल, गरजो!
घेर घेर घोर गगन, धाराधर ओ!

ललित-ललित काले घुँघराले
बाल-कल्पना के-से पाले
विद्युत्-छवि उर में कवि, नव-जीवनवाले!
वज्र छिपा, नूतन कविता
फिर भर दो।
बादल गरजो।

विकल-विकल, उन्मन थे उन्मन
विश्व के निदाघ के सकल जन
आये अज्ञात दिशा से अनन्त के घन
तप्त धरा, जल से फिर
शीतल कर दो।
बादल, गरजो।

'बादल गरजो' या 'घन गर्जन से भर दो वन' या 'पथ पर मेरा जीवन भर दो' जैसी आकांक्षाओं से चलकर निराला 'धाये धाराधर धावन हे' और 'गगन-गगन है गान तुम्हारा' की पूर्णता तक पहुँचते हैं। यह पूर्णता, उपलब्धि और आत्म-तोष की भावना दिन-दिन बढ़ती गयी है। अर्थात् उनका काव्य-वन दिन-दिन समृद्ध और श्यामल होता गया है। यह अनुभूति अन्ततः उन्हें एक अजीब-सी पावनता की अनुभूति तक ले जाती है। सुख, समृद्धि; आनन्द की यह आकांक्षा या तो आगे चलकर आशीर्वचन में प्रतिफलित होती है या धुलकर निखरने, पवित्र होने, गतिमान् होने, वरदान प्राप्त करने और आत्म-तृप्ति की गरिमामयी शान्ति में।

वर्षा-वर्णन में यह शान्त-चित्तता, यह संन्यस्त भाव और उपरामपूर्ण गरिमा अद्‌भुत लगती है। क्योंकि वर्षा मुख्यतः एक घोष-गर्जन और शब्दार्थ-प्रसार की कविता के लिए ही उपयुक्त ऋतु मानी जाती रही है। या तो उसे एक विनाश-लीला की प्रेरणा के रूप में चित्रित किया जाता रहा है या विरह के शास्त्रीय उद्‌दीपन के रूप में या साधारण उत्फुल्ल विवरणात्मक चित्रें के रूप में। गोस्वामी तुलसीदास भी जहाँ वर्षा को एक दार्शनिक रूपक में बाँधने की चेष्टा करते हैं, वह चित्रण चमत्कारपूर्ण अलंकरण अधिक लगता है, वर्षा-चित्रण का कोई नया आयाम उद्‌घाटित नहीं करता। बल्कि कुछ अंशों में तो वह हास्योत्पादक भी लगता है। 'भूमि परत भा डाबर पानी, जिमि जीवहिं माया लपिटानी' में प्रथम पद एक तथ्यात्मक विवरण है, जिसके माध्यम से एक पिटे-पिटाये वेदान्त-वाक्य को दुहराया गया है। 'प्रियाहीन डरपत मन मोरा' भी कोई नयी उद्‌भावना नहीं है। इसी तरह जायसी का 'धूम-साम धीरे घन धाये, सेत धजा बग पाँति दिखाये' या तो एक तथ्यात्मक विवरण है या आगे चलकर उद्‌दीपन-प्रसंग के रूप में नियोजित हो गया है। या कालिदास जब कहते हैं :

बलाहकाश्चाशनिशब्द मर्दलाः
सुरेन्द्रचापं दधतस्तड़िद् गुणम्
सुतीक्ष्णधारा पतनाग्रसायकैः
तुदन्ति चेतः प्रसभं प्रवासिनाम्।

तो अत्यन्त सुनियोजित और उपयुक्त कल्पनाओं के बावजूद यह उद्‌दीपन-वर्णन से अधिक कुछ नहीं रह जाता। कालिदास का वर्षा-वर्णन भी सूक्ष्म तथ्यात्मक अनुवीक्षण तक ही सीमित है। उसे आगे बढ़ाकर कवि ने उसे मानवीय संवेगों से जोड़ने का जो भी प्रयत्न किया है, वह उद्‌दीपनात्मक प्रसंगों या प्रभावों तक ही अधिकांशतः सीमित है। कहीं बादलों की घोर कड़क सुनकर चौकी हुई स्त्रियाँ हैं, कहीं बरसते हुए बादलों से आनन्दित होकर मोर, मोरनियों को गले लगा लेते हैं; कहीं उफनती हुई नदियों की उपमा कुलटा स्त्रियों से दी गयी है, जो कुल (कूल)-मर्यादा भंग करके

बह निकलती हैं। तथ्यात्मक चित्रण में कालिदास का सूक्ष्म अनुवीक्षण, पर्वतों के रंग-परिवर्तन से लेकर बन्दरों का भागकर कन्दराओं में छिपने के सुन्दर दृश्यों के चित्रण तक में दिखायी देता है।

लेकिन जैसा कि मैंने शुरू में ही कहा है, निराला की वर्षा-कविताएँ इस पारम्परिकता से कई स्तरों पर अलग हैं। वर्षा उनके लिए जीने को फिर से पाना है; उल्लास, आत्म-तोष, सुख और काव्य-समृद्धि की पूर्णता का अनुभव है; अपने ही अवसान का बार-बार अनुभव करना है। ये वर्षा के सूक्ष्म अनुवीक्षण तक नहीं जाते। कालिदास की तरह, तुलसीदास की तरह उसे किसी दार्शनिक अभिव्यक्ति का माध्यम भी नहीं बनाते। वर्षा का अमूर्त स्वर अपनी सारी भीषणता, उदासी या रिमझिम के साथ उनके जीवन में फैला हुआ है। इतिवृत्त या विवरण की व्यापकता और पारम्परिकता से हटाकर निराला वर्षा-ऋतु को अनुभूति के संवेगात्मक संकोच और सघनता में समाहित करके उसे सूक्ष्मतम झीनेपन तक तान देते हैं। यहीं आकर निराला अपनी पूरी काव्य-परम्परा से अलग हो जाते हैं। उनके ऋतु-चित्रण का यह व्यक्तिगत धरातल परोक्षतः जन-मानस के धरातल के रूप में परिवर्तित हो जाता है।

मन हमारा मग्न दुःख की
दुर्धरा में हो गया।
कुछ न था तब लग्न वह
विश्वम्भरा में हो गया।

इस तरह परम्परा से अलग होकर निराला मूल्य के धरातल पर अपने पूर्ववर्तियों से—चाहे वे कालिदास हों या जायसी, तुलसीदास हों या रवीन्द्रनाथ—ऊपर एक ऊँचे आसन पर बैठे हुए दिखायी देते हैं।

वर्षा ऋतु को इस तरह सुख-समृद्धि, उल्लास, आनन्द की आकांक्षा के रूप में चित्रित करने का प्रयत्न उनकी पहली कविता 'जलद के प्रति' ('अनामिका' प्रथम-संग्रह) में ही झलक जाता है। समृद्धि, न्याय, हरियाली और तापहारी—इन सभी रूपों में बादल की अभिव्यक्ति निराला ने दी है। यद्यपि शब्द-सौष्ठव के लिहाज़ से यह कविता बिलकुल कच्ची और साधारण है, लेकिन संवेदनात्मक परिपक्वता और मूल्य के धरातल पर निराला में कोई कच्चापन नहीं दिखायी देता। कविता की शुरुआत ही 'जलद नहीं, जीवनद' से होती है। उसे 'जीवन्मृत जगत' को जिलानेवाला कहा गया है। उसे 'पय-पीयूष-पूर्ण पानी से भरा प्रीति का प्याला' कहा गया है। बादल के प्रवास का भी ज़िक्र इस कविता में आता है, जिसका निखरा हुआ रूप बादल-राग-क्रम की तीसरी कविता में 'सव्यसाची' के बिम्ब में अभिव्यक्त हुआ है। फिर माँ (धरती) के दुःख से द्रवित होकर कूद पड़ने का भी ज़िक्र है और उसे हरा वसन पहनाकर कविता का अन्त निराला पुनः 'प्रीति-बेलि बोने' के संकेत में ही करते हैं।

इस तरह भाषा और शब्द-संयोजन के धरातल पर निराला इस कविता में सनेही या मैथिलीशरण गुप्त के निकट भले ही लगते हों, संवेदनात्मक सजगता के रूप में वे परिपक्व दिखायी देते हैं। उनकी समझ पक चुकी है और वे वर्षा-चित्रण के बारे में अपना संवेदनात्मक निर्णय ले चुके हैं।

फिर तो इसके आगे 'परिमल' से लेकर 'सान्ध्य काकली' तक सारे संग्रहों में सुख, समृद्धि, उल्लास, आनन्द और जीवन-शक्ति के आह्वान के रूप में ये वर्षा-प्रार्थनाएँ अप्रतिहत फैली हुई हैं। बल्कि समय बीतने के साथ उत्तरोत्तर इनकी संख्या बढ़ती गयी है। अन्तिम संग्रह 'सान्ध्य काकली' की एक तिहाई कविताएँ तो सिर्फ़ वर्षा ऋतु से सम्बन्धित हैं। और सिर्फ़ संख्या ही नहीं, गुणात्मक दृष्टि से भी उनकी श्रेष्ठता दर्शनीय है। जैसे वृद्धावस्था में बार-बार वर्षा-ऋतु के चित्रों का लौटना अननुभूत आनन्द से कवि को भर देता है। वह बार-बार बादलों के आकाश में छाने का, मँडराने का ज़िक्र करते नहीं थकता। कभी वे मँडराते हैं, कभी घहराते हैं, कभी बरसते हैं और कभी गूँजते हैं। अतीत की अनुगूँज की तरह! फिर बादलों के 'छाने' से सन्तोष नहीं होता कवि को...वह अपनी शब्दावली में व्याकुलता से ढूँढ़ता है कोई और शब्द, कोई और शब्द-ध्वनि, कोई और शब्द-संगीत, जिससे वह अपने मन की प्रफुल्लता और असीम, शान्त उत्साह को अभिव्यक्ति दे सके। फिर वह 'छाये' और 'छये' पर उतर आता है।

गगन मेघ छये
नये नयन नये।
प्राणधन के श्याम घन ये,
तापजल-शीतल-प्रवण ये,
पुण्य के शुभ प्रस्रवण ये
हृदय-द्वार गये।

यही नहीं, वह जुही की गन्ध हवा में भर जाने की बार-बार चर्चा करता है। कहीं कृष्ण मेघ की मालती खिल जाती है, उपवन में चमेली के फूल भर आते हैं; बेले में पुनः-पुनः कलियाँ आती हैं और आकाश-आकाश में बादलों का मन्द्र स्वर गूँजने लगता है। शब्द नहीं मिलते—उल्लास और पवित्रता की उसी अनुभूति को बार-बार व्यक्त करने के लिए। वह अकथनीय है; उसे एक बार एक ही शब्दावली में, एक ही तरह की भाषिक संरचना में व्यक्त कर सन्तुष्ट नहीं हुआ जा सकता; वह पावन, समृद्ध, उल्लसित अनुभूति बार-बार लबालब भर आती है; कवि उसे अभिव्यक्त करके रीत जाना चाहता है; वह जितना ही कहता है, न कहे जाने, न कह पाने की व्याकुलता उतनी ही बढ़ती जाती है। धीरे-धीरे, अन्ततः वह अर्थ से सिर्फ़ ध्वनि के अमूर्त प्रसंगों पर उतर आता है।

सहज रिमझिम बाद रिन-रिन
अनवसादन रे!

उसे यह रिमझिम और रिन-रिन भी चैन नहीं लेते देते। अनन्त शान्त उल्लास उसे बार-बार आन्दोलित करता है। लबालब, चारों तरफ़ भरा हुआ जल, रंगारंग बादल, गहराती हरीतिमा और गूँजता हुआ मन्द्र गर्जन-उसे बार-बार इन अमूर्ततम ध्वनि-खेलों तक ले जाते हैं :

वारि वन वनवारि,
वनवारि वनवारि।
वारिज़ विपुल वारि
पुलवारि कुलवारि
द्रुमलता तुलवारि
कूलकलि कुलवारि
आकुल मुकुल वारि
विहग संकुल वारि।

इस कविता का सीधा-साधा अर्थ कुछ भी नहीं है। सींच-तानकर अर्थ बैठाया अवश्य जा सकता है। लेकिन अर्थ निराला का साध्य नहीं है। साध्य तो केवल उल्लास और सुख की अभिव्यक्ति है। 'द्रुमलता', 'कूलकलि', 'विहग', या 'मुकुल'—ये शब्द उतने नहीं रह गये हैं, जितने ध्वनि-रचना के अमूर्त स्वररोह। इस विचार से कोई असहमत हो सकता है और खींचकर एक अर्थ निकालकर सामने रख सकता है। यह ठीक वैसे ही होगा, जैसे 'ताक कमसिन वारि' वाली कविता का अर्थ निकालने के लिए जोड़-तोड़ करना। कुछ लोगों ने इसे या इस तरह की रचनाओं को निराला के असन्तुलित मस्तिष्क से भी जोड़ने की चेष्टा की है। इसकी सम्भावना थोड़ी-बहुत हो सकती है। लेकिन इस ध्वनि-संग्रह और उसके अमूर्त संगीत को मात्र विक्षिप्त मानस की बड़बड़ाहट कहकर टालना उचित नहीं लगता। बल्कि निराला के सम्पूर्ण काव्य का मेरे दृष्टिकोण से अध्ययन करने पर इन कविताओं की एक संगति, स्पष्ट उभरकर सामने आ जाती है।

□□

उल्लास, समृद्धि, सुख, प्रेम, उज्ज्वलता और पवित्रता की इस अनुभूति में अगर निराला के वर्षा-गीतों की तुलना किसी कवि से की जा सकती है तो वह मात्र रवीन्द्रनाथ हैं। वर्षा ऋतु रवीन्द्रनाथ को भी असीम उल्लास से भर देती है और इस उल्लास को बार-बार अभिव्यक्त करके वे भी नहीं थकते।

लेकिन यहाँ पर भी निराला और रवीन्द्रनाथ में एक विशिष्ट अन्तर है। रवीन्द्रनाथ में आवाह्न नही है, आकांक्षा नहीं है, सम्बोधन नहीं है, सिर्फ़ वर्षा के उल्लास के अद्वितीय चित्र हैं। रवीन्द्रनाथ इसकी ज़रूरत नहीं समझते कि वे बादलों को सम्बोधित करें, उसे झुलसी हुई पृथ्वी को हरा वसन पहनाने के लिए बुलायें। रवीन्द्रनाथ अपने मन का उल्लास तो व्यक्त करते हैं, लेकिन निराला की तरह उसे अपने कवि-व्यक्तित्व से एकमेक नहीं करते। रवीन्द्रनाथ के लिए वर्षा अपरिमित उल्लास का साधन ज़रूर है, उनका सम्पूर्ण जीवन-बिम्ब नहीं। निराला की तरह वर्षा के माध्यम से वे अपने जीवन को पाने या खोने का भाव कहीं नहीं व्यक्त करते। रवीन्द्रनाथ अपने व्यक्तित्व को पहाड़ की तरह ऊँचा किये हुए हैं और तिरछी गति से वर्षा-जल को घाटियों में बहकर जाता हुआ देखते हैं। यानी कि रवीन्द्रनाथ के लिए वर्षा उनके काव्य-व्यक्तित्व का प्रतिरूप नहीं है, जैसा कि निराला में है। यहीं पर आकर मूल्यवत्ता की दृष्टि से निराला की वर्षा-कविताएँ, आकार में छोटी होते हुए भी, रवीन्द्रनाथ से श्रेष्ठ ठहरती हैं। इसके अलावा भी रवीन्द्रनाथ और निराला के ऋतु-वर्णन में अन्तर है। प्रारम्भ में निराला में एक आवाहन, पुकार, आकांक्षा की अभिव्यक्ति अधिक है और फिर बाद की कविताओं में उपलब्धि का भाव। इस दृष्टि से निराला की वर्षा-कविताओं में एक क्रमबद्ध, सूक्ष्म विकास लगातार परिलक्षित होता है। रवीन्द्रनाथ के वर्षा-गीतों में अनुभूति और संवेदनात्मक विकास का यह क्रम नहीं दिखायी देता। बल्कि इसकी जगह उल्लास के चित्र ही उन्हें बार-बार घेरे रहते हैं। रवीन्द्रनाथ का उल्लास भी अति-व्यक्तिगत है। उसमें दूसरों को शामिल करने के लिए वे निराला की तरह सर्वत्र-सचेत नहीं दिखायी देते। दोनों कवियों की वर्षा-धारणा का सबसे महत्त्वपूर्ण और मूल्यवान अन्तर यही है। निराला की कोई भी वर्षा-कविता ऐसी नहीं है, जिसमें वे सम्पूर्ण पृथ्वी, जन-समुदाय, मनुष्य, पशु-पक्षी, वृक्ष-जंगल को शामिल करते हुए दिखायी न दें। बल्कि उनके उल्लास और आत्मतोष के भाव का उत्स यही है। इसके ठीक विपरीत रवीन्द्रनाथ धारासार वर्षा को अपने महल की खिड़की से बैठकर देखते हैं। वर्षा के विनाश पर भी इससे अधिक वे कुछ नहीं कहते :

झरझर बरिषे वारिधारा
हाय पथवासी, हाय गतिहीन, हाय गृहहारा!
फिरे वायु हाहास्वरे, डाके कारे जनहीन असीम प्रान्तरे
रजनी अँधारा!

इस 'हाय पथवासी, हाय गतिहीन, हाय गृहहारा' में एक तटस्थ करुणा अवश्य है—शामिल होने का भाव नहीं। क्योंकि रवीन्द्रनाथ 'पथवासी', 'गतिहीन' और

'गृहहारा' की अनुभूति से कभी गुज़रे नहीं हैं। उनकी कविता में इसीलिए एक अभिजात करुणा अधिक झलकती है। वे निराला की तरह यह कहकर कि :

मैं रहूँगा न गृह के भीतर
जीवन में रे, मृत्यु के विवर

बाहर मैदान में आकर उस 'पथवासी, गृहहारा' में ख़ुद-ब-ख़ुद शामिल नहीं हो सकते। वैसे भी यह रवीन्द्रनाथ के स्वभाव और संस्कारों के विरुद्ध पड़ता है। संस्कारों और जीवन-स्थितियों की यही विपरीतता निराला की कविता को रवीन्द्रनाथ की व्यक्तिगतता से आगे एक सार्वजनीन मूल्यवत्ता प्रदान करती है। उसमें दूर से देखने और करुणा-विगलित होने का भाव कम है, उस भार को झेलने-सहने और असंशय भाव से उसमें शामिल रहने का निर्णय अधिक।

यही मूल्यगत अन्तर और दूसरी कविताओं में भी अभिव्यक्त हुआ है। एक दुःखी सर्वहारा, जन-साधारण होने के नाते निराला ने बादल के विनाशकारी रूप को कभी चित्रित नहीं किया। उसका शुभ, जीवनदायी रूप ही उन्हें प्रिय है। क्योंकि विनाश-लीला से वे परिचित हैं। खिड़की से देखकर उसे चित्रित करना और बात है, और उसकी मार सहकर, उसकी विनाश-लीला से गुज़रकर उसके बारे में लिखना दूसरी बात। जिसका घर तूफान में खँडहर हो गया हो, वह उसे बनाने की बात अधिक सोचेगा कि हाय-हाय करता रहेगा। इसीलिए निराला बादल के सर्वनाशी रूप को अपनी कविता में नहीं उठाते। इसीलिए वे रवीन्द्रनाथ की तरह सर्वनाश में अपने 'साधन-धन' के आने की बात कभी सोच भी नहीं सकते। 'साधन-धन' के आने में एक उल्लास व्यंजित है। इसका अर्थ यह हुआ कि यदि वह सर्वनाश में भी आये तो मेरे आह्लाद में कोई फ़र्क़ नहीं पड़ता। अगर यह एक दार्शनिक उक्ति नहीं है तो आधुनिक पाठक के लिए यह दृष्टिकोण ही नितान्त अमानवीय है :

हृदय आमार, ओइ बुझि तोर बैशाखी झड़ आसे।
बेड़ा-भाडार मातन नामे उद्दाम उल्लासे।।
तोमार मोहन एल भीषणवेशे, आकाश ढाका जटिल केशे
बुझि एल तोमार साधन-धन चरम सर्वनाशे।।

शब्द-संयोजन और कविता का दार्शनिक पक्ष सुदृढ़ रखने में रवीन्द्रनाथ बेजोड़ हैं। यह कुछ-कुछ कबीर की-सी उलटबाँसी का प्रयोग है। इसे सीधे-सादे अभिधार्थ में ग्रहण करना रवीन्द्रनाथ के साथ ज्यादती ही होगी। क्योंकि यह पस से फटी हुई छातीवाली पृथ्वी के सन्ताप का सर्वनाश भी हो सकता है। किन्तु निराला के मन में किसी भी तरह सर्वनाथ का यह बिम्ब उभरता ही नहीं। ठीक इसी सन्दर्भ की निराला की कविता द्रष्टव्य है :

बादल में आये जीवन-धन।
अपल-नयन सुवास यौवन नव,
देख रही तरुणी कोमल-तन।

मरुत पुलक-भर अंग प्रकम्पित,
बार-बार देखती चपल-चित,
स्पर्श-चकित कर्षित हो हर्षित,
लक्ष्य पार करती चल-चितवन।

नव अपांग-शर-हत व्याकुल उर,
आतुर वारिद वारि-धार स्फुर,
उगा रहा उर में प्रेमांकुर,
मधुर-मधुर कर-कर प्रशमित मन।

बरस गयी जलधार विश्व-सृज
शैवालिनी पा गयीं उदधि निज,
मुक्त हुए आ स्नेह के क्षितिज,
रूप-स्पर्श-रस-गन्ध-शब्द धन।

वर्षा में समाहित की हुई यह उतनी गूढ़ार्थपूर्ण उक्ति नहीं है, जितनी रवीन्द्रनाथ की है। रवीन्द्रनाथ अपने चित्र में अट्टहास करते हुए वर्षा-चित्र से अधिक अनुप्रेरित हैं। सम्भवतः 'साइक्लोन' को एक दार्शनिक रूपक पहनाया है उन्होंने। निराला का चित्र एक थिर, शान्त वर्षा-चित्र है। सम्भवतः रिमझिम से शुरू होकर घनघोर वर्षा से होता हुआ फुहार तक पहुँचनेवाला। यहाँ पर भी कल्पना अत्यन्त कोमल और व्यंजनापूर्ण है। प्रेम के सम्पूर्ण आवेश को लज्जा, व्याकुलता के क्रम से वरदान की पूर्णता तक प्रतिफलित किया गया है। यहाँ पर भी वही पृथ्वी है। उसी तरह सिकुड़ी हुई, लेकिन उसकी सिकुड़न में दुःख उतना नहीं, जितना 'बादल-धन' के प्रथम स्पर्श का अनभिव्यक्त उल्लास ध्वनित है। फिर धीरे-धीरे वह उल्लास रूप लेता है, जन्म ग्रहण करता है; धीरे-धीरे दग्ध अन्तर शान्त होता है, हरीतिमा रच जाती है और पृथ्वी का रूप सम्पूर्ण हो जाता है।

निराला के चित्र में धीरे-धीरे पानी के रचतें जाने का दृश्य है—घाटियाँ और खड्ड बनाते प्रलयंकारी साइक्लोन का नहीं। यह कहा जा सकता है कि इस अन्तर

का कारण उत्तर-प्रदेश और पूर्व-बंगाल की जलवायु है और दोनों ही कवि अपने वर्षा-चित्रें में मौलिक हैं। रवीन्द्रनाथ को बंगाल की परम्परा के अनुसार ही तान्त्रिक बिम्बों के प्रति भी बहुत आकर्षण है। अक्सर उनकी ऋतु-कविताओं में दीप्त-चक्षु, जटाजूटधारी तेजोमय संन्यासियों का चित्र आता है। वर्षा-कविताओं में भी जटाएँ खोलकर उन्मत्त नृत्य करने, अट्टहास करने, डमरू बजाने का वर्णन बार-बार आता है। सूक्ष्म अनुवीक्षण में कालिदास की तरह ही रवीन्द्रनाथ भी अत्यन्त सजग हैं। बंगाल की धारासार वर्षा के अद्भुत विवरणात्मक चित्र उनकी कविताओं में पाये जाते हैं :

(1) आज़ वारि झरे झरझर भरा बादरे
आकाश भाङ आकुल धारा कोथाओ ना धरे।।
शालेर वने थेके-थेके, झड़ दोला देय हेंके-हेंके
जल छुटे जाय एँके-बेंके माठेर' परे
आज मेघेर जटा उड़िये दिये नृत्य के करे।।

(2) पूब-सागरेर पार हते कोन एल परबासी—
शून्ये बाजाय घन-घन हाओयाय-हाओयाय सन-सन
साँप खेलाबार बाँशि।।
सहसा ताइ कोथा हते कुलु-कुलु कलस्रोते
दिके-दिके जलेर धारा छुटेछे उल्लासी।।
आज दिगन्ते घन-घन गभीर गुरु, डमरु-रव हयेछे ओइ शुरु।
ताइ शुने आज गगन-तले पले-पले दले-दले
अग्नि-बरन नाग-नागिनी छुटेछे उदासी।।

(3) घन जटाय घटा घनाय आँधार आकाश-माझे
पाताय-पाताय टुपुर-टुपुर नूपुर मधुर बाजे।

(4) आँधार अम्बरे प्रचण्ड डम्बरु
बाजिल गम्भीर गरजने।
नदीर कल्लोल वनेर मर्मर
बादल उच्छल निर्झर-निर्झर-

ध्वनि तरंगिल निविड़ संगीते
श्रावण संन्यासी रचिल रागिणी
तड़ित शिखा छुटे दिगन्त सन्धिया
भयार्त्त यामिनी उठेछे कन्दिया।।
नाचि छे येन कोन प्रमत्त दानव
मेघेर दुर्गेर दुयार हानिया।।

उल्लास के साथ-साथ भयार्त्तता, सर्वनाश के बिम्ब रवीन्द्रनाथ को प्रिय हैं। लेकिन वर्षा के सन्दर्भ में भय की अनुभूति निराला में कहीं नहीं है। इसीलिए कहीं भी उन्होंने तान्त्रिक बिम्बों का सहारा नहीं लिया। शायद यह उनके स्वभाव, संस्कार और सांस्कृतिक पृष्ठभूमि के भी प्रतिकूल पड़ता। शायद भौगोलिक दृष्टि से भी निराला की वर्षा-कविताओं में इस तरह के साइक्लोनिक बिम्ब अस्वाभाविक और काल्पनिक अधिक लगते। इसीलिए निराला के वर्षा-बिम्बों में उल्लासजनित मार्दव अधिक है; रससिक्त सान्द्रता अधिक है—तोड़-फोड़ और विनाश का ताण्डव बिलकुल नहीं। उनका उल्लास पृथ्वी के भरे-पूरे होने में व्यक्त होता है। उनका बिम्ब 'सूखता किसान' और 'तपी हुई पृथ्वी' है। इसीलिए निराला में आवाहन है। अट्टाहासपूर्ण आनन्द की जगह, वर्षा उन्हें एक सान्द्र तपःपूत पवित्रता और जीवन से भर देती है। और फिर धीरे-धीरे वे प्रार्थना की भूमि पर उतर आते हैं—

(1) पथ पर मेरा जीवन भर दो।
बादल हे, अनन्त अम्बर के
बरस सलिल-गति उर्मिल कर दो।
तट हों विटप छाँह के, निर्जन
सस्मित कलि-दल-चुम्बित जल-कण,
शीतल-शीतल बहे समीरण
कूजें द्रुम विहंग-गण, वर दो।

(2) मुक्तादल जल बरसो बादल,
सरि-सर कल-कल परसो बादल।

(3) गगन-गगन है गान तुम्हारा
घन-घन जीवनयान तुम्हारा

□□

मेघों की जटाएँ उड़ाकर नाचता हुआ, डमरू की ध्वनि पर ताल देता हुआ भैरव संन्यासी, बादलों का दरवाजा तोड़ता हुआ कोई प्रमत्त राक्षस, अपनी भयार्त्त रागिनी

छेड़नेवाला श्रावण-संन्यासी—वर्षा के इन बिम्बों से निराला परिचित न रहे हों, ऐसी बात नहीं। बादल का विनाशकारी रूप भी एक सत्य है, जिसके लिए पन्त ने कहा—'आधि व्याधि, बहु वृष्टि वात उत्पात अमंगल। वह्नि, बाढ़ भूकम्प तुम्हारे विपुल सैन्य-दल।' निराला ने किया यह, कि बादल के इस सर्वनाशी रूप को विप्लवी, क्रान्तिकारी कहकर एक नया और सर्वथा मौलिक और अभूतपूर्व रूप प्रदान कर दिया! इसके पहले अपनी सम्पूर्ण काव्य-परम्परा में वर्षा का स्वर तो चित्रित था। उसका आवेग, उसका उल्लास, उसका प्रभाव, उसके द्वारा दिया गया जीवन और किया गया सर्वनाश। वह विरह-दुःख को प्रज्ज्वलित तो करता था; वह प्रियाहीन राम के मन में डर भी पैदा करता था या कालिदास के यक्ष को अपना विरह-सन्देश भेजने के लिए प्रेरित भी करता था,-या वह एक कवि के शब्दों में :

गगने अब घन मेघ दारुण सघन दामिनि झलकई।
कुलिश-पातन-शबद-झनझन पवन खरतर बलगयी।
सजनि, आज दुरदिन भेल।।

बादलों की दारुणता, वज्रपात, तीखी हवा से युक्त दुर्दिन का चित्रण तो मिलता था; या रवीन्द्रनाथ को असीम उल्लास से भरकर अनेक रूपों, रंगों, उपमाओं, बिम्बों में बाँधने के लिए वह बादल अनुप्रेरित तो करता था-लेकिन हमारी पूरी परम्परा में कहीं भी इस बादल का चित्रण क्रान्तिकारी के रूप में नहीं हुआ था। उसके घोर-भैरव रूप को पहली बार निराला ने यह विप्लवी रूप प्रदान किया। उसे एक सर्वनाश-कर्त्ता, भय-उत्पादन करनेवाले के रूप में नहीं, बल्कि असद्-शक्तियों के विनाश का वाहक बनाया। यहीं पर आकर निराला अपने सारे पूर्ववर्ती कवियों के आगे बढ़ जाते हैं। उन्होंने बादल के विनाशकारी रूप को एक सार्वजनिक मंगल की रचनात्मक दिशा की ओर मोड़ दिया। जो जीवन देता है, वह अट्टहास करता हुआ सर्वनाश के रूप में कैसे आयेगा! वह अट्टहास करेगा तो किसके ख़िलाफ़? क्या उस धरती माँ के ख़िलाफ़, जिसके लिए रवीन्द्रनाथ ने कहा :

पिपासाते बुक फाटा तोर शुष्क कठिन धरा

या जिसके लिए निराला ने लिखा :

जीर्ण बाहु है शीर्ण शरीर
चूस लिया है उसका सार
हाड़ मात्र ही हैं आधार

अट्टहास करेगा? नहीं, वह उनके लिए, जिनका व्यापार रुद्ध है, जो अट्टालिकाओं में रहते हैं। उसके अट्टहास से वह नहीं डरेगा, जो अपनी जर्जर सूखी बाँहें उठाकर

'जीवन-पारावार' कहकर उसे बुलाता है, उसका स्वागत करता है। उसके अट्टाहासों से वह नहीं डरेगी, जिसे पन्त ने 'कृषक-बालिका' कहा है या जिसे निराला ने धान्य के बोझ से झुके, हाथ हिलाते, खिलखिलाते छोटे-छोटे पौधे कहा है, या रवीन्द्रनाथ ने जिसे नया 'तृण-दल' कहा है, जिस पर बादलों की उड़ती हुई सघन छाया पड़ती है और जिसकी आँखों में, हृदय में और प्राणों में सिर्फ़ एक ही संगीत गूँजता है :

'एसेछे एसेछे' एइ कथा बले प्राण,
'एसेछे एसेछे' उठितेछे एइ गान—
नयने एसेछे, हृदये एसेछे श्रेये।

इसीलिए निराला में 'दुरन्त झटिका', 'प्रमत्त दानव', 'भीषण भयाल', 'श्रावण-संन्यासी', 'प्रचण्ड डमरू'-जैसे रवीन्द्रनाथ के बिम्ब नहीं आते, न ही पन्त के 'प्रकटा विकट महा-आकार'-जैसे भूतों के कड़कनेवाले बिम्ब ही आते हैं। निराला ने अत्यन्त सचेत और सजग कलाकार की तरह बादल के इस सर्वनाशी रूप को एक रचनात्मक दिशा में संयोजित कर दिया है। उनका यह कथन मेरी इसी धारणा का साक्षी है :

बादल वह नहीं, जहाँ
छिपा हुआ पवि रे, यह
और और छबि।

बादल राग

इसी 'और और छबि' का प्रतिफलन हैं, उनकी 'बादल-राग' शीर्षक से रची गयी छह कविताएँ। वैसे यह नहीं है कि बादल के क्रान्तिकारी रूप के चित्रण में निराला पहली बार 'बादल-राग' की इन्हीं कविताओं में उतरते हैं। इसके पहले भी, और बाद की अनेक वर्षा-कविताओं में भी निराला ने इस भाव-भूमि की अनेक रचनाएँ की हैं। स्वयं 'अनामिका' की 'बादल गरजो', जिसका उदाहरण हम ऊपर कहीं दे चुके हैं, इसी भाव-भूमि की कविता है। ग्रीष्म से तप्त धरा, निदाघ से पीड़ित जन, इन सबका वर्णन इस कविता में भी आता है। इसी तरह 'परिमल' की एक कविता 'स्वागत' भी 'बादल-राग' क्रम की तीसरी कविता 'सिन्धु के अश्रु' की भूमिका लगती है। उसमें भी अनेक विघ्न-बाधाओं को पार करके आनेवाले प्रियदर्शन बादल के स्वागत की सूचना कवि देता है। 'बादल-राग' की तीसरी कविता में भी 'सव्यसाची' के पौराणिक बिम्ब द्वारा निराला ने ग्रीष्म के बाद प्रियदर्शन बादल के रथारूढ़ होकर लौटने का चित्रण किया है।

'बादल-राग' की इन कविताओं से निराला के काव्य-व्यक्तित्व का अत्यन्त सशक्त उद्घाटन मिलता है। विषय-वस्तु के दृष्टिकोण से उन्होंने जिस सजगता से एक सचेत कलाकार की भाँति एक नयी भाव-भूमि की अवतारणा की है, उसी तरह भाषिक संरचना, कलात्मक शब्द-बन्ध, बिम्बों का अनुकूल संयोजन तथा नयी बिम्बात्मक उद्भावनाएँ इस कविता में अपनी चरम कलात्मकता के साथ उद्घाटित हुई हैं। इन सभी दृष्टियों से 'बादल-राग' की कविताएँ भारतीय-काव्य की सम्पूर्ण परम्परा में एक नया द्वार खोलती हैं।

न तो मध्यकालीन कवि के लिए यह सम्भव था, न राजकुमारों का जीवन बितानेवाले रवीन्द्रनाथ के बस की यह बात थी। सिलाईदह में बैठकर पूर्व-बंगाल की घनघोर भयावनी विनाशकारी वर्षा के जो दृश्य-चित्र रवीन्द्रनाथ ने खींचे हैं, अगर वे निराला की तरह कठिन जीवन-संघर्षों के बीच से गुज़रे होते, अगर उन्होंने स्वयं हाड़-मात्र शेष किसान की ऊपर उठी हुई प्रतीक्षारत आँखों की व्यथा जानी होती तो वर्षा का भयंकर चित्र खींचने की जगह वे अपनी विराट् प्रतिभा के बल पर वर्षा-कविता को इस नयी रचनात्मक दिशा की ओर मोड़ सकते थे। तब उन्हें 'हाय पथवासी, हाय गतिहीन, हाय गृहहारा' कहकर सिर्फ़ गलदश्रु करुणा नहीं अभिव्यक्त करनी पड़ती। लेकिन आभिजात्य में पले रवीन्द्रनाथ के लिए यह सम्भव नहीं था। ऐसा भी नहीं है कि वे वर्ग-संघर्ष के सिद्धान्तों से परिचित न रहे हों। लेकिन लगान वसूल करनेवाले और ज़मींदारी की देख-रेख में नियुक्त रवीन्द्रनाथ के लिए शोषक और शोषित की वर्ग-भूमिका समझना और उसमें निराला की तरह शोषित की पक्षधरता ग्रहण करना अत्यन्त कठिन था। इसी भूमिका में आकर निराला रवीन्द्रनाथ से आगे, एक विराट् जन-कवि की भूमिका ग्रहण करते हैं। सिर्फ़ 'बादल-राग' की इन कविताओं में ही नहीं, काव्य-आभिजात्य से अपनी मुक्ति के सम्पूर्ण प्रयास में निराला ने जिस तरह के नये काव्य की रचना की है, उनके शब्द-बन्ध, उनकी भाषिक संरचना, उनकी संवेदनागत नवीनता और अनपेक्षिता के आगे रवीन्द्रनाथ की 'भाङ, भाङ, कारा' या 'पुरातन भृत्य' जैसी कविताएँ कहीं नहीं ठहरती। इसलिए यह नहीं कहा जा सकता कि निराला ने वर्षा के विनाशकारी रूप की उपेक्षा की या उसके अनुभव से वे वंचित थे। बल्कि यह कि भयंकरता की उस अनुभूति को उन्होंने क्रान्ति और विप्लव की नूतन भूमिका में रख दिया।

'बादल-राग' की सभी कविताएँ इस विप्लव की भूमिका में नहीं रखी गयी हैं। सबकी भाव-भूमि अलग-अलग है। पहली कविता वर्षा के स्वरारोह और घटाटोप के ध्वन्यात्मक चित्र से सम्बद्ध है। इस स्वरारोह को निराला ने अद्भुत शब्द-लास्य में बाँधा है। यदि 'राम की शक्ति-पूजा' का शब्द-बन्ध और उसकी भाषिक संरचना 'शब्द-ताण्डव' के स्थापत्य का अभूतपूर्व उदाहरण है तो 'बादल-राग' की पहली

कविता में शब्दों का कोमल नृत्य उतनी ही गहराई से निराला ने संयोजित किया है। इस कविता की पूरी भाषिक संरचना में 'श ण ल व' का प्रयोग बहुत ही कम हुआ है और इसकी सारी ध्वनि-संयोजना हिन्दी की प्रकृति के निकटतम है। लेकिन सिर्फ़ इस कविता में निराला ने ध्वनि-सन्धान और उसका असाधारण संयोजन ही नहीं किया है। कविता का प्रत्येक शब्द इस दृश्य अथवा श्रव्य बिम्ब का सृजन करता चलता है। और ये बिम्ब अर्थ-संकेतों की अपरिमित सम्भावनाओं से भरे हुए हैं। इससे भी आगे चलकर निराला ने वर्षा के सम्पूर्ण स्वरारोह, उसके सौन्दर्य, उसके खलबलाते आवेग को अपनी निजी आन्तरिक रचनात्मकता से जोड़ दिया है। वह केवल हरहराती हुई धारासार वर्षा का एक चित्र ही नहीं रह जाता, बल्कि कवि के अनन्त-असीम रचनात्मक प्रसार का एक बिम्ब भी बन जाता है। कविता का सम्पूर्ण अभिधार्थ 'चर रे चल, मेरे पागल बादल' कह देने से एक गहरी व्यंजना में बदल जाता है और एकाएक सम्पूर्ण कविता का अर्थ एक नये सन्दर्भ में, नये सिरे से हमारे सामने चमक उठता है।

इसी को मैंने कहा है कि निराला ऋतु के माध्यम से अपने जीवन-बिम्ब को ही बार-बार अवतरित करते हैं, उसे पाते हैं या उसे खो देते हैं। इस कविता में वर्षा के स्वरारोह के माध्यम से निराला ने अपने ही कवित्व के अपरम्पार, उद्दाम वेग को स्वर दिया है। इसीलिए यह कविता सिर्फ़ एक तटस्थ वर्षा-चित्र न रहकर दुहरे अन्तरवर्ती अर्थों की व्यंजना से पूर्ण है। वर्षा की भाँति ही रचना का उद्दाम प्रवाह सर्वान्त प्रवाहित है—सम्पूर्ण प्रकृति से लेकर सारे संसार में, प्रत्येक चेहरे पर, सभी के प्राणों में, वही अमर राग छाया हुआ है। कवित्व के उसी उद्दाम, उल्लसित वेग का प्रवाह झर रहा है। कवि ने बादल को अपन 'गर्जन-भैरव-संसार' से निकलकर बरसनेवाली 'रसधार' कहा है—'वर्ष का हर्ष' इस उपाधि से उसे सम्बोधित किया है। फिर उस वर्षा के ध्वनि-चित्र का प्रभाव अंकित किया गया है। और अन्ततः कवि स्वयं इच्छुक है अपने इस अनन्त प्रवाह का, इस अमर राग का उद्गम-स्रोत जानने के लिए। वह कौन-सी जगह है? दुर्गम कन्दराओं में या विशाल अनन्त समुद्र में या आकाश के असीम कोने में—कहाँ से कवित्व का, रस का, जीवन का यह खलबलाता, पागल स्रोत प्रवाहित हो रहा है—अविराम, अनवरत। अनुभूति का, संवेदना का वह अनन्त उत्स, रचनात्मकता की यह गंगोत्री कहाँ है? जानने की इसी उद्दाम इच्छा में 'बादल-राग' की पहली कविता समाप्त होती है। ध्वनि-संयोजन, स्वरारोह और अर्थ-गरिमा का अद्भुत संगम इस पहली कविता में द्रष्टव्य है :

झूम-झूम मृदु गरज-गरज घनघोर
राग अमर! अम्बर में भर निज रोर।

झर-झर-झर निर्झर-गिरि-सर में
घर, मरु, तरु-मर्मर, सागर में
सरित-तड़ित्-गति-चकित पवन में
मन में, विजन-गहन-कानन में
आनन-आनन में रव घोर कठोर—
राग अमर! अम्बर में भर निर रोर।
अरे वर्ष के हर्ष!
बरस, तू बरस बरस रसधार
उथल-पुथल कर हृदय, मचा हलचल—
चल रे चल मेरे पागल बादल!

इस कविता के ध्वनि-संयोजन के सामने रवीन्द्रनाथ की 'पाताय-पाताय, टुपुर-टुपुर नूपुर मधुर बाजे'-जैसी पंक्तियाँ फीकी पड़ने लगती हैं। रवीन्द्रनाथ अपने ध्वनि-संयोजन से एक तथ्यात्मक चित्र द्वारा अपनी उल्लसित मुद्रा भर प्रदर्शित करते हैं, निराला की तरह इस सारे स्वर-संगम को दुहरी-तिहरी अर्थ-व्यंजनाओं से नहीं जोड़ते। वह वर्षा को अमर राग कहकर सम्बोधित नहीं करते। उनमें उस आकांक्षा का नितान्त अभाव है, जिसे निराला ने इस कविता में व्यक्त किया है।—हे मेरे अमर राग, ऐ संवत्सरों के आनन्द, तुम अपना संगीत सम्पूर्ण प्रकृति पर ही निछावर न करो, मेरे अन्तर-मन को भी अपने संगीत, अपनी रसधार से आप्लावित कर दो। मन, जो स्तब्ध, जनहीन वन-प्रदेश की तरह सन-सन कर रहा है। मेरा घर जो एक निचाट जलते हुए रेगिस्तान की तरह धू-धू करता फैला हुआ है। ये वन, घर, मरुस्थल, नदी, तरु-मर्मर, निर्झर, गिरि, समुद्र केवल बाहरी प्रकृति के उपादान नहीं रह जाते, कवि के अन्तर-मन के बिम्ब बनकर चमक उठते हैं। यह वही निर्झर है, जिसके 'रेत ज्यों' रह जाने की बात निराला ने आगे चलकर की है। यह वही तरु-मर्मर है, जो आगे चलकर 'ठूँठ है यह आज' में बदल जाता है। यह वही आनन है, जो आगे चलकर 'निष्प्रभ गालों' के सहज स्वीकार में बदल जाता है। यह वही 'घर-मरु' है, जिसके बारे में ग़ालिब ने कभी कहा था :

उग रहा है, दरो-दीवार पर सब्ज़ा ग़ालिब
हम बयाबाँ में हैं औ' घर में बहार आयी है।

ग़ालिब में घर और मन अलग-अलग थे। मन बियाबानों में भटक रहा था और घर में हरियाली उग आयी। लेकिन निराला में वह अंन्तर्गृह एक ही है—अलग-अलग नहीं। इस तरह इस छोटी-सी कविता का अर्थ-सम्भार अपरिमित है। निराला ने उसके

सामासिक पदों में अनन्त अर्थ की सम्भावनाएँ छोड़ रखी हैं और ये अर्थ, कवि के अभिप्रेत अर्थ से कहीं भी टकराते नहीं, बल्कि उसे और अधिक प्रोद्भासित करते हैं।

□□

'बादल-राग' क्रम की दूसरी तथा छठी-ये दो कविताएँ क्रान्ति की भूमिका से सम्बद्ध हैं। इन दीनों में निराला ने बादल के 'गर्जन-भैरव संसार' को क्रान्ति की भूमिका में रख दिया है। दरअसल अपने-अपने ढंग से इस क्रम की सभी कविताओं के महत्त्वपूर्ण होने के बावजूद, सर्वथा नूतन उपलब्धि के रूप में सबसे अधिक महत्त्व इन्हीं दोनों कविताओं का है। बादल के पुराने, परम्परागत बिम्ब और उसकी सम्पूर्ण अभिधात्मकता को ज़रा-सा तोड़कर (distort) निराला ने उसमें से सर्वथा एक नये अर्थ और नयी वर्ग-चेतना की सृष्टि की है। इन दोनों कविताओं में से इस क्रम की दूसरी कविता का विस्तृत अर्थ निराला ने स्वयं 'प्रबन्ध-प्रतिमा' में छपे एक निबन्ध 'मेरे गीत और कला' में किया है। वह विश्लेषण दर्शनीय है। निराला ने इसमें बताया है कि किस तरह इस कविता का प्रत्येक शब्द दुहरी अर्थ-व्यंजना से भरा हुआ है और सिफ अन्त की एक पंक्ति 'गरजो विप्लव के नव जलधर' से ही पूरी कविता दूसरे अर्थ-सम्भार से प्रकाशित हो उठती है। सारा प्लावन, सारी भयावहता और विनाश 'विप्लव का प्लावन' बन जाता है और बादल की सारी विनाश-लीला उसकी प्रचण्ड डमरू-ध्वनि, एक विशेष दिशा में केन्द्रित हो जाती है। उसका प्रचण्ड, वज्र-घोष, उसका आतंक, उसका उन्माद, उसकी स्वच्छन्दता, विराटता और अपरम्पार क्रोध किसके ऊपर गिरता है? उनके ऊपर, जिन्होंने इस सम्पूर्ण पृथ्वी, सारे कृषक-समाज को अपने फायदों के अनुकूल बना रखा है; जो कभी कोई पीड़ा महसूस नहीं करते; जो सुरक्षित और निश्चिन्त हैं।

'बादल-राग' क्रम की यह दूसरी कविता पूर्णतः एक सम्बोधनपरक कविता है। इसकी भाषिक संरचना की सबसे बड़ी विशेषता इसकी यही सम्बोधनात्मकता है। पूरी कविता में वास्तव में सिर्फ़ एक ही क्रिया-पद 'गरजो' का प्रयोग हुआ है। बीच में या तो पूर्वकालिक क्रियाओं के संकेत-चिह्न हैं या क्रियापदों से बनाये विशेषणात्मक सम्बोधन। इन्हें विस्मयादिबोधक अव्ययों की संज्ञा भी नहीं दी जा सकती। शेष पूरी कविता में सामासिक पदों द्वारा सम्बोधनात्मक क्रियारहित वाक्य है। प्रत्येक इस तरह का पद विप्लवी बादल की किसी विशेषता का संकेत देता है।

एक क्रान्तिकारी के बुनियादी चरित्र-गुण क्या होते हैं? वह नितान्त स्वच्छन्द होता है। वह किसी तरह की बाधा, सीमा या बन्धन को स्वीकार नहीं करता। वह मुक्ति का सपना सदा सँजोये रहता है और उसे पूरा करने के लिए कभी-कभी अनर्गलता पर भी उतर आता है। एक जगह एकत्रित सम्पत्ति उसका लक्ष्य होती है।

वह सारे देश को मुक्त कराकर सर्वहारा-वर्ग को उसकी बाधाहीन सत्ता सौंपता है, जिसे मार्क्स की शब्दावली में 'सर्वहारा का अधिनायकत्व' कहा जाता है और जिसे निराला ने 'सावन-घोर-गगन के ऐ सम्राट्!' कहा है। वह शोषकों को अन्ततः आतंकित करके उन्हें विनष्ट कर देता है और क्रान्ति के अन्तिम चरण में अपने 'प्रचण्ड-घोष' से गरजता हुआ टुट पड़ता है—निःस्वार्थ, भयरहित, बाधाविहीन और मुक्त। इसीलिए वह उसी देश और उन्हीं पुराने लोगों के बीच पैदा होने के बावजूद एक नये दर्शन, नयी शासन-प्रणाली और नये राष्ट्र का सक्रिय निर्माता होता है। ये चरित्र-गुण लेनिन, या माओत्सेतुंग में जाकर सर्वथा एक नये समाज और राष्ट्र का निर्माण करते हैं। सिर्फ़ व्यक्तिगतता से उसकी दिशा एक सार्वजनीनता की तरफ़ मोड़ देने से ही वह सम्भव हो सकता है। इसीलिए निराला ने बादल के उन्हीं परम्परागत बिम्बों और विशेषणों का प्रयोग करके उन्हें 'विप्लव' शब्द से सम्पूर्णतः एक-दूसरे रचनात्मक और नूतन अर्थ में संयोजित कर दिया है।

यही बिम्ब है—वही निर्बन्धता, विराटता, वही आतंकित करनेवाला वज्र-घोष-लेकिन सभी एक दूसरी ही अर्थ-दिशा खोलते हैं। जहाँ सर्वनाश नहीं है; जहाँ आवाहन है और एक नयी तरह की सुरक्षा और रचना की शुरुआत होनेवाली है। इस कविता में प्रयुक्त बिम्ब केवल दृश्य या श्रव्य ही नहीं है। उन्हें चरित्र-बिम्बों की संज्ञा दी जा सकती है। इस तरह, भाषिक संरचना की यह सर्वथा नयी प्रणाली किसी चमत्कार-प्रदर्शन के लिए नियोजित शब्दों का खेल या शब्द-प्रदर्शन नहीं है। उसके भीतर से एक नयी बिम्ब-योजना विकसित और पल्लवित होती हुई दीखती है। उसका एक-एक शब्द गहरी अर्थ-सम्भावनाओं की चमक से झिलमिलाता रहता है।

ऐ निर्बन्ध!
अन्ध-तम-अगम-अनर्गल बादल!
ऐ स्वच्छन्द!
मन्द-चंचल समीर-रथ पर उच्छृंखल!
ऐ उद्दाम!
अपार कामनाओं के प्राण!
बाधा-रहित विराट्!
ऐ विप्लव के प्लावन!
सावन-घोर गगन के
ऐ सम्राट!

कविता में यहाँ तक पंक्तियाँ पाठ-प्रक्रिया के अनुसार रूप ग्रहण करती मालूम पड़ती हैं। 'ऐ निर्बन्ध' कहकर निराला जैसे अगली पंक्ति की विश्वसनीयता का

पूर्व-संकेत देते हैं। बिजली की चमक की तरह अचानक दूसरी पंक्ति खिंचकर लम्बी होती है—'अन्ध-तम-अगम-अनर्गल बादल।' और फिर एक गहरी सघन गड़गड़ाहट--'ऐ स्वच्छन्द!' भाषिक संरचना का यही पैटर्न फिर बार-बार दुहराया गया है—'मन्द चंचल समीर-रथ पर उच्छृंखल।' और फिर दूसरी सघन गड़गड़ाहट—'ऐ उद्दाम।' फिर तीसरी, फिर चौथी—'ऐ सम्राट'-इत्यादि। बादलों के स्वरारोह के अनुकूल ही निराला ने यहाँ पंक्तियों का गठन किया है। फिर यहाँ से आगे कविता की चार पंक्तियाँ लगभग समान लम्बाई में रखी गयी हैं—मानो इस भयंकर गर्जन-तर्जन के बाद टूट-टूटकर भयंकर वर्षा प्रारम्भ हो गयी। जिसके लिए रवीन्द्रनाथ ने 'आकाश भाङ्' शब्द-बन्ध का प्रयोग किया था। उस लगातार भयंकर वर्षा के पूर्व-संकेत के लिए ये चारों पंक्तियाँ बराबर रखी गयी हैं। उनसे वह पहले की पंक्तियों का उठता-गिरता वज्र-घोष नहीं ध्वनित होता, बल्कि अपरम्पार, अटूट, धारासार, भयावनी वर्षा का संकेत मिलता है :

ऐ अटूट पर छूट टूट पड़नेवाले उन्माद!
विश्व-विभव को लूट-लूट लड़नेवाले अपवाद!
श्री बिखेर, मुख फेर कली के निष्ठुर पीड़न!
छिन्न-भिन्न कर पत्र-पुष्प-पादप-वन-उपवन।

इस पूर्व-संकेत, इस भविष्यवाणी के बाद फिर कवि छोटी पंक्ति द्वारा वर्तमान में उतरता है—

बज्र-घोष से ऐ प्रचण्ड!

इसके बाद अन्त में पूरी कविता के प्रतिफलन पर एक आवाहन है :

भय के मायामय आँगन पर
गरजो विप्लव के नव-जलधर!

यह आवाहन पूरी कविता के सम्बोधन को एक शुभाकांक्षा में बदल देता है। इस भाषिक संरचना में शब्दों का चुनाव भी अत्यन्त सजगता से किया गया है। सारी कविता का शब्द-बन्ध एक गड़गड़ाहट लिये हुए है, जिसे रवीन्द्रनाथ 'प्रचण्ड डमरू-ध्वनि' या 'प्रमत्त दानव द्वारा बादलों का द्वार पीटना' कहते हैं। 'ऐ निर्बन्ध, ऐ स्वच्छन्द!' ऐ उद्दाम, बाधारहित विराट्, सावन-घोर-गगन के ऐ सम्राट, वज्र-घोष से ऐ प्रचण्ड'—इन शब्द-बन्धों में द्वित्व वर्णो और टवर्ग का उपयोग अकारण नहीं है। लेकिन अन्तिम दो पंक्तियों में जब यह निर्बन्ध, विनाशकारी, विप्लवी नृत्य एक शुभाशंसा में बदलता है तो शब्द-चयन अत्यन्त कोमल, शान्त होता हुआ माधुर्य से भर गया है—'गरजो विप्लव के नव जलधर! तब वह आतंकित करनेवाला,

गड़गड़ानेवाला प्रचण्ड, निर्बन्ध, उद्दाम, विराट् बादल नहीं रह जाता-'नव जलधर' हो जाता है।

इस कविता की अपनी व्याख्या में निराला ने इसे मुक्त गीत कहा है। साथ ही वे अर्थ की दुहरी व्यंजना प्रकाशित करते हुए इस कविता की कलात्मकता के सम्बन्ध में एक विशेष निर्णय पर पहुँचते हैं। कविता की सम्पूर्ण व्याख्या के बाद निराला कहते हैं कि 'बुराई के ख़िलाफ़ बग़ावत का ढंग यहाँ कला है।' अपने इस साग्रह निर्णय द्वारा निराला कविता की कलात्मक संरचना की पुरानी अवधारणा पर पूरे जोर से प्रहार करते हैं। अपनी गीत-रचना की पारम्परिक उत्कृष्ट कलात्मकता की व्याख्या करते हुए इस कविता पर विचार करने का सवाल ही निराला के मन में इसलिए उठा कि वे पाठकों और आलोचकों की आँखों में उँगली डालकर दिखा सकें, कि देखो—सम्पूर्ण पुरानी कलात्मक अवधारणा का उदाहरण यदि मेरा गीत 'सखि, वसन्त आया' है (यद्यपि इस गीत के एक बन्द की व्याख्या करने के पश्चात् उन्होंने अत्यन्त लट्ठमार ढंग से यह भी कह दिया कि यह भी उच्च कोटि की कला का उदाहरण नहीं है और इसकी जगह वे पन्त की 'कनक छाया में जब सुविशाल' कविता की सादगी और कलात्मकता के समन्वय की दृष्टि से ज़्यादा बेहतर ठहराते हैं।) तो इससे भी आगे बढ़कर मैंने कलात्मक अवधारणा की सर्वथा नयी पद्धति का सन्धान किया है और उसके उदाहरणस्वरूप वे मुक्त गीत कहकर बादल-राग की यह कविता पेश करते हैं।

लेकिन कलात्मक अवधारण के सम्बन्ध में निराला का उपर्युक्त कथन उनके मन के एक संशय को भी व्यक्त करता प्रतीत होता है। लगता है कहीं उनके कथन की हँसी न उड़ायी जाय। कहीं मुक्त गीतों का मज़ाक न बने। इसीलिए उनका यह कथन एकतरफ़ा बचाव की दलील अधिक लगने लगता है। शायद अपनी इसी मनःस्थिति के कारण निराला ने इस कविता की उत्कृष्ट और अभूतपूर्व भाषिक संरचना की कलात्मक उच्चता के बारे में कुछ भी नहीं कहा, जिसकी चर्चा में लगातार ऊपर करता चला आया हूँ। अगर निराला अपने संशय से उबर पाते तो उन्हें उपर्युक्त वाक्य की ज़रूरत न पड़ती। तब वे अर्थ-विश्लेषण के स्तर से हटकर उसके साथ-साथ भाषिक संरचना के स्तर पर भी 'सखि, वसन्त आया' के समक्ष रखकर इस कविता की भाषिक कलात्मकता की श्रेष्ठता प्रदर्शित करते।

हो सकता है, मेरा यह कथन निराला के मानसिक ऊहापोह की छानबीन की एक अनधिकार चेष्टा लगे। क्योंकि यह भी सम्भव है कि 'सखि, वसन्त आया' और, 'जुही की कली' की अर्थ-व्याख्या के समानान्तर ही उन्होंने इस कविता के अर्थ-विश्लेषण तक ही अपने को सीमित रखा हो। लेकिन जैसा कि मैंने कहा, यह कथन पुरानी कलात्मक अवधारणाओं पर एक प्रहार इसलिए लगता है कि पहली बार

निराला ने कविता की कलात्मक अवधारणाओं को उसकी भाषिक संरचना और लय-पक्ष से सम्बद्ध न करके, उसकी विषय-वस्तु से उसे सम्बद्ध किया है। यानी कि कलात्मक श्रेष्ठता शब्द-बन्धों की तलाश और उनके सुघड़ रचाव में नहीं है, बल्कि 'बुराई के ख़िलाफ़ बग़ावत में है।'

इस तरह नूतन क्रान्ति की विचारधारा मात्र को निराला कलात्मकता की संज्ञा देते हैं और प्रकारान्तर से इस कविता में इस नयी उद्भावना के समावेश को वे कला मानते हैं। इस कथन में निराला का यह हठ साफ़ झलकता है कि काव्य की विषय-वस्तु में यह नूतन सन्धान और उसका समावेश अपने-आपमें कलात्मक है। इसके लिए किसी शब्द-मार्दव के मुलम्मे की ज़रूरत नहीं है। और साथ ही वे यह भी जताना चाहते हैं कि देखा, हिन्दी में इस नयी कलात्मकता का आविष्कारक मैं ही हूँ। उनका यह अभिमान आधाररहित नहीं है। 'बुराई के ख़िलाफ़ बग़ावत' को कला का नाम देकर निराला एक ही साथ कालिदास, रवीन्द्रनाथ और पन्त सबको ध्वस्त कर देते हैं। और दो हज़ार वर्षों के भारतीय साहित्य के इतिहास में अपने को सर्वथा, एक अलग नूतन और उच्चतर भूमि पर स्थापित करते हैं। लेकिन मैं जो कहना चाहता था, वह इससे आगे भी और कुछ है। और वह यह कि केवल 'बुराई के ख़िलाफ़ बग़ावत' के कारण ही 'बादल-राग' की यह कविता एक महान् कलात्मक रचना नहीं है, बल्कि उसकी भाषिक संरचना और अननुभूत शब्द-संयोजन, अर्थ और ध्वनि का अभूतपूर्व संगम और वर्षा के क्रिया-कलापों और पाठ-प्रक्रिया के अनुकूल पंक्तियों को छोटी-बड़ी संरचना—इन सभी दृष्टियों से यह कविता हिन्दी और भारतीय साहित्य में बेजोड़ है।

□□

'बुराई के ख़िलाफ़ बग़ावत' की चरम कलात्मक परिणति 'बादल-राग' क्रम की छठी और अन्तिम कविता में जाकर होती है। यह कविता इस क्रम की उपर्युक्त दूसरी कविता की विषयगत पुनरावृत्ति नहीं है, लेकिन संवेदना के स्तर पर उससे जुड़ी अवश्य है। एक तरह से यह छठी कविता दूसरी कविता का और विस्तार है, और अधिक खुलासा है। दूसरी कविता की दुहरी अर्थ-व्यंजना के अन्दर छिपी हुई किंचित् अमूर्तता यहाँ आकर मूर्त और ठोस हो गयी है। यहाँ पर पक्ष-विपक्ष स्पष्ट है और वर्ग-चेतना और उसके वैषम्य का खुला स्वीकार है। 'बुराई के ख़िलाफ़ बग़ावत' का आह्वान यहाँ निःसंशय और बेलाग है। साथ ही इसका शब्द-संयोजन ज़्यादा साफ़ और सादा है। इसमें संकेतार्थों की अपेक्षा प्रत्यक्ष-अर्थ ज़्यादा प्रबल है और दूसरी कविता की तरह इसका अर्थ-सन्धान नहीं करना पड़ता। वह अपने-आप प्रकाशित है—स्वतः खुली हुई है।

इस कविता की दूसरी विशेषता इसमें अन्तर्निहित कथा-तत्त्व और उसका समुचित विकास है। क्रान्तिकारी बादल के लिए कवि ने युद्ध-नौका का बड़ा ही सुन्दर बिम्ब बाँधा है। पूरी कविता को कथा-विलास की दृष्टि से चार भागों में विभाजित किया जा सकता है।

प्रथम भाग में विजय की आकांक्षा से भरी हुई युद्ध-नौका का युद्ध-भूमि की ओर धीरे-धीरे बढ़ने का वर्णन कवि ने किया है। दूसरी कविता का 'समीर-रथ' इसमें 'समीर-सागर' हो गया है। दूसरी कविता में निराला के मन में यदि स्थल-युद्ध का बिम्ब है तो इसमें समुद्री-युद्ध का। बादल के मन में अपना लक्ष्य स्पष्ट है इसलिए वह किसी भी प्रकार की दया की भावना से विचलित नहीं होने जा रहा है। इसीलिए उसे 'निर्दय विप्लव' कवि ने कहा है। युद्ध-भूमि में किसकी विजय होगी, यह स्पष्ट नहीं है। इसीलिए संसार के जले हुए हृदय में संशय है और अपनी कल्पना में कभी वह बादल को विजयी समझकर सुखी होता है और फिर संशय प्रबल होने पर दुःखी। वर्षा होगी या नहीं—इस ऊपापोह में बह लटका हुआ है। यहाँ पर संसार के मन में उठनेवाली सुख-दुःख की छायाओं और हवा के इशारे पर सरकते हुए आषाढ़ के पहले बादलों के धूप-छाँहीं खेल की सुन्दर एकान्विति द्रष्टव्य है :

तिरती है समीर-सागर पर—
अस्थिर सुख पर दुःख की छाया;
जग के दग्ध हृद पर
निर्दय विप्लव की प्लावित माया
यह तेरी रण-तरी
भरी आकांक्षाओं से—

कविता के दूसरे खण्ड में आक्रमण की पूर्व-गर्जना है। रण-वाद्यों के बजने का दृश्य है। एक प्रकार से युद्ध की पूर्व-घोषणा है, जिसमें बादल की उपस्थिति से नये जीवन की आकांक्षा के उल्लास में पृथ्वी में दबे हुए, सोये हुए अंकुर ज़रा-सा सिर बाहर निकालकर झाँकने लगे हैं। धूल में मिले हुए, सदियों से दबाये गये, प्रताड़ित शोषित जन-समुदाय-कुछ-कुछ आशा और आशंका से सिर ऊपर उठाकर ताकने लगे हैं।

कविता के तीसरे खण्ड में अप्रतिहत आक्रमण, भीषण युद्ध और उसके प्रभावों का अत्यन्त सादगीपूर्ण किन्तु कलात्मक वर्णन है, जिसमें शोषक धराशायी हो गये हैं और साधारण जन हँसते-खिलखिलाते अपने हाथ हिला-हिलाकर बादल का स्वागत कर रहे हैं। शोषक पूँजीपति अपने विनाश की आशंका से काँपते हुए अपनी पत्नियों

के वक्षःस्थलों में मुँह छिपाकर बैठ गये हैं। अन्ततः कायरों का सदा यही हश्र होता है। उनके पास सभी साधन है, लेकिन वे जानते हैं अब कुछ भी शेष नहीं रहेगा। अतः वे शुतुर्मुर्ग की तरह इस अवश्यम्भावी विपत्ति से छुटकारा पाने की सोच रहे हैं। लेकिन दीन-हीन, जर्जर, विपन्न, निरस्त्र, सदियों से प्रताड़ित, शोषित किसान उस विप्लवी को अपनी दुर्बल बाँहें उठाकर बुला रहा है।

जीर्ण-बाहु है शीर्ण शरीर
तुझे बुलाता कृषक अधीर
ऐ विप्लव के वीर!
चूस लिया है जिसका सार
हाड़ मात्र ही हैं आधार
ऐ जीवन के पारावार!

□□

'बादल-राग' क्रम की तीसरी कविता में सुकुमार और कठोर बिम्बों का अद्भुत संगम है। निराला ने अर्जुन के इन्द्रलोक-प्रवास के बिम्ब को अत्यन्त सूक्ष्मता से पूरी कविता में पिरोया है। कविता द्रौपदी के विरह और अर्जुन के प्रस्थान से शुरू होकर इन्द्रलोक से उसके दुबारा लौटने के शुभ-क्षणों में ख़त्म होती है। इन्द्र बादलों का देवता है। ऋतु बीतने पर बादलों का प्रवास और फिर उनका पुनर्दर्शन। सभी चूप हैं। मौन उर में चाहें हैं। नेत्र अपलक खुले हैं, लेकिन विजय के लिए अस्त्र लेने जाना ही है। यह कोई सदा के लिए सम्बन्ध-भंग करना नहीं है, बल्कि लोक-कल्याण हेतु स्वेच्छा से वरण किया गया एक 'श्रमित प्रवास' है। अन्ततः यह 'श्रमित प्रवास' पूरा होता है। वर्षा ऋतु आती है और श्यामा पृथ्वी के होठों की प्यास बुझती है—इस कविता में भी वैसा ही आवाहन है :

पूर्ण-मनोरथ! आये
तुम आये
रथ का घर्घर नाद
तुम्हारे आने का संवाद।
हे त्रिलोकजित्! इन्द्र धनुर्धर!
सुरबालाओं के सुख-स्वागत!
विजय! विश्व में नव-जीवन भर
उतरो अपने रथ से भारत!

बादल के आगमन के इस आह्लाद और रवीन्द्रनाथ के 'ऐसेछे एसेछे' की इकहरी व्यंजना में कितना अन्तर है, वह आसानी से लक्ष्य किया जा सकता है। निराला की कविता में बिम्बों की सघनता और उनकी अनेकार्थी व्यंजना अद्‌भुत है। एक पूरी पौराणिक कथा को शब्दों के उचित चुनाव से कितनी सूक्ष्मता से निराला ने दुहरे-तिहरे अर्थों की व्यंजना की है—यह दर्शनीय है। 'त्रिलोकजित्', 'इन्द्र धनुर्धर', 'भारत', 'रथ का घर्घर नाद', 'अरण्य', 'श्यामा', इन शब्दों की अनेकार्थी व्यंजनाएँ यहाँ दर्शनीय हैं।

□□

'बादल-राग' क्रम की चौथी कविता में निराला ने एक सर्वथा कोमल बिम्ब की सृष्टि की है। वही बादल है, वर्षा का वही स्वर है, लेकिन उसमें प्लावन नहीं है। उसका संसार भैरव-गर्जन से युक्त नहीं है। वह अरण्य में बैठी हुई अधीर प्रिया के लिए अपना 'श्रमित-प्रवास' पूरा करके भी नहीं लौटता। वह एक सम्पूर्ण परिवर्तन के लिए उद्‌दाम, उच्छृंखल वेग से आक्रमण भी नहीं करता। वह सिर्फ़ सृष्टि के अनन्त गर्भ से एकाएक एक शिशु की भाँति प्रकट होकर भोले-भाले मन से शान्त आकाश को पार करता है, अपनी इच्छानुसार खेलने-गाने, उछलने-कूदने लगता है।

वर्णन की सारी सामग्री वही है, लेकिन निराला ने उसे इतनी सूक्ष्मता से शिशु के बिम्ब में पिरो दिया है कि आश्चर्य होता है। वही वज्र घोष करनेवाली विजली है, लेकिन यहाँ शिशु की करधनी की तरह चमक रही है। वही सव्यसाची का अर्जित इन्द्रधनुष है, लेकिन यहाँ सात रंगोंवाला स्वर-सप्तक हो गया है। वही मन्द्र और भयावह गर्जन है, लेकिन यहाँ स्वरारोह की विभिन्न स्थितियाँ बन जाती हैं। और यह मुक्त भोला शिशु बेपरवाह, अपने झर-झर स्वरोंवाले संगीत से सम्पूर्ण प्रकृति, सारे संसार को अनुगूँजित कर रहा है। उसे इसकी चिन्ता नहीं है कि कोई उसका यह भोला संगीत सुनेगा भी या नहीं :

उमड़ सृष्टि के अन्तहीन अम्बर से
घर के क्रीड़ारत बालक-से,
ऐ अनन्त के चंचल, शिशु सुकुमार!
स्तब्ध गगन को करते हो तुम पार।
अन्धकार—घन अन्धकार ही
क्रीड़ा का आगार।
चौंक चमक छिप जाती विद्युत्
तड़िद्‌दाम अभिराम-
किरण-तूलिकाओं से अंकित

इन्द्रधनुष के सप्तक तार
मुक्त! तुम्हारे मुक्त कण्ठ में
स्वरारोह अवरोह विघात
मधुर मन्द्र, उठ पुनः पुनः ध्वनि
छा लेती है गगन, श्याम कानन
सुरभित उद्यान

बिम्ब-माला की यह सघनता और कोमलता दर्शनीय है। पूरी कविता की शब्द-संयोजना में 'श' 'ण' का प्रयोग कमतम हुआ है। उन्हीं उपादानों से कहीं निराला भीषण रण-हुंकार का दृश्य उपस्थित करते हैं और यहाँ अत्यन्त कोमल व्यंजना का आधार बनाते हैं।

पाँचवीं कविता में बादल को एक दार्शनिक रूपक और सतत परिवर्तनशील रूप में आँका गया है। यहाँ कवि का अभिप्रेत बादल के रूप में और कर्म-वैविध्य को चित्रित करना है। उसके विविध रंगों, कार्यों, उसके वैविध्यपूर्ण संचरण, उत्थान-पतन और रूप-परिवर्तन का बड़ा ही सूक्ष्म चित्रण निराला ने इस कविता में किया है। फिर भी मेरे दृष्टिकोण से यह 'बादल-राग' क्रम की कविताओं में सबसे शिथिल कविता है। इसमें अर्थों की दुहरी-तिहरी सूक्ष्म व्यंजनाएँ भी नहीं हैं और शब्द-कौशल में भी कोई नवीन और अनपेक्षित वैशिष्ट्य नहीं है। इसमें आया हुआ दार्शनिक रूपक बहुत गूढ़ न होते हुए भी स्पष्ट नहीं है और अर्थ-सन्धान में उतरने पर भी कुछ विशेष हाथ नहीं लगता। मेरे ख्याल से यह कविता 'बादल-राग' का विवादी स्वर है।

'बादल-राग' की इन कविताओं तथा निराला की अन्य वर्षा-कविताओं के विचार-सन्दर्भ में सुमित्रानन्दन पन्त की प्रसिद्ध कविता 'बादल' का स्मरण स्वाभाविक है। एक तो इसलिए भी कि पन्त और निराला समकालीन कवि हैं। निराला की तरह वर्षा-कविताओं का इतना सघन, सूक्ष्म और विराट् वैविध्य पन्त के यहाँ अप्राप्य है। पन्त का ध्यान किसी ऋतु-विशेष पर नहीं टिकता। वे ऋतुओं में अपना जीवन-बिम्ब नहीं खोजते। उनकी खोज का स्रोत अनेक सामयिक विचारधाराएँ हैं, जिनके माध्यम से वे अपना जीवन-बिम्ब पाने की कोशिश करते हैं। वर्षा-कविताओं के नाम पर पन्त की सबसे प्रसिद्ध कविता 'बादल' है, जो 'पल्लव' में संगृहीत है। इसके अतिरिक्त 'उच्छ्वास' तथा 'सावन-भादों' में वर्षा के कुछ बिम्ब पाये जाते हैं। निराला की वर्षा-कविताओं के सन्दर्भ में यदि 'बादल' कविता के अनुशीलन पर हम आते हैं तो सभी दृष्टियों से घोर निराशा हाथ लगती है। वर्षा के बारे में निराला की विचारधारा अत्यन्त प्रगतिशील, रचनात्मक, आधुनिक और आगे की ठहरती है। इतनी सघन बिम्बमालाएँ और उस तरह, कथात्मक विकास, आवाहन, आकांक्षा, शील, समृद्धि,

सुख-उल्लास का उद्दाम प्रवाह, पवित्रता की निष्छल अनुभूति, वैराग्य की गरिमा, अवसाद की सूक्ष्म, क्षीण संगीत-धारा पन्त के यहाँ अप्राप्य है। ध्वनि और अर्थ का वैसा संगम और फिर उसके माध्यम से अपने सम्पूर्ण काव्य-जीवन को उसी में समाहित देखने की अवधारणा—इन स्तरों पर पन्त ने वर्षा ऋतु या अपनी कविता 'बादल' में कभी सोचा ही नहीं। समसामयिक होते हुए भी निराला जहाँ अपने वैविध्य, अपनी सघनता और प्रगतिशील विचारधारा के कारण अत्यन्त आधुनिक कवि लगते हैं, वहाँ पन्त एक प्रतिक्रियावादी, बूर्जुवा, लीक पीटनेवाले कवि ही सिद्ध होते हैं।

'बादल' कविता अपने जमाने में बहुत प्रसिद्ध और लोकप्रिय हुई थी। बल्कि उसकी चमत्कारिक उपमाओं और उत्प्रेक्षाओं ने उन दिनों पाठकों-आलोचकों पर जादू का-सा असर किया था और चमत्कार के उस घटाटोप में निराला का सघन, वैविध्यपूर्ण वर्षा-बिम्ब कुछ-कुछ दब-सा गया था। आज उस घटाटोप के घुलने पर जब हम 'बादल' का विश्लेषण करते हैं तो हमें विशेष कुछ भी हाथ नहीं लगता। इनमें विषय का कोई भी कथात्मक विकास नहीं है। बादल की सारी क्रियाओं को चमत्कारिक और नये-नये लगनेवाले बिम्बों में रखकर उनके साथ खिलवाड़ करने और पाठक को चमत्कृत करने की प्रवृत्ति अधिक झलकती है। छन्द एक ही है और उसके प्रत्येक चौपदे में किसी-न-किसी नये बिम्ब की उद्भावना की गयी है। इसमें से कुछ बिम्ब तो काव्य-परिपाठियों के आधार पर बुने गये हैं और उनमें कोई विशिष्टता या नवीनता नहीं है :

सुरपति के हम ही हैं अनुचर
जगत्प्राण के भी सहचर
मेघदूत की सजल कल्पना
चातक के प्रिय जीवनधर।

इन चार पंक्तियों में कोई भी नयी बिम्ब-माला, पन्त प्रस्तुत नहीं करते। कविता का प्रारम्भ ही इतने लचर और रूढ़िवादी ढंग से होता है कि आगे पाठक को किसी नवीनता की आशा नहीं रह जाती। इसी 'सुरपति' में से निराला ने 'इन्द्र-धनुर्धर सव्वसाची' का बिम्ब आविष्कृत किया, जिसकी मौलिक कोमलता और जिसका विजय-अभियान तथा जिसकी बिम्बात्मक सघनता अद्वितीय है।' मैं नहीं जानता कि कालिदास से लेकर रवीन्द्रनाथ या अन्य किसी भी कवि ने 'सव्वसाची' के माध्यम से प्रेम, विरह और विजय की इतनी सुन्दर बिम्ब-योजना बादल में गूँथी है। इसी तरह आगे चलकर पन्त की 'मत्त मतंगज' या 'दमयन्ती'-जैसी उपमाएँ भी पुरानी काव्य-परिपाटियों की याद दिलाती हैं।

लेकिन इनके अतिरिक्त पन्त ने बहुत-सी अत्यन्त सुन्दर, सर्वथा मौलिक और नूतन बिम्बों की परिकल्पना भी की है। ये बिम्ब सचमुच पढ़ते वक़्त मन को अपनी छवियों से चमत्कृत कर देते हैं :

लघु लहरों के चल-पलनों में
हमें झुलाता जब सागर
वही चील-सा झपट बाँह गह
हमको ले जाता ऊपर।

इस चौपदे में बिम्बों की त्वरा और क्रियाशीलता दर्शनीय है। लेकिन जब हम गहरे उतरकर इसका अर्थ-सन्धान करने लगते हैं तो सारी उक्ति बचपन में पढ़े, 'बादल कैसे बनते हैं,' का एक विवरणात्मक कथन बनकर दिखायी देने लगती है। इसी तरह 'भूमि-गर्भ' में विहंग का छिपना कहना अस्वाभाविक लगता है। 'साँस को सेना' कोई मुहावरा नहीं होता। बीजों के उगने के बिम्ब में पक्षियों का बिम्ब रखना स्वाभाविक नहीं लगता और न ही किसी नये अर्थ की सृष्टि करता है।

इसकी तुलना में निराला की यह बिम्ब-माला अपनी शब्द-योजना में सादी होते हुए भी अर्थ-सम्भार की दृष्टि से कितनी सघन, सशक्त, जीवन्त और समृद्ध लगती है—मानो इसके अलावा और किसी तरह इस स्थिति को चित्रित किया ही नहीं जा सकता :

घन-भेरी-गर्जन से सजग, सुप्त अंकुर
उर में पृथ्वी के, आशाओं से
नवजीवन की, ऊँचा कर सिर,
ताक रहे हैं—ऐ विप्लव के बादल!
फिर-फिर।

देख नहीं रहे हैं—ताक रहे हैं। ताकने में असहायता, आकांक्षा, आवाहन की जो ध्वनि निहित है वह अकथनीय है।

दरअसल चमत्कारिक बिम्ब-योजनाओं के अतिरिक्त पन्त ने वर्षा को लेकर रचनात्मक और प्रगतिशील ढंग से सोचने की तकलीफ कभी नहीं उठायी। वे उपमाओं-उत्प्रेक्षाओं की पारम्परिक कलात्मकता के फेर में ही पड़े हुए दिखायी देते हैं। उनकी कविता पर 'बुराई के ख़िलाफ़ बग़ावत का ढंग यहाँ कला है', यह उक्ति चरितार्थ नहीं होती। वे भी रवीन्द्रनाथ की तरह सर्वनाश के बिम्बों में रस लेते हैं। बल्कि रवीन्द्रनाथ तो एक बार 'हाय गृहहारा' भी कहते हैं—पन्त सिर्फ़ संसार का थर्रा उठना ही देखते हैं :

कभी अचानक भूतों का-सा
प्रकटा विकट महा आकार
कड़क-कड़क जब हँसते हम सब
थर्रा उठता है संसार।

अनिल-विलोड़ित गगन-सिन्धु में
प्रलय बाढ़ से चारों ओर
उमड़-उमड़ हम लहराते हैं
बरसा उपल तिमिर घनघोर।

दरअसल पन्त का पूरा उद्देश्य इस कविता के माध्यम से चमत्कारिक बिम्बों की सृष्टि करके पाठक को मोहाविष्ट कर लेना है। इसके लिए उन्होंने काफ़ी मेहनत की है और अपने उद्देश्य में सफल भी रहे हैं। निराला की तरह बादल के माध्यम से कवित्व-रचना के अन्तर और बाहर की संघटित संरचना उनका उद्देश्य नहीं है। कहीं-कहीं उनके लाक्षणिक प्रयोग और उत्प्रेक्षाएँ अत्यन्त सुन्दर बन पड़ी हैं। जैसे 'तम के जमुना-जल में श्याम', 'हम सागर के धवल हास हैं' या 'अनिल-फेन, ऊषा के पल्लव' इत्यादि। लेकिन 'संशय-सा उठना', 'अपयश-सा बढ़ना' और लालसा-सा फैलकर छा जाना' सिर्फ़ एक मनोवैज्ञानिक वाचन-भर बनकर रहे जाते हैं। इसी तरह कई चौपदे सिर्फ़ बादल की परिवर्तनशीलता के माध्यम से एक दार्शनिक रूपक के रूप में खड़े किये गये हैं। इनमें कवित्व उतना नहीं झलकता, जितना कवित्व का प्रयास। और अन्तिम दो छन्दों में पन्त ने शब्द-बन्ध में जो लोक-तत्त्व का समावेश किया है, उससे कविता के सौन्दर्य में कोई वृद्धि नहीं होती। बल्कि 'मदन राज के वीर-बहादर' (बहादुर नहीं) जैसी पंक्ति बादल की सारी कड़कड़ाहट या कोमल बिम्बों को एक प्रकार की जनखा अभिव्यक्ति में बदल देती है। 'मदन राज के बीर बहादर' दूसरी ही पंक्ति में खट-से 'पावस के उड़ते फणिधर' हो जाते हैं। मतलब कि एक बिम्ब के सन्धान को अभी आप पचा नहीं पाते—'कामदेव के वीर बहादुर' का अर्थ अभी आत्मसात् नहीं कर पाते कि 'पावस के फणिधर' फुंकार उठते हैं।

इस तरह का अर्थ-स्खलन पूरी कविता में जगह-जगह व्याप्त है। प्रमत्त दानव का नृत्य तो कुछ-कुछ ठीक भी लगता है, जो मेघों का दरवाजा बार-बार पीट रहा है, लेकिन भूतों की कड़कड़ाहट से मेघ-गर्जन की तुलना हास्यास्पद लगती है। ध्वनि-मार्दव का इतना उल्लंघन अजीब लगता है। बादलों की चाहे कितनी ही भयानक गर्जना क्यों न हो, उसमें से मन्द्र स्वर ओझल नहीं होता। उसके लिए 'गड़गड़ाहट' शब्द ठीक है। 'कड़-कड़' की गर्जन-ध्वनि तो मैंने कभी नहीं सुनी।

रवीन्द्रनाथ जब भयावह बिम्बों का भी प्रयोग करते हैं तो वे सघोष ध्वनियों का उपयोग करते हैं—जैसे 'भीषण भयाल', 'प्रमत्त दानव' 'श्रावण संन्यासी', या निराला द्वारा प्रयुक्त 'गर्जन-भैरव-संसार—इन बिम्ब-मालाओं में बादल की भयंकर गर्जना के भीतर भी उसके मन्द्र का उल्लंघन नहीं लगता। लेकिन 'प्रकटा-विकट महा आकार' में दाँत किटकिटाने की अभिव्यक्ति ज़्यादा प्रखर लगती है। इसी तरह 'परियों के बच्चे'वाली कोमल उपमा की तुलना में 'बादल-राग' की चौथी कविता में शिशु का बिम्ब और उसकी अर्थ-सघनता, कथा-विकास और उसका संघटित शब्द-बन्ध बहुत आगे हैं।

□□

दरअसल निराला की वर्षा-कविताएँ और उनमें भी 'बादल-राग' उनके गहरे संघटित काव्य-व्यक्तित्व की उपज है। 'बादल-राग' अपने सम्पूर्ण भाषिक और विषयगत वैविध्य में एक संघटित सिम्फनी है—एक पूर्ण संरचना। पहली कविता का 'वर्ष का हर्ष' दूसरी कविता में 'विप्लव का नव-जलधर' हो जाता है; वही तीसरी कविता में 'त्रिलोकजित् इन्द्र धनुर्धर सव्वसाची' के रूप में अपने 'श्रमित प्रवास' के बाद अरण्य में सूख रही श्यामा प्रिया (पृथ्वी) से मिलने आता है; वही प्रियदर्शन एक भोले-भाले शिशु के अप्रतिहत कोमल गायन के रूप में चौथी कविता में बदल जाता है; पाँचवीं कविता में वही अनेक रूपाकार ग्रहण करता हुआ कभी 'कुसुम-कोमल और कभी कठोर-पवि' की तरह बनता है और छठी तथा अन्तिम कविता में वही 'जीवन का पारावार' कहकर बुलाया जाता है। जिस तरह उस्ताद अली अकबर ख़ाँ और पं. रविशंकर की जुगलबन्दी झाला में पहुँचकर एक संघटित अपरूप सिम्फनी की रचना करती है—ठीक उसी तरह ये छहों कविताएँ मिलकर कविता की एक अद्भुत सिम्फनी तैयार करती हैं, जिसके आगे रवीन्द्रनाथ या कालिदास या पन्त की रचनाएँ कहीं नहीं ठहरतीं।

□□

निराला के सारे संग्रहों में वर्षा-सम्बन्धी केवल एक कविता ऐसी मिलती है, जिसमें बादल के विनाशकारी रूप का चित्रण किया गया है। लेकिन उसे भी निराला ने शाप की संज्ञा दी है। और अन्त में इस विनाश-लीला से मुक्ति के लिए ही वे प्रार्थना करते हैं। वैसे ही कविता के शब्द-संयोजन में कहीं भी भयार्त्तता का आभास नहीं मिलता। एक सर्वान्त दुःख-भाव की अभिव्यक्ति के बाद उससे मुक्ति की पवित्र प्रार्थना ही मिलती है :

शाप तुम्हारा, गरज उठे सौ सौ बादल
ताप न वारा, काँपे पृथ्वी के तरुदल।

हर हर करती समीर
जीवन - यौरव अधीर
नीचे ऊपर अपार
सलिल राशि विसम्भार
मुहुर्मुहुः वज्रहार।

आओ अनिमेष नयन!
करो निरामय वर्षण
संचय, हे संघर्षण!
कलित साधना के शुभ-फल!

जैसा कि मैंने कहा, यहाँ पंक्तियाँ एकदम शान्त हैं। धीरे-धीरे वज्रपात हो रहा है। अपरम्पार जलराशि गृह-वन में धीरे-धीरे सरक रही हैं। पृथ्वी का ताप दूर नहीं हुआ, लेकिन सर्वनाश अवश्यम्भावी है। इसे सिर्फ़ प्रार्थना से ही रोका जा सकता है। अतः कवि उस निश्छल, पवित्र प्रार्थना की ओर झुकता है—हे संघर्षण! विनाश नहीं, तुम्हारी तपस्या का फल संचय है, शुभ है, समृद्धि है—विनाश नहीं। आओ, और अपनी साधना का शुभ-फल हम पर वारो। इस तरह इस कविता की मूल प्रेरणा भी सर्वनाश का चित्रण न होकर उससे मुक्ति की निरामय प्रार्थना ही है। दरअसल, जैसा कि प्रारम्भ में ही कहीं कहा है, निराला की मानसिक बनावट में सर्वनाश का चित्र कभी भी 'फिट-इन' नहीं करता। वे सुख, समृद्धि, उल्लास और प्रार्थना के कवि हैं।

□□

सुख, समृद्धि, उल्लास, उद्दाम आनन्द, और पवित्रता तथा गरिमा की निरामय अनुभूति के रूप में वर्षा का चित्रण करने के बाद 'बादल-राग' की अद्वितीय, अपूर्व सिम्फनी की रचना के बाद निराला की वर्षा-कविताओं का एक महत्त्वपूर्ण स्वर अपने आन्तरिक अवसाद, खिन्नता, उदासी और उत्कट मनस्ताप की अभिव्यक्ति देना है। वैसे संख्या की दृष्टि से ऐसी कविताएँ बहुत कम हैं। फिर भी उनका रचनात्मक आवेग और आत्मभिव्यक्ति की विदग्धता अपूर्व है। दरअसल ऐसी वर्षा-कविताएँ उनके आत्म-साक्षात्कार और मृत्यु-बोध के अवसादपूर्ण गीतों के ही विस्तार हैं या जिन्हें अंग्रेज़ी में 'ऑफ-शूट्स' कहते हैं। एक गहरा अवसाद और मूक मनस्ताप, जो बार-बार उनके जीवन में हिलोरें लेता है, उन्हें प्रताड़ित और आन्दोलित करता है, उनके अन्दर जिन दुःखान्तों का सृजन होता चलता है, उसी की अभिव्यक्ति इस तरह के वर्षा-गीतों में हुई है। इस तरह का सर्वोत्कृष्ट गीत 'सान्ध्य काकली' में संकलित है :

बादल रे, जी तरसे।
किये उपाय सैकड़ों तन के,
मन के, चरण मिले सज्जन के,
व्यर्थ प्रार्थना जैसे अब है,
पंजर-पिंजर कर से।

अब अँधियाली ही बढ़ती है,
छाया पर छाया चढ़ती है,
प्राणों के घन-श्याम गगन से
बूँदों कभी न बरसे।

छिप जाती है छवि बिजली में,
सर-सर से दबती है ही मैं,
बूँदों की छन से छन उन्मन
प्राण न मेरे हरसे।

पूरी कविता में एक व्यंग्य और गहन दुःख की अनुभूति का साक्षात्कार है। जो कवि सारा जीवन बादल से सम्पूर्ण पृथ्वी के लिए, जन-साधारण के लिए सुख, समृद्धि, उल्लास की याचना करता रहा है; जिसने सारा जीवन अपने मन का बिम्ब उसमें ढूँढ़ा, उसे आत्मासाक्षात्कार के स्तर पर कुछ भी नहीं मिला। वह वैसा ही अवसादग्रस्त, तप्त, तितीर्षु और एकाकी है; उसकी सारी प्रार्थनाएँ दूसरों के लिए थीं, उसने अपना जीवन दूसरों के जीवन में समाहित कर दिया था; उसने अपने लिये बचाकर कुछ भी नहीं रखा। लेकिन अब, जब वह पीछे मुड़कर दृश्यावलोकन करता है तो वह पाता है कि उसने सब-कुछ दे दिया; वह रिक्त है—वैसा ही प्यासा, सन्तप्त, अवसादग्रस्त—एक अँधेरे दुःखान्त की ओर लगातार बढ़ता हुआ! इस आत्मदान में शरीर क्षीण-जर्जर हो गया; मन चुका गया; वे हाथ, जो आपस में जुड़कर लगातार प्रार्थनाएँ करते रहते थे, अब उभरी हुई नसोंवाले जर्जर ढाँचे रह गये हैं; ऐसे हाथों से प्रार्थना अब व्यर्थ है; एक अँधेरे पर दूसरे अँधेरे की तह चढ़ती जा रही है; सब समाप्तप्राय है—वह प्रतिभा और कविता की कौंध, वह तेजस्विता का उजाला, वह उल्लसित, उद्दाम रचनात्मकता—सब समाप्त है; कहीं वर्षा नहीं होती; कभी वह उल्लास लौटकर वापस नहीं आता, बल्कि अगर कभी वह बादल मधुर स्वर में बुलाता भी है तो उसके छद्म से मृत्यु ही वहाँ आ खड़ी होती है; उसकी रागिनी में भी अवसान का ही करुण स्वर छाया रहता है :

बो गयी विष वायु पच्छिम
मेघ के मद हुई रिमझिम
रागिनी में मृत्यु, द्रिम द्रिम
तान मे अवसान आया।

दुःख की इस अपरिमित अनुभूति, दुःखान्त की यह लघुतम महागाथा, अन्त का यह शाश्वत सत्य, इतना कारुणिक है कि वह हमें डुबो ले जाता है। भावना की, आत्मकथन की यही सच्चाई इस कविता का प्राण है। जो हाथ 'आओ आओ वारिद-वन्दन', 'आओ अनिमेष नयन', 'उतरो अपने रथ से भारत', 'गरजो विप्लव के नव-जलधर', 'गगन-गगन है गान तुम्हारा'-जैसी प्रार्थनाओं में जीवनपर्यन्त लगे रहे, वही हाथ अब 'पंजर-पिंजर', मात्र रह गये हैं। अब उन हाथों से यदि प्रार्थना सम्भव भी है तो उसका कोई अर्थ नहीं रह गया है। क्योंकि कुछ भी बचाकर नहीं रखा जा सकता। दुर्दान्त नैराश्य का यह चित्र अविस्मरणीय प्रभाव छोड़ जाता है।

इस कविता का एक पाठान्तर 'गीत गुंज' में भी छपा है। जैसा कि निराला का स्वाभाव था, वे लगातार अपनी कविताओं में संशोधन-परिवर्तन किया करते थे। इस कविता में भी कुछ पाठान्तर मिलते हैं। 'तरसे' की जगह 'गीत गुंज' में 'तड़पे' छपा है 'पंजर-पिंजर' कर से' 'गीत गुंज' में 'पंजर-पिंजर करके' छपा है। 'तड़पे' और 'तरसे' में कौन-सी अभिव्यक्ति ज़्यादा मार्मिक बन पड़ी है, इस पर विवाद हो सकता है, लेकिन दूसरे भाषान्तर में 'पन्जर-पिन्जर कर से'—प्रार्थना के सन्दर्भ में ज़्यादा मार्मिक अभिव्यक्ति बन पड़ी है। प्रार्थना हाथों से ही की जाती है। 'पंजर-पिंजर करके' का अर्थ है शरीर के नितान्त जर्जर हो जाने पर, करककर फट जाने पर, दरारें पड़ जाने पर, अशक्त हो जाने पर—प्रार्थना व्यर्थ है। इस बिम्ब में ग्रीष्म से फटी हुई पृथ्वी का बिम्ब अधिक उभरता है, जब कि कविता अत्यन्त आत्मपरक है। इसीलिए मैंने कहा कि 'सान्ध्य काकली' की अभिव्यक्ति अधिक सटीक और एकान्वित है। क्योंकि इसमें सिर्फ़ व्यक्तिगतता का ज़िक्र है, दूसरों के लिए प्रार्थना का अस्वीकरण है। इसीलिए नितान्त आत्मपरक इस कविता में फिर कवि को धरती के बिम्ब से जोड़ना उचित नहीं लगता।

वैसे 'तड़पे' से 'तरसे' भी मेरी दृष्टि में ज़्यादा सशक्त प्रयोग है। 'तड़पे' में शारीरिक कम्प की सूचना अधिक है, 'तरसे', में मानसिक अतृप्ति की। 'तड़पे' से 'पंजर-पिंजर करके' की संगति अवश्य बैठती है। इसीलिए जब निराला ने 'कर से' परिवर्तन किया होगा तो तुक के अलावा संगति की दृष्टि से भी 'तड़पे' को 'तरसे' कर दिया होगा।

अगले पदों में भी कुछ 'छोटे-मोटे' और परिवर्तन किये गये हैं। 'गीत गुंज' की 'छाया छाया पर चढ़ती है' पंक्ति 'सान्ध्य काकली' में 'छाया पर छाया चढ़ती है' कर दी गयी है। इस तरह शब्दों के ज़रा सा स्थान-परिवर्तन से अभिव्यक्ति में सुघड़ता और प्रवाह आ गया है। इसी तरह अन्तिम पद में 'गीत-गुंज' की पंक्ति 'बूँदों की छन-छन से उन्मन' यह पंक्ति 'सान्ध्य काकली' में बूँदों की छने से छन उन्मन' करके दी गयी है। ज़ाहिर है कि दूसरी बेहतर अभिव्यक्ति है। जहाँ पहली अभिव्यक्ति में छनछनाहट का स्वर-चित्र प्रकट होता है, वहाँ दूसरी अभिव्यक्ति में इस स्वर-चित्र के साथ, उन्मन मन की उदासी क्षण-मात्र को भी दूर नहीं होती—वह कथन भी अभिप्रेत है। 'छन से छन' में क्षणिकता का भाव अधिक प्रबल है। इसके अतिरिक्त दोनों पाठान्तरों के विराम-चिह्नों में भी अन्तर है।

दोनों पाठान्तरों की रचना-तिथि एक ही दी हुई है। दरअसल अगर सुबह को कविता का पहला प्रारूप तैयार होता होगा तो निराला सारे दिन उस पर सोचते रहते होंगे और बीच-बीच में परिवर्तन-परिवर्द्धन चलता रहता होगा। अलग-अलग कागज पर दोनों पाठान्तर शायद बाद में सुरक्षित पाये गये होंगे और उन्हें वैसे ही अलग-अलग प्रकाशित कर दिया गया होगा। इस बात का सबूत या संकेत इससे भी मिलता है कि 'सान्ध्य काकली' की मूल पाण्डुलिपि में एक कविता दो पाठान्तरों में अलग-अलग पन्नों पर स्वयं उनके हाथों से भी लिखी हुई है। बहरहाल।

इस कविता का मूल भाव अवसन्नता और उत्कट नैराश्य की अभिव्यक्ति है। 'तन के सैकड़ों उपाय करने' और 'सज्जनों के चरण मिलने' पर भी कुछ न हो सकने में एक हलका-सा व्यंग्य भी निहित है। इसी तरह का व्यंग्य 'बादल छाये' कविता की अन्तिम पंक्तियों में भी है :

बादल छाये।
ये मेरे अपने सपने
आँखों से निकले मँडलाये।
गरजे सावन के घन घिर-घिर
नाचे मोर वनों में फिर-फिर
जितनी बार, चढ़े मेरे भी तार
छन्द से तरह-तरह तिर,
तुम्हें सुनाने को मैंने भी
नहीं कहीं कम गाने गाये।

आँखों से अपने ही सपनों का निकलकर मँडलाना में जितनी लबालब कारुणिकता है, उसे अन्तिम पंक्तियों की उलाहना से निराला सन्तुलित कर देते हैं।

ठीक उसी तरह, जैसे तरसने की आर्द्र भावात्मकता को 'सज्जन पुरुषों के चरणों के मिलने से' वे सन्तुलित करते हैं। इसीलिए उनकी गहरी भावुकता से उद्‌भूत अभिव्यक्ति की गलदश्रुता और निरस्त्र दैन्य से बच जाती है।

□□

इस तरह के आत्म-कथन से पूर्ण वर्षा-गीतों के अलावा निराला ने विरह-दुःख की पारम्परिकता के कुछ वर्षा-गीत भी लिखे हैं। शब्द-योजना गीत्यात्मकता और लय के सौन्दर्यपूर्ण आरोह-अवरोह के अलावा कथन की नयी भंगिमाओं के कारण भी इस तरह के गीत वर्षा की पारम्परिक उद्‌दीपनात्मक रचनाओं के मध्य बेजोड़ हैं :

(1) अलि, घिर आये घन पावस के।
द्रुम-समीर-कम्पित वर-वर-वर
झरतीं धाराएँ झर-झर-झर।
जगती के प्राणों में स्मर-शर।
बेध गये कसके।

(2) वे गये असह दुःख भर
वारिद झरझर झर कर।
जीवन के मंगल के
रवि अस्ताचल ढलके,
निशि तिमिर-ग्रस्त
वसन स्रस्त
त्रस्त नयन छलके
तरुणी के, अम्बर पर।

इन दोनों उदाहरणों में पहला उदाहरण शब्द-लास्य और ध्वनि-सौन्दर्य का बेजोड़ नमूना है। 'पावस के' का तुक 'कसके', 'हँस के' और 'बस के' से निराला ने जोड़ा है। तुक का इतना गरिमामय प्रयोग कम ही देखने को मिलता है। ऐसा लगता है कि इन तुकों के अलावा इनका कोई और विकल्प हो ही नहीं सकता। जैसे किसी मशीन के दो भागों को ठीक से जोड़ने के लिए सभी नापों के स्क्रू फिट नहीं बैठते। पूरी कविता के स्थापत्य में जैसे ये तुक जड़े हुए नगीने हैं, जिनकी चमक पूरी कविता को नये-नये अर्थों से झलमलाती रहती है। निराला के इस गीत को पढ़कर विद्यापति की ये पंक्तियाँ याद आती हैं :

झम्पि घन गरजन्ति सन्तत
भुवन भरि बसन्तिया।
कन्त पाहुन डाक-डाहुक
सघन खर शर हन्तिया।।

दोनों ही में मेघों के झमाझम बरसने का ध्वनि-चित्र उपस्थित किया गया है। विद्यापति की पंक्तियों से झर-झर बरसते हुए बादलों के साथ हवा के झकोरे भी शायद चल रहे हैं। इसीलिए विद्यापति ने 'झम्पि' शब्द का प्रयोग किया। शायद बूँदें हवा के झकोरों से तिरछी गिर रही हैं, इसलिए उन्हें 'सघन खर शर' के बिम्ब से अभिव्यक्त किया गया है। निराला में भी हवा के झकोरों में थरथराता हुआ वही वृक्ष है, लेकिन दूसरी पंक्ति का बिम्ब कुछ यों बनता है, मानो बूँदें खड़ी गिर रही हों—धारासार बारिश हो रही हो।

दूसरे उदाहरण में पंक्तियों का छोटी होते जाना, उनका संकोच और फिर फैलाव, यह शब्द-लाघव तथा दन्त्य 'स' के प्रयोग का सौन्दर्य दर्शनीय है। लेकिन यह मात्र शब्दों का खिलवाड़ नहीं रह जाता। जैसे-जैसे पंक्ति छोटी होती जाती है, अर्थ की सघनता बढ़ती जाती है। पारम्परिकता में भी यह एक अनहोना प्रयोग है।

इन कविताओं के अतिरिक्त इस तरह की पारम्परिक रचनाएँ और भी बहुत-सी उपलब्ध हैं, जिनमें लाक्षणिक प्रयोग और वर्षा का मानवीकरण दर्शनीय है। 'मेघ के घन केश' या 'प्राण तुम पावन सावन-गात' इत्यादि गीतों में स्त्री-शरीर का बड़ा ही मनोहारी रूपक कवि ने बाँधा है। इसके अलावा दो कविताएँ और मिलती हैं, जिनमें पारम्परिकता का आभास विद्यमान है। एक कविता 'देवी सरस्वती' है जिसमें 'देवी सरस्वती' को षट्-ऋतु-वर्णन के रूपक में प्रस्तुत किया गया है। हालाँकि इसमें उस वर्णन की परम्परा से अलग एक प्रयोग है, इसके उपादान ग्राम्य-जीवन से ग्रहण किये हैं और इनका एक निश्चित उद्देश्य है। दूसरी कविता चौमासा-वर्णन से सम्बन्धित है और 'आराधना' के अन्त में संकलित है। इस कविता में कोई प्रयोग नहीं है, बल्कि यह हर दृष्टि से एक पारम्परिक, रीत्यात्मक रचना है।

□□

वर्षा-कविताओं में रंगों का प्रयोग और चित्रण निराला ने बहुत वैविध्य और सूक्ष्मता से नहीं किया है। वैसे भी निराला की रंग-चेतना में प्रकाश की श्वेत रश्मियों का ही आधिक्य है। वसन्त के सन्दर्भ में उन्हें गुलाबी और जोगिया रंग ज़्यादा पसन्द हैं। वर्षा के सम्बन्ध में श्याम रंग के अलावा नीला और सफ़ेद उन्हें बहुत प्रिय है। इसके अलावा उन्होंने बादलों के रंग-वैविध्य की ओर सूक्ष्मता से ध्यान नहीं दिया है। श्याम रंग बार-बार आता है और उसी को अनेक सन्दर्भों में, अनेक घात-प्रतिघातों के साथ निराला ने चित्रित किया है। इस सन्दर्भ में पन्त की रंग-चेतना अधिक प्रखर

लगती है। अपनी 'बादल' कविता में उन्होंने रंगों का जितना सूक्ष्म अंकन किया है, वह अतुलनीय है। 'सागर के धवल हास', 'विशाल जम्बाल जाल', 'अनिल फेन', 'ऊपा के पल्लव' आदि बिम्बों में बादलों के सफ़ेद, गाढ़े श्याम, फिर श्वेत, फिर लालिम रंगों का एक सुन्दर जाल बुना गया है। निराला ने एक कविता में नीले रंग के अपरम्पार प्रसार को 'नीले' शब्द की अनेक पुनरावृत्तियों से चित्रित करने की कोशिश की है :

नील जलधि जल, नील गगन तल
नील कमल दल, नील नयन-द्वय
नील मोर के, नील नृत्य रे
नील कुसुम मग, नील नग्न-नग

शायद निराला 'नील' से यहाँ नीले और श्याम दोनों रंगों को अभिव्यक्त करना चाहते हैं। इस सम्बन्ध में रवीन्द्रनाथ को भी श्याम रंग ही अधिक पसन्द है। 'श्यामल कान्तार', 'रजनी', 'अँधारा', 'श्यामल घन', 'सजल काजल', 'निविड़ अमा-तिमिर', 'अन्ध विभावरी'-जैसे श्याम रंग के बिम्ब बार-बार उनकी वर्षा-कविताओं में लौटकर आते हैं। इस सन्दर्भ में कालिदास के एक छन्द का अनायास ही स्मरण हो आता है। कालिदास विवरणों के सूक्ष्म अनुवीक्षण में ही बेजोड़ नहीं हैं, रंगों का उनका सूक्ष्म अनुवीक्षण भी वैसा ही बेजोड़ है। बादलों के बदलते हुए रंगों की अद्भुत चेतना और रचना कालिदास के इस श्लोक में पायी जाती है :

नितान्त नीलोत्पल पत्र कान्तिभिः
क्वचित् प्रभिन्नांजनराशि संनिभैः
क्वचित् सगर्भा प्रमदास्तन प्रभैः
समाचितं व्योम घनैः समन्ततः।

वैसे इसमें भी श्याम रंग ही प्रमुख है, लेकिन उसके सूक्ष्म 'शेड्स' का बड़ा ही मनोहारी वर्णन कवि ने किया है। कहीं तो नीले कमलों की पंखुरियों की कान्तिवाले, कहीं, जिसे पन्त ने कहा—'काजर कारे' और कहीं गर्भवती स्त्रियों के स्तनों की घुण्डियों की तरह ललछौहे—अनेक छायाभासोंवाले श्यामल बादलों से सारा आकाश घिर गया है। इतना सूक्ष्म अनुवीक्षण (चिरेण नाभिम् प्रथमोद्विन्दवः) कालिदास ही कर सकते हैं। इस सन्दर्भ में कोई भी दूसरा भारतीय कवि उनके आगे नहीं ठहरता।

□□

निराला ने वर्षा ऋतु को लेकर कुछ प्रयोगात्मक कविताएँ भी लिखी हैं। ये प्रयोग विषय-वस्तु और शिल्प दोनों से सम्बद्ध हैं। 'देवी सरस्वती' कविता विषय-वस्तु और

भाषिक संरचना के स्तर पर स्वयं एक प्रयोग है। षट्-ऋतु वर्णन की सम्पूर्ण शब्दावली और संवेदना को निराला ने इस कविता में ध्वस्त कर दिया है। इसी तरह 'नये पत्ते' की एक दूसरी कविता 'वर्षा' भी है। यह कविता पूर्णतया मुक्त छन्द में है और इसकी विषय-वस्तु लोगों का बाग़ों में आम बीनना और अपने हिस्से लगाना है। इसके अतिरिक्त पूरी कविता में गाँव-देहात का एकदम गद्यात्मक और कुछ हद तक अकाव्यात्मक विवरण प्रस्तुत किया गया है। दरअसल ये दोनों कविताएँ निराला की ऐश्वर्यशालिनी, परम्परासम्मत आभिजात्य काव्य-परम्परा से मुक्ति के उसी प्रयास का प्रतिफल है, जिस पर हम पिछले अध्याय में विस्तार से विचार कर चुके हैं। निराला के अन्य गीतों या वर्षा-कविताओं की तुलना में इन कविताओं में फीकापन अवश्य है, लेकिन इन्हें पढ़ते हुए यह नहीं भूलना चाहिए कि इन कविताओं के द्वारा निराला सम्पूर्ण भारतीय काव्य-परम्परा को तोड़कर, शिल्प, भाषिक संरचना और विषय-वस्तु—सभी स्तरों पर एक नयी काव्य-धारा की शुरुआत और खोज के प्रयत्न में लगे हुए हैं :

घने-घने बादल हैं
एक ओर गड़गड़ाते
पुरवाई चलती है
सन, मूँग, उड़द और
धानों के हरे खेत,
ढोर चरते हुए
आम पकते हुए,
बाग़ों में लगी भीड़।

इस वर्णन में कहीं भी लाक्षणिकता या गूढ़ार्थ नहीं है, न ही संश्लिष्ट पद-योजना, न द्व्यर्थक संकेत सिर्फ़ एक सीधा-सादा गँवई चित्र है। दरअसल निराला अत्यन्त सजग भाव से सप्रयत्न इस लोक-भूमि पर उतर आये हैं। लोक-भूमि पर उतरने का यह संकेत 'अनामिका' की एक कविता 'खुला आसमान' में निराला ने दिया है, जहाँ वर्षा बन्द होने के बाद ग्राम्य-जीवन में व्याप्त आह्लाद और स्फूर्ति का बड़ा ही सजीव चित्र उन्होंने प्रस्तुत किया है :

बहुत दिनों बाद खुला आसमान
निकली है धूप, हुआ ख़ुश जहान।

लोग गाँव-गाँव को चले
कोई बाज़ार, कोई बरगद के पेड़ तले

जाँघिया-लँगोटा ले, सँभले
तगड़े-तगड़े सीधे नौजवान।

पूरी कविता तीन बन्दों में है और तीनों बन्द ग्राम्य-जीवन को आँखों के सामने जैसे सजीव कर देते हैं। 'जाँघिया, लँगोटा लेकर निकल पड़नेवाले 'तगड़े नौजवानों' का बिम्ब निराला को बहुत प्रिय है। 'नये पत्ते' की 'वर्षा' कविता में भी, जिसका ज़िक्र हम ऊपर कर चुके हैं, 'युवक अखाड़ों में ज़ोर करते हुए' कहकर फिर इस बिम्ब को दुहराया गया है। दरअसल इस सजीव चित्र के बिना ग्राम-जीवन का चित्रण पूरा नहीं होता। इसी लोक-भूमि पर उतरकर निराला एक नये काव्य-आचार्य की भूमिका में प्रतिष्ठित होते हैं। इसी को निराला ने 'जनता के हृदय जिया, जीवन-विष-विषम लिया' कहकर इंगित किया है। इस तरह की सीधी-सादी, विवरणात्मक लोक-भूमि की वर्षा-कविताओं के चित्रों के सन्दर्भ में मुझे बार-बार नज़ीर अकबराबादी की कविता 'बरसात की बहार' की याद आती है :

बादल हवा में ऊपर हो मस्त छा रहे हैं
झड़ियों की मस्तियों से धूमें मचा रहे हैं।
पड़ते हैं पानी हर-जा जल-थल बना रहे हैं।
गुलज़ार भीगते हैं, सब्ज़े नहा रहे हैं।
क्या-क्या मची हैं यारो, बरसात की बहारें।

इसी लोक-भूमि पर उतरकर निराला ने वर्षा-सम्बन्धी एक और कविता 'काले-काले बादल आये' लिखी है। इसमें उन्होंने कजरी की लोक-धुन अपनायी है। लेकिन इस धुन में शृंगारपरक प्रेम-गीत लिखने की जगह उन्होंने पूरी कविता में भोले-भाले जन-साधारण की मुद्रा में बैठकर अत्यन्त गहरा, भविष्योन्मुख और कटु व्यंग्य किया है। इस कविता को पढ़कर निराला की भविष्यदर्शी दृष्टि का लोहा मानना पड़ता है। जो स्थितियाँ आजादी के पच्चीस साल बाद भारतीय जनता के सामने स्पष्ट हुईं उन्हें निराला ने वर्षों पहले समझ-देख लिया था। इस पूरी कविता में आसन्न, विनाशकारी वर्षा से सुरक्षा पाने के लिए जनता द्वारा पं. जवाहरलाल नेहरू की प्रतीक्षा की मुद्रा व्यंजित की गयी है :

काले-काले बादल छाये, न आये वीर जवाहरलाल।
कैसे-कैसे नाग मँडलाये, न आये वीर जवाहरलाल।

बिजली फन के मन की कौंधी, कर दी सीधी खोपड़ी औंधी
सर पर सरसर करते धाये, न आये वीर जवाहरलाल।

पुरवाई की है फुँफकारें, छन-छन ये बिस की बौछारें
हम हैं जैसे गुफा में समाये, न आये वीर जवाहरलाल।

महँगाई की बाढ़ बढ़ आयी, गाँठ की छूटी गाढ़ी कमायी,
भूखे-नंगे खड़े शरमाये, न आये वीर जवाहरलाल।

कैसे हम बच पायें निहत्थे, बहते गये हमारे जत्थे,
राह देखते हैं भरमाये, न आये वीर जवाहरलाल।

पूरी कविता में इतना काटता हुआ, करारा पैना व्यंग्य है कि पढ़नेवाले को अपनी मार से तिलमिला देता है। जवाहरलाल यहाँ गाँधी जी के शिष्य और एक कांग्रेसी नेता या पं. मोतीलाल नेहरू के पुत्र नहीं हैं। वे पुरानी दन्त-कथाओं के वीर, प्रजा-पालक, प्रजा-रक्षक राजकुमार की तरह चित्रित किये गये हैं। जवाहरलाल ने बहुत वादे किये, बहुत भाषण दिये, बहुत-से दावे किये, लेकिन ऐन मौके पर उनका कहीं पता नहीं, जनता अपने चरित-नायक की प्रतीक्षा में आँखें फैलाये खड़ी है; विपत्ति, बाढ़, अकाल, भुखमरी की अँधेरी गुफा में छिपी है; बाहर हवा का ताण्डव है; विषैली बौछारें गिर रही हैं; असहाय, निहत्थे, शान्त, सीधे-सादे, सरल लोग झुण्ड-के-झुण्ड बहे जा रहे हैं, नष्ट हो रहे हैं या खड़े-खड़े शरमा रहे हैं, लेकिन वीर जवाहरलाल का कहीं पता नहीं है। उन्होंने सम्पूर्ण राष्ट्र की जनता को दिग्भ्रमित करके रास्ते पर छोड़ दिया है। इसमें जवाहरलाल के पहले 'वीर' शब्द की पुनरावृत्ति का व्यंग्य साफ़ है। यह कविता निराला की व्यंग्य-कविताओं और सम्भवतः सम्पूर्ण हिन्दी-साहित्य के व्यंग्य-काव्य में अद्वितीय है। साथ ही इसकी गीत्यात्मक लोक-धुन, और शब्द-बन्ध की नयी लोक-शैली दर्शनीय है।

□□

दरअसल वर्षा का बिम्ब या ऋतु-बिम्ब निराला के सम्पूर्ण काव्य-जीवन, सारी रचनात्मक क्षमता, ऊर्जा और प्रतिभा की तेजस्विता का बिम्ब है। जैसा कि मैंने इस निबन्ध में बार-बार दुहराया है, ऋतुओं के माध्यम से वे अपना रचनात्मक सामर्थ्य आज़माते हैं। उसी में अपने को—अपने सम्पूर्ण जीवन-बिम्ब को उपलब्ध करते हैं या धीरे-धीरे तिरोहित होता हुआ देखते रहते हैं। उनका उल्लास, उनकी सुख-समृद्धि, विकास की आकांक्षा, उनकी वरदान की अनुभूति और उनका निश्छल, पवित्र, प्रार्थनापरक आवाहन, उनका उत्कट, असीम नैराश्य, आत्म-स्वीकृति, उनकी पावनता की अनुभूति, भीषण मनस्ताप, उनकी विप्लवी मुद्रा, उनका विराट् लोक मन—ये सभी उनकी विराट् रचनात्मक तेजस्विता के बिम्ब हैं, जिन्हें उन्होंने ऋतुओं के आवर्तन-विवर्तन

में बार-बार देखा, जाना, पहचाना और महसूस किया है। सच्चे मायनों में उनका अपना कवि-जीवन ही ऋतुओं का फेरा है। इसे उन्होंने अपनी अन्तिम कविता में अत्यन्त शान्त और तटस्थ भाव से एक सहज आत्म-स्वीकृति के रूप में अभिव्यक्त किया है :

पत्रोत्कण्ठित जीवन का विष बुझा हुआ है
ताक रहा है भीष्म शरों की कठिन सेज पर।
स्निग्ध हो चुका है निदाघ, वर्षा भी कर्षित
कल शारद कल्य की, हैम लोमों आच्छादित
शिशिर भिद्य, बौरा वसन्त आमों आमोदित,
बीत चुका है दिक्-चुम्बित चतुरंग काव्य, गति–
यदि वाला; ध्वनि अलंकार, रस, राग-बन्ध के
वाद्य छन्द के रणित गणित छुट चुके हाथ से,
क्रीड़ाएँ व्रीड़ा में परिणत। मल्ल-मल्ल की
मारें मूर्च्छित हुईं; निशाने चूक गये हैं,
झूल चुकी है खाल, ढाल की तरह तनी थी।
पुनः सवेरा, एक और फेरा है जी का।

●●●

प्रपत्ति-भाव

दुरित दूर करो नाथ अशरण हूँ गहो हाथ।
हार गया जीवन-रण, छोड़ गये साथी-जन,
एकाकी, नैश-क्षण, कण्टक-पथ विगत-पाथ।
देखा है प्रात किरण, फूटी है मनोरमण,
कहा, तुम्हीं हो अशरण-शरण, एक तुम्हीं साथ
जब तक शत मोह-जाल, घेर रहे हैं कराल
जीवन के विपुल व्याल, मुक्त करो विश्वगाथ!

निराला की सम्पूर्ण गीत-रचना का एक बहुत बड़ा भाग शरणागति या प्रपत्ति-भाव के गीतों से सम्बद्ध है। भक्ति, प्रार्थना और शरणागति के गीत 'परिमल' संग्रह से ही हमें मिलने लगते हैं। इसकी क्षीण ध्वनि उनके पहले संग्रह 'अनामिका' की 'माया' कविता में हमें सुनायी देती है। 'या कि लेकर सिद्धि तू आगे खड़ी, त्यागियों के त्याग की आराधना'—कहकर कवि अपनी रचनात्मकता की उस विशेष दिशा की ओर संकेतित करता है, जो आगे चलकर उसके अवसाद, उसकी उदासी, खिन्नता, मृत्यु-भय और आत्म-जर्जरता से होती हुई, अन्ततः शरणागति की प्रार्थना-भूमि पर उसे उतारती है। आगे चलकर सिर्फ़ 'कुकुरमुत्ता' और 'नये पत्ते' में शरणागति सम्बन्धी कोई रचना हमें नहीं प्राप्त होती। लेकिन 'आराधना' और 'अर्चना' में उसकी संख्या आश्चर्यजनक रूप से बढ़ जाती है। अकेले 'अर्चना' में शरणागति के लगभग 34-35 गीत संगृहीत हैं। 'गीत-गुंज' और उनके अन्तिम संग्रह 'सान्ध्य काकली' में भी यह प्रार्थना-क्रम तिरोहित नहीं हुआ है। यद्यपि अपने जीवन के अन्तिम दिनों में निराला 'प्रार्थना की व्यर्थता' की बात भी करते हुए दिखायी देते हैं, लेकिन यह उत्कट नैराश्य के क्षणों की ही अभिव्यक्ति लगती है, अन्यथा वे अपनी कारुणिक आत्म-जर्जरता में लगातार 'प्रभु' की अमर फैण्टेसी में शरण लेते हुए दिखायी देते हैं। उनके सारे संग्रहों को मिलाकर शरणागति और प्रार्थना-क्रम के इन गीतों की संख्या लगभग 90 के आस-पास पहुँचती है। इस तरह निराला के अन्तःसंगीत का

एक बहुत महत्त्वपूर्ण भाग 'प्रभु' के इसी साक्षात्कार से सम्बद्ध है। 'अन्तःसंगीत' के पिछले अध्याय में निराला के गीतों का विश्लेषण करते हुए मैंने यह बताने की कोशिश की है कि निराला की रचनात्मकता का केन्द्रीय भाव अपनी रचनाओं द्वारा निजत्व की समीपतम पहचान है। यही, निजत्व की समीपतम पहचान, उनके प्रार्थना-क्रम के इन गीतों में भी अभिव्यक्त हुई है।

अपने समकालीनों में निराला अकेले कवि हैं, जिन्होंने शरणागति के इतने उच्छल और पवित्र गीत लिखे हैं। 'प्रभु' की अमर फ़ैण्टेसी में कवि का यह करुण अवसार शुरू-शुरू में आश्चर्यजनक लगता है। ईश्वर की तर्कातीत आस्था से तर्काश्रित अनास्था में लौटने की मनुष्य की विचार-यात्रा का आधुनिक साक्ष्य निराला भी अपनी रचनाओं द्वारा प्रस्तुत करते हैं। ख़ासकर तब, जब वे मृत्यु की अनन्त शक्तिमन्तता का सहज स्वीकार अपनी रचनाओं में प्रस्तुत करते हैं। इस रूप में निराला बिलकुल आधुनिक चेतना के कवि सिद्ध होते हैं। यही नहीं, जब वे 'प्रार्थना की व्यर्थता' की बात उठाते हैं तब भी लगता है कि वे मनुष्य की मरणशीलता की सीमा से ऊपर 'प्रभु' की अनाम, असीम, अमर अर्थवत्ता में अन्ततः शंका व्यक्त करते हैं। यह शंका निश्चय ही मनुष्य के आधुनिक मन की शंका है, जो मृत्यु की सर्वान्त विनाश-लीला के ऊपर किसी भी तर्कातीत आशय में शरण लेने की बात नहीं सोच सकता। इसीलिए निराला की मृत्यु-सम्बन्धी रचनाओं की चर्चा करते हुए मैंने कहा कि मृत्यु-भय की तद्गत-स्वीकृति के कारण निराला आधुनिक चिन्ता के कवि ठहरते हैं और मृत्यु के ऊपर 'प्रभु' या जीवन की अनश्वरता का चित्र खींचनेवाले रवीन्द्रनाथ एक परम्पराबद्ध, पुराने मानस के कवि लगते हैं।

लेकिन धीरे-धीरे निराला फिर मृत्यु के इस सहज स्वीकार से 'प्रभु' की उसी तर्कातीत आस्था की ओर बढ़ते हुए दिखायी देने लगते हैं। इस रूप में वे अतिशय पुरातन और परम्पराबद्ध कवि लगते हैं। आस्था और अनास्था के बीच की उनकी यह भटकन आधुनिक मनुष्य की सच्ची ट्रेजेडी का प्रतीक है, जिसकें सामने कोई विकल्प नहीं रह गया है। न तो वह सम्पूर्णतः 'प्रभु' की आस्था को पकड़कर सुरक्षित बच जाने की मनःस्थिति को अपने आधुनिक मन के अनुकूल पाता है और न ही वह तर्काश्रित अनास्था को अपनाकर अस्तित्व के रहस्यों से भय-मुक्त हो पाता है। यहीं पर आकर निराला के इन शरणागति के गीतों को लेकर, मन में उठा हुआ आश्चर्य समाप्त हो जाता है और उनकी वास्तविकता समझ में आने लगती है। सम्भवतः इसी नुक्ते-नज़र से निराला के शरणागति के गीतों का महत्त्व समझा जा सकता है। दरअसल निराला का सम्पूर्ण जीवन आधुनिक मनुष्य की जीवन-त्रासदी का प्रतीक है। उनके सारे निजी दुःखान्त, आधुनिक संवेदनशील मनुष्य के दुःखान्तों के प्रतीक बन जाते हैं। धीरे-धीरे उनके जीवन की व्यक्तिगत दुर्घटनाएँ झीनी पड़ती

हुई तिरोहित हो जाती हैं और वे एक अमूर्त दुःखान्त के प्रतीक के रूप में बाक़ी रह जाते हैं। उनकी आत्म-पराजय, उनका निरन्तर बना रहनेवाला आत्म-क्षरण, उनका 'नैश-एकाकीपन', उनका मृत्यु-भय और उनकी कारुणिक आत्म-जर्जरता—ये सभी आधुनिक मनुष्य की त्रासदी का रूप ले लेती हैं। जिसे अल्बेयर कामू मनुष्य की एक कुदान (leap) कहते हैं—वैसी ही कुदान निराला लेते हैं। मृत्यु के सहज-स्वीकार से अस्तित्व-विनाश से उत्पन्न, अनन्त भय के घटाटोप को फाड़कर वे जितनी बार बाहर निकलने की कोशिश करते हैं, शायद वह घटाटोप उन्हें फिर उसी तरह चारों ओर से घेरकर अपने अन्दर बन्द कर लेता है। इसी को निराला कभी 'घिर गये हैं मेह, प्रलय के प्रवर्षण, कभी 'केवल छाया विशाल', कभी 'गुहा-गर्त्त-प्राचीन रुद्ध' कहकर बार-बार व्यक्त करते हैं। भय की इसी अनिवार स्थिति से निराला प्रार्थना-भूमि पर उतरते हैं :

शरण में मरण का मिट गया महादुःख
मिला आनन्द-पथ, पाथ, संसृति सजी।

□□

निराला के इन प्रार्थना-गीतों का गहराई से अध्ययन करने पर उनमें एक सूक्ष्म, विकास-क्रम परिलक्षित होता है। प्रारम्भ में यह प्रार्थना एक प्रकार से अपने अन्धकार से मुक्ति के लिए है। दैन्य और हलकी करुणा की शुरुआत यहाँ दिखायी देती है। ये प्रार्थनाएँ बहुत-कुछ अमूर्त हैं। कवि अपने आराध्य को टटोलता-सा नज़र आता है। उसकी आस्था स्पष्ट नहीं दिखायी देती। सांसारिक असफलता की प्रतिक्रिया के फलस्वरूप ही ये प्रार्थनाएँ प्रकाश में आयी हैं। इनमें टूटकर शरण खोजने का भाव अभी उतना प्रबल नहीं है। इसके अतिरिक्त ये प्रार्थनाएँ अपनी ऊर्जस्वित काव्य-गरिमा को पुनःपुनः उपलब्ध करने के लिए भी की गयी हैं।

फिर धीरे-धीरे, उत्तरोत्तर शरणागति की गहनता शुरू होती है। यहाँ से आत्म-जर्जरता और दैन्य का प्राबल्य दिखायी देने लगता है। फिर पूर्ण शरण की प्रार्थनाएँ बार-बार लौट-लौट आती हैं। अन्ततः कवि को यह अनुभव होता है कि उसकी प्रार्थना सफल हुई है। इस अनुभूति के बाद उसका दैन्य, उसकी आत्म-जर्जरता, आत्म-क्षय की निरन्तर बनी रहनेवाली उसकी कारुणिक अनुभूति धीरे-धीरे तिरोहित होने लगती है। और 'प्रभु' की अनन्त कृपा के प्रभाव से उत्पन्न अपने मन की स्नेहिल पावनता और निष्काम भाव का बड़ा ही भावमय वर्णन वह करता है। इसी भूमि पर आकर निराला परम्परागत भक्ति के विचार से अलग हो जाते हैं। अपनी मुक्ति के पश्चात् वे उस 'अखिल कारुणिक मंगल' का प्रसार सारी प्रकृति में, सारे जीवन और जगत् में देखते हैं। यही नहीं, वे अपनी प्रार्थनाओं में भी बार-बार वरदान और आशीष सिर्फ़ अंपने लिये ही नहीं माँगते। वे सारे 'जाति-जीवन की निरामयता' के आकांक्षी हैं। जहाँ वे

'सिर पर स्वर्गशिष टूटने' की बात भी करते हैं, वहाँ भी सिर्फ़ वे अपने को ही आशीष-युक्त नहीं देखते, बल्कि सम्पूर्ण प्रकृति में उसका अनन्त प्रसाद देखते हैं। इस प्रकार निराला अपने इन प्रपत्ति-भाव के गीतों में भी दैन्य, आत्म-क्षय, भय और कारुणिक जर्जरता से पुनः आस्था, विमुक्ति, आत्म-शक्ति, निष्कामता और निःसंशय मनःस्थिति की ओर लौटते हैं।

निराला की प्रारभिक प्रार्थनाएँ मुख्यतः अपने अँधेरे से मुक्ति की प्रार्थनाएँ हैं। लेकिन यहाँ भी कवि मात्र अपने निजी अन्धकार से ही मुक्ति की इच्छा नहीं व्यक्त करता। वह अन्धकार, वह जड़ नैराश्य जो सम्पूर्ण प्रकृति, सारे मानव-जीवन, सारे राष्ट्र के जीवन को आच्छादित किये हुए है—उससे भी मुक्ति का इच्छुक है। वह सिर्फ़ अपने को ही नहीं, सारे संसार को ज्योतिर्मय देखना चाहता है। वह अपने निजी नैराश्य के अँधेरे में इतना टूटा हुआ नहीं है कि शेष सब-कुछ से अपने को काट ले। इसीलिए शुरू में वह अक्सर सूर्य और उषा की प्रार्थना करता हुआ दिखायी देता है। 'परिमल' की 'प्रार्थना-1', 'भर देते हो' और 'विस्मृत भोर' में प्रकाश की यही प्रार्थना व्यक्त हुई है। इसमें प्रार्थना के आवाहन और आशीर्वाद की प्राप्ति—ये दोनों अनुभूतियाँ व्यक्त हुई हैं। इन प्रार्थनाओं में कवि का भीतरी और बाहरी अन्धकार एकमेक हो गया है। इसीलिए मुक्ति की यह प्रार्थना निजी और सार्वजनिक-दोनों ही है :

(1) जग को ज्योतिर्मय कर दो!
प्रिय कोमल-पद-गामिनि! मन्द उतर
जीवन्मृत तरु-तृण-गुल्मों की पृथ्वी पर
हँस-हँस निज पथ आलोकित कर,
नूतन जीवन भर दो!—
जग को ज्योतिर्मय कर दो।

(2) भर देते हो,
बार-बार प्रिय, करुणा की किरणों से
क्षुब्ध हृदय को पुलकित कर देते हो।
अन्धकार में मेरा रोदन
सिक्त धरा के अंचल को करता है क्षण-क्षण
कुसुम-कपालों पर वे लोल शिशिर-कण
तुम किरणों से अश्रु पोंछ लेते हो
नव प्रभात जीवन में भर देते हो।

(३) जीवन की गति कुटिल अन्ध-तम-जाल
फँस जाता हूँ, तुम्हें नहीं पाता हूँ प्रिय,
आता हूँ पीछे डाल–
रश्मि-चमत्कृत स्वर्णालंकृत नवल प्रभात
हरित ज्योति-जल-भरित सरित, सर, प्रखर-प्रपात
बढ़ जाता–
प्रति-श्वास-शब्द-गति से उस ओर
जहाँ हाय, केवल श्रम, केवल श्रम
केवल श्रम, कर्म कठोर–
केवल अन्धकार, करना वन पार
मुझे फेर दो प्रभो, हेर दो
इन नयनों में भूला भोर।

यहाँ पहली बार 'प्रभो' सम्बोधन निराला की कविता में आया है। कवि अपने नेत्रों के सघन अँधेरे को फिर से प्रकाश से उद्भासित करने की प्रार्थना करता है। जीवन के 'कुटिल अन्ध-तम-जाल' में वह बार-बार घिर जाता है। उसे मालूम है कि इस अँधेरे से बाहर एक सुनहला नया प्रभात भी है; नदी, तालाब, झरने हरे-हरे जल से लबालब भरे हुए हैं। कवि इस कर्म-संकुल संसार में बार-बार इस प्रकाश को पीछे छोड़कर कठोर श्रम और असफलता के अँधेरे वन की ओर चला जाता है। जहाँ केवल 'हाय-हाय' मची है–दुःख, विनाश, मृत्यु और कर्म-संकुलता का घनघोर अँधेरा–यहीं पर आकर कवि पुनः प्रकाश को लौटालने की प्रार्थना करता है। 'जीवन्मृत तरु-तृण-गुल्मों'वाली माँ धरती के पग-पग पर फैले घने अँधेरे को 'ज्योतिः प्रपात' से नहला देने की प्रार्थना करता है। यहाँ आकर उसके और फूलों के कपोलों पर बिखरे आँसू अलग-अलग नहीं रह जाते। कवि अपने अँधेरे को सम्पूर्ण पृथ्वी के अँधेरे से एकमेक कर देता है। उसे अन्ततः वह प्रकाश की किरण सम्पूर्ण जीवन-जगत्, उसके सम्पूर्ण भीतरी-बाहरी अँधेरे को आलोकित करती हुई दिखायी देती है। प्रकाश की उज्ज्वल और पवित्र अनुभूति से घनीभूत-वह गद्गद, आत्म-तुष्ट और कृतज्ञ हो उठता है। उसे ऐसा नहीं लगता कि अँधेरे से मुक्ति सम्भव नहीं है। बावजूद इसके कि एक हलका-सा दैन्य यहाँ से उसके अन्दर पनपता हुआ दिखायी देता है, अँधेरे से मुक्ति का आत्म-तोष और कृतज्ञता ही इन प्रार्थनाओं में अधिक व्यक्त हुई है। निराला के इन भक्ति-गीतों में प्रारम्भ से ही यह विशेषता दृष्टिगोचर होती है। उनकी प्रार्थना निंजी होते हुए भी सार्वजनिकता की ओर सदा उन्मुख है।

□□

अँधेरे से मुक्ति के लिए सूर्य-प्रार्थना का यह क्रम 'परिमल' तक ही सीमित नहीं रहता। आगे चलकर 'आराधना' और 'अर्चना' में भी सूर्य-प्रार्थना के गीत दिखायी पड़ते हैं। यहाँ भी अपने स्वर-संगम को पुनः प्राप्त करने के लिए की जानेवाली प्रार्थना के साथ ही, सम्पूर्ण जीवन-जगत् और प्रकृति को अन्धकार से मुक्त करने की प्रार्थना कवि ने की है। अन्दर और बाहर दोनों की जड़ता, नैराश्य, जर्जरता और अवसाद—एक ही साथ दूर हो जायँ, यह उसकी उत्कट इच्छा है। उसके कृपा-भाव की माँग किसी व्यक्तिगत मोक्ष या शरणागति से ही परिचालित नहीं है। वह इन प्रार्थनाओं में उतना विरक्त और एकाकी भी नहीं दिखायी देता, जिससे वह अपने एकान्त आत्म-समर्पण द्वारा व्यक्तिगत मोक्ष की इच्छा ज़ाहिर करे। अभी वह जीवन्तता और रचनात्मक ऊर्जा से भरा हुआ लगता है। बस, जैसे किसी बड़े पत्थर के सामने पड़ जाने से उसकी अबाध सृजन-धारा रुक गयी है। वह उसे फिर से गतिवान बनाने के लिए व्याकुल है। इसीलिए वह बार-बार अपनी कविता को ओजस्वी बनाने के लिए अपने 'हृदय-निकेतन को स्वरमय कर देने' के लिए प्रार्थना करता है। इसीलिए वह 'अन्धता में खोये हुए जीवन' पर किरणों का उत्थानमय स्पर्श पाने को व्याकुल है। जो प्रवाह, जो गीत, जो रचना-ऊर्जा रुक गयी है, उसे सहज-प्रवाहित होने देने के लिए वरदान माँगता है :

(1) सविते, कविता को यह वर दो
हृदय-निकेतन स्वरमय कर दो।
एक दिवस के जीवन में जय
जरा-मरण-क्षय हो निःसंशय
जागे करुणा अक्षतपश्चय
काल एक को सुकराकर हो।

(2) तिमिरदारण मिहिर, दरसो।
ज्योति के कर अन्ध कारा-
गार जग का सजग परसो।

खो गया जीवन हमारा,
अन्धता से गत सहारा;
गात के सम्पात पर उत्थान
देकर प्राण बरसो।

क्षिप्रतर हो गति हमारी,
खिले प्रति-कलि-कुसुम क्यारी,
सहज सौरभ से समीरण पर
सहस्रों किरण हरसो।

इसी को कवि कभी 'खग को ज्योतिःपुंज प्रात' कहता है, कभी अपने लिये 'कविता के प्रपात' के रूप में तो कभी 'अविरत मारण-मरण हाथ' के रूप में माँगता है। इस तरह की प्रार्थनाओं में शरणागति का भाव अभी नहीं झलकता है। इसीलिए उसकी प्रार्थनाएँ अभी एक तरह से अरूप-अमूर्त हैं। सूर्य भी यहाँ परम्परागत सूर्य-देवता के रूप में नहीं आया है, बल्कि वह अमूर्त प्रकाश-देवता का प्रतीक ही अधिक है।

□□

प्रार्थना के इसी अमूर्त क्रम से निराला मातृ-वन्दना की मूर्त और उच्छल प्रार्थनाओं की ओर उन्मुख होते हैं। मातृ-वन्दना का यह प्रारम्भ 'परिमल' की 'आवाहन' कविता से माना जा सकता है। यह गीत सीधे-सीधे 'माँ काली' की प्रार्थना है। निराला ने स्वामी विवेकानन्द के एक गीत 'नाचुक ताहाते श्यामा' का अनुवाद भी किया है, जो 'अनामिका' में संगृहीत है। 'आवाहन' में भी 'श्यामा' के नाचने का ही ज़िक्र आया है। इस गीत में निराला ने तान्त्रिक बिम्बों का बड़ा ही ख़ूबसूरत प्रयोग किया है। 'मेखला-मुण्ड', 'भैरव-भेरी', खड्ग और खप्परधारिणी काली का सजीव चित्र इन बिम्बों के भीतर से कवि ने खड़ा किया है। 'श्यामा' की प्रार्थना से सम्बन्धित एक और गीत 'अर्चना' में 'श्याम-श्यामा के युगल पद' के रूप में मिलता है। अन्तर यही है कि यहाँ 'श्यामा' के साथ 'श्याम' के पदों की वन्दना भी कवि ने की है। निराला के सारे संग्रहों से मातृ-वन्दना के इन गीतों को एकत्र करने के पश्चात् उनका अध्ययन करने पर मुझे उनके 'जननि' सम्बोधन में बहुत विविधता मिली। यह सिर्फ़ बंगाल की दुर्गा-पूजा या शक्ति की आराधना के प्रभावस्वरूप ग्रहण किया सम्बोधन मात्र नहीं है। यद्यपि यह भी सच है कि उनकी मातृ-वन्दना-सम्बन्धी कई गीतों की प्रेरणा दुर्गा या शक्ति की आराधना से ही मिली है। लेकिन इस सम्बोधन के विविध रूप उनके इन गीतों में मुझे देखने को मिले। मातृ-वन्दना सम्बन्धी कई गीत तो सरस्वती की प्रार्थना से सम्बन्धित हैं। कई गीत ऐसे भी हैं जिनमें 'भारत-माता' की प्रार्थना की गयी है। जब कि कुछ गीतों में सरस्वती (भारती) और भारत-माता को कवि ने एकमेक कर दिया है। जैसा 'भारति, जय, विजय करे' में। इन विविधताओं के अतिरिक्त बहुत सारे मातृ-वन्दना के गीत ऐसे भी हैं जिनमें 'जननि' या 'माँ' सम्बोधन एकदम अमूर्त है। उसे किसी भी अर्थ में ग्रहण किया जा सकता है। जैसे 'अनगिनत आ गये शरण में जन, जननि', 'प्रात तव द्वार पर', 'माँ, 'एक ही आशा

में सब प्राण', 'हे जननि, तुम तपश्चरित' इत्यादि गीत। इस प्रकार निराला ने मातृ-वन्दना सम्बन्धी गीतों को, अध्ययन की सुविधा के लिए निम्नलिखित उप-वर्गों में विभाजित किया जा सकता है :

(1) दुर्गा या शुक्ति की आराधना सम्बन्धी मातृ-वन्दनाएँ।

(2) भारत-माता की प्रार्थना के रूप में लिखी गयी मातृ-वन्दनाएँ।

(3) सरस्वती की उपासना सम्बन्धी वन्दनाएँ।

(4) सरस्वती और भारत-माता को एकमेक मानकर की गयी प्रार्थनाएँ।

(5) ऐसी मातृ-वन्दनाएँ जिनमें 'जननि' सम्बोधन बहुत-कुछ अमूर्त है।

दुर्गा या शक्ति की आराधना-सम्बन्धी मातृ-वन्दनाओं पर निश्चय ही बंगाल की शक्ति-पूजा का प्रभाव झलकता है। 'आवाहन' और 'नाचुक ताहाते श्यामा' के रचना-बन्ध में काफ़ी-कुछ साम्य है और निराला की कोई मौलिकता इस कविता में नहीं झलकती। यह कविता विवेकानन्द की कविता की छाया लगती है। लेकिन इसके अतिरिक्त जो मातृ-वन्दना-सम्बन्धी गीत हैं उनमें भी 'जननि' सम्बोधन में शक्ति-पूजा की अनुप्रेरणा का होना सम्भव है। इस तरह के अमूर्त 'जननि' सम्बोधन को दुर्गा, भारत-माता या सरस्वती किसी भी पक्ष में आरोपित किया जा सकता है। दरअसल मुझे लगता है कि वह सम्बोधन निराला के पवित्र, भावमय और दैन्य-जर्जर मन की उपज है। उनके मस्तिष्क में किसी भी विशेष देवी की प्रार्थना इस सम्बोधन का साध्य नहीं है। वैसे निराला के भक्ति-सम्बोधनों में 'जननि' या 'माँ' का सम्बोधन बहुत महत्त्वपूर्ण है। उनके सारे भक्ति-गीतों में लगभग 23-24 गीत सिर्फ़ इस 'जननि' सम्बोधन से ही अभिव्यक्त हुए हैं। 'गीतिका' के 13 भक्ति-गीतों में से 11 सिर्फ़ मातृ-वन्दना के ही गीत हैं। इन्हीं अमूर्त प्रार्थनाओं से शरणागति की भूमि में निराला उतरते हैं। शरणागति की उच्छल, पवित्र भावना के शान्त आवेश का चित्रण यहीं से, इन्हीं गीतों से शुरू करते हैं :

(1) अनगिनत आ गये शरण में जन, जननि!
सुरभि सुमनावली खुली मधु-ऋतु अवनि!
स्नेह से पंक-उर हुए पंकज मधुर
ऊर्ध्व-दृग गगन में देखते मुक्त मणि!
बीत रे गयी निशि, देख लख हँसी दिशि
अखिल के कण्ठ की उठी आनन्द-ध्वनि!

(2) सार्थक करो प्राण!
जननि, दुःख-अवनि को,

दुरित से दो त्राण!
स्पर्द्धान्ध जन, गात्र
जर्जर अहोरात्र
शेष - जीवन - मात्र
कुङ्मल गताघाण!

(3) दे, मैं करूँ वरण
जननि, दुःखहरण पद-राग-रंजित-भरण!
लांछना-इन्धन, हृदय तल जले अनल,
भक्ति नत-नयन मैं चलूँ अविरत सबल
पारकर जीवन प्रलोभन समुपकरण।

शरणागति की वही उच्छल तन्मयता इन उदाहरणों में व्यक्त हुई है। लेकिन मुक्ति और शरणागति की यह प्रार्थना भी एकदम व्यक्तिगत नहीं है। कवि प्रपत्ति-भाव में डूबकर सारी 'दुःख-अवनि' के परित्राण की प्रार्थना करता है। क्योंकि दुःख-जर्जर वह अकेले ही नहीं है। यहीं पर निराला अपने निजी दुःखान्तों और अपनी व्यक्तिगत विडम्बनाओं को पीछे डालकर एक सार्वजनिक मुक्ति की प्रार्थना करते हुए दिखायी देते हैं। मोक्ष या प्रपत्ति उनकी व्यक्तिगत उपलब्धि नहीं है। वे अपने साथ-ही-साथ सारे जीवन, सारे मनुष्यों, तथा प्रकृति को मुक्त करने की प्रार्थना करते हैं। इसीलिए उनकी व्यक्तिगत प्रार्थनाएँ एक तरह की सार्वजनिक प्रार्थनाएँ हैं। इस रूप में निराला भक्ति की उस विचारधारा से अलग दिखायी देने लगते हैं जिसमें प्रभु के कृपा-भाव को भक्त की व्यक्तिगत और निजी उपलब्धि के रूप में चित्रित किया जाता रहा है। निराला की शरणागति यहीं आकर, परम्परा-विहित शरणागति नहीं रह जाती।

अपनी भयावह आत्म-जर्जरता और आत्म-क्षय के क्षणों की अनुभूति में डूबते हुए भी सार्वजनिक मुक्ति के प्रति उनकी इतनी सजगता आश्चर्य में डालती है। इसी रूप में यह लगता है कि बावजूद सारे दैन्य, सम्पूर्ण नैराश्य, गहरे कटाव और आत्म-क्षय के उनका संघटित रचनात्मक व्यक्तित्व कहीं से भी विखण्डित नहीं हुआ है। लेकिन यही नहीं कि निराला आत्म-मुक्ति के साथ-साथ इस सार्वजनिक मोक्ष की प्रार्थना भर करके चुप हो जाते हैं—वे वरदान और आशीष की इस अनुभूति का पवित्र, उच्छल और भावमय चित्रण भी करते हुए दिखायी देते हैं। अपनी प्रार्थना, अपनी निजी शरणागति का सार्वजनिक प्रतिफलन भी चित्रित करते हैं। उनकी शरणागति की रचनाओं में बार-बार इस सार्वजनिक मोक्ष के उल्लास को अभिव्यक्ति मिली है। आगे चलकर हम देखेंगे कि अपनी अन्तिम शरणागति की

उपलब्धि की अनुभूति के बाद निराला पुराने भक्तों की तरह उस 'अनामय विष्णु लोक' में विचरण करने का वर्णन नहीं करते, बल्कि इसी संसार को 'विष्णु-लोक' के रूप में चित्रित करते हैं :

इस सार्वजनिक मोक्ष की चर्चा वे अनुभव-मुक्ति के रूप में न करके जीवन-जगत् की अद्‌भुत ऐश्वर्य-सम्पन्नता, उल्लास, सुख, रंगमयता, समृद्धि और आत्म-तोष के रूप में करते हैं। इस रूप में निराला को भक्त तो कहा जा सकता है लेकिन एक ऐसा भक्त, जो सांसारिकता से मुक्ति नहीं चाहता, बल्कि उसे और समृद्ध, पूर्ण, पवित्र और ऐश्वर्यमय देखना चाहता है। यहाँ आकर निराला ईसाई भक्तों के निकट लगने लगते हैं। सार्वजनिक मोक्ष के लिए प्रार्थना ईसाई मत की अपनी विशेषता है। लेकिन मेरे इस कथन का यह अर्थ नहीं निकाला जाना चाहिए कि निराला ने भक्ति-सम्बन्धी विचार ईसाई मत के प्रभाव से ग्रहण किया। दरअसल उनकी सार्वजनिक मोक्ष की चिन्ता उनकी निजी रचनात्मकता का ही अंग है और चाहे वे कितने भी क्यों न टूट गये हों, उनके सम्पूर्ण काव्य-व्यक्तित्व के सन्दर्भ में यह स्वाभाविक और उचित लगती है। मेरे कहने का अर्थ केवल इतना ही है कि ईसाई भक्तों की सार्वजनिक मुक्ति के लिए की जानेवाली प्रार्थना-चेतना भी निराला की इसी प्रार्थना-चेतना के निकट पड़ती है।

इसीलिए निराला इन मातृ-वन्दनाओं में अपने 'प्राणों के सार्थक करने' की प्रार्थना करते हैं। पापों से वे सिर्फ़ निजी-मुक्ति के परित्राण की बात नहीं करते—बल्कि सारी 'दुःख-अवनि' के परित्राण की चिन्ता उन्हें घेरे हुए हैं। क्योंकि लोग स्पर्द्धा में अन्धे हो रहे हैं। पृथ्वी की जर्जरता दिनोंदिन बढ़ रही है। उसका सौन्दर्य, उसकी समृद्धि, उसकी सुगन्धि धीरे-धीरे क्षीण होती जा रही है। इसीलिए कवि पृथ्वी को इस पाप से मुक्ति दिलाकर उसकी समृद्धि, उसके सौन्दर्य को पुनरुज्जीवित करना चाहता है। उसे अनगिनत जन शरण में आते हुए दिखायी देते हैं। फिर इस सार्वजनिक शरणागति के उल्लास का चित्र कवि खड़ा करता है। —कीचड़ में सने हुए पंक-लिप्त मन, कम की तरह स्वच्छ-पवित्र हो गये; मुक्ति की मणि के प्रकाश को सभी ऊर्ध्व-दृग होकर देखने लगे; नैराश्य, दैन्य और दुःख-जर्जरता की काली रात का अन्त हुआ; दिखाएँ मुक्ति के आलोक से नहा उठाँ और सचराचर के कण्ठ से आनन्द का संगीत तरंगित हो उठा। आगे शरणागति की गहनता जैसे-जैसे कवि में बढ़ती गयी है, हम देखेंगे कि वह मोक्ष के इस सार्वजनीन उल्लास का चित्रण बार-बार लौट-लौटकर, करता है।

लेकिन जहाँ इस सार्वजनीन मुक्ति की चिन्ता से कवि अलग है, वहाँ उसकी कारुणिक आत्म-जर्जरता ही अधिक अभिव्यक्त हुई है। ऐसी स्थितियों में ही मृत्यु के राग से रंजित 'जननि' के चरणों में मरण का वरण करने की प्रार्थना वह करता है। जितने अपमान हैं, ज़हर हैं, आत्म-पराजयें हैं; दुःख, नैराश्य, एकाकीपन और

आत्म-क्षरण हैं—सारी लांछना को इन्धन की तरह जलाकर कवि अपने-आपको, अपने निजत्व को क्षार कर देना चाहता है। यहाँ तक कि जीवित रहने के मानवीय प्रलोभन से भी मुक्त होकर वह भक्ति-रत, माँ की शरण में तिरोहित हो जाना चाहता है। यह उत्कट नैराश्य के बाद की शान्त निरामयता है, निष्काम वृत्ति है, जहाँ भक्ति के अलावा कुछ भी शेष नहीं रह जाता। यहीं आकर वह अपने नेत्रों को पावन करने की प्रार्थना करता है। जिससे उसकी दृष्टि 'जननि' के कलुष-रहित, निरामय रूप का सदा अवलोकन करती रहे। वह 'सकल-शुभ-फलप्रद एक विधान' की माँग करता है, जिससे उसके जीवन के अशुभ भयप्रद क्षणों का निवारण हो जाय; जिससे 'भय में हूँ तन्मय' के निचाट अनुभव से उसे मुक्ति मिल सके। उसे मालूम है कि उसकी यह प्रार्थना व्यर्थ नहीं जायेगी। क्योंकि 'जननि' के नयनों में अपार करुणा है, अनन्त दया है, असीम कृपा-भाव है। चाहे मार्ग में कोई आश्रय भले न हो, चाहे जितना बड़ा 'निर्दलन भय' हो, चाहे जीवन में मृत्यु की निश्चयता कितनी भी व्यापक क्यों न हो—'जननि' 'अंशरण-शरणा' है। वही उसे सुपथ पर ले जायेंगी; भय से मुक्त करेंगी; आत्म-क्षय का शमन करेंगी। क्योंकि वहीं पर मृत्यु का भी परिशमन है। क्योंकि वही मृत्यु-रूपा भी हैं। कवि जानता है कि जब कामना के हाथों छटपटा-छटपटाकर वह मृत्यु के गह्वर में उतरेगा तो वहाँ पर भी 'माँ' की अनन्त कृपा से उसे शान्ति मिलेगी। उसका दुःखान्त अन्ततः परिशमित होगा। उसे इस जीवन, रचना, आत्म-क्षय की अनन्त नरक-यात्रा से अन्ततः मुक्ति मिलेगी :

(1) कामना के हाथ थककर
रह गये मुख विमुख बक कर
चरण पर मस्तक झुकाकर
शरण हूँ, तुम मरण-सरिता।

(2) माँ, अपने आलोक निखारो
नर को नरक-त्रास से वारो।
विपुल दिशावधि शून्य वर्गजन
व्याधि-शयन जर्जर मानव-मन
ज्ञान-गगन से निर्जर जीवन
करुणा-करों उतारो, तारो।

पल्लव में रस, सुरभि सुमन में
फल में दल, कलरव उपवन में
लाओ चारु-चयन चितवन में
स्वर्ग धरा के कर तुम धारो।

अपनी इस अनन्त नरक-यात्रा से मुक्ति की उच्छल प्रार्थना के बाद उपर्युक्त प्रार्थना में कवि का परिवर्तित मनोभाव देखने योग्य है। 'करुणा के करों पार उतरने के बाद', आत्म-मुक्ति की प्रार्थना के बाद, तुरन्त कवि उस मुक्ति के आशीष का शुभ प्रतिफल चित्रित करता है, एक सार्वजनिक वरदान भी माँगता है। रस, सुगन्धि, कलरव और सौन्दर्य—सब-कुछ से भरी-पुरी पृथ्वी माँगता है। स्वर्ग को भी इस धरा पर उतारने का आशीर्वाद माँगता है। इस तरह निराला अपनी दैन्य-जर्जरता के उत्कट क्षणों में भी सार्वजनिक दुःख को नहीं भूलते। यही उनकी प्रार्थना की सबसे बड़ी विशेषता है, जो उन्हें पूर्ववती, परम्परागत भक्तों से अलग करती है।

'जननि' अथवा 'माँ' के सम्बोधन से कई गीत उन्होंने सरस्वती-वन्दना के भी लिखे हैं। इन गीतों में भी यदि एक ओर अपने लिये नये स्वर का वरदान कवि ने माँगा है तो दूसरी ओर सम्पूर्ण भारत के लिए 'नये अमृत-मन्त्र' की प्रार्थना की है। इस तरह ये गीत भी मात्र व्यक्तिगत नहीं हैं। 'अनामिका' की 'वीणावादिनी', 'गीतिका' की 'वर दे','भारती' तथा 'सान्ध्य काकली' का अन्तिम गीत 'हाथ वीणा समासीना' इसी क्रम-विकास के उदाहरण हैं। जहाँ पहले गीत में कवि अपने लिये शब्द-शक्ति का आशीर्वाद माँगता है, वहाँ दूसरे गीत में वही सरस्वती-प्रार्थना एक सार्वजनिक प्रार्थना में बदल गयी है। कवि सम्पूर्ण राष्ट्र के आशीष के लिए यहाँ सरस्वती की प्रार्थना करता है। तीसरे गीत में 'सरस्वती' और 'भारत-माता' के बिम्ब को निराला ने एकमेक कर दिया है। यहाँ सिर्फ़ सर्व-विजयिनी माँ की अनन्त विजय की कामना करते हुए उनके पवित्र सौन्दर्य के चित्रण द्वारा कवि ने भारत का एक सांस्कृतिक चित्र उपस्थित किया है। वह कोई विशेष वरदान नहीं माँगता। उसे मालूम है कि माँ उस पर प्रसन्न हैं। उनकी कृपा उसे मिल चुकी है, उनका 'स्वर्गाशिष' उस पर टूटने हीवाला है। इसीलिए कवि यहाँ मुक्त-मन और निश्चिन्त है। वह सिर्फ़ उनके सौन्दर्य का वर्णन करता है—उनके 'शुभ्र हिम-तुषार मुकुट' उनके गले के धवल-धार हार' और प्राणों में गुंजायमान 'ओंकार' के सर्वान्त प्रसार की चर्चा करता है। एक विचित्र तथ्य यह भी है कि निराला ने अपने जीवन की अन्तिम कविता भी सरस्वती आराधना में ही लिखी है। सरस्वती के इस महान् आराधक ने अपने रचना-जीवन का अन्त, अन्ततः सरस्वती की प्रार्थना से किया। लेकिन इस अन्तिम प्रार्थना में तो दैन्य-जर्जरता, आत्म-पराजय और कारुणिक अवसान बिलकुल ही नहीं है। एक शान्त आत्म-तोष का भाव है। मन की निरामय मुक्तावस्था के बीच जैसे कवि यह सरस्वती-प्रार्थना करता है। इस प्रार्थना में कहीं भी आवाहन, शरणागति की बलवती इच्छा या कृपा-भाव की प्राप्ति की मनःस्थिति व्यक्त नहीं हुई है। बल्कि इसकी जगह माँ सरस्वती के पवित्र, अनामय सौन्दर्य की चर्चा भर है। जैसे उस अनन्त सौन्दर्यशालिनी की छवि का दर्शन कवि अपने जीवन के अन्तिम दिनों में कर रहा है और श्रद्धा-गद्गद भाव से उसे शब्दों में बाँध रहा है :

हाथ वीणा, समासीना
विशद-वादन-रत प्रवीणा।
घिरे बादल गगन-मण्डल,
तरल-तारक-नयन अविचल
तार के झंकृत सुकोमल
कराहत कर का सुखीना।

राग-सावन मनोभावन,
भागिनी के भवन पावन,
दीप्ति नयनों की सुहावन,
नाक का हिल रहा मीना।

इस कविता को रूप-दर्शन की संज्ञा दी जा सकती है। वीणा बजाती हुई सरस्वती की छवि का अंकन है। कवि अपने इस रूप-दर्शन में भी जिस राग की चर्चा करता है वह 'सावन' है। सावन कोई राग नहीं है लेकिन कवि की प्रियतम ऋतु का बिम्ब तो 'राग-सावन' ही है। वह 'घिरे बादल गगन-मण्डल' कहकर अपनी रागिनी की पृष्ठभूमि संकेतित करता है। कवि का जीवन-बिम्ब जैसे फिर इस प्रार्थना के भीतर से लौटता हुआ लगता है। इसीलिए सरस्वती के सौन्दर्य-चित्रण और छवि-दर्शन में भी जैसे वह ऋतु-बिम्बों को ही लौटता हुआ पाता है। 'जननि' सम्बोधन से कुछ गीत निराला ने भारत-माता की प्रार्थना में भी लिखे हैं। 'नर जीवन के स्वार्थ सकल', 'भारति, जय, विजय करे', और 'जला दे जीर्ण-शीर्ण प्राचीन' इसी तरह के गीत हैं। इसमें माँ को मुक्त कराने और उनके सौन्दर्य का वर्णन है। कवि अपने जीवन का 'सकल-श्रेय-श्रम-संचित-फल' तथा 'क्लेद-युक्त-तन' देकर भी माँ को मुक्त कराने की पवित्र प्रतिज्ञा करता है। इस तरह निराला ने 'जननि' सम्बोधन को कई अर्थों में प्रयुक्त किया है। दरअसल इन प्रार्थनाओं में शरणागति का भाव अभी उतना गहन नहीं हो पाया है। ये प्रार्थनाएँ अनेक रूपों में उसके अन्तरमन की पवित्र इच्छाएँ हैं जो आवाहन और वरदान के रूप में अभिव्यक्त हुइ है।

□□

लेकिन धीरे-धीरे इन मातृ-वन्दनाओं से कवि शरणागति की करुणा-जर्जर प्रार्थनाओं में उतरता है। शुरू का उसका अमूर्त 'देव' 'प्रभु' या 'जननि' सम्बोधन, यहाँ अधिक मूर्त और सघन हो उठता है। अपने दलित, दुरितग्रस्त, एकाकी तथा भयार्त्त होने की अनुभूति बार-बार उसे घेरती है और वह शरण की कारुणिक प्रार्थनाओं पर उतर आता है। 'प्रभु' सम्बोधन के अतिरिक्त वह कृष्ण, राम, शिव, विष्णु हरि और गंगा की प्रार्थनाएँ करता हुआ नज़र आता है। इन सम्बोधनों में 'राम' के प्रति उसका समर्पण सर्वाधिक है। शायद दुःख-हरण-त्राता के रूप में 'राम' का व्यक्तित्व उसे ज़्यादा

आकर्षित करता है। लेकिन यह सारे सम्बोधन अपने नाम के अर्थों में निराला के निकट बहुत महत्त्वपूर्ण नहीं हैं। ये सारे सम्बोधन अरूप अधिक हैं। वह सिर्फ़ 'प्रभु' हैं—अनामय, शक्तिमन्त, शरण-दाता-प्रभु, जिनकी प्रार्थना कवि इन सम्बोधनों के माध्यम से करता है। वही हज़ारों सांसारिक मृत्युओं के बाद शरण देंगे; वही सारी विषय-वासनाओं, सारे मायाजालों से मुक्त करेंगे—क्योंकि वही कामरूप हैं, वही अशरण-शरण हैं, विपदा-हरण-हरि हैं। इसीलिए उन्हीं का रूप-दर्शन, उन्हीं का नाम-भजन श्रेयस्कर है। वही अन्तर-बाहर का सारा अन्धकार दूर करेंगे—सारी आत्म-पराजय, दुःख-जर्जरता, एकाकीपन, और कारुणिक अवसन्नता का शमन वहीं, उन्हीं चरणों में समर्पित होने से होगा। इसीलिए कवि उन्हें 'तिमिर-हरण, तरणि-तरण, किरण-हरण हे'! कहता है। वहाँ अन्धकार और प्रकाश सभी का परिशमन है। वे सिर्फ़ 'तिमिर-हरण' ही नहीं 'किरण-हरण' भी हैं। इसीलिए निराला 'लोक-आलोक' दोनों के सन्तरण की बात अपनी प्रार्थनाओं में करते हैं। प्रभु के उस स्नेह-स्पर्श के आगे 'महत्तम मानुषेर परश' निराला के लिए बेकार सा हो गया है। इसीलिए कवि उन्हें 'जय अजेय, अप्रमेय' कहता हुआ जब शिव, विष्णु, शंकर, कृष्ण और राम—इन नामों से सम्बोधित करता है तो वह यह कहना नहीं भूलता कि ये सब 'शतविध नामानुबन्ध' हैं—उसी अप्रमेय 'प्रभु' के भिन्न-भिन्न सम्बोधन हैं। सारी जल्पना, सारी बड़बोली, सारा काव्य, अन्तःसंगीत, आत्म-साक्षात्कार; सारे दुःखान्त, सारी विडम्बनाएँ, सारे विचार—वहीं, उन्हीं चरणों में जाकर परिशमित हो जाते हैं। यह मौन की चरम महिमा है; प्रभु के कृपाभाव की चरम उपलब्धि है। शरणागति की अप्रमेयावस्था है—पूर्ण प्रपत्ति-भाव है, जिसकी उच्छल प्रार्थनाएँ निराला अपने रचना-जीवन के शुरू से ही करते हुए दिखायी देते हैं। 'डोलती नाव, प्रखर है धार' में जो कारुणिक आवाहन व्यक्त हुआ था, उसी की अन्तिम परिणति 'सलिल-सार-ओ!' में होती है। प्रपत्ति की इसी पूर्ण मनःस्थिति में बार-बार अपनी दुःख-जर्जरता, अपने नैश एकाकी क्षण का उल्लेख करता हुआ कवि शरण की प्रार्थना करता है :

(1) चलता नहीं हाथ
कोई नहीं साथ
उन्नत, विनत माथ
दो शरण दोषरण!

(2) दुरित दूर करो नाथ!
अशरण हूँ गहो हाथ
हार गया जीवन-रण,
छोड़ गये साथी-जन,
एकाकी, नैश-क्षण
कण्टक-पथ, विगत-पाथ

(3) उन चरणों में मुझे दो शरण।
इस जीवन का करो हे, मरण।
आगे-पीछे दायें-बायें
जो आये थे, वे हट जायें,
उठे सृष्टि से दृष्टि, सहज मैं
करूँ लोक-आलोक सन्तरण।

(4) दलित जन पर करो करुणा।
दीनता पर उतर आये
प्रभु, तुम्हारी शक्ति अरुणा।
देख वैभव न हो नत सिर
समुद्धत मन सदा स्थिर
पारकर जीवन निरन्तर
रहे बहती भक्ति-वरुणा।

(5) जगज्जाल छाया,
माया ही माया,
सूझता नहीं है पथ
अन्धकार आया;
तिमिर-भेद शर दो।

(6) विपुल काम के जाल बिछाकर
जीते हैं जन, जन को खाकर
रहूँ कहाँ मैं ठौर न पाकर
माया का संहार करो हे!

□□

लेकिन इस पूर्ण प्रपत्ति, इस आकुल जर्जरता की मनोदशा में शरणागति की करुण प्रार्थना फिर सिर्फ़ निजी मुक्ति में ही समाप्त नहीं होती। मैं पीछे भी इसका ज़िक्र कर आया हूँ। निराला अपनी मुक्तावस्था के साथ सार्वजनिक मुक्ति को जोड़ना कभी नहीं भूलते। अवसाद, भय, आत्म-क्षय के परिशमन के बाद वे फिर इस आत्म-मुक्ति से आगे बढ़ते हैं। जिस तरह अपनी मातृ-प्रार्थनाओं में वे अनगिनत जन के शरण

में आने के बाद 'मधु-ऋतु-अवनि' के खुलने की चर्चा करते हैं, उसी तरह यहाँ, इन गहन प्रार्थनाओं और निजी शरणागति के पूर्ण क्षणों में भी उस 'मधु-ऋतु-अवनि' या उस 'अनगिनत जन' को नहीं भूलते। अपनी इसी धारणा के कारण वे भक्ति की परम्परागत आराधना से अलग हो जाते हैं। क्योंकि अपनी सेवा प्रभु के चरणों में प्रस्तुत करते हुए वे सिर्फ़ अपने ही नहीं, सारे मानव-मन के भ्रमजाल को काटने की प्रार्थना करते हैं। क्योंकि लोग दिग्भ्रमित हैं, स्वार्थान्ध हैं, स्पर्द्धा-गर्त में गिरे हुए, एक-दूसरे को खा-खाकर जी रहे हैं, मारे-मारे फिर रहे हैं। अगर कवि आत्म-क्षय से पीड़ित है, दुःख-जर्जर है, 'नैश-एकाकी क्षणों' के 'भय में तन्मय' है तो सारा मानव-मन भी इसी 'जगज्जाल' की भयावह छाया से घिरा हुआ है। यदि कवि को तिमिर वेधने के लिए प्रकाश-शरों की ज़रूरत है तो इस समग्र मानव-जाति को भी है। क्योंकि निराला कभी भी अपने को जन-साधारण से पृथक् करके नहीं देखते। इसीलिए वे अपनी आत्म-बलि देने को प्रस्तुत हो जाते हैं। इसीलिए वे 'उन्हें प्राण दो, मुझे हरो हे!' की त्यागभूमि पर उतर आते हैं। क्योंकि उन्हें पूर्ण प्रपत्ति में डूबने पर यह उच्छल आत्म-विश्वास जग उठा है कि प्रभु की अनन्त कृपा से ही यह पृथ्वी, यह मानव-मन हराभरा, पूर्ण, समृद्ध और आनन्दमय होगा। उसी से गृह-वन, नदी, समुद्र सभी प्रकाशमान हो उठेंगे। अँधेरे की कड़ी टूटेगी; सिर पर स्वर्गाशिष टूटेगी। वरदान, शरण या प्रभु की कृपा से मिलनेवाले इस स्वर्गशिष की प्रार्थना ही नहीं करता कवि, बल्कि उस अनामय उपलब्धि को चित्रित भी करता है। प्रार्थना और उसके प्रतिफलन का यह चित्रण ही निराला को एक अपरम्परित भक्त-कवि के रूप में प्रतिष्ठित करता है :

(1) बहुत तुम्हारे मारे-मारे
फिरते हैं हारे बेचारे,
चेतन मधु-गन्ध के सहारे
उन्हें प्राण दो, मुझे हरो हे!

(2) तुम्हीं से ऋतु घूमती है,
नये कवि-दल चूमती है,
नये आसव झूमती है,
नये गीतों, नये नर्तन।

(3) खुली अन्तःकिरण सुन्दर,
दिखे गृह, वन, सरित, सागर,
हँसे खुलकर हार-बाहर,
अजन-जन के बने मंगल।

(4) छूते ही कनक-किरन फूटेगी,
कड़ी अँधेरे की टूटेगी,
उर से कठिन भीति छूटेगी,
मूँदा कमल खिलाओ—
अमृत के घूँट पिलाओ।

(5) प्रात धवल-कलि गात निरामय
मधु - मकरन्द - गन्ध - विशदाशय
सुमन-सुमन, वन-मन, अमरण-क्षय,
सिर पर स्वर्गाशिष टूटी है।

मुक्ति के सुख का यही निरामय वर्णन शरणागति के गीतों की अपनी विशेषता है। सभी दिशाओं में उसी की अन्तःकिरण खुल जाती है। हँसी के उजले प्रकाश में पृथ्वी के सारे दुःखों का परिशमन हो जाता है। हृदय का कठिन भय धीरे-धीरे तिरोहित हो जाता है और मन निःसंशय और मुक्त होकर नया रूप धारण करता है। एक शाश्वत सौन्दर्य, सुख और अप्रमेय आनन्द की भावना से सारी सृष्टि आलोकित हो उठती है। आत्म-मुक्ति और सार्वजनिक, सार्वभौमिक मुक्ति के समन्वित आनन्द की यही अभिव्यक्ति निम्नलिखित कविता में अद्वितीय रूप में प्रतिफलित हुई है :

तार-तार निकल गये,
देखा जब नये - नये।

तड़के जो गठे बन्द,
काँपा उर मधुर छन्द,
गूँजी ध्वनि मन्द - मन्द
देह हुई शिथिल अये!

आँखों की खुली गली,
मिली कलित गन्ध कली,
भीतर जो रही छली,
अंग सुरभि - रंग छये।

बन्द हो गया प्रलाप,
प्रशमित हो गया ताप,

धुला - धुला मिला पाप,
किरण - मुखर मुख उनये।

मुक्ति के सुख का अभूतपूर्व वर्णन यहाँ निराला ने किया है। सारा मनस्ताप, सारे संशय, आत्म-क्षय मिट गये। सुख की धीमी-धीमी अनुभूति में अचानक लगा कि देह शिथिल हो गयी। यहाँ शिथिल होने में थकान का भाव उतना नहीं, जितना तनाव-रहितता का। इस तनाव-रहितता पर कवि को जैसे आश्चर्य होता है। क्योंकि उसे एकाएक यह बड़ा विचित्र लगता है। प्रभु की कृपा से यह जो जीवन भर की दुःख-जर्जरता समाप्त हो गयी—यह आश्चर्यजनक है! इसीलिए कवि 'अये!' का प्रयोग करता है। यह तो अभूतपूर्व है, अननुभूत है। आख़िर यह सम्भव हो ही गया। हर की कठिन भीति छूट ही गयी। वृद्ध शरीर और दुःख-जर्जर मन को अन्ततः उस अप्रमेय आनन्द की अनुभूति मिल ही गयी। हृदय में फिर नये स्वर का, नये छन्द का संचार हुआ। आँखों के कपाट जो बन्द हो गये थे, चारों ओर जो घोर अन्धकार और 'प्रलय के प्रवर्षण मेह' घहरा-घहराकर गरज रहे थे, वे न जाने कहाँ लुप्त हो गये। आँखों का नीला आकाश धुलकर निखर आया। मन की अन्तःकिरण क्या फूटी, भीतर जो कली थी वह भी सुगन्धि से छटपटा उठी। यह कैसा अनुभव है! अभी तक मन कैसे दिग्भ्रमित था! उसे क्यों नहीं मालूम था कि वह छली सुगन्धि तो उसके भीतर ही थी। कवि इस भेद के खुलते ही जैसे आनन्द-मग्न होकर कहता है—वह छली सुगन्धि अपने रंगों से सारे अंगों में छा गयी। सुगन्धि और वह भी रंगीन-कवि इस बिम्ब में अपने आनन्द को बाँधना चाहता है। जैसे सिर्फ़ सुगन्धि कह देने से वह उस सुख की सम्पूर्ण अभिव्यक्ति नहीं दे सकता। इसीलिए वह 'सुरभि-रंग' का बिम्ब रचता है। यही नहीं, सुख की यह मौन अनुभूति उसे अभिव्यक्ति के लिए और भी व्याकुल करती है। वह समझता है कि शब्दार्थ से, मौन का सनातन गुफा में उसका धीरे-धीरे वह तिरोहित होना अकारण नहीं है। वही उसकी नियति है—उसके जीवन और उसकी रचना-सम्पूर्णता की नियति। इसीलिए उसे पाप के भी धुले होने की अनुभूति होती है। अपने इसी 'ऊर्ध्वमुख किरण-मुखर-मुख' से कवि शरणागति का वरण करता है। समय के घने अन्धकार में यही 'किरण-मुखर-मुख' निराला के सम्पूर्ण काव्य-व्यक्तित्व का प्रतीक चित्र है :

कण्ठ-स्वर में तुम्हारे, कवि,
एक-ऋतुओं के विहँसते सूर्य!
काल में (तन घोर)।

(शमशेर बहादुर सिंह)

□□

निराला के इन प्रपत्ति-भाव के गीतों की अनुप्रेरणा और उसके विवेचन-विश्लेषण के बाद एक सवाल अक्सर मन में कौंधता रहता है कि सम्पूर्ण भारतीय भक्ति और

शरणागति की परम्परा में निराला को कहाँ रखा जा सकता है? उनका स्थान क्या है? क्या उनकी रचनाएँ परम्परागत भक्ति के सिद्धान्तों के अनुकरण-स्थापन के आधार पर लिखी गयी हैं? क्या उनकी प्रार्थनाओं में 'पातक-भाव' वही है, जो तुलसी, सूर या अन्य भक्त कवियों की प्रार्थनाओं में मिलता है? क्या निराला ने भक्ति के परम्परागत सिद्धान्तों का पिष्ट-पेषण किया है अथवा उनकी कोई निजी मौलिकता है? इन सारे सवालों पर जब हम उनके प्रपत्ति-भाव के गीतों के सन्दर्भ में विचार करते हैं तो कुछ निष्कर्ष सामने आते हैं। उन्हें यहाँ रखने से पहले कुछ अन्य बातों की चर्चा भी ज़रूरी है, जो इसी से सम्बन्धित है।

सम्भवतः भक्ति-साहित्य और भक्ति-दर्शन की अपनी विराट् परम्परा का यह अभिज्ञान निराला को भी है। उनके मन में कभी-कभी यह सवाल कौंधता है कि भक्तों की लोक-प्रिय प्रार्थनाओं की तुलना में उनके प्रार्थना-गीत कहाँ ठहरेंगे? अपने मन की इस चिन्ता, दुविधा और प्रश्नाहतता को निराला ने एक भक्त-सरीखी विनम्रता से ही 'अर्चना' की भूमिका में संकेतित किया है—'अन्तरंग विषय' ('अर्चना' के गीतों का) यौवन से अतिक्रान्त कवि के परलोक से सम्बद्ध है, इसीलिए यहाँ सम्मति का फल निष्काम में ही होगा। रस-सिद्धि की परताल कीजियेगा तो कहना होगा कि हिन्दी के भाषा-साहित्य में ज्ञानी और भक्त कवियों की पंक्ति बैठी हुई है, जिनकी रचनाएँ साधारण-जनों के जिह्वाग्र से अमृत की धारा बहा चुकी हैं, ऐसी अवस्था में लोकप्रियता की सफलता दुराशा मात्र है' ('अर्चना' स्वयोक्ति)।

□□

निराला की इस 'स्वयोक्ति' में दो-तीन संकेत निहित हैं। पहले तो यह कवि भी मानता है कि यह आत्म-जर्जर, परिसमाप्त व्यक्ति की प्रार्थनाएँ हैं, जो यौवन से अतिक्रान्त है और सम्पूर्ण मन से प्रपत्ति की भूमिका में उपस्थित है। दूसरे वह यह भी नहीं चाहता कि उसकी इन कविताओं की रस-सिद्धि की पड़ताल की जाय। क्योंकि ऐसा करने पर भक्त-कवियों के आगे उसकी प्रार्थनाओं की महत्ता नगण्य साबित होगी। यह शायद भक्त-निराला की विनम्रता बोल रही है; मैं इससे व्यक्तिगत रूप से सहमत नहीं हूँ। इसी मनःस्थिति में निराला ने आगे इन गीतों की उपलब्धि सिर्फ़ मंगल ('भाव कुभाव अलख आलसहूँ, राम जपत मंगल दिसि दसहूँ) की सार्वभौमिक कामना माना है। यह ठीक है कि निराला इन प्रार्थनाओं की उपलब्धि एक सार्वजनिक मंगल मानते हैं, लेकिन यहाँ आकर वे तुलसीदास की इस उक्ति के अभिधार्थ से अलग भी हो जाते हैं। क्योंकि अपनी प्रार्थनाओं में वे भाव-कुभाव से सिर्फ़ राम को जपते ही नहीं, उनकी कृपा-प्राप्ति के सार्वजनीन प्रतिफल को अत्यन्त गद्गद और तन्मय भाव से व्यक्त भी करते हैं। सूर या तुलसी यह नहीं करते। वे प्रभु-कृपा के अनन्त सर्वव्यापी प्रसाद के सार्वजनिक आनन्द के भौतिक प्रतिफलन का चित्रण कभी नहीं करते। उन्हें पाप के धुले होने की अनुभूति कभी नहीं होती। वे निजी पवित्रता और निजी सुख का तो चित्रण कर सकते हैं, लेकिन

उसे एक सार्वजनिक आनन्द की अनुभूति के रूप में चित्रित नहीं कर सकते—नहीं करते। निराला की तरह प्रभु से वे 'उन्हें प्राण दो, मुझे हरो हे' की प्रार्थना कभी नहीं करते। शायद स्वामी रामकृष्ण परमहंस के आत्म-योग से सार्वजनिक सेवानिवृत्ति में, मनुष्य या संन्यासी के उतरने की प्रक्रिया का अन्तरंग प्रभाव निराला की इस मनःस्थिति पर हो—जहाँ वे अपनी सारी व्यक्तिगत दुःख-जर्जरता से छुटकारा पाने के लिए आत्म-मुक्ति की व्यक्तिगत प्रार्थना करते हुए भी तुरन्त एक सार्वजनिक मोक्ष की चिन्ता पर उतर आते हैं। इसीलिए मैं कहता हूँ कि निराला बावजूद निजी प्रपत्ति के, आत्म-मुमुक्षु की चिन्ता के, अपनी सार्वजनिक मुक्ति की चिन्ता के कारण भक्ति की परम्परा से किंचित् अलग दिखायी देते हैं। उनका परलोक भी इसी लोक के भीतर है। वह अलग से कृपा-भाव की प्राप्ति के द्वारा भक्तों के 'अनामय विष्णु लोक' के रूप में उसे पाने की चेष्टा नहीं करते। इसीलिए वे 'स्वर्ग को धरा पर उतारने' या 'सिर पर स्वर्गाशिष टूटने' की बात भी करते हैं। इसीलिए उनका 'पातक-भाव' सूरदास के 'मैं पतित, तुम पतित-पावन' से अलग है। निराला 'बानक बिठाने' की परिकल्पना कहीं नहीं करते। भक्ति की गद्गद और कारुणिक मनःस्थिति में 'प्रभु' से उक्ति-वैचित्र्य का यह अवसर निराला के सामने नहीं है। इसीलिए 'बानक बनने' की खोज में निराला अपने प्रार्थना-गीतों में कहीं नहीं हैं। इसीलिए उनकी प्रार्थनाओं में सम्प्रदायबद्ध भक्त कवियों से सघनता, तन्मयता और आत्म-मुखरता अधिक है। निराला का यह कथन भी सच नहीं लगता कि सन्तों और भक्तों की रचनाओं के आगे उनकी रचनाओं की के आगे उनकी रचनाओं की सफलता एक दुराशा मात्र है। दरअसल लोगों का ध्यान अभी उनके भक्ति-गीतों की ओर गया ही नहीं है। दूसरे, निराला के आलोचक भी उनके भक्ति-काव्य को भक्ति का पिष्ट-पेषण मानकर विश्लेषण करते रहे हैं।

वैसे भक्ति के सनातन-सिद्धान्तों के सन्दर्भ में निराला के गीतों को देखा-परखा जाय तो मोटे-मोटे रूप में भक्ति के सारे सिद्धान्त और सारी विशेषताएँ उनके इन गीतों में मिल जायेंगी। क्योंकि प्रपत्ति का एक सूक्ष्म तार तो हर जगह जुड़ा ही है। कोई भी शास्त्रीय आलोचक उनके भक्ति-गीतों में शरणागति के छहों क्रमों—(आनुकूलस्य संकल्प, प्रातिकूलस्य वर्जनम्, रक्षयिष्यतीति विश्वासः, गोप्तृत्व-वरणम्, आत्म-निक्षेप और कार्पण्यम्-'नारद पंचरात्र') को आसानी से ढूँढ़ सकता है और उनके उदाहरण भी उनकी रचनाओं से दे सकता है। उसे 'पोषणम् तदनुग्रहः' वाली 'भागवत' की उक्ति भी निराला के गीतों में चरितार्थ होती हुई दिखायी दे सकती है। यदि वह और भी पीछे जाय तो उसे निराला की इन प्रार्थनाओं में ऋग्वेद संहिता का यह मन्त्र भी ध्वनित होता हुआ सुनायी पड़ सकता है :

य आपिर्नित्यं वरुण प्रियः सन्
त्वामागांसि कृणवत् सखा ते।

मा न एनस्वन्तो यक्षिन भुजेम
यन्धि ष्मा विप्रः स्तुवथे वरुथम्।।

(मैं तुम्हारा आप्त प्रियजन हूँ। मैंने तुम्हारे प्रति अनेक पाप किये हैं। इन पापों को क्षमा कर मुझे अपनी मित्रता प्रदान करो। हे यक्षिन्! हे अद्वितीय-विचित्र कर्मों के उद्भावक, मेरे पापों को दूर करो, जिससे अपराध-भाव से ग्रस्त मैं अपना ही भोजन न करूँ, आत्म-भक्षण में प्रवृत्त न हो जाऊँ। हे वरुण, तुम बुद्धिमान् हो, इस प्रार्थी को अशुभ-निवारक वर दो।)

लेकिन सच यह है कि निराला के इन भक्ति-गीतों में किसी भक्ति-सिद्धान्त को सचेत रूप से समाहित करने की चेष्टा नहीं है। उनकी प्रार्थनाओं को किसी भी मतवाद में 'फ़िट-इन' करना उचित नहीं है। वे उनके अन्तर-बाह्य के अनन्त दुःखान्तों का प्रतिफलन है; उनके आत्म-साक्षात्कार की सहज अभिव्यक्तियाँ हैं। इसीलिए उनका 'दुरित' भी पवित्रता की अनुभूति से मण्डित है। मृत्यु के भयावह अँधेरे में उतरते हुए, टटोलते-टटोलते उन्हें अशरण-शरण उन चरणों का स्पर्श हुआ है। मृत्यु के सहज-स्वीकार के द्वारा भयमुक्त होने की प्रक्रिया में ही वे निराश्रय प्रपत्ति-भाव में उतरते हैं। दरअसल उनकी भक्ति भी आधुनिक मनुष्य की आस्था-अनास्था की विडम्बनापूर्ण, द्विधाग्रस्त मनःस्थिति का प्रतिफलन है। इसीलिए वे भक्तों की पूरी परम्परा से अलग होकर प्रार्थना की व्यर्थता की बात भी करते हैं। उनके भक्ति-गीतों की सही व्याख्या दरअसल इसी दृष्टिकोण से संभव है।

किये उपाय सैकड़ों तन के,
मन के; चरण मिले सज्जन के;
व्यर्थ प्रार्थना जैसे अब है

●

परिशिष्ट

निराला द्वारा रचित काव्य-कृतियाँ

काव्य-कृतियाँ	संस्करण	प्रकाशन-वर्ष	प्रकाशन-संस्थान
(1) अनामिका (प्राचीन)	प्रथम	1923 ई.	नवजादिक लाल श्रीवास्तव, कलकत्ता (अप्राप्य)
(2) परिमल	प्रथम	1930 ई.	गंगा-पुस्तक-माला, लखनऊ
(3) गीतिका	प्रथम	1936 ई.	भारती-भण्डार, इलाहाबाद
(4) अनामिका (नवीन)	प्रथम	1937 ई.	भारती-भण्डार, इलाहाबाद
(5) तुलसीदास	प्रथम	1938 ई.	भारती-भण्डार, इलाहाबाद
(6) कुकुरमुत्ता	प्रथम	1942 ई.	युग-मन्दिर, उन्नाव
	द्वितीय	1948 ई.	राष्ट्रभाषा विद्यालय, काशी
	तृतीय	1952 ई.	किताब महल, इलाहाबाद
	चतुर्थ	1969 ई.	लोकभारती प्रकाशन, इलाहाबाद
(7) अणिमा	प्रथम	1943 ई.	युग-मन्दिर, उन्नाव
	द्वितीय	1971 ई.	लोकभारती प्रकाशन, इलाहाबाद
(8) बेला	प्रथम	1943 ई.	हिन्दुस्तानी पब्लिकेशन्स, इलाहाबाद
	द्वितीय	1962 ई.	निरूपमा प्रकाशन, प्रयाग तथा लोकभारती प्रकाशन, इलाहाबाद
(9) नये पत्ते	प्रथम	1946 ई.	हिन्दुस्तानी पब्लिकेशन्स, इलाहाबाद
	द्वितीय	1962 ई.	निरूपमा प्रकाशन, प्रयाग तथा लोकभारती प्रकाशन, इलाहाबाद
(10) अपरा (संचयन)	प्रथम	1946 ई.	साहित्यकार-संसद, प्रयाग
(11) अर्चना	प्रथम	1950 ई.	कला-मन्दिर, प्रयाग
	द्वितीय	1962 ई.	निरूपमा प्रकाशन, प्रयाग तथा लोकभारती प्रकाशन, इलाहाबाद
(12) आराधना	प्रथम	1953 ई.	साहित्यकार-संसद्, प्रयाग
(13) गीत गुंज	प्रथम	1954 ई.	हिन्दी-प्रचारक पुस्तकालय, वाराणसी

	द्वितीय	1959 ई.	हिन्दी-प्रचारक पुस्तकालय, वाराणसी
	तृतीय	1970 ई.	वसुमती, इलाहाबाद
(14) सान्ध्य काकली (मरणोपरान्त प्रकाशित)	प्रथम	1969 ई.	वसुमती, इलाहाबाद

विवरण

निराला की काव्य-कृतियों के प्रकाशन सम्बन्धी अभी तक प्राप्त यह अन्तिम विवरण है। अनामिका नामक उनका काव्य-संग्रह 1923 में कलकत्ते से छपा। उसका प्रकाशन-संस्थान एक व्यक्ति है। इस संग्रह में सिर्फ़ 9 कविताएँ थीं, जिसमें अकेले सबसे प्रसिद्ध कविताएँ 'जुही की कली' और 'अधिवास' हैं। अब यह संग्रह अप्राप्य है। (इसकी एक प्रति सन् 1960 में मैंने 'कलकत्ता नेशनल लाइब्रेरी' में जीर्ण-शीर्ण अवस्था में देखी थी।) बाद में निराला ने इस संग्रह की 7 कविताएँ अपने अगले संग्रह 'परिमल' में शामिल कर लीं।

परिमल उनका दूसरा और मेरी नज़र में सर्वाधिक महत्त्वपूर्ण संग्रह है। इसमें संकलित कविताओं का विधिवत विभाजन, और एक लम्बी भूमिका इस बात का प्रमाण है कि निराला ने इसके प्रकाशन में सर्वाधिक सजगता बरती है। इसके बाद, उनके सिर्फ़ एक संग्रह 'गीतिका' में विस्तृत भूमिका मिलती है। उसके आगे उनके संग्रहों में छोटे-छोटे प्राक्कथन, आवेदन या स्वयोक्तियाँ हैं। 'परिमल' के प्रकाशन के पीछे यदि निराला की महत्त्वाकांक्षा कविता को छन्द-मुक्त करके उसे एक नये धरातल पर प्रतिष्ठित करने की है तो गीतिका में सुर-तालबद्ध गीतों की रचना करके खड़ीबोली के इस लांछन को मार्जित करने का प्रयत्न है कि उसमें संगीतात्मकता की गुंजाइश नहीं है। इन दोनों संग्रहों की इस महत्त्वाकांक्षा के भीतर से निराला के काव्य-संघर्ष के विभिन्न 'फ्रण्ट्स' देखे जा सकते हैं।

अनामिका (नवीन) सर्वथा एक नया काव्य-संग्रह है और उसमें पुरानी 'अनामिका' का कोई भी चिह्न (नाम को छोड़कर) अवशिष्ट नहीं है। नाम की इस पुनरावृत्ति के पीछे निराला ने जो कारण बताया है, वह उचित ही है। बाबू महादेव प्रसाद सेठ के प्रयत्नों के फलस्वरूप ही उनकी पहली काव्यकृति 'अनामिका' प्रकाशित हुई थी। अतः उन्हीं की स्मृति को समर्पित करने के लिए उन्होंने अपने इस संग्रह का नाम फिर 'अनामिका' रखा। यह संग्रह निराला की रचना-प्रक्रिया के विभिन्न क्रियाशील स्तरों का श्रेष्ठतम नमूना है। उनका अन्तःसंगीत, राष्ट्रीय उद्‌बोधन, लम्बी कथात्मक कविताएँ ('राम की शक्ति-पूजा' और 'सरोज-स्मृति'), काव्य-आभिजात्य से मुक्ति का प्रयास, ऋतु-प्रार्थनाएँ और प्रपत्ति-भाव—रचना-प्रक्रिया के इन सभी स्तरों की रचनाएँ इस संग्रह में संकलित हैं। यह एक ऐसा काव्य-संग्रह है, जो अकेले ही

निराला के सम्पूर्ण रचना-व्यक्तित्व का प्रतीकात्मक ढंग से प्रतिनिधित्व करता है।

तुलसीदास एक लम्बी कथात्मक कविता है। कुकुरमुत्ता के अतिरिक्त दूसरी सिर्फ़ यही एक लम्बी कविता है, जो स्वतन्त्र रूप से पुस्तकाकार प्रकाशित हुई है। वैसे इस रूप में 'राम की शक्ति-पूजा', 'सरोज-स्मृति' तथा 'शिवाजी का पत्र' को भी अलग, स्वतन्त्र रूप में पुस्तकाकार प्रकाशित किया जा सकता है।

अणिमा का प्रथम प्रकाशन सन् 1943 ई. में 'युग-मन्दिर', उन्नाव से हुआ। उसके 28 वर्षों बाद उनके इतने महत्त्वपूर्ण इस संकलन का द्वितीय संस्करण 'लोकभारती प्रकाशन' से सन् 1971 ई. में प्रकाशित हुआ है।

बेला और नये पत्ते की प्रकाशन-तिथि कई विद्वानों ने 1946 ई. ही रखी है। लेकिन 'बेला' का 'आवेदन' लिखते हुए निराला ने उसके नीचे तिथि, 15 जनवरी, 1943 ई. दी है। मैंने इसे सही मानकर (अगर यह प्रूफ़ की ग़लती नहीं है तो) 'बेला' की प्रकाशन-तिथि इसी को माना है। 'नये पत्ते' का प्रकाशन हिन्दी-कविता के इतिहास में एक महान् घटना है। इसी संग्रह से निराला अपनी स्व-रचित अभिजात काव्य-समृद्धि को ध्वस्त करके, जन-भूमिका में उतरकर, भारतीय साहित्य के तीन हज़ार वर्षों के इतिहास में, सर्वथा एक नये ढंग की काव्य-रचना को प्रतिष्ठित करते हैं। इसमें कुकुरमुत्ता की सात कविताओं ('कुकुरमुत्ता' का पहला संस्करण एक कविता-संग्रह है, जिसमें 'कुकुरमुत्ता' के अतिरिक्त उसी रंग की सात और कविताएँ शामिल हैं) को भी निराला ने शामिल कर लिया है। इसी के बाद सन् 1948 ई. में 'कुकुरमुत्ता' दुबारा जब छपा तो वह एक लम्बी कविता-पुस्तक ('तुलसीदास' की तरह) रह गयी; काव्य-संग्रह नहीं। 'कुकुरमुत्ता' का चौथा संस्करण (लोकभारती-प्रकाशन) मेरी भूमिका के साथ प्रकाशित हुआ है।

अर्चना उनके प्रपत्ति-भाव के श्रेष्ठतम गीतों का संकलन है। आराधना भी लगभग इसी तरह का संग्रह है।

निराला के अगले काव्य-संग्रह गीतगुंज और मरणोपरान्त प्रकाशित अन्तिम संग्रह सान्ध्य काकली की स्थिति विचित्र है। 'गीत-गुंज' के 25 गीत 'सान्ध्य काकली' में भी हैं, 6 गीत 'आराधना' से और 1 'अर्चना' से उद्धृत है। इस प्रकार 'गीत गुंज' के 52 गीतों में से 32 गीत दूसरे संग्रहों में हैं। मेरा अनुमान है कि 'गीत गुंज' के प्रथम बार प्रकाशन के समय निराला की कापी में, जिसके आधार पर 'सान्ध्य काकली' का सम्पादन श्री श्रीनारायण चतुर्वेदी ने बाद में किया है, केवल वही 25 गीत रहे होंगे। बाद में उसी कापी में निराला आगे भी कविताएँ लिखते गये होंगे, जिनका प्रकाशन मरणोपरान्त 'सान्ध्य काकली' नाम से हुआ। दरअसल प्रकाशकों को कविताएँ मिला देनी चाहिए थीं। अब यदि 'सान्ध्य काकली' को हम एक पूरा संग्रह मान लें तो 'गीत गुंज' (परिशिष्ट को छोड़कर) में केवल 12 गीत रह जाते हैं और उन्हें भी 'सान्ध्य काकली' में शामिल किया जा सकता है।

निराला की कविताओं में से चुनी हुई कविताओं का अभी तक केवल एक ही संचयन अपरी नाम से प्रकाशित हुआ है। इसका सम्पादन महादेवी ने किया है। इस संचयन के अतिरिक्त कई अलग-अलग दृष्टिकोणों से निराला की कविताओं में से संचयन प्रकाशित हो सकते हैं। इनमें सबसे महत्त्वपूर्ण संचयन होंगे–'ऋतु-प्रार्थनाएँ', 'भक्ति-गीत' और 'काव्य-आभिजात्य से मुक्ति की रचनाएँ'।

▫▫

निराला की काव्य-कृतियों के प्रकाशन के सिलसिले में मैंने यह जो संस्करणों की सूचना दी है, उनके बारे में यह जानना ज़रूरी है कि जिन कृतियों के आगे सिर्फ़ 'प्रथम संस्करण' दिया गया है, उसका अर्थ यह है कि वे आज भी अपने उसी प्रथम प्रकाशन-संस्थान द्वारा प्रकाशित होती चली आ रही हैं। उसका यह अर्थ कदापि नहीं लेना चाहिए कि उनके और संस्करण हुए ही नहीं। लेकिन 'भारती-भण्डार', साहित्यकार-संसद्', और 'गंगा- पुस्तक-माला' को छोड़कर किसी दूसरे प्रकाशन-संस्थान ने निराला की काव्य-पुस्तकों के अगले संस्करणों की आवृत्ति-सूचना नहीं दी है। जिन काव्य-कृतियों के आगे प्रथम संस्करण के अलावा अगले संस्करणों की सूचना मैंने दी है, उसका अर्थ यह है कि उनके प्रकाशन-संस्थान बदल गये हैं। हो सकता है किसी भी प्रकाशन-संस्थान ने उनकी कृतियों के एक से ज़्यादा संस्करण किये हों, लेकिन ऐसी सूचना उन कृतियों में नहीं मिलती। बल्कि उसकी जगह 'नवीन संस्करण' लिखा हुआ मिलता है। कुछ पुस्तकों के एक ही संस्करण पर दो प्रकाशन-संस्थानों के नाम हैं। उसका अर्थ यह है कि प्रकाशित तो पहले प्रकाशक ने किया, लेकिन वही संस्करण फिर उन्होंने दूसरे प्रकाशक को हस्तान्तरित कर दिया।

▫▫

निराला की कविताओं के प्रकाशन की एक और समस्या मेरे सामने आयी। उनकी पुस्तकों के अधिकांश नये संस्करणों में अनेक कविताएँ अशुद्ध छपी हैं। दिन-दिन उनकी कविताओं का भ्रष्ट पाठ बढ़ता जा रहा है। किसी भी प्रकाशक को इसकी चिन्ता नहीं है। प्रूफ़-रीडर अपने मन से उनकी रचनाओं का 'पाठ-संशोधन' कर रहे हैं। इस ओर मैं निराला के पाठकों और आलोचकों का ध्यान आकर्षित करना अपना कर्त्तव्य समझता हूँ। वह मेरे-जैसे आदमी को 'नर्वस' कर देनेवाली स्थिति है। निराला की अधिकांश काव्य-कृतियों के प्रथम संस्करण अभी पुस्तकालयों में उपलब्ध हैं। अच्छा हो, उनके नये संस्करण उनके प्रथम संस्करणों से मिलाकर छापे जायें।

–लेखक

●●●